万卷楼 国学经典 修订版

汲取先贤智慧
铺就成功阶梯

万卷楼国学经典 修订版

孔子家语
颜氏家训

[三国]王肃
[南北朝]颜之推 著
夏华 等 编译
许振东 修订

北方联合出版传媒（集团）股份有限公司
万卷出版有限责任公司
2023年·沈阳

图书在版编目（CIP）数据

孔子家语 /（三国）王肃著；夏华等编译；许振东修订. 颜氏家训 /（南北朝）颜之推著；夏华等编译；许振东修订. — 沈阳：万卷出版有限责任公司，2023.5
（万卷楼国学经典：修订版）
ISBN 978-7-5470-6214-2

Ⅰ. ①孔… ②颜… Ⅱ. ①王… ②颜… ③夏… ④许… Ⅲ. ①孔丘（前551－前479）－生平事迹②家庭道德－中国－南北朝时代 Ⅳ. ① B222.2 ② B823.1

中国国家版本馆 CIP 数据核字（2023）第 035344 号

出 品 人：	王维良
出版发行：	北方联合出版传媒（集团）股份有限公司
	万卷出版有限责任公司
	（地址：沈阳市和平区十一纬路29号　邮编：110003）
印 刷 者：	辽宁新华印务有限公司
经 销 者：	全国新华书店
幅面尺寸：	170mm×240mm
字　　数：	450千字
印　张：	22
出版时间：	2023年5月第1版
印刷时间：	2023年5月第1次印刷
责任编辑：	邢茜文
装帧设计：	徐春迎
责任校对：	高　辉
ISBN 978-7-5470-6214-2	
定　　价：	58.00元
联系电话：	024-23284090
邮购热线：	024-23284050

常年法律顾问：王　伟　　版权所有　侵权必究　　举报电话：024-23284090
如有印装质量问题，请与印刷厂联系。　　　　　　联系电话：024-31255233

出版说明

"读万卷书，行万里路"这是中国古人"修身"的两条基本途径。晋代著名史学家陈寿给自己的书斋命名为"万卷楼"，此后，历代以"万卷楼"命名的书斋，由宋至清有数十家：宋代有方略、石待旦等；元代有陈杰、汪惟正等；明代有项笃寿、杨仪、范钦等；清代有孙承泽、黄彭年等。可见，"读万卷书"的理想在中国传统知识分子中是何等的根深蒂固。

读"万卷书"不仅是古人的理想，当我们懂得了读书的意义，都会自然而然地产生强烈的"博览群书"的愿望。然而，人类历史悠久，书籍浩如汪洋大海，时代发展到今天，科技与经济的发展更使得人类的精神领域空前丰富，获取信息与知识的途径不断增加。"万卷书"早已不再是一个象征性的概念，如何从这"万卷"之中，找到最值得细细品读的作品，已经成为人们必须解决的问题。

爱因斯坦曾说过："在阅读的书中找出可以把自己引到深处的东西，把其他一切统统抛掉。"这正是在阐述读书时选择的重要性。而他所说的把我们"引到深处的东西"无疑就是我们所需要深度阅读的作品，也就是我们常说的经典作品。

卡尔维诺对经典作出的定义之一是：经典就是我们正在重读的。的确，在对经典作品反反复复的品味中，人们思想得到了升华，从浅薄走向思考，最后走到通达。我们都曾有这样的感触，面对海量的书籍和信息，一方面，人们在向着功利性浅阅读大张其道，另一方面，我们的精神深处又在不断地呼唤能够滋养自己内心的深度阅读。因此，经典的价值不仅没有因为浅阅读时代的到来而有所损失，反而更显示出其珍贵来。

在惜字如金的中国传统典籍当中，从来不乏这种需要反复品味的经典。从先秦诸子到历代的经史子集，这些经典为一代代的中国人提供了取之不尽的精神滋养，为中华文化的传承和发展建立了基础。我们把这种包蕴中国文化的学问称为国学。国学的范围非常广泛，它包含了文学、历史、哲学、艺术、语言、音韵等在内的一系列内容。

包罗万象的国学经典为我们提供了广泛的教育。阅读国学经典，也就是在与我们的"先圣先贤"对话和交流，一步步地揳进我们的历史和传统。这个过程可以让我们领会先贤的旨趣，把握他们的神髓，形成恢宏的历史意识，可以让我们通晓文义、熟习经史、通彻学问，让我们成为博学之士。另一方面，国学经典所代表的传统学问，更是具有极为厚重的伦理色彩。阅读国学经典的过程，不仅是增进知识的过程，而且是一个熏陶气质、改善性情、提高涵养的过程，这个过程在潜移默化中培养着行谊谨厚、品行端方、敦品厉行的谦谦君子。

当然，随着时代的发展，国学早已不再是人们追求事功的唯一法典，我们也不赞成对国学的功能无限夸大。但毫无疑问，阅读国学经典，必能促进我们对真、善、美的崇敬之心，唤起我们对伟大、深邃、美好事物的敏感和惊奇，同时也让我们了解到先贤们在探寻知识过程中思考的重大课题和运用的基本原则。这些作品体现着我们民族精神的精髓，如《周易》所阐述的"自强不息"的君子人格，

《论语》所强调的"和而不同"的包容精神，《诗经》所培养的温柔敦厚的情感，《道德经》所闪耀的思辨智慧，等等，它们共同构筑了中华民族传统的精神范式。品读先贤留下的经典，恰如与他们进行一次次心灵的直接触碰，进而去审视我们自己的内心，见贤思齐，激浊扬清。

正是基于对国学经典的这种认识，我们精选了这套《万卷楼国学经典》系列丛书，以期引导步履匆匆的现代人走近国学经典、了解国学经典。在选编过程中，我们希望能够体现这样一些特点。

首先，我们希望这套丛书能够最具代表性。在选目中，我们注重于最经典、最根源的作品，在有限的时间内，把那些最具影响力，最应该知道的作品提交给读者。四书五经、先秦诸子、唐诗宋词等这些具有符号意义的作品无疑是最应该为我们所熟知的，因此，我们首先推出的30种作品都是这些经典中的经典。

其次，我们希望能够做出好读的经典。在面对国学作品时，佶屈的文言和生僻的字词常让普通读者望而却步。所以，我们试图用简洁易懂的形式呈现经典，使普通读者可随时随地以自己的时间、自己的速度来进入阅读。因此，我们为原著精心添加了大量的注音、注释和译文，使读者能够真正地"无障碍阅读"。同时，我们还邀请北京大学、南京大学、复旦大学等知名学府的古代文学方面专家对丛书进行了整体修订，对原文字句及标点进行核准，适当增删注释条目、校订注释内容，对白话翻译做进一步校订疏通，使图书内容臻于完善，整体品质得到了大幅度提升。作为一名读者，也许你会常常感慨，以前没有花更多的时间去读更多的经典，如今没有机会或能力来细读，但实际上，读经典什么时间开始都不算晚，"万卷楼"就是一个极好的途径。重读或是初读这些经典，一样可以塑造我们未来的生活。

第三，我们希望呈现一套富有美感的读物。对于经典而言，内容的意义永远排在第一位，但同时，我们也希望有精彩的形式与内容相匹配，因而，我们在编辑过程中选取了大量的古代优秀版画作为本书的插图，对图片的说明也做了精心设计。此外，图书的编排、版式等细节设计都凝聚了我们大量的思索。我们希望这套经典不只是精神的食粮，拥有文本意义上的价值，更能带来无限美感，成为诗意的渊薮。

"经典作品是这样一些书，我们越是道听途说，以为我们懂了，当我们实际读它们，我们就越是觉得它们独特、意想不到和新颖。"卡尔维诺经典的评论让人击节叹赏，我们也希望这套丛书能够彰显经典的价值，使读者在细细品读中真正融化经典，真正做到"开茅塞、除鄙见、得新知、增学问、广识见"。同时，经典又是可以被享受的。当我们走进经典之时，不能只作为被动的接受者，也可用个人自我的方式进入经典，做精神的逍遥之游，对经典作品进行贴近个体生命的诠释和阅读，在现实社会之中营造自由的人生意境和精神家园，获取一种诗意盎然的人生。

怎样阅读本书

注释：准确、简明，极具启发性。

原文：根据权威版本，精心核校，确保准确性，对生僻字反复注音，使读者无障碍阅读。

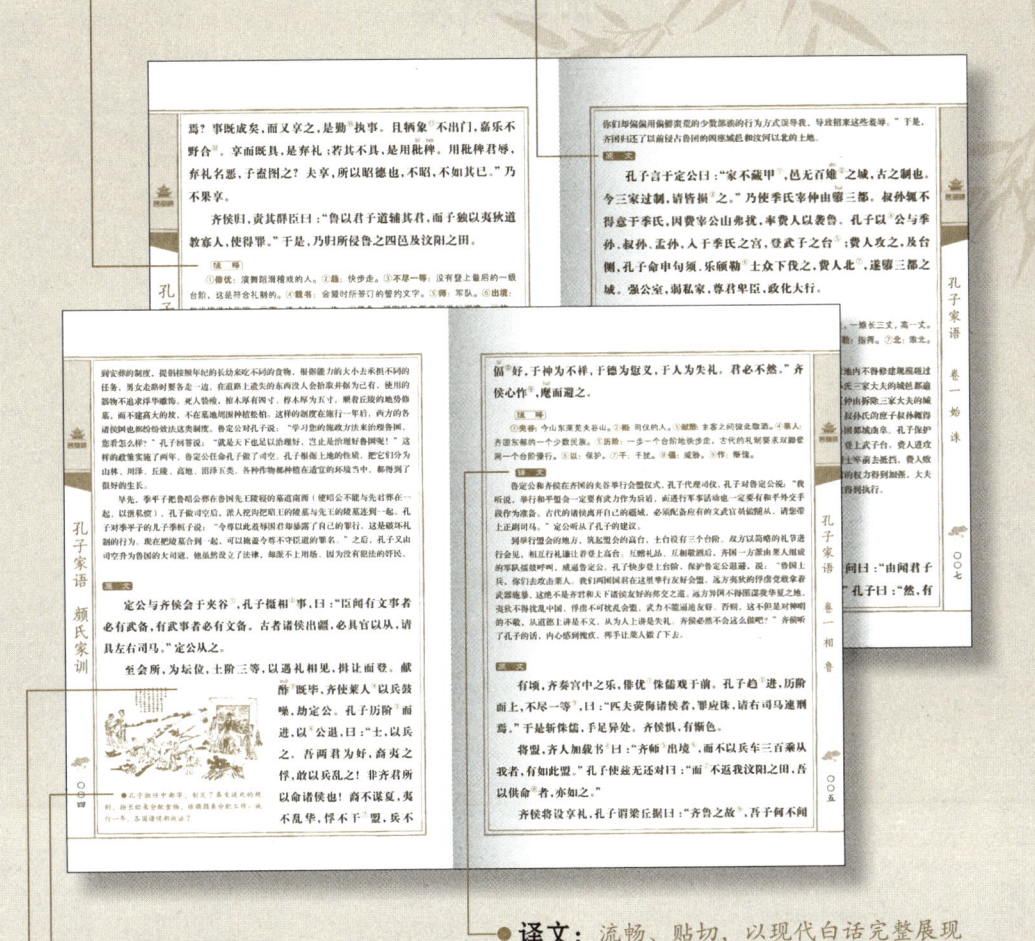

图注：以图释义，扩展阅读，丰富全书知识含量。

插图：精选历代精品古版画，美妙传神，增强美感。

译文：流畅、贴切，以现代白话完整展现原著全貌。

内容概要

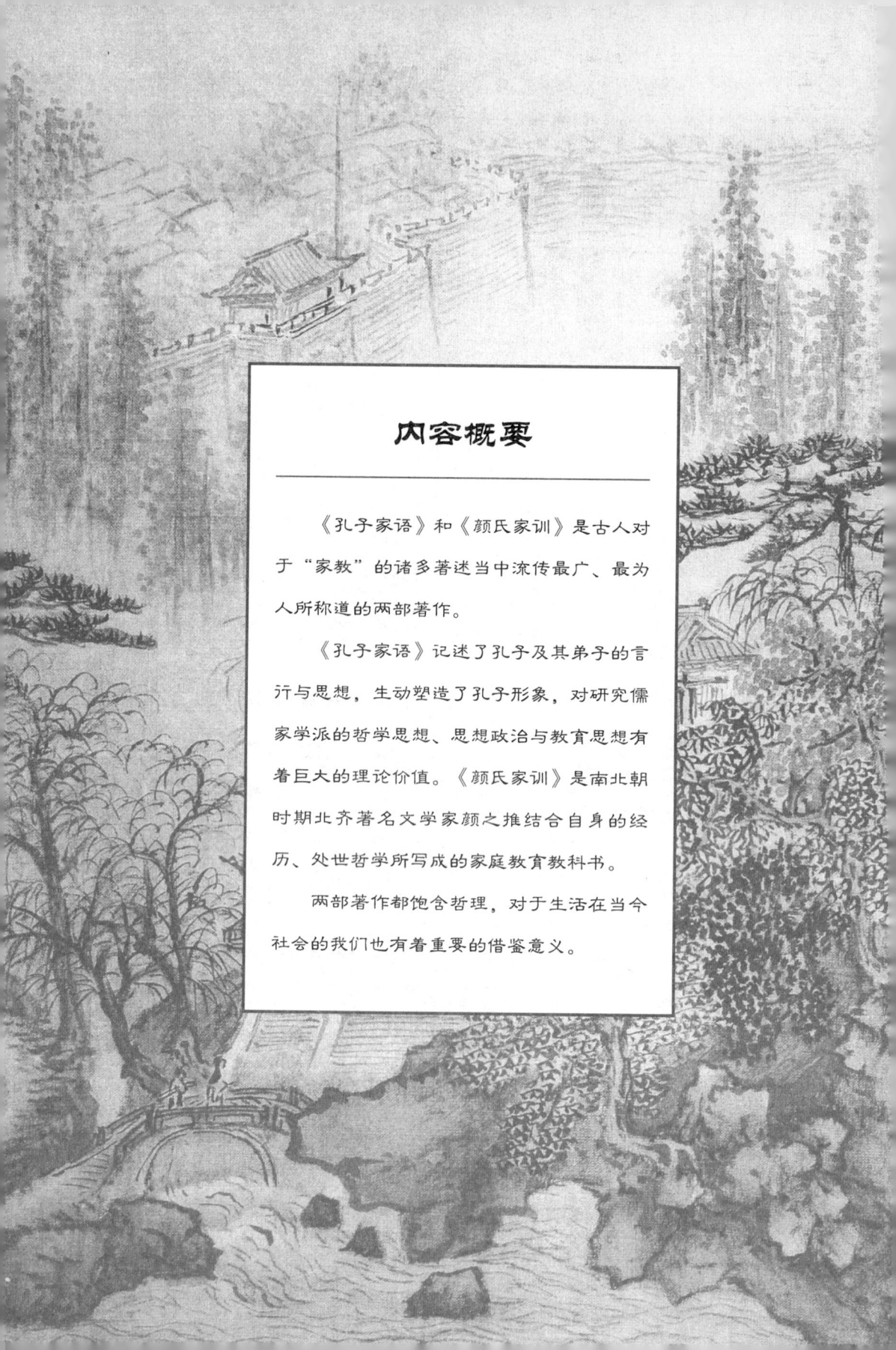

　　《孔子家语》和《颜氏家训》是古人对于"家教"的诸多著述当中流传最广、最为人所称道的两部著作。

　　《孔子家语》记述了孔子及其弟子的言行与思想，生动塑造了孔子形象，对研究儒家学派的哲学思想、思想政治与教育思想有着巨大的理论价值。《颜氏家训》是南北朝时期北齐著名文学家颜之推结合自身的经历、处世哲学所写成的家庭教育教科书。

　　两部著作都饱含哲理，对于生活在当今社会的我们也有着重要的借鉴意义。

目录

孔子家语

卷 一

相 鲁	〇〇三
始 诛	〇〇七
王言解	〇一一
大婚解	〇一八
儒行解	〇二一
问 礼	〇二七
五仪解	〇二八

卷 二

致 思	〇三五
三 恕	〇五〇
好 生	〇五五

卷 三

观 周	〇六〇
弟子行	〇六四
贤 君	〇七三
辩 政	〇八〇

卷 四

六 本	〇八六
辩 物	一〇一
哀公问政	一〇八

卷 五

在 厄	一一三
困 誓	一一八

卷 六

执 辔	一二七

卷 七

观乡射	一三七
五刑解	一三九

卷 八

辩乐解	一四四
问 玉	一四八
屈节解	一五二

卷九

本姓解……………… 一六一

终记解……………… 一六六

卷十

曲礼子贡问……………… 一七〇

颜氏家训

卷第一

序致第一……………… 一八三
教子第二……………… 一八五
兄弟第三……………… 一九一
后娶第四……………… 一九五
治家第五……………… 一九九

卷第二

风操第六……………… 二〇七
慕贤第七……………… 二三〇

卷第三

勉学第八……………… 二三六

卷第四

文章第九……………… 二六六
名实第十……………… 二八六

涉务第十一……………… 二九二

卷第五

省事第十二……………… 二九六
止足第十三……………… 三〇一
诫兵第十四……………… 三〇四
养生第十五……………… 三〇六
归心第十六……………… 三一〇

卷第六

书证第十七……………… 三二二

卷第七

音辞第十八……………… 三三〇
杂艺第十九……………… 三三二
终制第二十……………… 三三六

孔子家语

卷 一

相 鲁

原文

孔子初仕,为中都宰。制为养生送死之节。长幼异食,强弱异任,男女别涂,路无拾遗,器不雕伪①。为四寸之棺,五寸之椁,因丘陵为坟,不封不树②。行之一年,而西方之诸侯则焉。定公谓孔子曰:"学子此法,以治鲁国何如?"孔子对曰:"虽天下可乎,何但鲁国而已哉?"于是二年,定公以为司空。乃别五土之性,而物各得其所生之宜,咸得厥所。

先时,季氏葬昭公于墓道之南③,孔子沟④而合诸墓焉。谓季桓子曰:"贬君以彰己罪,非礼也,今合之,所以掩夫子之不臣。"由司空为鲁大司寇,设法而不用,无奸民。

注释

①**器不雕伪**:器物没有装饰与雕画,不作伪。②**不封不树**:不聚土成坟,以山丘为坟,同时坟的周围不种松柏。③**季氏葬昭公于墓道之南**:鲁昭公讨伐季氏失败,流亡国外,死后被季氏葬在墓道之南,其实是一种贬斥的行为,使其不能与过去的国君合葬。④**沟**:挖沟。

译文

孔子刚做官时,担任中都邑的邑宰。他制定了使老百姓活着时有保障、死后能得到安葬的制度，提倡按照年纪的长幼来吃不同的食物，根据能力的大小去承担不同的任务，男女走路时要各走一边，在道路上遗失的东西没人会拾取并据为己有，制作器物不追求浮华雕饰。死人装殓，棺木厚有四寸、椁木厚为五寸，顺着丘陵的地势为坟，而不聚土成坟，不在墓地周围种植松柏。这样的制度施行一年后，西方的各诸侯国也都纷纷效法这类制度。鲁定公对孔子说："学习您的施政方法来治理鲁国，您看怎么样？"孔子回答说："就是天下也足以治理好，岂止是治理好鲁国呢！"这样的政策实施了两年，鲁定公任命孔子做了司空。孔子根据土地的性质，把它们分为五种类型的土地。各种作物都种植在适宜的环境当中，得到很好的生长。

早先，季平子把鲁昭公葬在鲁国先王陵寝的墓道南面（使昭公不能与先君葬在一起，以泄私愤），孔子做司空后，派人挖沟把昭王的陵墓与先王的陵墓连到一起。孔子对季平子的儿子季桓子说："令尊以此羞辱国君却暴露了自己的罪行，这是破坏礼制的行为。现在把陵墓合到一起，可以掩盖令尊不守臣道的罪名。"之后，孔子又由司空升为鲁国的大司寇，他虽然设立了法律，却派不上用场，因为没有犯法的奸民。

原文

定公与齐侯会于夹谷①，孔子摄相②事，曰："臣闻有文事者必有武备，有武事者必有文备。古者诸侯出疆，必具官以从，请具左右司马。"定公从之。

至会所，为坛位，土阶三等，以遇礼相见，揖让而登。献酢③既毕，齐使莱人④以兵鼓噪，劫定公。孔子历阶⑤而进，以公退，曰："士，以兵之。吾两君为好，裔夷之俘，敢以兵乱之！非齐君所以命诸侯也！裔不谋夏，夷不乱华，俘不干⑥盟，兵不

● 孔子担任中都宰，制定了养生送死的规则，按长幼来分配食物，依强弱来分配工作。施行一年，各国诸侯都效法了。

偪⁷好，于神为不祥，于德为愆义，于人为失礼。君必不然。"齐侯心怍⁸，麾而避之。

注释

①夹谷：今山东莱芜夹谷山。②相：主持礼仪的人。③献酢：主客之间彼此敬酒。④莱人：齐国东部的一个少数民族。⑤历阶：一步一个台阶地快步走，古代的礼制要求双脚登同一个台阶慢行。⑥干：干扰。⑦偪：威胁。⑧怍：惭愧。

译文

鲁定公和齐侯在齐国的夹谷举行会盟仪式，孔子代理司仪，孔子对鲁定公说："我听说，举行和平盟会一定要有武力作为后盾，而进行军事活动也一定要有和平外交手段作为准备。古代的诸侯离开自己的疆域，必须配备应有的文武官员做随从，请您带上正副司马。"定公听从了孔子的建议。

到举行盟会的地方，筑起盟会的高台，土台设有三个台阶。双方以简略的礼节进行会见，相互行礼谦让着登上高台。互相敬酒后，齐国一方派莱人持兵器鼓噪喧哗，威逼鲁定公。孔子快步登上台阶，带着鲁定公退避，说："鲁国士兵，拿起武器攻击莱人。我们两国国君在这里举行友好会盟，远方夷狄的俘虏竟敢拿着武器施暴，齐国国君不是这样号令诸侯的。远方异国不得图谋我华夏之地，夷狄不得扰乱中国，俘虏不可扰乱会盟，武力不能逼迫友好。否则，这不但是对神明的不敬，从道德上讲是不义，对于人是失礼。齐侯必然不会这么做吧？"齐侯听了孔子的话，内心感到愧疚，挥手让莱人撤了下去。

原文

有顷，齐奏宫中之乐，俳优①侏儒戏于前。孔子趋②进，历阶而上，不尽一等③，曰："匹夫荧侮诸侯者，罪应诛，请右司马速刑焉。"于是斩侏儒，手足异处。齐侯惧，有惭色。

将盟，齐人加载书④曰："齐师⑤出境⑥，而不以兵车三百乘从我者，有如此盟。"孔子使兹无还对曰："而⑦不返我汶阳之田，吾以供命⑧者，亦如之。"

齐侯将设享礼，孔子谓梁丘据曰："齐鲁之故⑨，吾子何不闻焉？事既成矣，而又享之，是勤⑩执事。且牺象⑪不出门，嘉乐不野合⑫。享而既具，是弃礼；若其不具，是用秕稗(bǐ bài)。用秕稗君辱，弃礼名恶，子盍图之？夫享，所以昭德也，不昭，不如其已。"乃不果享。

齐侯归，责其群臣曰："鲁以君子道辅其君，而子独以夷狄道教寡人，使得罪。"于是，乃归所侵鲁之四邑及汶阳之田。

注释

①**俳优**：演舞蹈滑稽戏的人。②**趋**：快步走。③**不尽一等**：没有登上最后的一级台阶，这是符合礼制的。④**载书**：会盟时所签订的誓约文字。⑤**师**：军队。⑥**出境**：指出境进攻他国。⑦**而**：通"尔"，你。⑧**供命**：派军队任凭齐国进行调遣。⑨**故**：原有的礼节与传统。⑩**勤**：麻烦，劳烦。⑪**牺象**：装饰有牛形或象形的酒器。⑫**野合**：在野外进行演奏。

译文

过了一会儿，齐国方面演奏宫廷乐舞，歌舞艺人和矮人、小丑在国君面前表演歌舞杂技、调笑嬉戏。孔子快步上前，一步一个台阶，站在第二级上说："卑贱的人敢戏弄诸侯国君，其罪当斩。请右司马迅速对他们用刑。"于是斩杀了侏儒、小丑，砍断其手足。齐侯心中恐慌，脸上露出惭愧的神色。

正当齐、鲁两国就要歃血为盟时，齐国在盟书上加了一段话："齐国发兵远征时，鲁国假如不派三百辆兵车跟随，就要按照本盟约规定加以制裁。"孔子让鲁国大夫兹无还针锋相对地回应道："你齐国不归还我们汶阳的土地，而要让鲁国派兵跟从的话，齐国也要按本盟约的条文接受处罚。"

齐侯准备设宴款待鲁定公。孔子对齐大夫梁丘据说："齐、鲁两国的传统礼节，阁下难道没听说过吗？会盟既然已经完成，贵国国君却要设宴款待我国国君，这岂不是徒然烦扰贵国群臣？何况牛形和象形的酒器，按规矩不能拿出宫门，而雅乐也不能在荒野演奏。假如宴席上配备了这些酒器，就是背弃礼仪；假如宴席间一切都很简陋，就如同舍弃五谷而用秕稗。简陋的宴席有伤贵国国君的脸面，背弃礼法，贵国就会恶名昭彰，先生为什么不慎重考虑呢？宴客是为了发扬君主的德行，假如宴会不能发扬德行，倒不如干脆作罢更好。"于是齐国就取消了这次宴会。

齐侯回到都城，责备群臣说："鲁国的臣子用君子之道辅佐他们的国君，而你们却偏偏用偏僻蛮荒的少数部族的行为方式误导我，导致招来这些羞辱。"于是，齐国归还了以前侵占鲁国的四座城邑和汶河以北的土地。

原　文

孔子言于定公曰："家不藏甲①，邑无百雉②之城，古之制也。今三家过制，请皆损③之。"乃使季氏宰仲由隳三都。叔孙辄不得意于季氏，因费宰公山弗扰，率费人以袭鲁。孔子以公与季孙、叔孙、孟孙，入于季氏之宫，登武子之台④；费人攻之，及台侧，孔子命申句须、乐颀勒⑤士众下伐之，费人北⑥，遂隳三都之城。强公室，弱私家，尊君卑臣，政化大行。

注　释

①**甲**：泛指兵器。②**雉**：古代计算城墙面积所用的计量单位，一雉长三丈，高一丈。③**损**：削弱。④**武子之台**：位于季氏住宅内。⑤**勒**：指挥。⑥**北**：败逃。

译　文

孔子对鲁定公说："卿大夫的家中不得私藏兵器，封地内不得修建规模超过一百雉的都邑，这是古代的礼制。当前季孙氏、叔孙氏、孟孙氏三家大夫的城邑都逾越了礼制，请您消减他们的势力。"于是，鲁定公派季氏家臣仲由拆除三家大夫的城池——季孙氏的都城费、叔孙氏的都城郈、孟孙氏的都城成。叔孙氏的庶子叔孙辄得不到季孙氏的器重，联合费城的长官公山弗扰率领费人进攻鲁国都城曲阜。孔子保护着鲁定公和季孙氏、叔孙氏、孟孙氏三大夫躲入季氏的住宅，登上武子台。费人进攻武子台，攻到台的一侧，孔子命令申句须、乐颀两位大夫统领士卒前去抵挡，费人败退。这样，终于拆毁了三座都邑的城池。这一行动使鲁国国君的权力得到加强，大夫的势力被削减，国君得到尊崇，臣子地位下降，政治教化措施得到执行。

始　诛

原　文

孔子为鲁司寇①，摄行相事，有喜色。仲由问曰："由闻君子祸至不惧，福至不喜，今夫子得位而喜，何也？"孔子曰："然，有是言也。不曰'乐以贵下人'乎？"于是朝政②七日而诛乱政大夫少正卯，戮之于两观③之下，尸④于朝三日。

注释

①**司寇**：主管刑狱的高级官员。②**朝政**：此处为动词，执掌朝政。③**两观**：宫殿门外的两座高台。④**尸**：暴尸。

译文

孔子做鲁国的大司寇，代理行使宰相的职务，表现出高兴的神色。弟子仲由问他："我听说君子祸患来临不恐惧，幸运降临也不表现出欢喜。现在您得到高位而流露出欢喜的神色，这是为什么呢？"孔子回答说："对，确实有这样的说法，但不是也有'显贵后而仍以谦恭待人为乐事'的说法吗？"就这样，孔子执掌朝政七天就诛杀了扰乱朝政的大夫少正卯，在宫殿门外的两座高台下杀了他，还暴尸三日。

原文

子贡进曰："夫少正卯，鲁之闻人①也。今夫子为政而始诛之，或者为失乎？"孔子曰："居，吾语汝以其故。天下有大恶者五，而窃盗不与②焉。一曰心逆而险③，二曰行僻而坚④，三曰言伪而辩⑤，四曰记丑⑥而博，五曰顺非而泽⑦，此五者有一于人，则不免君子之诛，而少正卯皆兼有之。其居处足以撮徒成党，其谈说足以饰邪莹众，其强御足以反是独立⑧，此乃人之奸雄者也，不可以不除。夫殷汤诛尹谐、文王诛潘正、周公诛管蔡、太公诛华士、管仲诛付乙、子产诛史何，是此七子，皆异世而同诛者，以七子异世而同恶，故不可赦也。《诗》云：'忧心悄悄，愠于群小'，小人成群，斯足忧矣。"

注释

①**闻人**：有声名与威望的人。②**不与**：不在其中。③**险**：险恶。④**坚**：固执。⑤**言伪而辩**：言语虚伪但却说得像是很有道理似的。⑥**丑**：怪异之事。⑦**顺非而泽**：

顺着错误的言论,而且能够为之润色。⑧**强御足以反是独立**:强暴有势力,足以反对正道而独立成家。

译文

孔子的弟子子贡向孔子进言:"这个少正卯,是鲁国有声望的人,现在老师您刚执掌朝政首先就要杀掉他,可能有些失策吧?"孔子回答说:"坐下来,我告诉你杀他的缘由:天下称得上大恶的行为有五种,连盗窃的行为也不包括在内。一是思想悖逆却又心存险恶,二是行为怪僻而又坚定固执,三是言语虚假却又能言善辩,四是对怪异的事知道得过多,五是依顺错误还要掩过饰非。这五种大恶,人只要有其中的一恶,就免不了受到正人君子的诛杀,而少正卯这五种恶行样样都有。他拥有一定的权位足以聚集起自己的势力去结党营私,他的言论也足以迷惑众人来伪饰自己而得到声望,他的刚愎自恃足以颠倒是非,成为异端。这就是人中的奸雄啊!不可不及早除掉。历史上,殷汤杀掉尹谐,文王杀掉潘正,周公杀掉管叔、蔡叔,姜太公杀掉华士,管仲杀掉付乙,子产杀掉史何,这七个人生于不同时代但都被杀了头,原因是七个人尽管所处的时代不同,但所具有的恶行是一样的,所以对他们不能放过。《诗经》中所说的:'忧患重重难除掉,成群小人太可恼!'如果小人成群,那就足以令人担忧了。"

原文

孔子为鲁大司寇,有父子讼①者,夫子同狴(bì)②执③之,三月不别④。其父请止,夫子赦之焉。季孙闻之不悦,曰:"司寇欺余,曩(nǎng)⑤告余曰:'国家必先以孝。'余今戮一不孝以教民孝,不亦可乎?而又赦,何哉?"

注释

①**讼**:打官司。②**同狴**:同一牢房。③**执**:监禁。④**别**:判决。⑤**曩**:以前。

译文

孔子做鲁国的大司寇,有父子二人来打官司,孔子把他们羁押在同一间牢房里,过了三个月也不判决。父亲请求撤回诉讼,孔子就把父子二人都放了。季孙氏听到这件事,很不高兴,说:"司寇欺骗我,从前他曾对我说过:'治理国家、管理家族,一定要以提倡孝道为先。'现在我要杀掉一个不孝的人来教导百姓遵守孝道,不也可以吗?司寇却又赦免了他们,这是为什么呢?"

原　文

冉有以告孔子，子喟然叹曰："呜呼！上失其道①而杀其下，非理也。不教以孝而听②其狱，是杀不辜。三军大败，不可斩也；狱犴③不治，不可刑也。何者？上教之不行，罪不在民故也。夫慢令谨诛④，贼也；征敛无时，暴也；不试责成，虐也。政无此三者，然后刑可即也。《书》云：'义刑义杀，勿庸以即汝心，惟曰未有慎事。'言必教⑤而后刑⑥也。既陈道德以服之，而犹不可，尚⑦贤以劝之；又不可，即废之；又不可，而后以威惮之。若是三年，而百姓正矣。其有邪民不从化者，然后待之以刑，则民咸知罪矣。《诗》云：'天子是毗⑧，俾民不迷。'是以威厉而不试⑨，刑错⑩而不用。今世则不然，乱其教，繁其刑，使民迷惑而陷焉。又从而制之，故刑弥繁而盗不胜⑪也。夫三尺之限，空车不能登者，何哉？峻故也。百仞之山，重载⑫陟⑬焉，何哉？陵迟⑭故也。今世俗之陵迟久矣，虽有刑法，民能勿逾乎？"

注　释

①道：通"导"，教导。②听：断决。③狱犴：这里指刑狱。④慢令谨诛：法令废弛而刑杀严厉。⑤教：教化。⑥刑：刑罚。⑦尚：推崇。⑧毗：辅佐。⑨试：用。⑩错：同"措"，放置或废置，搁置不用。⑪不胜：不可胜数。⑫重载：载重的车子。⑬陟：登上，向高处走。⑭陵迟：这里指坡度斜缓。

译　文

冉有把季孙氏的话告诉了孔子，孔子叹息说："唉！身居上位不按道行事而滥杀百姓，这违背常理。不用孝道来教化民众而随意判决官司，这是滥杀无辜。三军打了败仗，是不能用杀士卒来解决问题的；刑事案件不断发生，是不能用严酷的刑罚来制止的。为什么呢？统治者的教化没有起到作用，罪责不在百姓一方。法律松弛而刑杀严酷，是残害百姓的行径；随意横征暴敛，是凶恶残酷的暴政；不加以教化而苛求百姓遵守礼法，是暴虐的行为。施政中没有这三种弊害，然后才可以使用刑罚。《尚书》

记载：'刑杀要符合正义，不能随心所欲，断案不是那么顺当的事。'说的是先施教化后用刑罚。先陈说道理使百姓明白敬服，如果还不行，就应该以贤良的人为表率引导鼓励他们；还不行，就废黜无能之辈；还不行，才可以用威势震慑他们。这样坚持三年之后，百姓就会走上正道。其中有些不遵守教化的顽劣之徒，对他们就可以用刑罚。这样一来百姓都知道什么是犯罪了。《诗经》说：'辅佐天子，使百姓不迷惑。'能做到这些，就不必用严刑峻法，刑法也可以搁置不用了。当今之世却不是这样，教化紊乱，刑罚繁多，使民众迷惑而随时会落入陷阱。官吏又用繁多的刑律来控制约束百姓，所以刑罚越繁，盗贼越多。三尺高的门槛，即使空车也不能越过，为什么呢？是因为门槛高的缘故。一座百仞高的山，负载极重的车子也能登上去，为什么呢？因为山是由低到高缓缓升上去的，车就可以慢慢登上去。当前的社会风气已经败坏很久了，即使有严刑苛法，百姓能不违法吗？"

王言解

原文

孔子闲居，曾参侍。孔子曰："参乎，今之君子，唯士与大夫之言可闻也。至于君子之言者，希也。於乎！吾以王言之，其不出户牖①而化天下。"

注释

①户牖：门窗。

译文

孔子在家闲居，弟子曾参在身边陪侍。孔子说："曾参啊！当今身居高位的人，只能听到士和大夫的言论，至于那些有高尚道德的君子的言论，就很少听到了。唉，我若把成就王业的道理讲给居高位的人听，他们不出门就可以治理好天下了。"

原文

曾子起，下席而对曰："敢问何谓王之言？"孔子不应。曾子曰："侍夫子之闲也，难对是以敢问。"孔子又不应。曾子肃然而惧，抠衣①而退，负席而立。

注释

①抠衣：提起衣服。

译文

曾参谦恭地站起来，走下坐席问孔子："请问先生，什么才是成就王业的至理名言呢？"孔子不回答。曾参又说："恰逢先生您有空闲的时候，对这问题难以理解，我才敢大胆向您请教。"孔子又不回答。曾参紧张而害怕，提起衣襟退下去，背对着座位站在那里。

原文

有顷，孔子叹息，顾谓曾子曰："参，汝可语明王之道与？"曾子曰："非敢以为足也，请因①所闻而学焉。"

子曰："居，吾语汝。夫道者，所以明德也。德者，所以尊道也。是以非德道不尊，非道德不明。虽②有国之良马，不以其道服乘③之，不可以道④里。虽有博地众民，不以其道治之，不可以致霸王。是故，昔者明王内修七教，外行三至。七教修，然后可以守；三至行，然后可以征。明王之道，其守也，则必折冲⑤千里之外；其征也，则必还师衽(rèn)席之上。故曰内修七教而上不劳，外行三至而财不费。此之谓明王之道也。"

注释

①因：根据。②虽：即使。③服：使用。④道：取道，行驶。⑤折冲：击败敌人。冲，冲车，指一种兵车。

译文

过了一会儿，孔子叹息了一声，回头对曾参说："曾参啊！可以对你谈谈古代明君治国之道吗？"曾参回答说："我不敢认为自己有了足够的知识能听懂您谈治国的道理，只是想通过听您的讲解来学习。"

孔子说："你坐下来，我讲给你听。所谓道，是用来彰明德行的。德，是用来尊崇道义的。所以没有德行，道义就不能被尊崇；没有道义，德行也无法发扬光大。即使有国内最好的马，如果不能按照正确的方法来骑乘，它也不可能在道路上奔跑一步。

一个国家即使有广阔的土地和众多的百姓，如果国君不用正确的方法来治理，也不可能成就伟大的功业。因此，古代圣明的国君在内施行'七教'，对外施行'三至'。'七教'修成，就可以守卫国家；'三至'施行，就可以讨伐外敌。圣明国君的治国之道，守卫国家，一定能击败千里之外的敌人；对外征伐，也一定能得胜还朝。因此说，在内施行'七教'，国君就不会因政事而烦劳；对外施行'三至'，就不至于劳民伤财。这就是所说的古代明王的治国之道。"

原文

曾子曰："不劳不费之谓明王，可得闻乎？"孔子曰："昔者帝舜左禹而右皋陶（gāo yáo），不下席而天下治。夫如此，何上之劳乎。政之不平，君之患也；令之不行，臣之罪也。若乃十一而税①，用民之力，岁不过三日。入山泽以其时而无征，关讥②市廛（chán）③皆不收赋，此则生财之路，而明王节之④，何财之费乎？"

注释

①**十一而税**：征收总体十分之一额度的税款。②**讥**：查看，检查。③**廛**：集市中堆积、储藏货物的房子。引申为市场。④**而明王节之**：《大戴礼记·主言》作"明王舍其四者而节气二者"。四者指关、市、山、泽，二者指田税、民力。

译文

曾参问道："不为政事烦劳、不劳民伤财叫作明君，其中的道理可以讲给我听听吗？"孔子说："古代的圣王舜身边有两个得力臣子——禹和皋陶，他不用走下坐席，天下就治理好了。这样，国君还有什么可以为之烦劳的呢？国家政局不稳，是国君最大的忧患；政令不能推行是臣子的罪责。如果施行十分之一的税率，民众服劳役一年不超过三天，让百姓按季节进入山林湖泊来伐木渔猎而不滥征税，交易场所也不滥收赋税，这些都是生财之路，而圣明的君主有节制地征收田税和使用民力，怎么还会浪费财力呢？"

原文

曾子曰："敢问何谓七教？"孔子曰："上敬老则下益孝，上尊齿①则下益悌（tì）②，上乐施则下益宽，上亲贤则下择友，上好德则下不隐，上恶贪则下耻争，上廉让则下耻节，此之谓七教。七教者，治民之本也。政教定，则本正也。凡上者，民之表也，表正则何物不正？是故人君先立仁于己，然后大夫忠而士信，民敦③俗朴④，男悫⑤(què)而女贞。六者，教之致⑥也。布诸天下四方而不窕⑦(tiǎo)，纳诸寻常之室而不塞。等⑧之以礼，立之以义，行之以顺，则民之弃恶如汤之灌雪焉。"

注释

①齿：代指年长之人。②悌：尊敬兄长。③敦：敦厚。④朴：淳朴。⑤悫：诚实。⑥致：结果。⑦窕：间隙，未充满。⑧等：划分等级。

译文

曾参问："敢问什么是七教呢？"孔子回答说："居上位的人尊敬老人，那么下层百姓会更加遵行孝道；居上位的人尊敬比自己年长的人，下层百姓会更加敬爱兄长；居上位的人乐善好施，下层百姓会更加宽厚；居上位的人亲近贤人，百姓就会择良友而交往；居上位的人注重道德修养，百姓就不会隐居不仕；居上位的人憎恶贪婪的行为，百姓就会以争利为耻；居上位的人讲究廉洁谦让，百姓就会以不讲气节德操为耻。这就是所说的七种教化。这七教，是治理民众的根本。政治教化的原则确定了，那治民的根本就端正了。凡是身居上位的人，都是百姓的表率，表率正确还有什么是不正的呢？因此国君首先能做到仁，然后大夫也就会做到忠于国君，而士也就能做到讲信义，民心敦厚、民风淳朴，男人诚实谨慎，女子忠贞不贰。这六个方面，是教化导致的结果。这样的教化散布天下四方，而不会产生阻塞，用来治理普通家庭，而不会遭到拒绝。用礼来区分人的等级尊卑，以道义立身处世，遵照礼法来行事，那么百姓放弃恶行就如同用热水浇灌积雪（使之融化）一样容易了。"

原文

曾子曰："道则至矣，弟子不足以明之。"孔子曰："参以为姑止乎？又有焉。昔者明王之治民也，法必裂地以封①之，分属以理之，然后贤民无所隐，暴民无所伏。使有司日省而时考之，进用贤良，退贬不肖，然则贤者悦而不肖者惧。哀鳏(guān)寡，养孤独,恤贫穷,诱孝悌,选才能。此七者修,则四海之内无刑民矣。上之亲下也,如手足之于腹心;下之亲上也,如幼子之于慈母矣。上下相亲如此,故令则从,施则行,民怀其德,近者悦服,远者来附,政之致也。夫布指知寸,布手知尺,舒肘知寻②,斯不远之则也。周制,三百步为里,千步为井,三井而埒(liè),埒③三而矩,五十里而都,封百里而有国,乃为蓄积资聚④焉。恤行者之有亡⑤。是以蛮夷⑥诸夏,虽衣冠不同,言语不合,莫不来宾⑦。故曰:无市而民不乏,无刑而民不乱,田猎罩弋⑧,非以盈宫室也;征敛百姓,非以盈府库也。惨怛(dá)⑨以补不足,礼节⑩以损有余,多信而寡貌。其礼可守,其言可覆,其迹可履。如饥而食,如渴而饮。民之信之,如寒暑之必验。故视远若迩,非道迩也,见明德也。是故兵革不动而威,用利不施而亲,万民怀其惠,此之谓明王之守,折冲千里之外者也。"

注 释

①裂地:划分属地。封,君主把土地或者爵位赏赐给臣子。②寻:度量单位,两臂伸展开的距离算是一寻。③埒:田地之间修建起来的分界矮墙。④蓄积资聚:积累生活资料。⑤恤行者之有亡:同情帮助流浪外出的人们。⑥蛮夷:代指四方的各种少数民族。⑦来宾:前来归附朝见。⑧罩弋:捕鱼或捕鸟的竹制器物。弋,把绳子绑在箭上射出去。⑨惨怛:忧伤,悲痛。怛,痛苦。⑩礼节:以礼来作为节制。

译 文

曾参又说:"这样的治国方法确实是最好的了,只是我还不足以进一步深入理解它。"孔子说:"你以为这些就够了吗?还有呢!古代圣明的君主治理百姓,按照法规,一定要把土地分封出去,分别派官吏来治理。这样,贤良的人不会被埋没,顽劣的暴民也无处隐藏。派主管官员经常视察、定期考核,选用提拔贤良的人,罢免贬斥才能与品德差的官员。这样一来,贤良的人就会愉快,而才能品德差的官员就会害怕。怜悯无妻或丧妻的老年男子和无夫或丧夫的老年妇女,抚养幼年丧父的孤儿和老年无子的人，同情穷苦贫困的人，诱导百姓孝敬父母、尊重兄长，选拔有才能的人。一个国家做到这七个方面，那么四海之内就没有犯罪的人了。身居上位的人爱护百姓，如同手足爱护腹心；那么百姓爱戴居上位者，也如同幼儿对待慈母。上下能如此相亲相爱，上面的命令，百姓就会听从，政治举措也得以推行，民众会感怀他的德政，身边的人会心悦诚服，远方的人会来归附，这是政治所能达到的最高境界。伸开手指可以知道寸的长短，伸开手掌可以知道尺的长短，展开肘臂可以知道寻有多长，这是近在身边的准则。周代的制度以三百步为一里，一千步见方为一井，三井合为一埒，三埒成为一矩，方圆五十里的地域可以建都邑，分封百里的土地可以建国家，这是为了积蓄生活所需的物品，让安居的人帮助居无定所的人。因此，无论偏远地方的少数民族，还是中原诸国，虽然服装不同，言语不通，没有不前来归附的。所以说：ّ没有市场交易，百姓也不缺乏生活用品；没有严刑峻法，社会秩序也不会混乱'。捕猎野兽鱼鳖不是为了充盈宫室，征敛赋税也不是为了充实国库，以伤痛忧惧之心补救灾年的不足，用礼来节制防范淫逸奢靡。多一些诚信，少一些表面形式，礼法就会得到遵守，说出的话就能履行，做出的行为就会成为百姓的表率。就像饿了要吃饭，渴了要喝水，百姓信任国君就像相信寒来暑往的规律一样自然。国君离百姓虽远，可觉得就像在身边一样，这不是距离近的缘故，而是四海之内都可看到圣明的德政。所以不动用武力就有威慑力，不必赏赐财物，臣民自然会前来亲附，天下百姓都感受到国君的恩惠。这就是人们所说的圣明国君守御国家的方法，也是国家能打败千里之外的敌人的原因。"

原文

曾子曰："敢问何谓三至？"孔子曰："至礼不让①，而天下治；至赏不费②，而天下士悦；至乐无声，而天下民和。明王笃行③三至，故天下之君可得而知，天下之士可得而臣，天下之民可得而用。"

曾子曰："敢问此义何谓？"孔子曰："古者明王必尽知天下良士之名，既知其名，又知其实，又知其数④，及其所在焉。然后因⑤天下之爵以尊之，此之谓至礼不让而天下治。因天下之禄以富天下之士，此之谓至赏不费而天下之士悦。如此则天下之民名誉兴焉,此之谓至乐无声而天下之民和。故曰:'所谓天下之至仁者,能合天下之至亲也;所谓天下之至明者,能举天下之至贤者也。'此三者咸⑥通,然后可以征。是故仁者莫大乎爱人,智者莫大乎知贤,贤政者莫大乎官能⑦。有土之君,修此三者,则四海之内供命⑧而已矣。夫明王之所征,必道之所废者也,是故诛其君而改其政,吊其民而不夺其财。故明王之政,犹时雨之降,降至则民悦矣。是故行施弥博,得亲弥众。此之谓还师衽席⑨之上。"

注释

①**让**:谦让。②**费**:财物出现破费。③**笃行**:忠实地执行。④**数**:数量。⑤**因**:通过。⑥**咸**:都。⑦**官能**:任用贤能之人。⑧**供命**:听从命令。⑨**衽席**:朝堂举办宴席时所设置的坐席。

译文

曾参又问:"敢问什么是三至呢?"孔子回答说:"最高的礼节是不谦让而天下得到治理,最高的奖赏是不耗费财物而天下的士人都很高兴,最美妙的音乐是没有声音而使百姓和睦。圣明的国君努力做到这三种极致,就可以知道谁是能治理好天下的国君,天下的士人都可以成为他的臣子,天下的百姓都能为他所用。"

曾参问:"敢问这是什么意思呢?"孔子回答说:"古代圣明的国君必定知道天下所有贤良士人的名字,既知道他们的名字,又知道他们的实际才能,还清楚他们的人数,以及他们所住的地方。然后把天下的爵位封给他们,使他们得到尊崇,这就是最高的礼节,不谦让而天下得到治理。用天下的禄位使天下的士人得到富贵,这就是最高的奖赏,不耗费财物而天下的士人都会高兴。如此则天下的人就会重视名誉,这就是最美妙的音乐没有声音的道理。所以说:'天下最仁慈的人,能亲和天下至亲的人;天下最明智的人,能任用天下使百姓和睦的人;天下最英明的人,能任用天下最贤良的人。'这三方面都做到了,然后可以对外征伐。因此,仁慈者莫过于爱护人民,有智者莫过于知道贤人,善于执政的君主莫过于选拔贤能的官吏。拥有疆土的国君能做到这三点,那么天下的人都可以与他同呼吸、共命运了。圣明君主征伐的国家,必定是礼法废弛的国家。所以要杀掉他们的国君来改变这个国家的政治,抚慰这个国家的百姓而不掠夺他们的财物。因此圣明君主的政治就像及时雨,降下百姓就欢愉。所以,他的教化施行的范围越广大,亲附他的民众也越多,这就是军队出征能够凯旋的原因。"

大婚解

原文

孔子侍坐于哀公①。公曰："敢问人道孰为大？"孔子愀(qiǎo)然作色②而对曰："君及此言也，百姓之惠也，固臣敢无辞③而对。人道政为大。夫政者，正也。君为正，则百姓从而正矣。君之所为，百姓之所从。君不为正，百姓何所从乎！"公曰："敢问为政如之何？"孔子对曰："夫妇别、男女亲、君臣信。三者正，则庶物④从之。"公曰："寡人⑤虽无能也，愿知所以行三者之道，可得闻乎？"孔子对曰："古之政，爱人为大；所以治爱人，礼为大；所以治礼，敬为大；敬之至矣，大婚为大。大婚至矣，冕而亲迎。亲迎者，敬之也。是故君子兴敬为亲，舍敬则是遗亲也。弗亲弗敬，弗尊也。爱与敬，其政之本与！"

注释

①哀公：鲁哀公（？—前468年），姬姓，名将，鲁定公之子，春秋时代鲁国第二十六任君主，公元前494—前468年在位。②愀然作色：表情变得严肃。③无辞：不推辞。④庶物：寻常的事物。⑤寡人：君王、诸侯、大夫的自称。

译文

孔子陪鲁哀公坐着说话，哀公问道："请问治理民众的措施中，什么最重要？"孔子的神色变得严肃起来，回答道："您能谈到这个问题，真是百姓的幸运啊，所以为臣不敢推辞，必须回答这个问题。在治理民众的措施中，政事最重要。所谓政，就是正。国君做得正，那么百姓也就跟着做得正了。国君的所作所为，百姓是要跟着学的。国君做得不正，百姓跟他学什么呢？"哀公问："请问如何治理政事呢？"孔子回答说："夫妇要有别，男女要相亲，君臣要讲信义。这三件事做好了，那么其他的事就可以做好了。"哀公说："我虽然没有才能，但还是希望知道施行这三件事的方法，可以说给我听听吗？"孔子回答说："古人处理政事，爱人最为重要；要做到爱人，施行礼仪最重要；要施行礼仪，恭敬最为重要；最恭敬的事，以天子诸侯的婚姻最为重要。结婚的时候，天子诸侯要穿上冕服亲自去迎接。亲自迎接，是表示敬慕的感情。所以君子要用敬慕的感情和她相亲相爱，如果没有敬意，就是背弃了相爱的感情。不亲不敬，双方就不能互相尊重。爱与敬，大概是治国的根本吧！"

原文

公曰："寡人愿有言也。然冕而亲迎，不已重乎？"孔子愀然作色而对曰："合二姓之好①，以继先圣之后，以为天下宗庙社稷之主，君何谓已重焉"？公曰："寡人实固②，不固安得闻此言乎？寡人欲问，不能为辞③，请少进。"孔子曰："天地不合，万物不生。大婚，万世之嗣也。君何谓已重焉？"孔子遂言曰："内以治宗庙之礼，足以配天地之神；出以治直言之礼，足以立上下之敬。物耻则足以振之，国耻则足以兴之，故为政先乎礼，礼其政之本与？"孔子遂言曰："昔三代④明王，必敬妻子⑤也，盖有道焉。妻也者，亲之主也，子也者，亲之后也，敢不敬与？是故君子无不敬。敬也者，敬身为大。身也者，亲之支也，敢不敬与？不敬其身，是伤其亲；伤其亲，是伤其本也；伤其本，则支从之而亡。三者，百姓之象也。身以及身，子以及子，妃以及妃，君以修此三者，则大化忾⑥(kài)乎天下矣。昔太王之道也，如此，国家顺矣。"

注释

①**合二姓之好**：将两种血统融合到一起，指成为姻亲。②**固**：鄙陋。③**不能为辞**：不考虑相应的措辞。④**三代**：指夏、商、周三代。⑤**妻子**：妻子与儿女。⑥**忾**：至，遍及。

译文

哀公说："我还想问问您，天子诸侯穿冕服亲自去迎亲，不是过于隆重了吗？"孔子脸色更加严肃地回答说："婚姻是两个不同姓氏的交好，以延续祖宗的后嗣，使之成为天地、宗庙、社稷祭祀的主人，您怎么能说过于隆重了呢？"哀公说："我这个人很浅陋，不浅陋，怎能听到您这番话呢？我想问，又找不到合适的言辞，请慢慢给我讲一讲吧。"孔子说："天地阴阳不交合，万物就不会生长。天子诸侯的婚姻，是诞生使社稷得以延续万代的后嗣的大事,怎么能说太隆重了呢？"孔子接着又说："夫妇对内主持宗庙祭祀的礼仪，足以与天地之神相配；对外掌管发布政教的号令，能够确立君臣上下之间的恭敬之礼。事情不合礼法可以改变，国家有丧乱可以振兴。所以处理政事先要有礼，礼不就是执政的根本吗？"孔子继续说："从前夏、商、周三代圣明的君主处理政事，必定敬重他们的妻子，这是有道理的。妻子是祭祀宗庙的主体，儿子是传宗接代的人，能不敬重吗？所以君子对妻儿没有不敬重的。敬重这件事，敬重自身最为重要。自身是家庭延续的承担者，能够不敬重吗？不敬重自身，就是伤害了亲人；伤害了亲人，就是伤害了根本；伤害了根本，支属就要随之灭绝。自身、妻子、儿女这三者，百姓也像国君一样都是有的。由自身想到百姓之身，由自己的儿子想到百姓的儿子，由自己的妻子想到百姓的妻子，国君能做到这三方面的敬重，那么教化就得以遍及天下了。这是从前太王施行的治国方法，能够这样，国家就顺畅了。"

原　文

公曰："敢问何谓敬身？"孔子对曰："君子过言①则民作辞，过行②则民作则。言不过辞，动不过则，百姓恭敬以从命。若是则可谓能敬其身，敬其身则能成其亲矣。"公曰："何谓成其亲？"孔子对曰："君子者，乃人之成名③也。百姓与名，谓之君子，则是成其亲为君而为其子也。"孔子遂言曰："爱政而不能爱人，则不能成其身；不能成其身，则不能安其土；不能安其土，则不能乐天。不能乐天，则不能成其身。"公曰："敢问何能成身？"孔子对曰："夫其行己不过乎物，谓之成身。不过乎物，合天道也。"公曰："君子何贵乎天道也？"孔子曰："贵其不已也。如日月东西相从而不已也，是天道也；不闭而能久，是天道也；无为而物成，是天道也；已成而明之，是天道也。"公曰："寡人且愚冥，幸烦子之于心。"孔子蹵然④避席而对曰："仁人不过乎物，孝子不过乎亲。是故仁人之事亲也如事天，事天如事亲，此谓孝子成身。"公曰："寡人既闻如此言也，无如后罪何⑤？"孔子对曰："君子及此言，是臣之福也。"

注释

①**过言**：言语上的过失。②**过行**：行为上的过失。③**成名**：成通"盛"。指尊显的名称。④**蹴然**：不安的样子。⑤**无如后罪何**：将来出了差错该怎么办呢？

译文

哀公问："请问什么是敬重自身？"孔子回答说："国君说错了话，民众就随之说错话，国君做错了事，民众就跟着效仿。君主不说错话、不做错事，百姓就会恭恭敬敬地服从国君的号令了。如果能做到这一点，就可以说能敬重自身了，这样就能成就其亲人了。"哀公问："什么是成就其亲人？"孔子回答道："所谓君子，就是有名望的人。百姓送给他的名称称作君子，就是称他的亲人为有名望的人，而他是有名望的人的儿子。"孔子接着说："只注重政治而不能爱护民众，就不能成就自身；不能成就自身，就不能使自己的国家安定；不能使自己的国家安定，就不能无忧无虑；不能无忧无虑，就不能成就自身。"哀公问："请问怎么做才能成就自身？"孔子回答说："自己做任何事都要合乎常理不越过界限，就可以说成就自身了。不逾越常理，就是合乎天道。"哀公问："请问君子为何尊重天道呢？"孔子回答说："尊重它是因为它不停顿地运行，就像太阳、月亮每天东升西落一样，这就是天道；运行无阻而能长久，这也是天道；不见有所作为而万物发育成长，这也是天道；成就了自己而功业也得到显扬，这也是天道。"哀公说："我实在愚昧，幸亏您耐心地给我讲这些道理。"孔子恭敬地离开坐席回答说："仁人不能逾越事物的自然法则，孝子不能超越亲情的规范。因此仁人侍奉父母，就如同侍奉天一样；侍奉天，就如同侍奉父母一样。这就是孝子成就自身。"哀公说："我既然听到了这些道理，将来还会有过错怎么办呢？"孔子说："您能说出这样的话，这是臣下的福分啊！"

儒行解

原文

孔子在卫，冉求①言于季孙②曰："国有圣人而不能用，欲以求治，是犹却步而欲求及前人，不可得已。今孔子在卫，卫将用之。已有才而以资邻国，难以言智也，请以重币迎之。"季孙以告哀公，公从之。孔子既至，舍哀公馆焉。公自阼阶，孔子宾阶，升堂立侍。公曰："夫子之服，其儒服与？"孔子对曰："丘少居鲁，衣逢掖之衣③。长居宋，冠章甫之冠④。丘闻之，君子之学也博，其服以乡，丘未知其为儒服也。"公曰："敢问儒行？"孔子曰："略言之，则不能终其物；悉数之，则留更仆⑤未可以对。"

注释

①**冉求**：孔子的学生，名求，字子有，是季孙氏的家臣。②**季孙**：这里指季康子，鲁国大夫，在鲁国专权。③**逢掖之衣**：一种宽袖的衣服，是古代儒者常穿的服饰。④**章甫之冠**：缁布冠，是古代人们举行冠礼时戴的帽子。⑤**留更仆**：太仆长时间侍奉，到了换班的时间，借指很长的时间。

译文

孔子在卫国，冉求对季孙氏说："国家有圣人却不能用，这样想治理好国家，就像倒着走而又想赶上前面的人一样，是不可能的。现在孔子在卫国，卫国将要任用他，我们自己有人才却去帮助邻国，难以说是明智之举。请您用丰厚的礼物把他请回来。"季孙氏把冉求的建议禀告了鲁哀公，鲁哀公听从了这一建议。孔子回到鲁国，住在鲁哀公招待客人的馆舍里。哀公从大堂东面的台阶走下来迎接孔子，孔子从大堂西面的台阶上来觐见哀公，然后到大堂里，孔子站着陪哀公说话。鲁哀公问孔子说："先生穿的衣服，是儒者的服装吗？"孔子回答说："我小时候住在鲁国，穿的是宽袖的衣服；长大后住在宋国，戴的是缁布做的礼冠。我听说，君子学问要广博，穿衣服要入乡随俗。我不知道这

● **儒服儒行**

鲁哀公问孔子穿的是否是儒服，孔子说君子依靠的是自身的博学，服装仅仅是入乡随俗，所以不清楚是否是儒服。鲁哀公又问儒者的品行，孔子详细介绍了儒者的自立、近情、刚毅等十几种德行。

是不是儒者的服装。"鲁哀公问:"请问儒者的行为是什么样的呢?"孔子回答说:"粗略地讲,不能把儒者的行为讲完;如果详细地讲,讲到侍御的人换班也难以讲完。"

原文

哀公命席,孔子侍坐,曰:"儒有席上之珍以待聘①,夙夜强学以待问,怀忠信以待举,力行以待取,其自立有如此者。

儒有衣冠中,动作慎,其大让如慢,小让如伪。大则如威,小则如愧。难进而易退,粥粥②若无能也。其容貌有如此者。

儒有居处齐难,其起坐恭敬,言必诚信,行必忠正。道涂不争险易之利,冬夏不争阴阳之和。爱其死以有待也,养其身以有为也。其备预有如此者。

儒有不宝金玉,而忠信以为宝;不祈土地,而仁义以为土地;不求多积,多文以为富。难得而易禄也,易禄而难畜也。非时不见,不亦难得乎?非义不合,不亦难畜乎?先劳而后禄,不亦易禄乎?其近人情有如此者。

儒有委之以财货而不贪,淹之以乐好而不淫,劫之以众而不惧,阻之以兵而不慑。见利不亏其义,见死不更其守。鸷虫攫搏不程其勇,引重鼎不程其力,往者不悔,来者不豫。过言不再,流言不极。不断其威,不习其谋。其特立有如此者。

儒有可亲而不可劫,可近而不可迫,可杀而不可辱。其居处不过,其饮食不溽③;其过失可微辩而不可面数也。其刚毅有如此者。

儒有忠信以为甲胄,礼义以为干橹;戴仁而行,抱德而处。虽有暴政,不更其所。其自立有如此者。

儒有一亩之宫,环堵之室,筚(bì)门圭窬(yú)④,蓬户瓮牖(yǒu),易衣而出,并日而食。上答之，不敢以疑，上不答之，不敢以谄；其为士有如此者。

儒有今人以居，古人以稽；今世行之，后世以为楷。若不逢世，上所不受，下所不推，诡谄之民有比党而危之者，身可危也，其志不可夺也。虽危起居，犹竟信其志，乃不忘百姓之病也。其忧思有如此者。

儒有博学而不穷，笃行而不倦，幽居而不淫，上通而不困。礼必以和，优游以法。慕贤而容众，毁方而瓦合。其宽裕有如此者。

儒有内称不避亲，外举不避怨。程功积事，不求厚禄，推贤达能，不望其报。君得其志，民赖其德，苟利国家，不求富贵。其举贤援能有如此者。

儒有澡身浴德，陈言而伏。静言而正之，而上下不知也。默而翘⑤之，又不急为也。不临深而为高，不加少而为多；世治不轻，世乱不沮；同己不与，异己不非。其特立独行有如此者。

儒有上不臣天子，下不事诸侯，慎静尚宽，砥厉廉隅，强毅以与人，博学以知服。虽以分国，视之如锱(zī)铢(yú)，弗肯臣仕。其规为有如此者。

儒有合志同方，营道同术，并立则乐，相下不厌。久别则闻流言不信，义同而进，不同而退，其交有如此者。

夫温良者，仁之本也；慎敬者，仁之地也；宽裕者，仁之作也；逊接者，仁之能也；礼节者，仁之貌也；言谈者，仁之文也；歌乐者，仁之和也；分散者，仁之施也。儒皆兼此而有之，犹且不敢言仁也。其尊让有如此者。

儒有不陨获⁶于贫贱，不充诎⁷于富贵；不溷君王，不累长上，不闵有司，故曰儒。今人之名儒也妄，常以儒相诟疾。"

哀公既得闻此言也，言加信，行加敬。曰："终殁吾世，弗敢复以儒为戏矣。"

注 释

①**聘**：任用。②**粥粥**：软弱的样子。③**溷**：油腻。④**荜门**：荆条编织的门。**圭窬**：门旁边像圭形的小窗户。⑤**翘**：观望等待。⑥**陨获**：堕落。⑦**充诎**：扬扬自得。

译 文

鲁哀公让人设席，孔子陪坐在旁边，说："儒者如同席上的珍品等待别人来选用，昼夜不停地学习等待别人来请教，心怀忠信等待别人举荐，努力做事等待别人录用。儒者自修立身就是这样的。

儒者的衣冠周正，行为谨慎，对大事推让好像很傲慢，对小事推让好像很虚伪。做大事时神态慎重像心怀畏惧，做小事时小心谨慎像不敢去做。难于进取而易于退让，柔弱谦恭像是很无能的样子。儒者的容貌就是这样的。

儒者的起居庄重谨慎，坐立行走恭敬，讲话一定诚信，行为必定中正。在路途中不与人争好走的路，冬夏之季不与人争冬暖夏凉的地方。不轻易赴死以等待值得去牺牲生命的事情，保养身体以期待有所作为。儒者预先准备就是这样的。

儒者宝贵的不是金玉而是忠信，不谋求占有土地而把仁义当作土地，不求积蓄很多财富而把学问广博作为财富。儒者难以得到却容易供养，容易供养却难以留住。不到适当的时候不会出现，不是很难得吗？不正义的事情就不合作，不是很难留住他们吗？先效力而后才要俸禄，不是很容易供养吗？儒者近乎人情就是这样的。

儒者对于别人委托的财货不会有贪心，身处玩乐之境而不会沉迷，众人威逼也不惧怕，用武力威胁也不会恐惧。见利不会忘义，见死不改操守。遇到猛禽猛兽的攻击，不度量自己的力量而与之搏斗，推举重鼎不度量自己的力量尽力而为。对过往的事情不追悔，对未来的事情不疑虑。错话不说两次，流言不去追究。时常保持威严，不学习什么权谋。儒者的特立独行就是这样的。

儒者可以亲近而不可以胁迫，可以接近而不可以威逼，可以被杀而不可被侮辱。他们的住所不奢侈，他们的饮食不丰盛，他们的过失可以委婉地指出而不可当面数落。儒者的刚强坚毅就是这样的。

儒者以忠信作为铠甲，以礼仪作为盾牌，心中想着仁去行动，怀抱着德来居处，即使遇到暴政，也不改变操守。儒者的自立就是这样的。

儒者有一亩地的宅院，居住着一丈见方的房间，荆竹编的院门狭小如洞，用蓬草编作房门，用破瓮作为窗框。外出时才换件遮体的衣服，一天的饭合并为一顿来吃。君上采纳他的建议，不敢产生怀疑；君上不采纳他的建议，也不敢谄媚求进。儒者做官的原则就是这样的。

儒者与今人一起居住，而以古人的道德标准要求自己；儒者今世的行为，可以作为后世的楷模。如果生不逢时，上面没人提携，下面没人推荐，进谗谄媚的人又合伙来陷害他，只可危害他的身体，而不可剥夺他的志向。虽然能危害他的生活起居，他最终还要施展自己的志向抱负，仍不忘百姓的痛苦。儒者的忧思就是这样的。

儒者广博地学习而无休止，专意实行而不倦怠，独处时不放纵自己，通达于上时不离道义。遵循以和为贵的原则，悠然自得而有节制。仰慕贤人而容纳众人，有时可削减自己的棱角而依随众人。儒者的宽容大度就是这样的。

儒者举荐人才，对内不避亲属，对外不避有仇怨的人。度量功绩，积累事实，不谋求更高的禄位。推荐贤能而使他们身居高位，不期望他们的报答。国君满足了用贤的愿望，百姓依仗他的仁德。只要有利于国家，不贪图个人的富贵。儒者举贤荐能就是这样的。

儒者沐身心于道德之中，陈述自己的意见而伏听君命。平静地纠正国君的过失，君上和臣下都难以觉察。默默地等待，不急于去做。不在地位低下的人面前显示自己的高明，不把少的功劳夸大为多。国家大治的时候，群贤并处而不自轻；国家混乱的时候，坚守正道而不沮丧。不和志向相同的人结党营私，也不诋毁和自己政见不同的人。儒者的特立独行就是这样的。

儒者中有这样一类人，对上不做天子的臣下，对下不侍奉诸侯，谨慎安静而崇尚宽厚，磨炼自己端方正直的品格。待人接物刚强坚毅，广博地学习而又知所当行。即使把国家分给他，他也看作是锱铢小事，不肯做别人的臣下和官吏。儒者规范自己的行为就是这样的。

儒者交朋友，要志趣相合，方向一致，营求道艺，路数相同。地位相等都高兴，地位互有上下彼此也不厌弃。久不相见，听到对方的流言蜚语也绝不相信。志向相同就进一步交往，志向不同就退避疏远。儒者交朋友的态度就是这样的。

温和善良是仁的根本，恭敬谨慎是仁的基础，宽宏大量是仁的开始，谦逊待人是仁的功能，礼节是仁的外表，言谈是仁的文采，歌舞音乐是仁的和谐，分散财物是仁的施予。儒者兼有这几种美德，还不敢说已经做到仁了。儒者的恭敬谦让就是这样的。

儒者不因贫贱而灰心丧气，不因富贵而得意忘形。不玷辱君王，不拖累长上，不给有关官吏带来困扰，因此叫作儒。现今人们对儒这个名称的理解是虚妄不实的，经常被人称作儒来相互讥讽。"

鲁哀公听到这些话后，自己说话更加守信，行为更加严谨，说："直到我死，再不敢拿儒者开玩笑了。"

问 礼

原文

哀公问于孔子曰："大礼①何如？子之言礼，何其尊也。"孔子对曰："丘也鄙人，不足以知大礼也。"公曰："吾子②言焉。"孔子曰："丘闻之，民之所以生者，礼为大。非礼则无以节事天地之神焉，非礼则无以辨君臣上下长幼之位焉，非礼则无以别男女、父子、兄弟、婚姻、亲族、疏数之交焉。是故君子此之为尊敬，然后以其所能教顺百姓，不废其会节。既有成事，而后治其文章黼黻③，以别尊卑、上下之等。其顺之也，而后言其丧祭之纪、宗庙之序，品其牺牲，设其豕腊，修其岁时，以敬其祭祀，别其亲疏，序其昭穆④，而后宗族会宴，即安其居，以缀恩义。卑其宫室，节其服御⑤，车不雕玑⑥，器不雕镂，食不二味，心不淫志，以与万民同利。古之明王行礼也如此。"

注释

①**大礼**：隆重的礼仪。②**吾子**：对人的尊称，犹言"我的先生"。③**黼黻**：这里指礼服。④**昭穆**：古代的宗法制度，宗庙当中排列先祖次序的时候，始祖位于正中，然后父子兄弟按照顺序排列，左昭右穆。⑤**节其服御**：减少日常的开销。⑥**雕玑**：刻画漆饰成凹凸有致的花纹。

译文

鲁哀公向孔子请教："隆重的礼仪是什么样的？您为什么把礼说得那么重要呢？"孔子回答道："我是个鄙陋的人，不足以了解隆重的礼节。"鲁哀公说："您还是说说吧！"孔子回答："我听说，在民众的生活中，礼仪是最重要的。没有礼就不能有节制地侍奉天地神灵，没有礼就无法区别君臣、上下、长幼的地位，没有礼就不能分别男女、父子、兄弟的亲情关系以及婚姻亲族交往的亲疏远近。所以，君主把礼看得非常重要，认识到这一点以后，用他所了解的礼来教化引导百姓，使他们懂得礼的重要和礼的界限。等到礼的教化卓有成效之后，才用文饰器物和礼服来区别尊卑上下。百姓顺应礼的教化后，才谈得上丧葬祭祀的规则、宗庙祭祀的礼节。安排好祭祀用的牺牲，布置好祭神祭祖用的干肉，每年按时举行严肃的祭礼，以表达对神灵、先祖的崇敬之心，区别血缘关系的亲疏，排定昭穆的次序。祭祀以后，亲属在一起饮宴，依序坐在应坐的位置上，以彰显彼此的亲情。住低矮简陋的居室，穿俭朴无华的衣服，车辆不加雕饰，器具不刻镂花纹，饮食不讲究滋味，内心没有过分的欲望，和百姓同享利益。以前的贤明君主就是这样讲礼节的。"

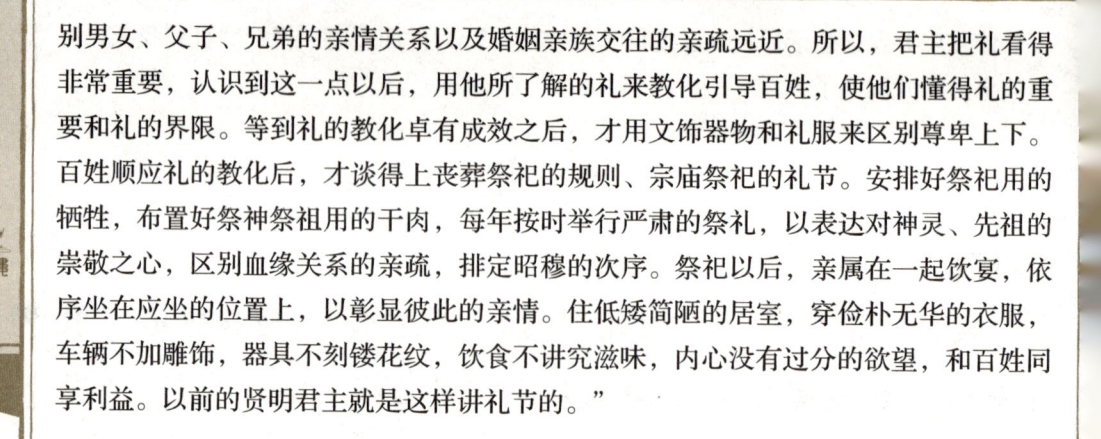

原 文

公曰："今之君子，胡①莫②之行也？"孔子对曰："今之君子，好利无厌，淫行不倦，荒怠慢游，固民是尽③，以遂其心，以怨其政，以忤其众，以伐有道。求得当欲，不以其所；虐杀刑诛，不以其治。夫昔之用民者由前，今之用民者由后，是即今之君子莫能为礼也。"

注 释

①胡：为什么。②莫：不。③固民是尽：固执地搜刮民财。

译 文

鲁哀公问："现在的君主为什么没有人这样做了呢？"孔子回答："现在的君主贪婪爱财没有满足的时候，放纵自己的行为不感到厌倦，放荡懒散而又态度傲慢，固执地搜刮尽人民的资财。为满足自己的欲望，不顾招致百姓的怨恨，违背众人的意志，去侵犯政治清明的国家。只求个人欲望得到满足而不择手段，残暴地对待人民而肆意刑杀，不设法使国家得到治理。以前的君主统治民众是用前面说的办法，现在的君主统治民众是用后面说的办法。这说明现在的君主不能修明礼教。"

五仪解

原 文

哀公问于孔子曰："寡人欲论鲁国之士，与之为治，敢问如何取之？"孔子对曰："生今之世，志古之道，居今之俗，服古之服，舍此而为非者，不亦鲜乎？"曰："然则章甫绚履、绅带缙笏者，皆贤人也？"孔子曰："不必然也。丘之所言，非此之谓也。夫端衣玄裳，冕而乘轩①者，则志不在于食荤②；斩衰③菅菲，杖而歠④粥者，则志不在于酒肉。生今之世，志古之道；居今之俗，服古之服，谓此类也。"

注释

①**冕而乘轩**：头戴冠冕乘坐车辆。②**荤**：通"荤"，指葱韭之类带辛辣味的蔬菜。③**斩衰**：亦作"斩缞"。旧时五服（五种丧服）当中与死者关系最为密切的一种。用粗麻布制成，不缝边。服制三年。子及未嫁女为父母，媳为公婆，孙子为祖父母，妻妾为夫，均服斩衰。先秦诸侯为天子、臣为君亦服斩衰。④**歠**：喝。

译文

鲁哀公向孔子问道："我想讨论一下鲁国的人才，和他们一起治理国家，请问怎么选拔人才呢？"孔子回答说："生活在当今的时代，倾慕古代的道德礼仪，依现今的习俗而生活，穿着古代的儒服。有这样的行为而为非作歹的人，不是很少见吗？"哀公问："那么戴着殷代的帽子，穿着鞋头上有装饰的鞋子，腰上系大带子并把笏板插在带子里的人，都是贤人吗？"孔子说："那倒不一定。我刚才说的话，并不是这个意思。那些穿着礼服，戴着礼帽，乘着车子去行祭祀礼的人，他们的志向不在于食荤；穿着用粗麻布做的丧服，穿着草鞋，拄着丧杖喝粥来行丧礼的人，他们的志向不在于酒肉。生活在当今的时代，却倾慕古代的道德礼仪；依现代的习俗生活，却穿着古代的儒服，我说的是这一类人。"

原文

公曰："善哉！尽此而已乎？"孔子曰："人有五仪①，有庸人、有士人、有君子、有贤人、有圣人，审此五者，则治道毕②矣。"

注释

①**五仪**：五种等级。②**毕**：完成。

> 译文

哀公说:"你说得很好!就仅仅是这些吗?"孔子回答道:"人分五个等级,有庸人,有士人,有君子,有贤人,有圣人。分清这五类人,那治世的方法就都具备了。"

> 原文

公曰:"敢问何如斯①可谓之庸人?"孔子曰:"所谓庸人者,心不存慎终之规,口不吐训格之言,不择贤以托其身,不力行以自定。见小暗大,而不知所务;从物如流,不知其所执。此则庸人也。"

> 注释

① 何如斯:什么样。

> 译文

哀公问道:"请问什么样的人叫作庸人?"孔子回答说:"所谓庸人,他们心中没有谨慎行事、善始善终的原则,口中说不出有道理的话,不选择贤人善士作为自己的依靠,不努力行事使自己得到安定的生活。他们往往小事明白、大事糊涂,不知自己在忙些什么;凡事随大流,不知自己所追求的是什么。这样的人就是庸人。"

> 原文

公曰:"何谓士人?"孔子曰:"所谓士人者,心有所定,计有所守,虽不能尽道术①之本,必有率也;虽不能备百善之美,必有处也。是故智不务多,必审其所知;言不务多,必审其所谓;行不务多,必审其所由。智既知之,言既道之,行既由之,则若性命之形骸之不可易也。富贵不足以益,贫贱不足以损。此则士人也。"

> 注释

① 道术:道德学术。

> 译文

哀公问道:"请问什么是士人?"孔子回答说:"所谓士人,他们心中有确定的原则,有明确的计划,即使不能尽到行道义治国家的本分,也一定有遵循的法则;即使不能集百善于一身,也一定有自己的操守。因此他们的知识不一定非常广博,但一定要审查自己具有的知识是否正确；话不一定说得很多，但一定要审查说得是否确当；路不一定走得很多，但一定要明白所走的路是不是正道。知道自己具有的知识是正确的，说出的话是恰当的，走的路是正道，那么这些正确的原则就像性命对于形骸一样不可改变了。富贵不能对自己有所补益，贫贱不能对自己有所损害。这样的人就是士人。"

原文

公曰："何谓君子？"孔子曰："所谓君子者，言必忠信而心不怨，仁义在身而色无伐①，思虑通明而辞不专；笃行信道，自强不息，油然若将可越，而终不可及者。此则君子也。"

注释
①**色无伐**：脸上不会显露出自夸的神色。伐，夸耀。

译文
哀公问："什么样的人是君子呢？"孔子回答说："所谓君子，说出的话一定忠信而内心没有怨恨，身有仁义的美德而没有自夸的表情，考虑问题明智通达而话语委婉。遵循仁义之道努力实现自己的理想，自强不息。他那从容的样子好像很容易超越，但终不能达到他那样的境界。这样的人就是君子。"

原文

公曰："何谓贤人？"孔子曰："所谓贤人者，德不逾①闲，行中②规绳，言足以法于天下而不伤于身，道足以化于百姓而不伤于本；富则天下无宛财③，施则天下不病贫。此则贤者也。"

注释
①**逾**：超越。②**中**：符合。③**宛财**：怨恨他财富多。

译文
鲁哀公说："什么是贤人呢？"孔子说："所谓贤人，其品行不会越轨，行为会符合礼法，他们的言论足以让天下人都去效法，而不会导致灾祸，思想能够教化百姓，而不会给自己的本性带来伤害；就算富有，天下也没有人会去忌恨他，施舍的话，天下就不会有贫穷困苦的人。这就是贤人。"

原文

公曰："何谓圣人？"孔子曰："所谓圣者，德合于天地，变通无方①，穷②万事之终始，协③庶品之自然，敷其大道而遂成情性；明并日月，化行若神。下民不知其德，睹者不识其邻④。此谓圣人也。"

注释

①**变通无方**：变通自如。②**穷**：穷尽。③**协**：协调顺应万物的本性。④**睹者不识其邻**：见到他的人也不知道圣人就在自己身边。

译文

哀公问道："什么是圣人呢？"孔子回答："所谓的圣人，他的德行与天地之道和谐，他的行为干练通达达到变化无常的地步。他能够探究出事物发展的规律，顺应万物之本性，广布其大道而成就万物的性情。他的光辉与日月等齐，造化与行为犹如神明。天下的百姓不知道他的德行究竟有多么崇高，即使见到他的人也不知道圣人就在自己身边。这样的人就是所谓的圣人。"

原文

公曰："善哉！非子之贤，则寡人不得闻此言也。虽然①，寡人生于深宫之内，长于妇人之手，未尝知哀，未尝知忧，未尝知劳，未尝知惧，未尝知危，恐不足以行五仪之教。若何？"孔子对曰："如君之言，已知之矣。则丘亦无所闻焉。"

公曰："非吾子，寡人无以启其心，吾子言也。"孔子曰："君子入庙，如右，登自阼阶②，仰视榱桷③（cuī jué），俯察机筵④，其器皆存，而不睹其人。君以此思哀，则哀可知矣。昧爽夙兴⑤，正其衣冠，平旦视朝，虑其危难，一物失理，乱亡之端。君以此思忧，则忧可知矣。日出听政，至于中冥⑥，诸侯子孙，往来为宾，行礼揖让，慎其威仪。君以此思劳，则劳亦可知矣。缅然长思，出于四门，周章远望，睹亡国之墟，必将有数焉。君以此思惧，则惧可知矣。夫君者，舟也；庶人者，水也。水所以载舟，亦所以覆舟。君以此思危，则危可知矣。君既明此五者，又少留意于五仪之事，则于政治，何有失矣。"

注释

①虽然：即使这样。②阼阶：东侧的阶梯。③榱桷：房屋的椽子。④机筵：几案与坐席。⑤昧爽夙兴：清晨早早地起来。⑥中冥：日过午西斜。

译文

哀公说："好啊！如果不是您的贤明，那么我是不会听到这些话的。即便如此，我生长在深官之中，被妇人养大，所以不曾知道什么是悲哀，什么是忧虑，什么是劳苦，什么是恐惧，什么是危殆，所以恐怕我自己没有足够的能力施行这'五仪'之教，这该怎么办呢？"孔子回答说："如果按您说的这样，您已经知道究竟该怎么去做了。那么我也就没有什么话再告知您了。"

哀公说："如果没有您的话，我是没有办法来开启自己的心智的，您还是说说吧。"孔子回答说："君主您进入宗庙，靠在大门东边走，从东边的阶梯走上去，抬头看见屋顶的椽子，低头就看见祭祀的几席，这些器物都还在，但是却看不到逝去的祖先了。您以此来引发自己悲伤的感情，就会知道什么是悲伤了。天刚拂晓的时候就早早起来，衣帽穿戴整齐，到天大亮的时候去处理朝政，担忧国家治理的种种危难，一件事情处理不当，就可能是混乱和灭亡的开始。您以此来引发自己忧虑的心情，就会知道什么是忧虑了。日出的时候就开始处理朝政，一直到太阳西斜，各国诸侯及其子孙作为宾客往来不绝，行礼揖让，谨慎地施行各种礼仪，以保持自己的威仪。您以此来引发自己忧劳的心情，就会知道什么是忧劳了。缅怀久远的史事，走出城门，彷徨忧惧，极目远望，所看到的亡国故墟一定很多。您以此来引发自己恐惧的心情，就会知道什么是恐惧了。国君是舟，老百姓是水，水可以负载舟，也可以使舟覆没。您以此来思考危险，就会知道什么是危险了。您明白这五种情况之后，再稍稍留意五仪，那么在政治上还会有什么过失呢？"

原文

哀公问于孔子曰："请问取人之法。"孔子对曰："事任于官，无取捷捷①，无取钳钳，无取啍啍②。捷捷，贪也；钳钳，乱也；啍啍，诞也。故弓调而后求劲焉③，马服而后求良焉④，士必悫⑤而后求智能者焉，不悫而多能，譬之豺狼不可迩。"

注释

①捷捷：花言巧语。②钳钳：妄言乱语。啍啍：多言多语。③弓调而后求劲焉：必先调整好弓箭然后射出去，箭才有力量。④马服而后求良焉：马匹必须首先被驯服，才能被称为是良马。⑤悫：诚实谨慎。

译文

哀公问孔子说："我想问问您选取人才的标准是什么。"孔子回答说："根据每个人所擅长的事情授予相应的官职，不要选取花言巧语的人，不要选取妄言乱语的人，不要选取多言多语的人。花言巧语的人会贪得无厌，妄言乱语的人会混淆视听，多言多语的人会欺诈寡信。因此必须先调好弓箭然后才能使射出去的箭有力量，马必须首先被驯服然后才能被称为良马，士必须诚实谨慎而后才能利用他的聪明才干。不诚实谨慎而又多才多能，这就好像是豺狼一样不可以靠近。"

原文

哀公问于孔子曰："寡人欲吾国小而能守，大则攻，其道如何？"孔子对曰："使君朝廷有礼，上下相亲，天下百姓皆君之民，将谁攻之？苟违此道，民畔如归①，皆君之仇也，将与谁守？"

公曰："善哉！"于是废山泽之禁②，弛关市之税③，以惠百姓。

注释

①民畔如归：百姓背叛就像回家般迫切。②废山泽之禁：废除禁止在山林川泽中樵采的禁令。③弛关市之税：取消市场上的税收。

译文

哀公问孔子说："我想让我们的国家弱小的时候足以防守，强大的时候可以出兵攻伐别的国家，有什么办法可以做到这些吗？"孔子回答说："假如您的人在朝廷上都能遵行礼仪，君臣上下之间相敬相亲，那么天下的百姓都是您的臣民，谁还会攻打您呢？如果违背了这一原则，那么百姓背叛您就像回家一样地迫不及待，他们都会成为您的仇敌，那时您还怎样防守呢？"

哀公说："说得好啊！"于是哀公废除了禁入山林川泽各种禁令，取消了市场关卡上的税收，以使百姓得到恩惠。

卷 二

致 思

原文

孔子北游于农山①,子路、子贡、颜渊侍侧。孔子四望,喟然②而叹曰:"于斯致思③,无所不至矣。二三子各言尔志,吾将择焉。"子路进曰:"由愿得白羽若月,赤羽若日,钟鼓之音上震于天,旍旗缤纷下蟠于地,由当④一队而敌之,必也攘地千里,搴旗执馘⑤。唯由能之,使二子者从我焉。"夫子曰:"勇哉!"子贡复进曰:"赐愿使齐、楚合战于漭瀁之野,两垒相望,尘埃相接,挺刃交兵。赐着缟衣白冠,陈说其间,推论利害,释二国之患。唯赐能之,使夫二子者从我焉。"夫子曰:"辩哉!"

颜回退而不对。孔子曰:"回,来,汝奚独无愿乎?"颜回对曰:"文武之事,则二子者既言之矣,回何云焉?"孔子曰:"虽然,各言尔志也,小子言之。"对曰:"回闻薰莸⑥不同器而藏,尧桀不共国而治,以其类异也,回愿得明王圣主辅相之,敷其五教,导之以礼乐,使民城郭不修,沟池不越,铸剑戟以为农器,放牛马于原薮,室家无离旷之思,千岁无战斗之患,则由无所施其勇,而赐无所用其辩矣。"夫子凛然曰："美哉！德也。"子路抗手⑦而对曰："夫子何选焉？"孔子曰："不伤财，不害民，不繁词，则颜氏之子有矣。"

注释

①**农山**：山名，在鲁国境内。②**喟然**：叹息的样子。③**于斯**：在这里。致思，集中精力思考。④**当**：掌管，率领。⑤**搴旗执馘**：搴旗，指拔取敌人的军旗。馘，战争中割取敌人的左耳。古代常以获取敌人耳朵的多少来计功。"搴，取也，取敌之旖旗。馘，截耳也，截敌之耳以效获也。"⑥**薰**：一种香草。莸，一种臭草。⑦**抗手**：举手。

译文

孔子向北游览到农山，子路、子贡、颜渊在身边陪着。孔子向四面望了望，感叹地说："在这里集中精力思考问题，什么想法都会出现啊！你们每个人都谈谈自己的志向，我将从中做出选择。"子路走上前说："我希望有这样一个机会，白色的指挥旗像月亮，红色的战旗像太阳，钟鼓的声音响彻云霄，繁多的旌旗在地面盘旋舞动。我带领一队人马进攻敌人，必会夺取敌人千里之地，拔去敌人的旗帜，割下敌人的耳朵。这样的事只有我能做到，您就让子贡和颜渊跟着我吧！"孔子说："真勇敢啊！"子贡也走上前说道："我愿出使到齐国和楚国交战的广阔原野上，两军的营垒遥遥相望，扬起的尘埃连成一片，士兵们挥刀交战。在这种情况下，我穿戴着白色衣帽，在两国之间劝说，论述交战的利弊，解除国家的灾难。这样的事只有我能做得到，您就让子路和颜渊跟着我吧！"孔子说："真有口才啊！"

颜回后退不说话。孔子说："颜回，过来，为何只有你没有志向呢？"颜回回答说："文武两方面的事，子路和子贡都已经说过了，我还说什么呢？"孔子说："虽然如此，还是各人说说自己的志向，你就说吧。"颜回回答说："我听说薰草和莸草不能藏在同一个容器中，尧和桀不能共同治理一个国家，因为他们不是同一类人。我希望得到明王圣主来辅助他们，向人民宣传五教，用礼乐来教导他们，使百姓不修筑城墙，不逾越护城河，剑戟之类的武器改铸为农具，平原湿地放牧牛马，妇女不因丈夫长期离家而忧虑，千年无战争之患。这样，子路就没有机会施展他的勇敢，子贡就没有机会运用他的口才了。"孔子表情严肃地说："这种德行是多么美好啊！"子路举起手来问道："老师您选择哪种呢？"孔子说："不耗费财物，不危害百姓，不费太多的言辞，只有颜回能做到这一点啊！"

原　文

鲁有俭啬者,瓦鬲①煮食,食之,自谓其美,盛之土型之器以进孔子。孔子受之,欢然而悦,如受大牢②之馈。子路曰:"瓦甂③,陋器也;煮食,薄膳也。夫子何喜之如此乎?"子曰:"夫好谏者思其君,食美者念其亲。吾非以馈具之为厚,以其食厚而我思焉。"

注　释

①瓦鬲:用粗陶制成的锅。②大牢:即太牢,指古代牛、羊、猪都齐备的祭品。
③瓦甂:小瓦盆。

译　文

鲁国有一个极为吝啬的人,他吃用瓦鬲煮出来的饭,自认为非常好吃,就将食物装进小瓦盆,献给孔子。孔子接受后,很高兴,就犹如接受了太牢那样的馈赠一样。子路说:"瓦盆是极为简陋的容器,它煮出来的食物缺少味道,您为什么会这样喜欢呢?"孔子说:"喜爱劝谏的人能够时时为君主着想,得到美食的人总是会想到亲人。我没有考虑食物、食器的好坏,我只是考虑到他吃好东西时会想到我的这种心情。"

原　文

孔子之楚,而有渔者而献鱼焉,孔子不受。渔者曰:"天暑市远,无所鬻①也,思虑弃之粪壤,不如献之君子,故敢以进焉。"于是夫子再拜受之,使弟子扫地,将以享祭②。门人曰:"彼将弃之,而夫子以祭之,何也?"孔子曰:"吾闻诸惜其腐馀③,而欲以

●农山言志

孔子游于农山,让弟子们谈自身志向。子路志在开拓疆土,孔子称其勇敢。子贡志在游说,孔子称其雄辩。颜渊志在推行儒家的教化,孔子最为赞赏颜渊。

务施者,仁人之偶也,恶有受仁人之馈而无祭者乎?"

注释

①鬻:卖。②享祭:祭祀。③腐馁:腐烂,食物变质。馁,熟食。

译文

孔子到楚国去,有一位渔夫献给他一些鱼,孔子不接受。渔夫说:"天热市场又远,已经无法卖了,我想扔到粪堆上,不如献给君子,所以敢于进献给您。"于是孔子再次行礼,接受了这些鱼,让弟子把地打扫干净,准备祭祀。弟子说:"渔夫本来要扔掉这些鱼,而老师却要用来祭祀,这是为什么呢?"孔子说:"我听说,怕食物变质而把它送给别人的人,是仁人。哪有接受了仁人的馈赠而不祭祀的呢?"

原文

季羔为卫之士师①,刖②人之足。俄而,卫有蒯聩之乱③,季羔逃之,走郭门,刖者守门焉。谓季羔曰:"彼有缺。"季羔曰:"君子不逾。"又曰:"彼有窦。"季羔曰:"君子不隧④。"又曰:"于此有室。"季羔乃入焉。既而追者罢,季羔将去,谓刖者曰:"吾不能亏主之法而亲刖子之足矣,今吾在难,此正子之报怨之时,而逃我者三,何故哉?"刖者曰:"断足固我之罪,无可奈何。曩者君治臣以法,令先人后臣,欲臣之免也,臣知。狱决罪定,临当论刑,君愀然不乐。见君颜色,臣又知之。君岂私臣哉?天生君子,其道固然,此臣之所以脱君也。"孔子闻之,曰:"善哉为吏!其用法一也。思仁恕则树德,加严暴则树怨。公以行之,其子羔乎。"

注释

①士师:狱官。②刖:砍断人的脚,是古代的酷刑。③蒯聩之乱:卫灵公太子蒯聩有罪,逃到晋国。卫灵公死后,立蒯聩的儿子辄为国君,蒯聩从晋国进攻卫国来夺取君位。当时孔子的弟子季羔、子路都在卫国做官。④隧:地道,这里作动词,意思是从洞口爬出去。

译 文

　　季羔担任卫国的狱官，判了一个人受刖足之刑。不久后，卫国发生了蒯聩之乱。季羔准备逃离卫国，跑到了卫国都城的门口。正好是那个曾经受刖刑的人守城门，对季羔说："那儿城墙上有个缺口。"季羔回答说："君子不跳墙。"他又说："那边有个洞口。"季羔说："君子不钻洞。"又说："那里有间房子。"于是季羔就到房子里面去躲避。过了一会儿，追捕季羔的人走了。季羔准备马上离开，对受刖刑的那个人说："过去我因为不能破坏国君的法令，所以亲自下令砍断了你的脚。现在我处在困难当中，这正是你报仇的好时机，而你却三次想办法让我逃走，这是为什么呢？"断足的人说："被砍掉脚本来就是我罪当如此，这是没有什么办法的。以前您是依据法令审理我的案子，下令先审理别人的案件，再审理我的案件，是希望我能免除刑罚，这一点我是清楚的。案件审理完后，确定了我的罪行，等到行刑的时候，您显得十分忧伤，看见您的表情，我再一次明白了您的心情。您哪里是对我心存偏私呢？那些天生的君子，他们的为人之道本来就是这样的，这就是我爱戴您的原因。"

　　孔子听说这件事之后说："季羔真是善于做官啊，审理案件的时候对所有人使用的都是同样的法度。常存仁义宽恕之心就会树立恩德，而用刑严酷、暴虐就会引来仇怨。能够公正地执行法度的，大概只有季羔吧！"

原 文

　　孔子曰："季孙之赐我粟千钟①也，而交益亲；自南宫敬叔之乘我车②也，而道加行。故道虽贵，必有时而后重，有势而后行③。微夫二子之贶（kuàng）④财，则丘之道殆将废矣。"

注 释

　　①钟：古代一种容器单位。②南宫敬叔之乘我车：孔子想去东周拜访老聃，敬叔将这件事报告给鲁国国君，国君为孔子提供了车马。从东周回来后，各地的学生都来向孔子求教、学礼。③势而后行：得到有利条件后才能得到推行。④贶：赠送。

译 文

　　孔子说："季孙氏送给了我千钟的粮食，而我却把这些粮食都转送给了我的那些缺少粮食的亲朋，自此之后，我和亲朋的关系变得更亲密了。自从南宫敬叔帮我弄到了前往东周的车马后，我的道义主张就可以更好地推行了。因此，道义主张虽然很重要，可是必须得到有利的时机，然后才能被看重，必须在得到了一定的条件之后才能得以推行。没有这两个人资助我财物，那么我的道义主张可能就会被废弃了。"

原 文

孔子曰："王者有似乎春秋①，文王以王季为父，以太任为母，以太姒(sì)为妃，以武王、周公为子，以太颠、闳(hóng)夭为臣，其本②美矣。武王正其身以正其国，正其国以正天下。伐③无道，刑有罪，一动而天下正，其事成矣。春秋致其时而万物皆及，王者致其道而万民皆治。周公载己行化，而天下顺之，其诚至矣。"

注 释

①**王者有似乎春秋**：意思是说文王能够称王，就像四季的变换一样正常自然。②**本**：本质。③**伐**：讨伐。

译 文

孔子说："王者能够称王，就像四季的变换一样顺利，文王有王季这样的父亲，太任这样的母亲，太姒这样的妃子，有武王、周公这样的儿子，还有太颠、闳夭这样的大臣辅佐，所以文王的根基是非常好的。武王首先端正自身，然后再去治理好自己的国家；治理好自己的国家，然后再去治理好全天下。征伐无道之国，惩罚有罪之人，他以自己的行动使天下得到了治理，完成了千载的伟业。如果春夏秋冬都按照正常的规律运转，那么万物也都会正常地生长；如果王者能够遵循一定的道义，那么天下百姓都能得到有效的治理。周公以身作则推行教化，而天下百姓都望风归顺，他的诚心可以说已经达到了最高的境界。"

原 文

曾子曰："入是国也，言信于群臣，而留可也；行忠于卿大夫，则仕可也；泽施于百姓，则富可也。"孔子曰："参之言此，可谓善安身矣。"

子路为蒲宰，为水备，与其民修沟渎(dú)，以①民之劳烦苦也，人与之一箪(dān)食，一壶浆。孔子闻之，使子贡止之。子路忿不悦，往见孔子，曰："由也以暴雨将至，恐有水灾，故与民修沟洫(xù)以备之，而民多匮饿者，是以②箪食壶浆而与之。夫子使赐止之，是夫子止由之行仁也。夫子以仁教而禁其行，由不受也。"孔子曰："汝以民为饿也，何不白③于君，发④仓廪(lǐn)以赈之？而私以尔食馈⑤之，是汝明君之无惠，而见己之德美矣。汝速已则可，不则汝之见罪必矣。"

注释

①以：因为。②是以：因此。③白：告诉。④发：打开。⑤馈：馈赠。

译文

曾子说："来到一个国家，假如自己的言论能够被群臣所接受的话，那么就可以留下来了。假如获得卿大夫的信任，那么就能够做官了。假如施恩于百姓，那么就能在那里致富了。"孔子说："曾参能说出这种话，可以说是懂得安身立命的道理了。"

子路在蒲地担任县令，为防御水灾进行准备，和百姓共同修筑沟渠。因为百姓极为辛苦，就发给他们每人一箪食物与一瓢水。孔子听说这件事后，让子贡前去阻止子路。子路为此感到愤懑，来见孔子，说："我由于暴雨将要来临，害怕发生水灾，因此和百姓一起修筑沟渠以提前做好准备。百姓当中很多人都又累又饿，因此我发给他们每人一箪食物、一瓢水。老师让子贡来制止我，是老师阻止了我去施行仁道啊。您教给我仁道，却阻止我去实施仁政，我不可以接受。"孔子说："你既然知道百姓挨饿，为什么不去报告君王，让他打开府库去救济百姓呢？你把自己的粮食赠给百姓，是表明君王没有德行恩惠，而去彰显自身的德行啊。你赶快停下来吧，不然就一定会招来罪责的。"

原文

子路问于孔子曰："管仲之为人何如？"子曰："仁也。"子路曰："昔管仲说①襄公，公不受，是不辩也；欲立公子纠而不能，是不智也；家残于齐而无忧色，是不慈也；桎梏(zhì gù)②而居槛车，无惭心，是无丑③也；事所射之君，是不贞也；召忽④死之，管仲不死，是不忠也。仁人之道，固若是乎？"孔子曰："管仲说襄公，襄公不受，公之闇也；欲立子纠而不能，不遇时也；家残于齐而无忧色，是知权⑤命也；桎梏而无惭心，自裁审也；事所射之君，通于变也；不死子纠，量轻重也。夫子纠未成君，管仲未成臣。管仲才度义，管仲不死束缚而立功名，未可非也。召忽虽死，过与取仁，未足多⑥也。"

注释

①说：劝谏。②桎梏：枷锁。③丑：羞愧。④召忽：人名，曾经辅佐公子纠。⑤权：变通。⑥多：称赞。

译文

子路问孔子说："管仲的为人是怎么样的呢？"孔子说："他是仁德的人。"子路说："当初管仲向齐襄公进谏，襄公没有接受，这说明他不够雄辩；他想立公子纠为国君，但是却没有做到，这说明他智谋不足；管仲的父母家人在齐国因罪被杀，但是管仲却丝毫不哀伤，这说明他没有慈爱之心；管仲戴着脚镣、手铐被关在囚车里，但却没有一点惭愧的感觉，这说明他没有羞耻之心；辅佐他曾经用箭射过的国君，说明他不够忠贞；召忽为公子纠而死，但是管仲却没有这样做，这说明管仲没有忠心。仁人的处世原则，真的是这样的吗？"

孔子说："管仲劝谏襄公，襄公没有接受，这是因为襄公本人的昏庸；想立公子纠为国君而没有成功，是因为没有赶上好的时机；父母家人在齐国被杀而没有忧伤的神色，是因为他懂得审时度势；戴着脚镣、手铐被关在囚车里，但是却没有羞惭之心，表明他自己裁断得非常慎重；辅佐自己曾经用箭射过的君主，因为他懂得变通；不为公子纠死节，因为他懂得权衡死生之轻重。公子纠没有成为国君，管仲没有成为公子纠的臣子。管仲的才能超过了他的道义，他没有死于囚禁却建立了功名，这是无可非议的；召忽虽然为了公子纠而死，但是他为了仁德做得太过分了，并不值得称赞。"

原文

孔子适齐，中路闻哭者之声，其音甚哀。孔子谓其仆①曰："此哭哀则哀矣，然非丧者之哀矣。"驱而前，少进，见有异人焉，拥镰带素，哭者不衰。孔子下车，追而问曰："子何人也？"对曰："吾丘吾子也。"曰："子今非丧之所，奚哭之悲也？"丘吾子曰："吾有三失，晚而自觉，悔之何及？"曰："三失可得闻乎？愿子告吾，无隐也。"丘吾子曰："吾少时好学，周遍天下，后还，丧吾亲，是一失也；长事齐君，君骄奢失士，臣节不遂，是二失也；吾平生厚交，而今皆离绝，是三失也。夫树欲静而风不停，子欲养而亲不待。往而不来者，年也；不可再见者，亲也，请从此辞。"遂投水而死。孔子曰："小子识②之，斯足为戒矣。"自是弟子辞归养亲者十有三。

注释

①仆：驾车之人。 ②识：记住。

译文

孔子前往齐国，路上听到了哭声，哭声极为哀痛。孔子对为他驾车的弟子说："这哭声尽管很哀痛，但是绝不是由于遭遇丧事而哭。"他们驾车前行，走了不远，就看到一个非常特别的人，手拿镰刀，身穿素衣，哭个不停。孔子下车，追上这人问道："您是谁啊？"他回答道："我是丘吾子。"孔子说："如今您不是在举行丧事的地方，为什么哭得如此悲伤呢？"丘吾子说："我有三大过失，晚年时才发觉，但已经追悔莫及了。"孔子说："能说一下是哪三个过失吗？希望你可以毫无保留地告诉我。"丘吾子说："我少年时，极为爱学习，周游天下，后来回家后，父母都已去世，这是第一个过失；长大后侍奉齐国国君，国君骄奢失去臣民的拥护，我无法保全节操，这是第二个过失；我生平喜好交朋友，但如今都断绝了往来，这是第三个过失。树想要停下来，但是风却无法停止，做子女的想要孝顺父母，但是父母已不在人世。逝去就不再返回的是岁月，不能再见的是父母。我要从此离开人世。"接着他投水而死。孔子说："你们要记住，这是足以引以为戒的。"从此以后，回去奉养父母的弟子有十三人。

原文

孔子谓伯鱼①曰："鲤乎，吾闻可以与人终日不倦者，其唯学焉。其容体不足观也，其勇力不足惮也，其先祖不足称也，其族姓不足道也。终而有大名,以显闻四方,流声后裔者,岂非学之效也?故君子不可以不学,其容不可以不饬,不饬无类②,无类失亲,失亲不忠,不忠失礼,失礼不立。夫远而有光者,饬也;近而愈明者,学也。譬之污池,水潦③注焉,萑苇生焉,虽或以观之,孰知其源乎?"

注释

①伯鱼:指孔子之子孔鲤,字伯鱼。②无类:不礼貌。③水潦:雨水。

译文

孔子对儿子孔鲤说:"鲤,我听说能够跟人谈论一整天,而不感到疲倦的话题,大概只有学问吧。一个人的容貌形体是不足以向人炫耀的,一个人的勇猛气力是不足以令人害怕的,祖先是不值得向人称道的,姓氏不显赫是不值得去加以谈论的。最终能够让自己成名、扬名于四方、名垂后世的,难道并非是学问的功效吗?因此君子不可以不去学习,一个人不可以不修饰容貌,不修饰容貌便是不礼貌的行为,不礼貌,别人就不会去亲近他,没人亲近就没人会对他忠信,没有忠信就会失去礼,失去礼就无法立身。远看就有光彩的,是修饰的功效;近看会更耀眼的,是学习之成果。譬如污水池,雨水注入其中,其中长满了芦苇,即使偶尔有人去观看那里,又有谁清楚其源头在哪儿呢?"

原文

子路见于孔子曰:"负重涉远,不择地而休;家贫亲老,不择禄而仕。昔者由也事二亲之时,常食藜藿之实①,为亲负米百里之外。亲殁之后,南游于楚,从车百乘,积粟万钟,累茵而坐②,列鼎而食。愿欲食藜藿,为亲负米,不可复得也。枯鱼衔索,几何不蠹③?二亲之寿,忽若过隙。"孔子曰:"由也事亲,可谓生事尽力,死事尽思者也。"

注释

①藜藿之实:指粗劣的饭菜。②累茵而坐:坐在好几层的垫子上。③几何不蠹:离生蠹虫还会远吗?

译 文

子路拜见孔子说:"如果背负着很重的东西去走很远的路,那么就不会只选择好的地方去休息;如果家中贫困而且还有双亲需要侍奉,那么就不应当选择俸禄比较高的官职去做。当初我侍奉父母的时候,经常吃十分粗劣的饭菜,为了父母从百里之外背着米回来。父母去世之后,我南下到楚国做官,随从的车辆多达数百乘,积蓄的粮食也有万钟之多,坐在铺了好几层的垫子上,吃饭的时候摆出好多个盛放食物的大鼎。但是这时候我想去吃粗劣的饭菜,为父母去背米,却是再也不可能的事情了。枯鱼干串在绳子上,离生蠹虫还会久远吗?父母的寿命,快得就像白驹过隙一般。"孔子说:"子路侍奉双亲,可以说在父母活着的时候竭尽全力了,在父母去世之后也竭尽了哀思。"

原 文

孔子之郯,遭程子于涂,倾盖①而语终日,甚相亲。顾谓子路曰:"取束帛以赠先生。"子路屑然②对曰:"由闻之,士不中间见,女嫁无媒,君子不以交,礼也。"有间,又顾谓子路。子路又对如初。孔子曰:"由,诗不云乎:'有美一人,清扬宛兮,邂逅相遇,适我愿兮③。'今程子,天下贤士也,于斯不赠,则终身弗能见也,小子行之。"

注 释

①**倾盖**:指车上的伞盖相互倾靠,意思就是两辆车子停放在一起。②**屑然**:恭敬谨慎的样子。③**"有美一人"四句**:路上有一位美人,长得很美。和她邂逅,这正符合我的想法。出自《诗经·郑风·野有蔓草》。

译 文

孔子到郯国去,在路上遇见了程子,两人便把车子停放在一起交谈,整整谈了一整天,彼此十分投机。于是孔子回头对子路说:"去取一束帛来送给先生。"子路极恭敬地回答道:"士人没有经过人介绍就互相见面,女子没有媒人就嫁到丈夫家,君子不应该用这样的办法来相互交往的,这是礼的规定。"过了一会儿,孔子又回头对子路说了一声,子路还是用同样的话来回答。孔子说:"仲由啊,《诗经》上不是说:'路上有一位美人,长得眉清目秀。和她不期而遇,正适我意啊。'眼前的这位程先生,是天下贤士。如果现在不送给他礼物,那么以后都没有机会再见到了。你还是按照我说的做吧!"

原　文

　　孔子自卫反鲁，息驾于河梁而观焉①。有悬水三十仞，圜流九十里，鱼鳖不能导，鼋鼍不能居。有一丈夫方将厉②之，孔子使人并涯止之曰："此悬水三十仞，圜流九十里，鱼鳖鼋鼍不能居也，意者难可济也。"丈夫不以措意③，遂渡而出。孔子问之，曰："子巧乎？有道术乎？所以能入而出者，何也？"丈夫对曰："始吾之入也，先以忠信，及吾之出也，又从以忠信。忠信措吾躯于波流，而吾不敢以用私④，所以能入而复出也。"孔子谓弟子曰："二三子识之，水且犹可以忠信成身亲之，而况于人乎！"

注　释

①**息驾于河梁而观焉**：在桥上停下车来观赏河周围的风景。②**厉**：渡水。③**措意**：在意。④**用私**：怀着私心杂念。

译　文

　　孔子从卫国返回鲁国的路上，在一条河的桥梁上停下车休息观赏。河上的瀑布高达三十仞，河水的旋流长达九十里，鱼鳖不能游走，鼋鼍也无法停留。有个男子正要准备渡河过去。孔子派人过去劝阻道："这个地方的瀑布高达三十仞，旋流长达九十里，鱼鳖鼋鼍尚且不能在这儿停留，想来是很难渡过去的。"那个男子并不把这话放在心上，最后成功地渡河到达对岸。孔子问他说："您是有什么绝技吗？还是有什么法术呢？您能进去又出来，靠的是什么呢？"那个男子回答说："我刚开始潜入水中的时候，心中首先是充满了忠信之心；等到我游出来的时候，依然带着忠信之心。忠信之心让我得以安然渡河，这是不能有丝毫私心的，这就是我能安全出入旋流的原因。"孔子对弟子们说："你们要记住了，以忠信成就自身尚且可以用来亲近水，更何况是亲近人呢？"

原　文

　　孔子将行，雨而无盖。门人曰："商①也有之。"孔子曰："商之为人也，甚吝于财。吾闻与人交，推其长者，违其短者，故能久也。"

楚王渡江，江中有物，大如斗，圆而赤，直触王舟。舟人取之，王大怪之，遍问群臣，莫之能识。王使使聘②于鲁，问于孔子。子曰："此所谓萍实者也，可剖而食也，吉祥也，唯霸者为能获焉。"使者反，王遂食之，大美。久之，使来，以告鲁大夫。大夫因子游问曰："夫子何以知其然乎？"曰："吾昔之郑，过乎陈之野，闻童谣曰：'楚王渡江得萍实，大如斗，赤如日，剖而食之甜如蜜。'此是楚王之应③也。吾是以知之。"

注 释

①商：即卜商，字子夏，孔子弟子。②使使：派使者。聘：诸侯间或者诸侯与天子之间互派使节进行问候的礼节。③应：应验。

译 文

孔子马上就要出门，但是突然下起了雨，他却没有车盖。弟子们说："子夏有一个车盖。"孔子说："卜商的为人是很看重财物的，我听说与人交往，一定要推崇他的长处，避开他的短处，这样才能长久地交往下去。"

楚王渡江时，看见江水中有一个东西，如斗般大小，又圆又红，径直向楚王的船撞过来。船夫将这个东西打捞上来。楚王看到之后感到非常奇怪，问遍了所有的大臣，没有一个人认识这是什么东西。楚王就派使者去访问鲁国，向孔子询问。孔子说："这就是所谓的萍草的果实，可以剖开来食用，这是吉祥的象征，只有能称霸的国君才能得到。"使者返回楚国，告诉楚王，楚王于是就把萍草的果实吃掉了，味道很是鲜美。很久之后，楚国的使者又去访问鲁国，并把这件事情告诉了鲁国大夫。大夫通过子游向孔子请教："先生您是怎么知道那是萍草的果实的呢？"孔子回答说："我曾经去过郑国，路过陈国国都的郊外，听到过这样的童谣：'楚王渡江得到萍实，如斗一样大小，像太阳一样鲜红，把它剖开吃掉，味道十分好。'这个歌谣与楚王的遭遇相符，所以我才知道。"

原 文

子贡问于孔子曰："死者有知乎？将无知乎？"子曰："吾欲言死之有知，将恐孝子顺孙妨生以送死；吾欲言死之无知，将恐不孝之子弃其亲而不葬。赐①不欲知死者有知与无知，非今之急，后自知之。"

注释

①赐：孔子的弟子。名端木赐，字子贡。

译文

子贡问孔子说："死去的人会有知觉吗？还是毫无知觉呢？"孔子说："假如死者有知觉与意识的话，担心世上孝子贤孙因为埋葬死者而妨碍了自己的生活；我如果说死者没有知觉的话，就担心世上不孝的子孙抛弃自己的亲人而不埋葬。子贡你还是不要清楚死者是否有知觉了，现在并不急于知道，以后你自然会懂得的。"

原文

子贡问治民于孔子。子曰："懔懔焉若持腐索之扞马①。"子贡曰："何其畏也？"孔子曰："夫通达②御之，皆人也，以道导之，则吾畜也；不以道导之，则吾仇也。如之何其无畏也？"

注释

①懔懔焉若持腐索之扞马：要谨慎而惶恐，好像拿着腐朽的缰绳驾驭凶猛的烈马一样。②通达：道路宽阔。

译文

子贡向孔子请教治理百姓的方法。孔子说："要谨慎恐惧，好像拿着腐朽的缰绳驾驭凶猛的烈马一样。"子贡说："那该是多么可怕的事情啊！"孔子说："在通畅顺达的地方驾驭马到处都会遇到人，用正确的方法引导它，它就会像自己驯养的马一样听话。如果不用适当的方法加以引导，那么它就像是自己的仇敌。那样怎么能不害怕呢？"

原文

鲁国之法，赎人臣妾于诸侯者，皆取金于府①。子贡赎之，辞而不取金。孔子闻之曰："赐失之矣。夫圣人之举事②也，可以移风易俗，而教导可以施③之于百姓，非独适身之行也。今鲁国富者寡而贫者众，赎人受金则为不廉，则何以相赎乎？自今以后，鲁人不复赎人于诸侯。"

注释

①**府**：府库，官府储存财物等重要物品的仓库。②**举事**：做事。③**施**：推广、实施。

译文

按照鲁国法律规定，谁要是从其他诸侯国赎回做奴隶的鲁国人，谁就可以从鲁国的府库里领取一定的钱财。子贡赎回了奴隶，却推辞不去领取钱财。孔子听说了这件事，说："这是子贡的不对啊。圣人做事情，可以以此来改变百姓的不良习俗，而且还可以通过它来教化引导百姓，并非单单是为了迎合自己的行为。现在鲁国富裕的人少而贫穷的人很多，如果赎回奴隶而从府库中领取钱财的行为是不廉洁的话，那么以后还用什么来赎人呢？从今以后可能就没有鲁国人愿意从别国赎回奴隶了。"

原文

子路治蒲，请见于孔子，曰："由愿受教于夫子。"子曰："蒲其何如？"对曰："邑多壮士，又难治也。"子曰："然，吾语尔，恭而敬，可以摄①勇；宽而正，可以怀②强；爱而恕，可以容困；温而断，可以抑奸。如此而加之，则正不难矣。"

注释

①**摄**：通"慑"，震慑，令人害怕。②**怀**：安抚。

译文

子路治理蒲邑，请求拜会孔子，说："我希望获得老师的指教。"孔子说："蒲邑如何呢？"子路回答："蒲邑有很多猛士，治理非常困难。"孔子说："这样的话，我来告诉你，态度谦恭，尊敬他人，就能够震慑勇猛之人了；政治宽松公正，就能够安抚强人；爱护与宽恕别人，就能够容纳困窘的人；政治温和但果断，就能够抑制坏人。如此治理人民，那么就不难治理好蒲邑了。"

三　恕

原文

孔子曰："君子有三恕①，有君不能事，有臣而求其使，非恕也；有亲不能孝，有子而求其报，非恕也；有兄不能敬，有弟而求其顺，非恕也。士能明于三恕之本，则可谓端身矣。"孔子曰："君子有三思，不可不察也。少而不学，长无能也；老而不教，死莫之思也；有而不施，穷莫之救也。故君子少思其长则务学，老思其死则务教，有思其穷则务施。"

注释

①恕：儒家的伦礼范畴之一，即推己及人。用孔子的话来说，就是"己所不欲，勿施于人""我不欲人之加诸我也，吾亦欲无加诸人"。

译文

孔子说："君子有三恕：有国君而不能侍奉，有臣子却要役使，这不是恕；有父母不能孝敬，有儿子却要求他报恩，这也不是恕；有哥哥不能尊敬，有弟弟却要求他顺从，这也不是恕。读书人能明了这三恕的根本意义，就可以算得上行为端正了。"孔子说："君子有三种思虑，是不能不深察的。小时候不爱学习，长大后就没有技能；年老不教导子孙，死后就没人思念；富有时不愿施舍，穷困时就没人救济。所以君子年少时想到长大以后的事就要努力学习，年老了想到死后的事就要好好教导儿孙，富有时想到穷困就要致力于施舍财物给穷人。"

原文

伯常骞(qiān)问于孔子曰："骞固周国之贱吏也，不自以不肖，将北面以事君子，敢问正道宜行，不容于世；隐道宜行，然亦不忍。今欲身亦不穷，道亦不隐，为之有道乎？"孔子曰："善哉！子之问也。自丘之闻，未有若吾子所问辩且说也。丘尝闻君子之言道矣,听者无察,则道不入;奇伟不稽①,则道不信。又尝闻君子之言事矣,制无度量,则事不成;其政晓察,则民不保。又尝闻君子之言志矣,刚折者不终,径易者则数②伤,浩倨③者则不亲,就利者则无不弊。又尝闻养世之君子矣,从轻勿为先,从重勿为后,见像④而勿强,陈道而勿怫⑤。此四者,丘之所闻也。"

注释

①**稽**:考核。②**数**:多次。③**浩倨**:傲慢无礼。④**像**:法令。⑤**怫**:违背。

译文

伯常骞问孔子说:"我原本是周国的一名低贱小吏,不认为自己毫无能力,想要向您学习。请问想要依照'道'来处世,但是不能被世人所容纳;想要违背'道'来为人处世,自己又不忍心。我现在想要做到既要自己不会穷困,还要彰显德行,有办法能够做到这一点吗?"孔子说:"你问得非常好。我听到过的言论中,还没有像你问得这样思辨和在理。我曾经听过君子谈论'道'时提到,听众如果不知道'道',那么'道'就无法被接受;如果将'道'解释为奇特怪异、无法核查,那么人们就无法相信'道'。又听君子在谈论'事'时说,制度没有一定之规,那么事情是无法做成的;政治太过清楚明白,百姓就无法安定。又听到君子在谈论志向时说,刚强的人不可能得到好下场,平易近人的人就容易受到伤害,傲慢无礼的人没有人肯去亲近,贪求利益的人没有不失败的。又听说那些善于处世的君子,他们干轻闲的工作时不与人争抢,干重活时不会躲在后面,遇到法令时不会用强力违背,自己宣扬'道'且不会去冲犯。这四个方面,是我听说的。"

原文

孔子观于鲁桓公①之庙,有欹器②焉。夫子问于守庙者曰:"此谓何器?"对曰:"此盖为宥坐之器③。"孔子曰:"吾闻宥坐之器,虚则欹,中则正,满则覆。明君以为至诚,故常置之于坐侧。"顾谓弟子曰:"试注水焉。"乃注之,水中则正,满则覆。夫子喟然叹曰:"呜呼!夫物恶有满而不覆哉?"子路进曰:"敢问持满有道乎？"子曰："聪明睿智，守之以愚；功被天下，守之以让；勇力振世，守之以怯；富有四海，守之以谦。此所谓损之又损之之道也。"

> **注　释**
>
> ①**鲁桓公**：惠公子，名轨。在位十八年，后被杀。②**欹器**：容易倾斜倒下的器物。③**宥坐之器**：放在座位右边以示警戒的器物，相当于后来的座右铭。

> **译　文**
>
> 孔子到鲁桓公的庙里去参观，在那里看到一件容易倾倒的器物。于是他问守庙的人："这是什么器物啊？"守庙人回答说："这是国君放在座位右边以示警戒的欹器。"孔子说："我听说国君放在座位右边的欹器，空虚时就倾倒，水不多不少时就端正，水满时就倒下。贤明的国君把它作为最重要的警示，所以常常把它放在座位边。"说完回头对弟子说："灌进水试试。"弟子把水灌进欹器，水不多不少时欹器就端正，水满时就倒下。孔子感叹道："唉，哪有东西盈满了不倒的呢！"子路走上前去问道："请问有既能保持盈满，又能不倾覆的方法吗？"孔子说："聪明睿智的人，用愚朴来保守成业；功盖天下的人，用谦让来保守成业；勇力震世的人，用怯懦来保守成业；富有四海的人，用谦卑来保守成业。这就是退损再退损的方法。"

> **原　文**
>
> 孔子观于东流之水。子贡问曰："君子所见大水必观焉，何也？"孔子曰："以其不息，且遍与诸生而不为也①。夫水似乎德，其流也，则卑下倨拘(jù gōu)必循②其理，此似义；浩浩乎无屈尽之期，此似道；流行赴百仞之嵯(xǐ)而不惧，此似勇；至量必平之，此似法；盛而不求概③，此似正；绰约微达④，此似察；发源必东，此似志；以出以入，万物就以化洁，此似善化也。水之德有若此，是故君子见必观焉。"

> **注　释**
>
> ①**遍与诸生而不为也**：普遍地施惠于各种生物却显得无所作为。②**倨拘必循**：弯

弯曲曲地流动却一定遵循向下的原则。③**概**：古代以容器量东西用来刮平里面所盛东西的木片。④**绰约**：柔软的样子。**微达**：无论多么微小的地方都能达到。

> 译　文

孔子正在观看东流之水。子贡问道："君子每次看到大水，都要驻足观看，这是为什么呢？"孔子回答说："因为它没有停息之时，而且普遍施惠于万物却显得无所作为。水就像德一样，流动时，总是向着低洼的地方流去；即使弯弯曲曲地流动却一定遵循着向下的原则，这种品性就像'义'；浩浩荡荡没有穷尽之时，这种品性就像'道'；即使流向百仞高的溪谷也无所畏惧，这种品性就像'勇'；盛装在器皿中的时候不需要盖子，也不会装得满溢出来，这种品性就像'正'；水本性柔弱但是无论多么细微的地方它都能到达，这种品性就像'察'；从发源地开始，它一心向东流去，这种品性就像'志'一样；有出有入，万物因此得以变得干净，这就像善于教化一样。水具有如此多的德行，因此君子见到都要驻足观看。"

> 原　文

子贡观于鲁庙之北堂，出而问于孔子曰："向①也赐观于太庙之堂，未既辍，还②瞻北盖③，皆断焉。彼将有说耶？匠过之也。"孔子曰："太庙之堂，官致良工之匠，匠致良材，尽其功巧，盖贵久矣，尚有说也。"

> 注　释

①**向**：以前。②**还**：回头，回来。③**盖**：门。

> 译　文

子贡参观鲁庙的北堂，出来后问孔子："过去我去观看太庙的殿堂，还没看完，回头望见北门，发现是以一块块断裂的木板拼接起来的。这有什么含义吗？还是因为工匠的过失呢？"孔子说："建造太庙的殿堂时，选择的全都是最好的工匠及材料，工匠非常尽力，这是为了使太庙保持长久。因此，这扇门是用木板拼接，恐怕是有着特定理由的。"

> 原　文

孔子曰："吾有所耻，有所鄙，有所殆①。夫幼而不能强学，

卷二　三　恕

老而无以教，吾耻之；去其乡，事君而达②，卒遇故人，曾无旧言，吾鄙之；与小人处而不能亲贤，吾殆之。"

注释

①殆：感到危险，认为危险。②达：仕途通达。

译文

孔子说："我有为之羞耻的事，有为之鄙视的事，有为之担忧的事。幼年时不努力学习，到老无法教导子孙，我为这种人感到羞耻；离开家乡，去侍奉君主得以发达，猛然间遇到故人，没有忆旧的话，这种人我会去鄙视他；有些人与小人混在一起，而不愿亲近那些贤能的人，我为这些人感到担忧。"

原文

子路见于①孔子。孔子曰："智者若何？仁者若何？"子路对曰："智者使人知己，仁者使人爱己。"子曰："可谓士②矣。"子路出，子贡入，问亦如之。子贡对曰："智者知人，仁者爱人。"子曰："可谓士矣。"子贡出，颜回入，问亦如之。对曰："智者自知，仁者自爱。"子曰："可谓士君子③矣。"

注释

①见于：被召见。②士：指有学问的读书人。③士君子：有学问且道德高尚的人。

译文

子路被孔子召见。孔子说："智者是怎么样的呢？仁者又是怎么样的呢？"子路回答说："智者应该能够使别人了解自己，仁者应该能够使别人爱自己。"孔子说："子路可以说是士了。"子路出去，子贡进来。孔子问了同样的问题。子贡回答说："智者能够了解别人，仁者能够爱护别人。"孔子说："子贡也可以说是士了。"子贡出去，颜回进来，孔子也问了相同的问题。颜回回答说："智者能够了解自己，仁者能够爱护自己。"孔子说："颜回可以说是士君子了。"

好 生

原文

鲁哀公问于孔子曰:"昔者舜冠何冠乎?"孔子不对。公曰:"寡人有问于子而子无言,何也?"对曰:"以君之问不先其大者,故方思所以为对。"公曰:"其大何乎?"孔子曰:"舜之为君也,其政好生而恶杀①,其任授贤而替②不肖,德若天地而静虚,化若四时而变物。是以四海承风,畅于异类③,凤翔麟至,鸟兽驯德,无他,好生故也。君舍此道而冠冕是问,是以缓对。"

注释

①**好生而恶杀**:爱惜生灵,厌恶刑杀。②**替**:接替。③**异类**:指周边少数民族。

译文

鲁哀公问孔子说:"从前舜是戴着什么样的帽子啊?"孔子不回答。哀公说:"我有问题问你,你为什么不说话呢?"孔子回答说:"因为您不是首先问那些重要的问题,所以我刚才在思考应该怎么样回答您。"哀公说:"重要的问题是什么呢?"孔子说:"舜作为一个君王,他为政的特点是爱惜生灵而厌恶刑杀,任用官员的时候选拔贤能的人替代那些没有能力的人,德行好像天地一般却能清净无欲,教化好像四时一样有规律而能改变万物。因此四海都顺从舜的教化,以至其教化在异族之中也畅行无阻。凤鸟翔集,麒麟显圣,鸟兽都顺从他的德行,这没有其他的原因,是他爱惜生灵的缘故。您舍弃这样的治国之道不问,却问我舜戴的是什么帽子,因此我回答得迟了。"

原文

孔子读史,至楚复陈,喟然叹曰:"贤哉楚王!轻千乘之国,而重一言之信,匪申叔①之信,不能达其义,匪庄王之贤,不能受其训。"

注释

①**申叔**:指申叔时。

译 文

孔子读史书读到楚国将陈国复国时，深深慨叹："楚王实在是贤明啊！不看重拥有一千辆战车的陈国，却重视诚信，假如不是申叔时的忠信，就无法把道理讲明白，如果不是楚庄王这种贤明的人，也不会接受如此的劝告。"

原 文

孔子常自筮(shì)其卦，得《贲(bì)》①焉，愀然有不平之状。子张②进曰："师闻卜者得贲卦，吉也；而夫子之色有不平，何也？"孔子对曰："以其离耶！在《周易》，山下有火谓之《贲》，非正色③之卦也。夫质也，黑白宜正焉，今得《贲》，非吾兆也。吾闻丹漆不文，白玉不雕，何也？质有余，不受饰故也。"

注 释

①《贲》：卦名，六十四卦之一，卦象为离下艮上。②子张：姓颛孙，名师，字子张，孔子弟子。③正色：颜色纯正。

译 文

孔子曾经用蓍草为自己占卦，占得《贲》卦，于是孔子的脸色开始变得严肃起来，而且显出颇不安静的样子。子张上前说道："我听说占卜得到《贲》卦，是吉祥的兆头；但是老师您现在却露出了不平和的神色，这是为什么呢？"孔子回答说："是因为卦象上显示得模糊不清的缘故。在《周易》中，山下有火是《贲》卦，这并不是颜色纯正的卦。对于一个事物的质地而言，黑色和白色应该纯正。今天我占的卦颜色驳杂不纯，这不是我想要的兆头。我听说红漆是不用再去纹饰的，白玉也是无须再去雕刻的。为什么呢？这是因为它的质地本来就很好了，无须再接受任何修饰的缘故。"

原 文

曾子曰："狎①甚则相简②，庄甚则不亲。是故君子之狎足以交欢，其庄足以成礼。"孔子闻斯言也，曰："二三子志之，孰谓参也不知礼乎！"

注释

①狎：亲近而不庄重。②简：怠慢。

译文

曾子说："太过亲近的话就会彼此怠慢，太庄重的话就会让人难以亲近。因此君子的亲近程度足以让别人乐于与他交往，他们的庄重又足以使人保持对他的礼貌。"孔子听说之后说："弟子们要记住，谁说曾参不懂礼呢！"

原文

哀公问曰："绅委章甫①，有益于仁乎？"孔子作色而对曰："君胡然焉，衰麻苴杖者②，志不存乎乐，非耳弗闻，服使然也；黼黻衮冕者，容不亵慢，非性矜庄，服使然也；介胄执戈者，无退懦之气，非体纯猛，服使然也。且臣闻之，好肆不守折③，而长者不为市。窃夫其有益与无益，君子所以知。"

注释

①绅：古代士大夫束在腰间的大带子。委：委帽，周代的一种帽子。章甫：商朝流行的黑色礼帽。②衰麻苴杖者：穿孝服、拄孝杖的人。衰麻，丧服；苴杖，古代居父丧时孝子所拄的竹杖。③好肆不守折：善于做买卖的人是不会亏本的。

译文

哀公问孔子说："行礼时用的腰带、委帽、章甫这些东西，对于施行仁德有帮助吗？"孔子突然间变了脸色，回答说："您为什么这样想呢？那些穿着丧服、拄着拐杖的人，他们的心思是不在音乐上的，这并非是因为耳朵听不到，而是因为身上穿着丧服的缘故；身穿端庄的礼服、头戴礼帽的人，神色庄重，这并非是因为他们的本性就是端庄的，而是因为他们身上穿着礼服的缘故；身披铠甲手执武器的人，没有丝毫退让懦弱的样子，这并非是因为他们的身体本来就是勇猛的，而是因为他们身上穿着战服的缘故。而且臣曾经听说，善于做买卖的人是不会亏本的，因此忠厚长者不会去做买卖。我个人认为有益还是无益，君子都是可以分辨出来的。"

原文

孔子谓子路曰："君子以心导耳目，立义以为勇；小人以耳目导心，不愻^①以为勇。故曰：退之而不怨，先之斯可从已。"

注释

①愻：驯服。

译文

孔子对子路说："君子以心来引导听觉和视觉，把树立道义作为勇敢；小人则是用听觉和视觉来引导内心，把不顺从当作勇敢。所以说别人轻视自己不要去怨恨他，别人重视自己，就可以向他学习了。"

原文

孔子曰："君子有三患：未之闻，患不得闻；既得闻之，患弗得学；既得学之，患弗能行。有其德而无其言，君子耻之；有其言而无其行，君子耻之；既得之而又失之，君子耻之；地有余，民不足，君子耻之；众寡均而人功倍己^①焉，君子耻之。"

注释

①众寡均而人功倍己：所用的人和物同别人一样多，但是别人的成果是自己的数倍。

译文

孔子说："君子有三件事最值得担心：没有听过的知识，担心自己没有机会听到；听到以后，又担心自己没有机会学习；学到之后，又担心自己不能践行。有德行却没有相应的言辞，君子以此为耻；有言辞却没有付诸行动，君子以此为耻；得到之后，又失去了，君子以此为耻；土地有富余，但是百姓衣食不足，君子以此为耻；所用的人和物同别人一样多，但是别人的成果却是自己的数倍，君子以此为耻。"

原文

鲁人有独处室者，邻之嫠妇^①亦独处一室。夜，暴风雨至，嫠妇室坏，趋而托焉。鲁人闭户而不纳，嫠妇自牖与之言："子何不仁而不纳我乎？"鲁人曰："吾闻男女不六十不同居，今子幼，吾亦幼，是以不敢纳尔也。"妇人曰："子何不如柳下惠②然？妪不逮门之女③，国人不称其乱。"鲁人曰："柳下惠则可，吾固不可。吾将以吾之不可，学柳下惠之可。"

孔子闻之曰："善哉！欲学柳下惠者，未有似于此者，期于至善而不袭其为，可谓智乎！"

注释

①嫠妇：寡妇。②柳下惠：春秋时鲁国大夫，被视为遵守道德的楷模。③妪不逮门之女：怀抱没能赶上走进城门的女子。妪，妪伏，这里指用体温温暖别人。

译文

鲁国有个人自己居住一间屋，他隔壁的寡妇也是独自居住一间屋。一天晚上，下起暴风雨，寡妇的屋被雨淋坏，于是就跑过来乞求借宿。这个鲁国人关上门拒绝让她进来，寡妇从窗口对他说："你怎么这么没有仁德呢，为什么不让我进去呢？"鲁国人说："我听说男女还不到六十岁的时候是不能同处一屋的，现在你还年轻，我也很年轻，因此我才不敢让你进来的。"那个妇人说："你为什么不能像柳下惠那样做呢？他虽怀抱着没来得及入城的女子，但是国人却没有一个说他淫乱的。"鲁国人说道："柳下惠可以做到，但是我却没有办法做到。我不打算用我所做不到的事情去模仿柳下惠所能做到的事情。"

孔子听说这件事之后，说道："好啊！想要学习柳下惠的人没有一个能像他这样做的。想要止于至善的境地，却不完全因袭别人的行为，这真的可以说是大智慧啊！"

卷 三

观 周

原文

孔子谓南宫敬叔曰:"吾闻老聃博古知今,通礼乐之原,明道德之归,则吾师也,今将往矣。"对曰:"谨受命。"遂言于鲁君曰:"臣受先臣之命云:'孔子圣人之后也,灭于宋,其祖弗父何,始有国而授厉公,及正考父佐戴、武、宣,三命兹益恭。故其鼎铭曰:"一命而偻,再命而伛,三命而俯。循墙而走,亦莫余敢侮。饘①于是,粥于是,以糊其口。"其恭俭也若此。'臧孙纥有言:'圣人之后,若不当世,则必有明君而达者焉。孔子少而好礼,其将在矣。'属臣曰:'汝必师之。'今孔子将适周,观先王之遗制,考礼乐之所极,斯大业也,君盍以乘资之?臣请与往。"公曰:"诺。"与孔子车一乘,马二匹,竖子②侍御。敬叔与俱。

至周,问礼于老聃,访乐于苌弘,历郊社之所,考明堂之则,察庙朝之度。于是喟然曰:"吾乃今知周公之圣,与周之所以王也。"及去周,老子送之曰:"吾闻富贵者送人以财,仁者送人以言。吾虽不能富贵,而窃仁者之号,请送子以言乎:凡当今之士,聪明深察而近于死者，好讥议人者也；博辩闳达而危其身，好发人之恶者也。无以有己为人子者，无以恶己为人臣者。"孔子曰："敬奉教。"自周反鲁，道弥尊矣。远方弟子之进，盖三千焉。

注释

①饘：稠粥。②竖子：对人的鄙称，犹谓"小子"，此处指驾车的仆人。

译文

孔子对南宫敬叔说："我听说老聃博古通今，知道礼乐的渊薮，明白道德的旨归，他真是我的老师啊。我现在就要去拜访他。"南宫敬叔回答说："谨遵老师的吩咐。"于是南宫敬叔就去告诉鲁昭公说："我曾经听受过我父亲的遗命说：'孔子是圣人的后裔，他的先祖在宋国被杀害，他的十世祖弗父何本应该继承宋国君位，但是却让给了自己的弟弟宋厉公，孔子的七世祖正考父辅佐了宋国的戴公、武公、宣公三位君主，身为三命之卿但是却愈加恭敬。因此他自己的鼎上刻有这样的铭文：'（正考父）做士的时候低头弯腰，做大夫的时候躬身屈背，做士的时候更是俯下身来，沿着墙根快步小跑，但是却没有人敢侮辱我。在这里吃稠粥、吃稀粥，都仅仅是为了糊口罢了。'正考父的恭敬简朴到了这样的程度。臧孙纥曾经说过：'圣人的后代，如果不当政的话，必然会有身怀明德而显达的人。'孔子年轻的时候就喜欢学习礼仪，他就是这种明德显达的人。（先父）曾经嘱咐过我：'你一定要跟从孔子进行学习。'现在孔子将要到周朝去，观看学习先王留下的政治制度，考察礼乐文化的至高境界，这真是一件大事业啊！您为什么不以车马来资助他呢？臣请求您允许我和他同去。"昭公说："准奏。"于是就给了孔子一辆车和两匹马，还派了仆人去帮忙驾车，让南宫敬叔与孔子一同前往周朝。

到达周朝之后，向老聃询问学习礼制，并且拜访苌弘，学习音乐，观看了郊社之处，考察了明堂制度的法则，学习了宗庙朝堂的制度。于是孔子感慨地说："我现在才知道周公之所以被称为圣人，以及周朝能取得天下的原因了。"等离开周朝的时候，老子给孔子送行并且说："我听说富贵的人送别人财物，仁德的人送给别人言辞。我虽然不是富贵的人，但是我却要冒称一下仁者，请允许我送给您几句话：凡是当今之士，聪明过人明察隐微，但是却总是处于死亡边缘的人，都是那些喜欢讥讽议论别人的人；博学善辩气志广大的人常常使自己处于危险的境地，这都是因为喜欢揭露别人的短处的人。作为儿子的就应该不让父母时刻挂念自己，作为臣子的就应该不让君王憎恶自己。"孔子说："谨遵您的教诲。"从周朝回到鲁国之后，孔子的道义受到了更多的尊崇。远方的弟子都来求学，弟子大概有三千人。

原文

孔子观乎明堂，睹四门墉①有尧舜与桀纣之象，而各有善恶之状，兴废之诫焉。又有周公相成王，抱之负斧扆②，南面以朝诸侯之图焉。孔子徘徊而望之，谓从者曰："此周公所以盛也。夫明镜所以察形，往古者所以知今。人主不务袭迹于其所以安存，而忽怠所以危亡，是犹未有以异于却走而欲求及前人也，岂不惑哉？"

注释

①墉：墙壁。②斧扆：古代帝王朝堂所使用的如屏风一样的器具，上面画有斧头。

译文

孔子参观明堂，见到四面的墙壁上挂有尧舜和桀纣的画像，画出每个人善恶的样貌，作为国家兴盛以及衰败的警戒。又见到周公辅佐成王，周公抱着成王，背对着斧，面向南方接受各个诸侯朝拜的图像。孔子来回观看，对跟随的人说："这是周朝兴盛的原因啊。明亮的镜子是用于观察形貌的，审察过去的事情可以得知现在的事情。国君假如不选择让国家安定的道路，反而走让国家走向危亡的道路，这就犹如停下脚步的人依旧想跟上前面的人一样，难道不糊涂吗？"

原文

孔子观周，遂入太祖后稷之庙。庙堂右阶之前有金人焉，三缄其口①，而铭其背曰："古之慎言人也，戒之哉。无多言，多言多败；无多事，多事多患。安乐必戒，无所行悔。勿谓何伤，其祸将长；勿谓何害，其祸将大；勿谓不闻，神将伺人。焰焰不灭，炎炎若何②？涓涓不壅，终为江河③；绵绵不绝，或成网罗；毫末不札，将寻斧柯④。诚能慎之，福之根也。口是何伤，祸之门也。强梁者不得其死，好胜者必遇其敌。盗憎主人，民怨其上。君子知天下之不可上也，故下之；知众人之不可先也，故后之。温恭慎德,使人慕之;执雌持下,人莫逾之。人皆趋彼,我独守此;人皆惑之,我独不徙。内藏我智,不示人技。我虽尊高,人弗我害,谁能于此?江海虽左,长于百川⑤,以其卑也。天道无亲,而能下人,戒之哉!"

孔子既读斯文也,顾谓弟子曰:"小人识之,此言实而中,情而信。《诗》曰:'战战兢兢,如临深渊,如履薄冰。'行身如此,岂以口过患哉?"

注释

①**三缄其口**:嘴巴上被封了三层。②**焰焰不灭,炎炎若何**:火苗初起时不去扑灭,等到火势大了该怎么办呢?③**涓涓不壅,终为江河**:不趁着水流还小的时候去堵塞,就会成为江河。④**毫末不札,将寻斧柯**:小树刚发芽的时候不将其拔去,长大了就要用斧头去砍。⑤**江海虽左,长于百川**:江海虽然居于下游,却比百川更广大。

译文

孔子在周朝参观,进入太祖后稷的庙堂。庙堂右边的台阶前面立有一个铜人,嘴巴上被封了三层,背上却刻着这样的铭文:"这是古代做事谨慎的人说过的话,以此为戒!不要多说话,话越多过失就越多;不要多事,事越多忧患就越多。安逸快乐的时候一定要提高警惕,会使自己后悔的事情不要去做。不要说有什么伤害,祸害将会一天天增长;不要说有什么害处,祸害将会一天天增大;不要以为上天听不到,神人都在暗中观察着人们的言行。火苗刚起来的时候不去扑灭,等到火焰熊熊时又该怎么办呢?细小的水流不去堵塞,终将汇聚成江河。细细的丝绵绵不绝,终会交织成网罗;树苗刚长出来的时候不将其拔去,长大了就要用斧头才能砍掉。如果真的能慎重处世,这就是百福的根源。嘴有什么伤害啊,它是祸害的大门。残暴凶猛的人不得好死,争强好胜的人必将会遇到自己的敌人。盗贼憎恨财物的主人,百姓怨恨在上位者。君子知道不能身居天下之人的上位,因此总是居于人下;知道不能身居天下人之先,因此总是居于其后。君子温厚恭敬,谨慎仁德,使人倾慕自己;甘居人下,因此没有人逾越他。别人都向别处去,只有我坚守此处;别人都向往他处,只有我坚定不移。将我的智慧埋藏于胸中,不向别人显示自己的能力。这样的话我虽然身尊位高,但是没有人能伤害我,谁又能做到这样呢?江海虽然位居下游,但是比百川都要广大,这就是因为其甘居人下。天道不亲近任何人,而能常居人下。要引以为戒啊!"

孔子读完这篇文章之后，回头看着自己的弟子说："你们都要记住啊！这说的就是做事要切实而中肯，合情而可信。《诗经》上说：'战战兢兢，就像面临深渊，就像脚踩薄冰。'能够这样立身处世，又怎么会因说错话而招致祸患呢？"

原文

孔子见老聃而问焉，曰："甚矣，道之于今难行也。吾比执道，而今委质①以求当世之君而弗受也，道于今难行也。"老子曰："夫说者流于辩，听者乱于辞，如此二者，则道不可以忘②也。"

注释

①委质：又作"委贽"，指人臣拜见君主时，屈膝委体于地，后引申为托身、归顺。②忘：舍弃、遗忘。

译文

孔子见到老子问道："现在实行道实在是太难了。我实行道，将治理国家的好办法献给国君而无人采纳，现在实行道实在是太难了。"老子说："那些宣扬道的人喜欢巧辩，而听者容易受到这些花言巧语迷惑。知道这两点，你所传的'道'就不会遭到人们的遗忘了。"

弟子行

原文

卫将军文子①问于子贡曰："吾闻孔子之施教也，先之以《诗》《书》，而道②之以孝悌，说之以仁义，观之以礼乐，然后成之以文德。盖入室升堂者，七十有余人，其孰为贤？"子贡对以不知。

注释

①文子：卫国公卿，名弥牟。②道：引导。

译文

卫国的将军文子问子贡说："我听说孔子教育弟子，先教他们读《诗经》和《尚书》，然后教他们孝顺父母与尊敬兄长的道理。讲的是仁义，观看的是礼乐，然后用文才和德行来成就他们。大概学有所成的有七十多人,他们之中谁是贤人呢?"子贡回答说不知道。

原 文

文子曰:"以吾子常与学,贤者也,不知何谓?"子贡对曰:"贤人无妄①,知贤即难,故君子之言曰:'智莫难于知人。'是以难对也。"

注 释

①**无妄**:无误,没有虚假。

译 文

文子说:"因为你常和他们一起学习,也是贤人,为何说不知道呢?"子贡回答说:"贤能的人不对人妄加评论,了解贤人就很困难。所以君子说:'没有比了解别人更困难的了。'因此难以回答。"

原 文

文子曰:"若夫知贤,莫不难。今吾子亲游焉,是以敢问。"子贡曰:"夫子之门人,盖有三千①就焉。赐有逮及焉,未逮及焉,故不得遍知以告也。"

注 释

①**三千**:《大戴礼记·卫将军文子》作"三就",指在孔子门下求学的弟子,成就分为上、中、下三等。

译 文

文子说:"对于了解贤人,没有不困难的。现在您本人亲身在孔子门下求学,所以敢冒昧问您。"子贡说:"先生的门人,大概有三千人就学。有些是与我接触过的,有些没有接触过,所以不能普遍地了解他们的情况来告诉你。"

原 文

文子曰:"吾子所及者,请问其行。"子贡对曰:"夫能夙兴夜寐,讽诵崇礼,行不贰过,称言不苟,是颜回之行也。孔子说之以《诗》曰:'媚兹一人①,应侯慎德','永言孝思,孝思惟则。'"若逢有德之君,世受显命,不失厥②名。以御于天子,则王者之相也。"

注释

①**媚兹一人**:意指颜渊如被天子任用一定会受到信任。②**厥**:代词,他的。

译文

文子说:"请就您所接触到的谈谈,我想问问他们的品行。"子贡回答说:"能够起早贪黑,背诵经书,崇尚礼义,行动不犯第二次过错,引经据典很认真的,是颜渊的品行。孔子用《诗经》的话来形容颜渊:'如果遇到国君信任,就能成就他的德业。''永远恭敬尽孝道,孝道足以为法则。'

原文

"在贫如客,使其臣如借。不迁怒,不深怨,不录旧罪,是冉雍之行也。孔子论其材曰:'有土之君子也,有众使也,有刑用也,然后称怒焉。'匹夫不怒,唯以亡其身。孔子告之以《诗》曰:'靡不有初,鲜克有终①。'

注释

①**靡不有初,鲜克有终**:做事没有人不肯善始,但很少有人善终。

译文

"如果颜渊遇到有德的君王,就会世代享受帝王给予的美誉,不会失去他的美名。被君王任用,就会成为君王的辅佐。身处贫困能矜持庄重,使用仆人如同借用般客气。不把怒气转移到别人身上,不总是怨恨别人,不总是记着别人过去的罪过,这是冉雍的品行。孔子评论他的才能说:'拥有土地的君子,有民众可以役使,有刑罚可以施用,之后可以迁怒。普通人发怒,只会伤害自己的身体。'孔子用《诗经》的话告诉他说:'万事都有开端,但很少有人可以善始善终。'

原文

"不畏强御,不侮矜寡①,其言循性,其都②以富,材任治戎,是仲由之行也。孔子和之以文,说之以《诗》曰:'受小拱大拱,而为下国骏庞,荷天子之龙,不戁不悚(rán sǒng),敷奏其勇。'强乎武哉,文不胜其质。

注释
①矜寡:即鳏寡,老年丧妻或是丧夫的人。②都:美。

译文
"不畏强暴之人,不会欺负没有依靠的人,说话是发自本性的,相貌堂堂,才能足以治理国家的军队,这是子路的品行。孔子以文辞去赞美他,用《诗经》当中的话评论他:'接受上天大法和小法,庇护下面的诸侯国,接受天子授予的荣宠。不畏惧不害怕,展现他的勇猛。'武力强盛,文采遮掩不住他的质朴。

原文

"恭老恤幼,不忘宾旅,好学博艺①,省物而勤也,是冉求之行也。孔子因而语之曰:'好学则智,恤孤则惠,恭则近礼,勤则有继,尧舜笃恭以王天下。'其称之也,曰:'宜为国老②。'

注释
①博艺:多才多艺。②国老:古代告老还乡的卿大夫。这里指受到国君尊重而出任卿大夫。

译文
"尊敬长辈,同情幼小,不忘在外的旅人,喜好学习,博才多艺,体察万物且勤劳,这是冉求的品行。孔子因此对他说:'好学就有智慧,同情孤寡就是仁爱,恭敬就接近礼义,勤劳就有收获。尧舜忠诚谦恭,所以能称王天下。'孔子很称赞他,说:'你应当成为国家的卿大夫。'

原文

"齐庄而能肃,志通而好礼,傧相①两君之事,笃雅有节,是公西赤②之行也。子曰:'礼经三百,可勉能也;威仪三千,则难也。'公西赤问曰:'何谓也?'子曰:'貌以傧礼,礼以傧辞,是谓难

焉。'众人闻之,以为成也。孔子语人曰:'当宾客之事,则达矣。'谓门人曰:'二三子之欲学宾客之礼者,其于赤也。'

【注释】

①傧相:古代代替主人接待宾客、主持赞礼之人,这里用作动词。②公西赤:孔子弟子。

【译文】

"整齐庄重而肃穆,志向通达且喜欢礼仪,担当两个国君间的傧相之事,忠诚典雅且有所节制,这是公西赤的德行。孔子说:'三百篇礼经能够通过努力学会,但是众多威严的仪式要想学会就非常困难了。'公西赤问道:'这是为什么呢?'孔子说:'做傧相要依据不同人的外表来行礼,根据不同的礼节来说话,因此做到是很困难的。'众人听到孔子这么说,认为公西赤已经有所成就了。孔子告诉别人:'对于傧相来说,公西赤是可以做到了。'孔子对弟子说:'你们想要学习担任傧相的礼仪吗,那就向公西赤学习吧。'

【原文】

"独居思仁,公言言义,其于《诗》也,则一日三覆'白圭之玷'①,是宫绦之行也。孔子信其能仁,以为异士。

【注释】

①白圭之玷:白玉上的污点可以被磨掉,但是说出的话却无法更改。

【译文】

"一个人独处时依旧在思考仁义,在众人面前公然宣讲仁义,读《诗经》时,一天重复三次'白圭之玷',这是宫绦的德行。孔子相信他可以做到仁义,认为他是个与众不同之人。

【原文】

"自见孔子,出入于户,未尝越礼。往来过之,足不履影。启蛰①不杀,方长不折。执亲之丧,未尝见齿。是高柴之行也。孔子曰:'柴于亲丧,则难能也;启蛰不杀,则顺人道;方长不折,则恕仁也。成汤恭而以恕，是以日跻^①。'凡此诸子，赐之所亲睹者也。吾子有命而讯赐，赐固不足以知贤。"

注释

①启蛰：即惊蛰。二十四节气之一，指动物冬眠后，春雷响动使其出来活动。

译文

"自从见到孔子，进门出门，从没有违反礼节。走路来往，脚不会踩到别人的影子。不杀蛰伏刚醒的虫子，不攀折正在生长的草木。为亲人守丧，没有言笑。这是高柴的品行。孔子说：'高柴为亲人守丧的诚心，是一般人难以做到的；春天不杀生，是遵从做人的道理；不折断正在生长的树木，是推己及物的仁爱。成汤谦恭而又能推己及人，因此威望天天提高。'以上这几个人是我目睹的。您向我询问，要求我回答，我本来也不能够知道谁是贤人。"

原文

文子曰："吾闻之也，国有道则贤人兴^①焉，中人用焉，乃百姓归之。若吾子之论，既富茂矣。壹^②诸侯之相也，抑世未有明君，所以不遇也。"

注释

①兴：出现。②壹：全都。

译文

文子说："我听说国家依照正道行事，即遵德中庸之道的人就会被任用，百姓也会前来归附。像您所谈论，内容已经很丰富，他们都可以辅助诸侯了，或许是由于没有明君，所以没有得到任用。"

原文

子贡既与卫将军文子言，适鲁见孔子曰："卫将军文子问二三子之于赐，不壹而三^①焉，赐也辞不获命，以所见者对矣，未知中否，请以告。"孔子曰："言之乎。"

> 注 释
> ①不壹而三：再三。

> 译 文
> 子贡和文子谈论完贤人后，来到鲁国，拜见孔子说："卫国的将军文子向我询问关于老师的弟子是否贤能的问题，再三请求，我推辞不掉，就将我所见到的都告诉了他。不知道是否符合他们的实际情况，请让我来告诉您吧！"孔子说："说说看。"

> 原 文
> 子贡以其辞状告孔子。子闻而笑曰："赐，汝次①为人矣。"子贡对曰："赐也何敢知人，此以赐之所睹也。"孔子曰："然。吾亦语汝耳之所未闻，目之所未见者，岂思之所不至，智之所未及哉？"子贡曰："赐愿得闻之。"

> 注 释
> ①次：排列次序。

> 译 文
> 子贡把此前与文子的谈话告诉了孔子。孔子听后笑着说："赐，你为他们排列了次序。"子贡回答："我哪里了解他们啊，我只是依据我所看到的事情来说说而已。"孔子说："是这样的。我也告诉你从没听过的，也从没看过的事情，难道是考虑不周全，凭借智力也无法了解的吗？"子贡说："我愿意聆听您的教诲。"

> 原 文
> 孔子曰："不克不忌①，不念旧怨，盖伯夷叔齐之行也；思天而敬人，服义而行信，孝于父母，恭于兄弟，从善而教不道，盖赵文子②之行也。其事君也，不敢爱其死，然亦不敢忘其身，谋其身不遗其友，君陈则进而用之，不陈则行而退，盖随武子之行也。

> 注 释
> ①不克不忌：不苛刻，不妒忌。②赵文子：即赵武，赵朔之子，父亲被屠岸贾所

杀，赵武被程婴等搭救，后成为相国。

译文

孔子说："不苛刻不忌妒，不计较过去的仇恨，这是伯夷叔齐的品行。思考天道而且尊敬人，服从仁义而做事讲信用，孝敬父母，友爱兄弟，从善如流而又教导不按正道而行的人，这是赵文子的品行。他侍奉国君，不敢爱惜自己的生命，然而也不敢轻易死于非议。谋求自己的发展，也不忘记朋友。君王任用时他就努力去做，不用则离开而退隐，大概这是随武子的品行。

原文

"其为人之渊源①也，多闻而难诞，内植足以没其世。国家有道，其言足以治；无道，其默足以生，盖铜鞮(dī)伯华之行也。外宽而内正，自极于隐括之中，直己而不直人，汲汲于仁，以善自终，盖蘧(qú)伯玉之行也。孝恭慈仁，允德义图②，约货去怨，轻财不匮，盖柳下惠之行也。

注释

①**渊源**：思虑深远。②**允德**：涵养德行。**义图**：考虑。

译文

"他的为人思虑深邃，见闻广博难以被欺骗，内心修养足以终身受用。国家按正道治理，他的言论足以用来治国；国家不按正道治理，他的沉默足以用来保存自己。这是铜鞮伯华的品行。外表宽容而且内心正直，能自己矫正自己的行为，自己正直而不要求别人，努力地追求仁义，终身行善，这是蘧伯玉的品行。孝敬谦恭、慈善仁爱，涵养德行、谋求仁义，少积聚财富以消除怨恨，轻视财物又不匮乏，这是柳下惠的品行。

原文

"其言曰，君虽不量于其身，臣不可以不忠于其君，是故君择臣而任之，臣亦择君而事之，有道顺命，无道衡命①，盖晏平仲之行也。蹈忠而行信，终日言不在尤之内，国无道，处贱不闷，贫而能乐，盖老莱子之行也。易行以俟天命，居下不援其上。其观于四方也，不忘其亲，不尽其乐，以不能则学，不为己终身之忧，盖介子山之行也。"

注释

①无道衡命：天下无道时就隐居，不出来做官。

译文

"他说：'君主虽然不能度量臣子的能力，臣子不能不忠于君主。因此君主选择臣子而任用，臣子也选择君主来侍奉。君主按正道而行就听从他的命令，不按正道就隐居不仕。'这是晏平仲的品行。行动讲求忠信，即使整天说话，也不会出错。国家混乱，身处低位而不愁闷，生活贫困而能保持快乐，这是老莱子的品行。改变自己的行为来等待机遇，身处低位却不攀附高枝。到四处游观，不忘记父母，想到父母，不尽情享乐，由于没有能力就去学习、请教，不使它成为终身的忧虑，这是介子山的品行。"

原文

子贡曰："敢问夫子之所知者，盖尽于此而已乎？"孔子曰："何谓其然？亦略举耳目之所及而矣。昔晋平公问祁奚曰：'羊舌大夫，晋之良大夫也，其行如何？'祁奚辞以不知。公曰：'吾闻子少长乎其所，今子掩之，何也？'祁奚对曰：'其少也恭而顺，心有耻而不使其过宿；其为大夫，悉善而谦其端①；其为舆尉②也，信而好直其功。至于其为容也，温良而好礼，博闻而时出其志。'公曰：'曩者问子，子奚曰不知也？'祁奚曰：'每位改变，未知所止，是以不敢得知也。'此又羊舌大夫之行也。"子贡跪曰："请退而记之。"

注释

①悉善而谦其端：尽善道而谦让。②舆尉：春秋时代晋国负责主持征讨、服役的官员。

译文

子贡问："请问老师，您所知道的，就到此为止了吗？"孔子说："怎么能这样说呢？我只是大略举出耳闻目睹的事罢了。从前晋平公问祁奚：'羊舌大夫是晋国的优秀大夫，他的品行怎么样？'祁奚推辞说不知道。晋平公说：'我听说你从小在他家长大，你现在遮掩着不愿说，是为什么呢？'祁奚回答说：'他小时候谦恭而和顺，心里觉得有过错不会留到第二天来改正；他作为大夫，凡事皆出于善心而又谦虚正直；他做舆尉时，讲信用而不隐瞒功绩。至于他的外表，温和善良而喜好礼节，广博地听取而有时提出自己的见解。'晋平公说：'刚才我问你，你怎么说不知道呢？'祁奚说：'他的职位经常改变，不知他现在做什么官，所以不敢说知道。'这又是羊舌大夫的品行。"子贡行跪拜之礼，说："请让我回去记下您的话。"

贤 君

原　文

哀公问于孔子曰："当今之君，孰为最贤？"孔子对曰："丘未之见也，抑有卫灵公乎？"公曰："吾闻其闺门之内无别①，而子次②之贤，何也？"孔子曰："臣语其朝廷行事，不论其私家之际也。"公曰："其事何如？"孔子对曰："灵公之弟，曰灵公弟子渠牟，其智足以治千乘，其信足以守之。灵公爱而任之。又有士曰林国者，见贤必进之，而退与分其禄，是以灵公无游放之士。灵公贤而尊之。又有士曰庆足者，卫国有大事则必起而治之，国无事则退而容贤③。灵公悦而敬之。又有大夫史䲡，以道去卫，而灵公郊舍三日，琴瑟不御，必待史䲡之入，而后敢入。臣以此取之，虽次之贤，不亦可乎。"

注　释

①**闺门之内无别**：家庭之内男女无别。②**次**：排列。③**退而容贤**：自己退位，把位置让给贤能的人。

译　文

鲁哀公问孔子："当今的君主，谁最贤明啊？"孔子回答说："我还没有见过这种君主，或许是卫灵公吧！"哀公说："我听说他家庭之内男女长幼没有分别，而你把他说成贤人,为什么呢?"孔子说:"我是说他在朝廷当中所做的事,而不讨论他家庭内部的事情。"哀公问:"朝廷的事怎么样呢?"孔子回答说:"卫灵公的弟弟公子渠牟,他的智慧足以治理拥有千辆兵车的大国,他的诚信足以守卫这个国家,灵公喜欢他而任用他。又有个士人叫林国的,发现贤能的人必定推荐,如果那人被罢了官,林国还要把自己的俸禄分给他,因此在灵公的国家没有游荡放纵的士人。灵公认为林国很贤明因而很尊敬他。又有个叫庆足的士人,卫国有大事,就必定出来帮助治理,国家无事,就辞去官职而让其他的贤人被容纳。卫灵公喜欢而且尊敬他。还有个大夫叫史鰌,因为道不能实行而离开卫国。卫灵公在郊外住了三天,不弹奏琴瑟,一定要等到史鰌回国,尔后他才敢回去。我因此认为他是贤明的君主,即使把他放在贤人的地位,不也是可以的吗?"

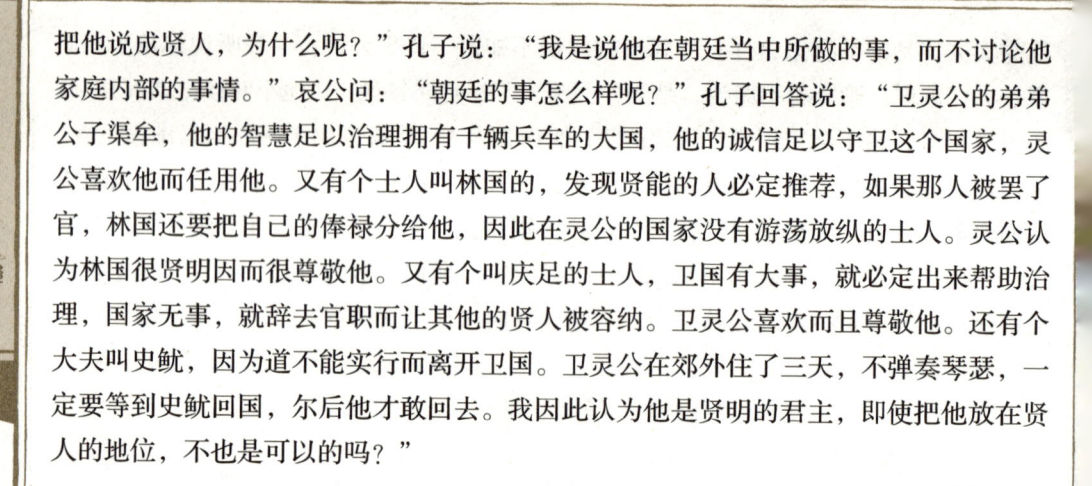

原文

子贡问于孔子曰:"今之人臣,孰为贤?"子曰:"吾未识也。往者①齐有鲍叔,郑有子皮,则贤者矣。"子贡曰:"齐无管仲,郑无子产?"子曰:"赐,汝徒知其一,未知其二也。汝闻用力为贤乎?进贤为贤乎?"子贡曰:"进贤贤哉。"子曰:"然,吾闻鲍叔达管仲,子皮达子产,未闻二子之达贤己之才者也。"

注释

① 往者:以前。

译文

子贡问孔子:"如今的臣子,谁能称得上贤人呢?"孔子说:"我不知道。过去齐国的鲍叔、郑国的子皮是贤人。"子贡说:"齐国的管仲、郑国的子产不是贤人吗?"孔子说:"赐,你只知其一,不知其二。你说是自己努力的人贤能呢,还是举荐贤能的人贤能呢?"子贡说:"推荐贤能的人贤能。"孔子说:"是的。我听说鲍叔的举荐使得管仲显达,子皮的推荐让子产显达,没有听说管仲和子产推荐比自己更加贤能的人从而让他们显达的。"

原文

哀公问于孔子曰:"寡人闻忘之甚者,徙而忘其妻,有诸?"

孔子对曰："此犹未甚者也。甚者乃忘其身。"公曰："可得而闻乎？"孔子曰："昔者夏桀贵为天子，富有四海，忘其圣祖之道，坏其典法，废其世祀，荒于淫乐，耽湎于酒。佞臣谄谀，窥导①其心，忠士折口②，逃罪不言。天下诛桀，而有其国，此谓忘其身之甚矣。"

注释

①窥导：窥测引导。②折口：闭口。

译文

鲁哀公问孔子："我听说极为健忘的人，搬家会把自己的妻子遗忘，这样的事情有吗？"孔子回答："这还不算是最健忘的人呢，最健忘的人会忘记自己是谁。"鲁哀公说："可以讲给我听听吗？"孔子说："过去，夏桀身为天子，地位尊贵，拥有全国的财富，但是却忘了他圣明的祖上治国的方法，败坏其法典制度，使他们世世代代的祖祭无法延续下去。整日荒淫取乐，沉溺于美酒当中。奸臣阿谀奉承，窥测迎合夏桀的心思，忠诚的臣子不能继续进谏，逃避罪责不敢说话。以至于天下的人们共同讨伐并诛灭了夏桀，占领了其国家。这才是忘记了自身的典型事例啊！"

原文

颜渊将西游于宋，问于孔子曰："何以为身？"子曰："恭敬忠信而已矣。恭则远于患，敬则人爱之，忠则和于众，信则人任之。勤斯四者，可以政国，岂特一身者哉？故夫不比①于数②（cù）而比于疏，不亦远乎？不修其中而修外者，不亦反乎？虑不先定，临事而谋，不亦晚乎？"

注释

①比：亲近、紧挨。②数：密集。

译文

颜渊即将前往西方的宋国游历，他问孔子："如何才能立身呢？"孔子说："态度恭敬、忠实诚信就足够了。谦恭就可以远离祸患，尊敬别人，别人也会喜爱自己，对人忠诚就能够与众人和睦相处，诚信的话也能够取得别人的信任。努力做到这四点，就能够处理一国的政务了，何况是立身呢？因此不去亲近亲密的人，却去亲近疏远的人，不就远离正道了吗？不修养德行，而去修饰外表，不是违背常理了吗？不事先去考虑清楚，事到临头再另作主张，不是太晚了吗？"

原 文

孔子读《诗》，于《正月》六章，惕焉如惧，曰："彼不达①之君子，岂不殆哉？从上依世②，则道废；违上离俗，则身危。时不兴善，己独由之，则曰非妖即妄也。故贤也既不遇天，恐不终其命焉。桀杀龙逄，纣杀比干，皆类是也。《诗》曰：'谓天盖高，不敢不局，谓地盖厚，不敢不蹐。'此言上下畏罪，无所自容也。"

注 释

①**不达**：不得志。②**从上依世**：顺从国君，依从世俗。

译 文

孔子读《诗经》，读到《正月》的第六章时，极为小心好像害怕。他说："那些不得志的君子，不是非常危险吗？顺从君主、随波逐流，自己尊奉的'道'就被废除了；违背君主，远离世俗本身就很危险了。时世不倡导善行，自己独自去行善，那么世人就说你是反常或是不合法的。因此自己贤能假如遇不到好时机，恐怕无法有善终。夏桀杀害关龙逄，商纣杀害比干，都属于这种事啊。《诗经》说：'虽说天非常高，却不得不弯腰行走。虽说地厚，却不敢不去小心翼翼。'这话是说上下都害怕获罪，没有自己的容身之所。"

原 文

子路问于孔子曰："贤君治国，所先①者何？"孔子曰："在于尊贤而贱②不肖。"子路曰："由闻晋中行氏尊贤而贱不肖矣，其亡何也？"孔子曰："中行氏尊贤而不能用，贱不肖而不能去，贤者知其不用而怨之，不肖者知其必己贱而仇之。怨仇并存于国，邻敌构兵③于郊,中行氏虽欲无亡,岂可得乎?"

注释

①**先**:最为重视。 ②**贱**:轻视。 ③**构兵**:聚集军队。

译文

子路问孔子:"贤明的君主去治理国家,首先应当做什么呢?"孔子说:"在于尊敬贤能的人,而轻视没有才能的人。"子路说:"我听说晋国的中行氏尊重有贤能的人,而轻视没有贤能的人,他为什么会灭亡呢?"孔子说:"中行氏尊重有贤能的人,但是却不能任用他们,轻视没有贤能的人却不能不任用他们。有贤能的人知道他不能用自己而去怨恨他,没有才能的人清楚他轻视自己而仇视他。怨恨与仇视同时存在于国内,邻国的军队又集聚在郊外,中行氏就算不想灭亡,能够做到吗?"

原文

孔子闲处,喟然而叹曰:"向使①铜鞮(dī)伯华无死,则天下其有定矣。"子路曰:"由愿闻其人也。"子曰:"其幼也敏而好学,其壮也有勇而不屈,其老也有道而能下人。有此三者,以定天下也,何难乎哉!"子路曰:"幼而好学,壮而有勇,则可也。若夫有道下人,又谁下哉?"子曰:"由不知,吾闻以众攻寡,无不克也,以贵下贱,无不得也。昔者周公居冢宰之尊,制天下之政,而犹下白屋之士②,日见百七十人,斯岂以无道也?欲得士之用也,恶有道而无下天下君子哉?"

注释

①**向使**:假如过去。 ②**白屋之士**:指寒士。白屋,草屋。

译文

孔子闲居在家中,深深感叹:"过去倘若铜鞮伯华不死的话,那么天下大概就可以安定了。"子路说:"我希望听您来说说他。"孔子说:"他幼小时聪敏,且爱好学习,长大了之后勇敢不屈,年老时有道且甘居人下。有这三类品质,安定天下又有什么难处呢?"子路说:"幼小时聪敏且喜欢学习,长大后勇敢不屈是可以的。但是有道且甘居人下，又有谁受得起呢？"孔子说："仲由，你不清楚，我听说凭借人数众多，进攻人数少的，没有不成功的。身处尊贵的地位却能够卑下待人，没有做不成的事。过去，周公身处冢宰这样的高位，控制政权，仍然能自处于贫穷的读书人之下。一天接见一百七十个人，这样做算是无道吗？想要任用士人，哪里厌恶有道且失去天下君子的呢？"

原 文

　　齐景公来适鲁，舍于公馆，使晏婴迎孔子。孔子至，景公问政焉。孔子答曰："政在节财。"公悦，又问曰："秦穆公国小处僻而霸，何也？"孔子曰："其国虽小，其志大；处虽僻，而政其中。其举也果，其谋也和，法无私而令不偷，首拔五羖①（gǔ），爵之大夫，与语三日而授之以政。此取之，虽王可，其霸少矣。"景公曰："善哉！"

注 释

①五羖：指百里奚。秦穆公以五张羊皮赎回了他，因此百里奚被称为五羖大夫。

译 文

　　齐景公来到鲁国，住在公馆当中，让晏婴把孔子迎接来。孔子抵达，齐景公向孔子询问政事。孔子回答："治理政事在于节约财物。"齐景公极为高兴。又问道："秦穆公的国家非常小，而且地方偏僻，但是能够称霸，为什么呢？"孔子说："他的国家尽管小，但是他的志向却很高远；国家尽管地处偏僻，但是政策合理。他做事果断，计谋恰到好处，法令不偏离政令就能够通行。首先提拔百里奚，让他担任大夫，和他谈论了三天就将政事交给他。这样做的话，即使称王也是可以的，称霸还在其次。"齐景公说："说得好啊！"

原 文

　　哀公问政于孔子。孔子对曰："政之急者，莫大乎使民富且寿也。"公曰："为之奈何？"孔子曰："省力役，薄赋敛，则民富矣；敦礼教，远罪疾，则民寿矣。"公曰："寡人欲行夫子之言，恐吾国贫矣。"孔子曰："《诗》云：'恺悌①君子，民之父母。'未有子富而父母贫者也。"

注释

①恺悌：平易近人。

译文

鲁哀公向孔子请教治理国家的方法。孔子回答："国家的政事没有比让百姓富裕且长寿更重要的了。"鲁哀公说："怎样才能做到呢？"孔子说："减少劳役，减轻赋税，那么百姓就能够富裕了；推行礼义教化，远离罪恶与疾病，百姓就可以长寿。"鲁哀公说："我想要遵照您的话去执行，但是恐怕我的国家会变得贫穷。"孔子说："《诗经》说：'平易近人的君子，是百姓的父母。'没有子女富裕了而父母却变得贫穷的。"

原文

卫灵公问于孔子曰："有语寡人：'有国家者，计之于庙堂之上，则政治矣。'何如？"孔子曰："其可也。爱人者则人爱之，恶人者则人恶之，知得之己者则知得之人。人所谓不出环堵之室而知天下者，知反己①之谓也。"

注释

①反己：反思自己而获得启发。

译文

卫灵公问孔子："有人告诉我：拥有国家的人，在朝廷当中讨论国家大政方针，那么国家就能够治理好了，是这样吗？"孔子说："可以的。爱别人的人，别人也会爱他，厌恶别人的人，别人也会厌恶他，知道从自己身上获得启发的，就知道从他人身上得到启发。这就是人们所说的不出家门就清楚天下的大事，说的便是知道从自己身上获得启发。"

原文

孔子见宋君，君问孔子曰："吾欲使长有国，而列都得之，吾欲使民无惑，吾欲使士竭力，吾欲使日月当时，吾欲使圣人自来，吾欲使官府治理，为之奈何？"孔子对曰："千乘之君，问丘者多矣，而未有若主君之问，问之悉也。然主君所欲者，尽可得也。丘闻之，邻国相亲，则长有国；君惠臣忠，则列都得之；不杀无辜，无释罪人，则民不惑；士益之禄，则皆竭力；尊天敬鬼，则日月当时；崇道贵德，则圣人自来；任能黜否，则官府治理。"宋君曰："善哉！岂不然乎！寡人不佞①，不足以致之也。"孔子曰："此事非难，唯欲行之云耳。"

注释

①**不佞**：没有才能。

译文

　　孔子拜见宋国的君主，宋君问孔子："我想长期拥有国家，并且有很多都市，我想要百姓不会困惑，想让士人竭力为国效力，我想要得到天地的保佑，我想让圣贤自己前来，想使官府得到治理，怎样才能做到呢？"孔子回答："有一千辆战车的国家的国君，向我请教的人非常多，但是没有人会像您这样发问，您问得太过详细。但是您想要得到的都能够得到。我听说，与邻国和睦，就可以长久地拥有国家的政权；国君施布恩惠，臣子忠诚，就可以得到很多都市；不滥杀无辜，不释放罪人，百姓就不会感到困惑；为士人增加俸禄，他们就会竭力为国效力了；尊敬天地、敬畏鬼神，天地就会保佑你了；尊崇道德，圣人就会到来；任用有才能的人，废黜无能的人，官府就能够得到治理了。"宋君说："太好了！难道不是这样吗？我没有才能，我无法做到这些。"孔子说："这件事并不难，只是看您是否想去做到。"

辩　政

原文

　　子贡问于孔子曰："昔者齐君问政于夫子，夫子曰'政在节财'。鲁君问政于夫子，子曰'政在谕①臣'。叶公问政于夫子，夫子曰'政在悦近而来远'。三者之问一也，而夫子应之不同，然政在异端②乎？"

注释

①谕：了解。②异端：不同的方面。

译文

子贡问孔子说："从前齐国国君向老师您请教治国之法，您说'为政在于节省财物'；鲁国国君向您请教为政的方法，您说'为政在于告诫臣下'；叶公向您请教为政的方法，您说'为政在于使近处的人愉悦，使远方的人归附'。三个人所问的问题是一样的，但是您却给出了不同的回答。那么为政的方法是在不同的方面吗？"

原文

孔子曰："各因①其事也。齐君为国，奢乎台榭，淫于苑囿，五官伎乐，不解于时。一旦而赐人以千乘之家者三，故曰'政在节财'。鲁君有臣三人，内比周②以愚其君，外距③诸侯之宾，以蔽其明，故曰'政在谕臣'。夫荆之地广而都狭，民有离心，莫④安其居，故曰'政在悦近而来远'。此三者所以为政殊矣。"

注释

①因：依据。②比周：勾结。③距：拒绝。④莫：没有。

译文

孔子说："我是依据他们各自的具体情况而给出的答案。齐国国君治理国家的时候，建造亭台楼榭十分奢侈，过于迷恋苑囿玩赏打猎，宫中的歌女舞伎一刻也不倦怠，一天就赐给三个人拥有上千辆兵车的封邑，所以我对他说'为政在于节省钱财'。鲁国国君下面的三桓，他们在国内相互勾结以愚弄君主，对外拒绝与各国诸侯交往以掩蔽君主的圣明，所以我对他说'为政在于告诫臣下'。楚国疆土广阔而城邑狭小，百姓都有叛离的想法，没有谁想在那里一直居住下去，所以我对叶公说'为政在于使近处的人愉悦，使远方的人归附'。这三种情况就是管理政事各有差异。"

原 文

楚王①将游荆台②,司马子祺③谏,王怒之。令尹子西④贺于殿下,谏曰:"今荆台之观,不可失也。"王喜,拊⑤子西之背曰:"与子共乐之矣。"子西步马⑥十里,引辔⑦而止,曰:"臣愿言有道,王肯听之乎?"王曰:"子其言之。"子西曰:"臣闻为人臣而忠其君者,爵禄不足以赏也;谀其君者,刑罚不足以诛⑧也。夫子祺者,忠臣也;而臣者,谀臣也。愿王赏忠而诛谀焉。"王曰:"我今听司马之谏,是独能禁我耳。若后世游之何也?"子西曰:"禁后世易耳。大王万岁之后⑨,起山陵⑩于荆台之上,则子孙必不忍游于父祖之墓,以为欢乐也。"

王曰:"善!"乃还。孔子闻之,曰:"至哉,子西之谏也!入之于十里之上,抑之于百世之后者也。"

注 释

①**楚王**:指楚昭王。②**荆台**:地名,今湖北江陵北。③**司马**:官职名称。**子祺**:楚公子结。④**令尹子西**:楚平王庶长子。⑤**拊**:抚摸,拍打。⑥**步马**:牵马走,步,行走。⑦**引辔**:拉住马缰绳。⑧**诛**:惩罚。⑨**万岁之后**:死亡的委婉说法。⑩**山陵**:坟墓,陵寝。

译 文

楚昭王将要到荆台去游玩,司马子祺进行谏阻,楚昭王对他很生气。令尹子西在殿下附和赞成,进谏说:"现在到荆台去观赏可是不可错过的大好机会啊。"昭王非常高兴,拍着子西的背说:"我要和你一起去共同享受赏玩的乐趣。"令尹子西牵着马走了十里路,忽然拉住马缰绳停了下来,说道:"我想说说合于为臣之道的话,大王您愿意听听吗?"昭王说:"你说说看。"子西说:"臣听说作为人的臣子而忠诚于他的君主,即使是爵位和俸禄也不足以奖赏他;而那些阿谀奉承君主的人,即使是刑法也是不足以惩罚他的。司马子祺是一个忠臣;而我,却是一个阿谀之臣。希望大王奖赏忠臣而惩罚谀臣。"昭王说道:"我现在听从司马的劝谏,这是只能禁止我一个人这样做的。如果后世还想去那里游玩怎么办呢？"子西说："想要禁止后世去游玩也很容易。大王您去世以后，将陵寝修建在荆台上面，那么子子孙孙都将不忍心到父祖的墓地上去游玩取乐了。"

昭王说："好的。"于是就中途返回了。孔子听闻这件事之后，说："令尹子西的劝谏真是好极了！走了十里地的路程就谏止了昭王，也谏止了百世之后的君王啊！"

● 论穆公霸

孔子认为秦国虽小，但志向非常远大，地处偏僻，行为端正，又能重用以五张羊皮赎回的百里奚，因此秦国称霸也是可以的。

原文

孔子谓宓子贱曰："子治单父，众悦，子何施而得之也？子语丘所以为之者。"对曰："不齐②之治也，父恤其子，其子恤诸孤，而哀丧纪。"孔子曰："善！小节也，小民附矣，犹未足也。"曰："不齐所父事者三人，所兄事者五人，所友事者十一人。"孔子曰："父事三人，可以教孝矣；兄事五人，可以教悌①矣；友事十一人，可以举善矣。中节也，中人附矣，犹未足也。"

注释

①悌：尊敬兄长。②不齐：即宓子贱，名不齐，字子贱，孔子弟子，鲁国人。

译文

孔子对宓子贱说："你治理单父的时候，百姓们都很高兴，你是用怎样的办法使那里得到如此好的治理的呢？你告诉我，你是怎样做到的？"宓子贱回答说："我治理的办法，就是父亲要照顾教育好自己的儿子，而儿子要去照顾那些孤苦无依的人，而且对丧事要哀痛。"孔子说："好啊，不过这些都是小的方面，能使一般的百姓亲附，还是不够的。"宓子贱说："我以对待父亲的礼节对待三个人，以对待兄长的礼节对待五个人，以对待朋友的礼节对待十一个人。"孔子说："父事三人，这样就可以使百姓懂得孝顺；兄事五人，这样就可以使百姓懂得敬爱兄长了；友事十一人，这样就可以使百姓懂得尊崇贤才。不过这也只是平常的善行，可以使中等程度的百姓亲附，还是不够的。"

原文

曰："此地民有贤①于不齐者五人，不齐事之而禀度②焉，皆教不齐之道。"孔子叹曰："其大者乃于此乎有矣。昔尧舜听③天下，务求贤以自辅。夫贤者，百福之宗也，神明之主也。惜乎不齐之以所治者小也。"

注释

①**贤**：贤明。②**禀度**：受教。③**听**：治理、管理或执行事务。

译文

宓子贱说："这个地方的百姓有五个比我贤明的人，我侍奉他们而且还接受他们的教诲，他们都教给我为政之道。"孔子感叹地说："成就大业的关键就是从这里显现出来的啊！从前尧舜治理天下的时候，都竭力搜求贤人以辅佐自己。贤人是一切福祉的本源，也是神明的根本。只是可惜啊，你治理的地方太小了。"

原文

子路治蒲三年。孔子过之，入其境，曰："善哉由也！恭敬以信矣。"入其邑，曰："善哉由也！忠信而宽矣。"至庭①，曰："善哉由也！明察以断矣。"子贡执辔(pèi)而问曰："夫子未见由之政，而三称其善，其善可得闻乎？"孔子曰："吾见其政矣。入其境，田畴尽易②，草莱甚辟③，沟洫深治，此其恭敬以信，故其民尽力也；入其邑，墙屋完固，树木甚茂，此其忠信以宽，故其民不偷也；至其庭，庭甚清闲，诸下用命④，此其言明察以断，故其政不扰也。以此观之，虽三称其善，庸⑤尽其美乎！"

注　释

①**庭**：官府。②**田畴尽易**：田地都得到了整治。田畴，田地；易，整治，耕种。
③**草莱甚辟**：杂草都被除去。④**诸下用命**：属下都听从命令。⑤**庸**：难道。

译　文

　　子路管理蒲地三年，孔子有一次路过那里。进入蒲的辖地，孔子说："好啊！仲由为政恭敬而且诚信。"进入蒲邑，孔子说："好啊！仲由为政忠信而且宽厚。"等到了蒲邑的朝堂时，孔子说："好啊！仲由为政明察秋毫而且善于断案。"子贡拉住马缰绳问孔子说："老师您还没看到仲由的政事如何，却称赞了他三次，那么他好的地方，能够说给我听听吗？"孔子说："我已经看到他是怎样为政的了。进入蒲的辖地，看到田地都得到了整治，荒草也全部都锄去，沟渠也挖得很深，这就是他的恭敬而且诚信，因此百姓都愿意尽力；进入城邑，墙屋都完好坚固，树木也非常茂盛，这就是他的忠信而且宽厚，因此百姓都不敢苟且；到了他的朝堂，看到官衙内清净安闲，所有的下属都听从命令，这就是他的明察秋毫而且善于断案，所以政事才能有条不紊。从这些方面来看，即使称赞他三次好，又岂能包括他所有的好处？"

卷四

六本

原文

孔子曰："行己有六本①焉，然后为君子也。立身有义矣，而孝为本；丧纪有礼矣，而哀为本；战阵有列矣，而勇为本；治政有理矣，而农为本；居国有道矣，而嗣②为本；生财有时矣，而力为本。置本不固，无务农桑；亲戚不悦，无务外交；事不终始，无务多业；记闻而言，无务多说；比近不安，无务求远。是故反本修迩③，君子之道也。"

注释

①行己有六本：立身处世有六个根本原则。②嗣：继承人，这里指储君。③反本：返回根本。修迩：从近处修行。

译文

孔子说："立身处世有六大根本，做到这些然后才能成为君子。立身要有道义，而以孝道为根本；丧事要有礼节，而以哀情为根本；作战时要排好队列，而要以勇猛为根本；处理政事要有条理，而要以农事为根本；治理国家要有道义，而以后嗣为根本；发财要有好的时机，而以尽力劳作为根本。如果自己立身处世的这些根本都不牢固，就不要去从事农桑劳作；自己的家人亲朋还不愉悦，就不要去进行对外交往；做事有始无终，就不要去做更多的事；道听途说的话，就不要去多讲；自己身边的人还没有安定，就不要去做更远处的事。因此，返回根本，从近处做起，这才是君子的立身处世之道。"

原 文

孔子曰："良药苦口而利于病,忠言逆耳而利于行。汤武以谔谔①而昌,桀、纣以唯唯②而亡。君无争臣,父无争子,兄无争弟,士无争友,无其过者,未之有也。故曰:'君失之,臣得之;父失之,子得之;兄失之,弟得之;己失之,友得之。'是以国无危亡之兆,家无悖乱之恶,父子兄弟无失,而交友无绝也。"

注 释

①谔谔:形容直言进谏。②唯唯:随声附和的样子。

译 文

孔子:"好的药虽然吃起来苦,但是对病情有好处;忠信之言虽然不好听,但是对自己的行为有好处。商汤、周武王因为敢于听从直言的劝谏而兴旺发达,夏桀、商纣因为喜欢听臣下唯唯诺诺的附和所以亡国灭身。君王没有敢于直言的臣子,父亲没有敢于直言的儿子,兄长没有敢于直言的弟弟,士人没有敢于直言的朋友,如果说是因为他们没有过错所以才这样,那是不可能的。所以说:'君王有了过失,臣下应当去补救;父亲有了过失,儿子应当去补救;兄长有了过失,弟弟应当去补救;自己有了过失,朋友应当去补救。'这样一来,国家就不会出现危亡的征兆,家庭也不会出现背叛反乱的恶行。父子兄弟都不会有过失,而且朋友之间的交往也不会断绝。"

原 文

孔子见齐景公。公悦焉,请置廪(lín)丘之邑以为养①。孔子辞而不受。入谓弟子曰:"吾闻君子当功受赏②,今吾言于齐君,君未之有行,而赐吾邑,其不知丘亦甚矣。"于是遂行。孔子在齐,舍于外馆,景公适焉。宾主之辞既接,而左右白曰:"周使适至,言先王庙灾③。"景公覆问:"灾何王之庙也?"孔子曰:"此必釐王之庙。"公曰:"何以知之?"孔子曰:"《诗》云:'皇皇上天,其命不忒。'天之以善,必报其德,祸亦如之。夫釐王变文、武之制,而作玄黄华丽之饰,宫室崇峻,舆马奢侈,而弗可振④也,故天殃所宜加其庙焉。以是占之为然。"公曰:"天何不殃其身而加罚其庙也?"孔子曰:"盖以文、武故也。若殃其身,则文、武之嗣,无乃殄乎?故当殃其庙以彰其过。"俄顷,左右报曰:"所灾者,釐王庙也。"景公惊起,再拜曰:"善哉!圣人之智,过人远矣。"

注释

①养:奉养。②当功受赏:功成领赏。③先王庙灾:祭祀先王的宗庙发生火灾。庙,宗庙。④振:通"赈",挽救。

译文

孔子在齐国的时候,住在旅馆里,齐景公去拜访他。相互之间的礼节与言辞都施行过之后,景公左右的人告诉他说:"周朝的使者刚刚来过,说先王的宗庙发生火灾。"景公问道:"是哪个先王的宗庙发生了火灾?"孔子说:"发生火灾的必定是釐王的宗庙。"景公说:"您是凭什么断定是此庙发生火灾的?"孔子说:"《诗经》上说:'上天美盛又伟大,天命不会有偏差。上天福佑那些好人,一定会回报他们的美好德行。'其实灾祸也是一样的。釐王变更文王和武王的制度,而制作色彩华丽的服饰,建造高大宏伟的宫室,车马奢侈浪费,达到了不可救药的地步,所以天灾就应该降临到他的宗庙。正因如此我才推测是釐王的庙。"齐景公说:"上天为什么不降祸于釐王身上,而降祸到他的宗庙呢?"孔子说:"大概是因为文王和武王的缘故吧。如果降灾于釐王身上,那么文、武的后嗣岂不是要灭绝了啊?所以应当降灾其庙,来揭示他的过错。"过了一会儿,景公左右的人告诉他:"火灾发生的宗庙,就是釐王的庙。"齐景公惊讶得站了起来,向孔子拜了两拜后说:"真好啊!圣人的智慧真是远远超过了平常人。"

原文

子贡三年之丧毕,见于孔子。子曰:"与之琴,使之弦①。"侃侃而乐,作而曰:"先王制礼,弗敢过也。"子曰:"君子也。"子贡曰:"闵子哀未尽,夫子曰君子也。子夏哀已尽,又曰君子也。二者殊情而俱曰君子，赐也或敢问之。"孔子曰："闵子哀未忘，能断之以礼；子夏哀已尽，能引②之及礼。虽均③之君子，不亦可乎。"

注释

①弦：弹奏。②引：牵引、约束。③均：比较。

译文

子贡服丧三年已经期满，回来拜会孔子。孔子说："将琴给他，让他来弹奏。"子贡操琴从容地进行弹奏，然后站起来说："先王所制定的礼仪，我不敢有所超过。"孔子说："你是君子啊。"子贡问道："过去，闵子的哀痛没有散尽之时，您说他是君子。现在子夏的哀痛已消失，您也称他是君子。这两种情况非常不同，您都称之为'君子'，我想问您一下这其中的缘故。"孔子回答："闵子的哀痛没能散尽，但是他却可以用礼来斩断它；子夏虽然已经不再悲伤，却能在欢乐时用礼来约束。即便是把他们都与君子相比，不也可以吗？"

原文

孔子曰："无体①之礼，敬也；无服②之丧，哀也；无声之乐，欢也。不言而信，不动而威，不施而仁。志：夫钟③之音，怒而击之则武，忧而击之则悲。其志④变者，声亦随之。故志诚感之，通于金石⑤，而况人乎！"

注释

①体：形式。②服：丧服。③钟：古代的一种乐器。④志：心志。⑤金石：乐器。

译文

孔子说："没有形式的礼仪，是恭敬的；没穿丧服的丧礼，是哀痛的；没有声音的音乐，是快乐的。不用言语进行表达却能让人为之信服，不用行动却可以让人感到威严，不用施舍却能让人感到仁爱。记住编钟的声音，当你愤怒时对它敲击，它就会发出巨大的声音；忧伤时敲击它，就会发出悲伤的音响。敲打它的人心情改变了，其声音也会随之而变。因此，心中有所感触，就能与乐器相通，何况是人呢？"

原文

孔子见罗雀①者所得皆黄口小雀。夫子问之曰："大雀独不得，何也？"罗者曰："大雀善惊而难得，黄口贪食而易得。黄口从大雀则不得，大雀从黄口亦不得。"孔子顾谓弟子曰："善惊以远害，利食而忘患，自其心矣，而以所从为祸福。故君子慎其所从，以长者之虑，则有全身之阶②，随小者之戆（gàng）③，而有危亡之败④也。"

注释

①罗雀：用网捉鸟。②阶：凭借。③戆：愚直。④败：祸害，祸乱。

译文

孔子看到张网捕捉麻雀的人所捉到的都是黄口小雀。孔子问捕雀的人说："为什么唯独捉不到大雀呢？"捕雀者说："大雀容易惊觉，因此比较难捉到，黄口小雀贪吃所以容易捉到。黄口小雀跟着大雀的话就不容易被捉了，大雀跟随着黄口小雀也不容易被捉。"孔子回头看着众弟子说："保持警觉就可以远离伤害，贪恋食物就会忘记忧患，这都是源自内心的。而自己所跟从的对象也能决定祸福。所以君子要慎重选择自己所要跟从的对象，按照长者的想法行事，那么就会有保全自身的办法；跟随小人的愚昧无知的想法行事，就会有败亡的灾祸。"

原文

孔子读《易》，至于《损》《益》，喟然而叹。子夏避席问曰："夫子何叹焉？"孔子曰："夫自损者必有益之，自益者必有决①之，吾是以叹也。"子夏曰："然则学者不可以益②乎？"子曰："非道益之谓也。道弥③益而身弥损。夫学者损其自多，以虚受人，故能成其满博也。天道成而必变，凡持满而能久者，未尝有也。

注释

①决：通"缺"，减损，缺少。②益：增加、弥补。③弥：程度副词，越。

译文

孔子读《易》，读到《损》《益》两卦的时候，长长地叹了口气。子夏离开了座位问道："老师您为什么叹气呢？"孔子说："常以为自己不足的人一定会有所增益，而自满的人必定会有缺失，我因此才叹气的。"子夏说："那么学习的人就没有办法充盈自己了吗？"孔子说："我不是在说'增加'。道愈是增加，自身就会愈觉得不足。学习的人自认为自己有很多不足，以谦虚的态度接受别人的指教，所以才能成就他的满盈。真是太广大了，天道只要是有所成就会发生变化。凡是那些自满却渴望能长久的人，是不可能做到的。

原文

"故曰：'自贤者，天下之善言不得闻于耳矣。'昔尧治天下之位，犹允恭以持之，克让①以接下，是以千岁而益盛，迄今而逾彰②；夏桀、昆吾③，自满而极，亢意而不节，斩刈④黎民如草芥焉。天下讨之如诛匹夫，是以千载而恶著，迄今而不灭。观此，如行则让长，不疾先；如在舆⑤，遇三人则下之，遇二人则式之。调其盈虚，不令自满，所以能久也。"子夏曰："商请志之，而终身奉行焉。"

注释

①克让：能谦让。②彰：彰显。③昆吾：夏商之间的部落名。④斩刈：砍伐，斩杀。⑤舆：车中装载东西的部分，后泛指车辆。

译文

"所以说：'觉得自己有才能的人，天下的良言，他一句都没听到。'过去尧治理天下时，可以公允谦恭地待人，以谦让的态度与下人交往，所以在千年后越发兴盛，到现在更彰显自身的美德。夏桀对待盟友，自满到极致，随心所欲，毫无节制，斩杀百姓就犹如斩杀草芥一般。天下人讨伐他就犹如杀一个平民，所以千年后，他的罪恶越发显著，到现在还不能就此泯灭。由此看来，假如行事，就会谦让长辈，不能抢先行事。如果坐车时遇见车上有三个人，就主动下车，遇到车上有两个人，就扶着前方的横木站着,让另一个人坐下。调节好充实与空虚之间的状况,不要让自己骄傲自满。这样才能长久屹立于世。"子夏说:"我会记住这些话,并终生奉行。"

原文

子路问于孔子曰:"请释①古之道而行由之意,可乎?"子曰:"不可。昔东夷之子,慕诸夏之礼,有女而寡,为内私婿,终身不嫁②。嫁则不嫁矣,亦有贞节之义也。苍梧娆娶妻而美,让与其兄。让则让矣,然非礼③之让矣。不慎其初,而悔其后,何嗟及矣。今汝欲舍古之道,行子之意,庸知子意不以是为非,以非为是乎?后虽欲悔,难哉!"

注释

①释:丢掉,放弃。②**为内私婿,终身不嫁**:如果妇女的丈夫死了,给她招一个没有正式婚配的丈夫,而此女子则终身不嫁。③**非礼**:不符合礼仪。

译文

子路问孔子说:"我想要放弃古代的治世之道而实行我自己的想法,您觉得可以吗?"孔子说:"不可以!从前东夷之人,羡慕华夏的礼仪,如果妇女的丈夫死了,那么就可以给他招一个没有正式婚配的丈夫,而此女子则终身不再嫁。不嫁是不嫁,但是这已经不是贞洁的本义了。苍梧娆娶的妻子非常漂亮,于是就让给了他的兄长,让是让了,但是却不是礼仪上的谦让了。刚开始的时候不谨慎行事,到了后来又去后悔,嗟叹又有什么用呢?现在你想要舍弃古代的道,实行你自己的想法,那你怎么知道你自己的想法不是以对为错,以错为对呢?以后就是想反悔,也困难了。"

原文

曾子耘瓜①,误斩其根。曾皙怒,建②大杖以击其背,曾子仆地而不知人久之。有顷,乃苏,欣然而起,进于曾皙曰:"向也参得罪于大人,大人用力教参,得无疾乎?"退而就房,援琴而歌,欲令曾晳而闻之，知其体康也。孔子闻之而怒，告门弟子曰："参来勿内。"曾参自以为无罪，使人请于孔子。

注释
①耘瓜：在瓜地当中锄草。②建：拿起。

译文
曾参在瓜地当中锄草，不小心把瓜苗的根铲断了。曾晳看到后大怒，操起大木棍就向他的后背打过去。曾参倒在地上，很久都不省人事。过了一会儿，苏醒过来，非常高兴地站起来，走到曾晳面前说："刚才我得罪了父亲大人，您用棍杖教育了我，您自己应当没受伤吧？"回去后就进入房间，操起琴，一边弹一边唱，想让曾晳听到，知道他的身体还好。孔子听到这件事后很生气，告诉守门的弟子说："曾参来了，不要让他进来。"曾参认为自己没有错，就让人向孔子请求拜见。

原文
子曰："汝不闻乎，昔瞽瞍(gǔ sǒu)①有子曰舜，舜之事瞽瞍：欲使之，未尝不在于侧；索而杀之，未尝可得。小棰则待过②，大杖则逃走，故瞽瞍不犯不父之罪，而舜不失烝烝(zhēng zhēng)③之孝。今参事父，委身以待暴怒，殪(yì)而不避。既身死而陷父于不义，其不孝孰大焉？汝非天子之民也，杀天子之民，其罪奚若？"曾参闻之曰："参罪大矣。"遂造孔子而谢过④。

注释
①瞽瞍：本意指盲人，这里是舜的父亲的名字，瞽瞍对舜非常不好，曾多次想要将舜害死。时人认为他有眼睛，却不能分辨好坏，故称他为瞽瞍。②待过：挨打。③烝烝：淳厚的样子。④谢过：谢罪。

译文
孔子说："你没听说过吗？过去，瞽瞍有儿子名舜，舜对于父亲的服侍是这样的：只要父亲有事找他，他没有不在其身边的时候；但瞽瞍想杀死舜的时候，他就从来不会出现。瞽瞍用小棍子打他时，他会老实挨打；当瞽瞍用大木棍打他时，他就会逃跑，因此瞽瞍没有犯下违反父道的罪过，舜也没有丧失孝道。如今曾参在服侍父亲时，舍弃身体去等候父亲大怒，差点被打死都不知道躲避，自己死就会让父亲陷于不义的境地，还有比这更不孝的吗？你难道不是天子的子民吗？杀害天子的子民，有哪样罪能比得上呢？"曾参听后说："我的罪过很大啊。"于是就前往孔子那里拜访并谢罪。

原文

荆公子行年十五而摄荆相事。孔子闻之，使人往观其为政焉。使者反曰："视其朝清净而少事，其堂上有五老焉，其廊下有二十壮士焉。"孔子曰："合二十五人之智以治天下，其固①免矣，况荆乎？"

子夏问于孔子曰："颜回之为人奚若？"子曰："回之信贤于丘。"曰："子贡之为人奚若？"子曰："赐之敏贤于丘。"曰："子路之为人奚若？"子曰："由之勇贤于丘。"曰："子张之为人奚若？"子曰："师之庄贤于丘。"子夏避席而问曰："然则四子何为事先生？"子曰："居，吾语汝。夫回能信而不能反②，赐能敏而不能诎，由能勇而不能怯，师能庄而不能同③。兼四子者之有以易吾，弗与也。此其所以事吾而弗贰④也。"

注释

①**固**：本来。②**反**：迂回，婉转。指人不能什么诺言都去践行，要通达处世。
③**能庄而不能同**：庄重却不合群。同，混同，合群。④**贰**：不忠心。

译文

楚国公子十五岁就已经代理行使相事了。孔子听说之后，派人前去观看他是如何为政的。使者回来后说："看他的朝堂，清净而少有事务。在他的朝堂上有五位长者，廊下有二十位壮士。"孔子说："联合这二十五个人的智慧来治理天下，本来就是可以免除祸乱的了，何况治理一个楚国呢？"

子夏问孔子说:"颜回这个人怎么样?"孔子说:"颜回在诚信方面是胜过我的。"子夏说:"子贡这个人怎么样?"孔子说:"子贡在聪敏方面是胜过我的。"子夏说:"子路这个人怎么样?"孔子说:"子路在勇敢方面是胜过我的。"子夏说:"子张这个人怎么样?"孔子说:"子张在庄重方面是胜过我的。"子夏离开座位问孔子说:"那么他们四个人为什么还要跟从老师您学习呢?"孔子说:"坐下来,我告诉你。颜回能够诚信但是却不能变通,子贡够机敏但是却不能委曲求全,子路够勇敢但是却不知退避,子张够庄重但是却不能合群。即使同时拥有这四个人的优点来和我交换,我也不会同意。这就是他们侍奉我而且从不离心离德的原因。"

原 文

孔子游于泰山,见荣声期行乎郕之野,鹿裘带索①,瑟瑟而歌。孔子问曰:"先生所以为乐者,何也?"期对曰:"吾乐甚多,而至者三。天生万物,唯人为贵,吾既得为人,是一乐也;男女之别,男尊女卑,故人以男为贵,吾既得为男,是二乐也;人生有不见日月②,不免襁褓者③,吾既以行年九十五矣,是三乐也。贫者士之常,死者人之终,处常得终,当何忧哉。"孔子曰:"善哉!能自宽者也。"

注 释

①**鹿裘带索**:用鹿皮做衣服,用绳索做衣带。②**人生有不见日月**:指胎死腹中。③**不免襁褓者**:指尚未脱离襁褓就已经死去。

译 文

孔子到泰山去游历,看见荣声期走在郕地的郊外,穿着鹿皮做的衣服,用绳索当作腰带,弹着瑟唱歌。孔子问道:"先生您之所以这么快乐,是为什么呢?"荣声期回答说:"使我快乐的东西很多,但是最为三件事感到高兴。天地万物,而唯独人为最尊贵,我已经成为一个人,所以我感到高兴,这是第一乐;男女有别,而男尊女卑,所以人以男人为尊贵,我已经成为一个男子,所以感到高兴,这是第二乐;有的人还未出生就已经胎死腹中,有的人还没有脱离襁褓就已经死去,我已经活到了九十五岁,这是第三乐。贫穷是士的常态,死亡是人的终结。我在人生的常态中等待着终结,还有什么可担心的呢?"孔子说:"好啊!真是一个能够自我宽慰的人。"

原 文

孔子曰:"回有君子之道四焉:强于行义、弱于受谏,怵[①]于待禄,慎于治身。史鳅有男子之道三焉:不仕而敬上、不祀而敬鬼、直己而曲人。"曾子侍,曰:"参昔常闻夫子三言而未之能行也,夫子见人之一善而忘其百非[②],是夫子之易事也;见人之有善若己有之,是夫子之不争也;闻善必躬行之,然后导之,是夫子之能劳也。学夫子之三言而未能行,以自知终不及二子者也。"

注 释

①怵:担心。②百非:很多缺点。

译 文

孔子说:"颜回身上具有君子的四种美德:尽心尽力去做仁义之事,善于听取别人的进谏,害怕得到俸禄,谨慎地修身养性。史鳅有着男子的三种美德:不当官时也可以尊敬上级,不祭祀时也能恭敬地对待鬼神,自身正直,但也可以委屈自己去对待别人。"曾参站在孔子旁边说:"我过去时常听您说三句话,但是却没能依照这三句话去做事情。先生您发现别人的一些长处,就忘了他的一切短处,所以您能够与人友好相处;发现其他人的长处,就像是您自己拥有的一般,因而您不与他人争强好胜;听说别人的长处必定要去亲身尝试,然后把它教给其他人,因而您可以不辞辛苦。我学习了您的三句话而没去做,因此我最终得知自己不如颜回与史鳅了。"

原 文

孔子曰:"吾死之后,则商也日益,赐也日损。"曾子曰:"何谓也?"子曰:"商也好与贤己者处,赐也好说不若己者。不知其子视其父,不知其人视其友,不知其君视其所使,不知其地视其草木。故曰:与善人居,如入芝兰[①]之室,久而不闻其香,即与之化矣;与不善人居,如入鲍鱼之肆[②],久而不闻其臭,亦与之化矣。丹之所藏者赤,漆之所藏者黑,是以君子必慎其所与处者焉。"

注释

①芝兰：两种香草,这里代指美好的德行或环境。②鲍鱼之肆：腌制或卖咸鱼的店铺。

译文

孔子说："我去世之后,子夏的学问与品行会日渐增益,而子贡的学问与品行则会日益减损。"曾参说："为什么呢？"孔子说："子夏喜欢和比自己贤良的人相处,子贡却喜欢取悦不如自己的人。如果不了解儿子,那么就看看他的父亲；如果不了解一个人,就去看看他所交往的朋友；如果不了解一个君王,就去看看他的臣下；如果不了解一个地方,就去看看那儿的草木。所以说,与贤良的人住一起,就像进入了香草的房间一样,时间久了就闻不到香气了,因为已经被同化了；和不好的人相处,就像进入了卖咸鱼的铺子一样,时间久了就闻不到臭味了,因为也已经被同化了。用来装丹砂的容器会变成红色,用来装漆的容器会变成黑色。因此,君子一定要慎重选择自己所处的环境。"

原文

曾子从孔子之齐。齐景公以下卿之礼聘曾子,曾子固辞。将行,晏子送之曰："吾闻之君子遗人以财不若善言,今夫兰本三年,湛之以鹿醢(yìn),既成啖(dàn)①之,则易之匹马。非兰之本性也,所以湛者美矣,愿子详其所湛者。夫君子居必择处,游必择方,仕必择君。择君所以求仕,择方所以修道。迁风移俗者,嗜欲移性,可不慎乎。"孔子闻之曰："晏子之言,君子哉！依贤者固不困,依富者固不穷,马蚿(xián)②斩足而复行,何也？以其辅之者众。"

注释

①啖：吃。②马蚿：一种多足有节肢的虫。

译文

曾参跟随孔子到齐国去,齐景公用对待下卿的礼节来接待他,曾参坚决地推辞。

将要离开的时候，晏子为他送行，并对曾参说："我听说，君子赠送给别人钱财，不如赠给他美善的言辞。如果兰草的根已经生长了三年，用鹿肉做的酱来浸泡它，做成之后非常美味，可以用来交换马匹。这并不是兰草的本性就如此，是因为用来浸泡它的东西是美味的。希望你谨慎对待自己所处的环境。君子居住必须选择好的地方，出游也一定要选择好方向，出仕做官必须选择好的君主。选择君主就是为了出仕，选择方向是为了修养身心。那些改变风气，移风易俗的人，十分喜欢改变人的本性，能够不慎重对待吗？"孔子听说这件事之后，说道："晏子说的话，真是君子之言啊！依傍贤者就不会感到困穷，依傍富人也不会感到贫穷。马铉即使被砍断了脚还是可以爬行的，为什么呢？就是因为辅助的脚很多。"

原 文

孔子曰："以富贵而下人，何人不尊？以富贵而爱人，何人不亲？发言不逆①，可谓知言矣；言而众向②之，可谓知时矣。是故以富而能富人者，欲贫不可得也；以贵而能贵人者，欲贱不可得也；以达而能达人者，欲穷不可得也。"

注 释

①逆：违反道理。②向：响应。

译 文

孔子说："自己身份富贵却可以谦恭地对待他人，哪有人会不去尊敬他呢？自己富贵却能爱护别人，哪有人会不去亲近他呢？讲话时不会违背道理，可以算是会讲话了；说出的话大家都能认可，可以算是懂得把握时机了。所以自己富足时也能让别人富足，想贫困都是不可能的；自己尊贵时也能让别人尊贵，想卑贱都不可能；自己通达却能让别人通达，想穷困都不可能。"

原 文

孔子曰："中人之情①也，有余则侈，不足则俭，无禁则淫，无度则逸，从欲则败。是故鞭朴之子，不从父之教；刑戮之民，不从君之令。此言疾之难忍，急之难行也。故君子不急断②，不急制③。使饮食有量，衣服有节，宫室有度，蓄积有数，车器有限，所以防乱之原④也。夫度量不可不明，是中人所由之令⑤。"

注释

①**中人之情**：普通人的情况。②**急断**：急于做出决断。③**制**：制定规则。④**原**：根源、本源。⑤**所由之令**：所遵守的法令与规则。

译文

孔子说："一般人的常情是，财富有多余的就会奢侈浪费，不足的时候就会变得节俭，如果没有禁令就会没有节制，没有法度就会放纵，随心所欲必然会导致败亡。因此，经常遭受鞭打的儿子，不会听从父亲的教诲；遭受刑杀的百姓，不会听从君主的法令。这说的就是速度过快就会让人难以忍受，操之过急也是难以施行的。所以君子不急于制定规则，使自己饮食有限量，衣服有节制，宫室有节度，积蓄有定数，车辆器械都有限量，这就是防范祸乱的根源。法度不可以不明确，因为它们是一般人所要遵从的教令。"

原文

孔子曰："巧①而好度必攻，勇而好问必胜，智而好谋必成。以愚者反之。是以非其人，告之弗听；非其地，树之弗生。得其人，如聚砂而雨之②；非其人，如会③聋而鼓之。夫处重擅宠，专事妒贤，愚者之情也。位高则危，任重则崩，可立而待。"

注释

①**巧**：心机灵巧。②**如聚砂而雨之**：指容易听取别人的意见。③**会**：遇见。

译文

孔子说："心机灵巧而喜欢揣度的人必定是内心坚定的，勇猛而好问的人必定会胜利的，有智慧而且善于谋略必定会成功。而愚者恰好相反。因此，如果不是适合的人，即使告诉他正确的意见他也不会听从；如果不是适合的土地，即使在那里种树也是不会生长的。对合适的人提意见，就像是在聚拢的砂土上倒水，很容易全部被吸收；对不合适的人，就像是遇见聋子而对着他击鼓一样。处于重要的地位，独受君主的宠信，而嫉妒贤人，这都是愚者的常情。地位越高处境就越危险，任务越重就越有可能垮台，这是不用多长时间就可以看到的。"

原　文

孔子曰："舟非水不行①，水入舟则没；君非民不治，民犯上则倾②。是故君子不可不严也，小人不可不整一也。"

注　释

①**行**：离开。②**倾**：国家灭亡。

译　文

孔子说："船离开水时就无法前行，水进入船舱，船就会沉没。君主远离百姓就无法治理国家，百姓犯上作乱时就会导致国家灭亡。所以君子的思想必须严谨，小人的思想必须统一。"

原　文

齐高庭问于孔子曰："庭不旷山①，不直地②，衣穰而提贽，精气以问事君子之道，愿夫子告之。"孔子曰："贞以干之③，敬以辅之，施仁无倦。见君子则举④之，见小人则退⑤之，去汝恶心而忠与之。效其行，修其礼，千里之外，亲如兄弟；行不效，礼不修，则对门不汝通矣。夫终日言，不遗己之忧；终日行，不遗己之患，唯智者能之。故自修者必恐惧以除患，恭敬以避难者也。终身为善，一言则败之，可不慎乎？"

注　释

①**不旷山**：不怕高山阻隔。旷，阻隔。②**不直地**：不植根在原地。③**贞以干之**：用忠信贞正作为主干。④**举**：推举。⑤**退**：罢免。

译　文

齐国的高庭问孔子说："我不怕高山阻隔，不远千里来到您这里，身穿蒿草衣，手提见面礼，真诚地向您请教侍奉君子的方法，希望夫子您能告诉我。"孔子说："用忠信贞正作为主干，用恭敬作为辅助，施行仁义而无倦怠。见到君子就举荐他，见到小人就要斥退他，去除你自己的邪恶念头，而用忠诚来与人相处。尽自己的努力做事，修行自己的礼仪，那么即使千里之外的人也会对你亲如兄弟；做事不尽力，礼仪得不到修行，那么即使是住在对门的人也不会与你来往。整日言谈，不要给自己留下忧虑；终日做事，也不要给自己留下忧患，这是只有智者才能做到的。所以懂得自修的人，必定会谨小慎微地来免除忧患，恭敬节俭以躲避患难。即使终身做善事，只要一句话就足以导致灾祸，能够不谨慎吗？"

辩 物

原 文

季桓子穿井，获如玉缶，其中有羊焉。使使①问孔子曰："吾穿井于费，而于井中得一狗，何也？"孔子曰："丘之所闻者，羊也。丘闻之，木石之怪夔、魍魉，水之怪龙、罔象，土之怪羵羊也。"

注 释

①使使：派遣使者。

译 文

季桓子挖井的时候，挖到一个玉缶，里面有一只羊。于是他派使者去问孔子："我在费地打井的时候，在井中挖到一只狗，为什么呢？"孔子说："就我所知，挖到的是羊。我听说，山林中的精怪有夔和魍魉；水中的精怪有龙和罔象；土地中的精怪有羵羊。"

原 文

吴伐越，堕会稽，获巨骨一节，专①车焉。吴子使来聘于鲁，且问之孔子，命使者曰："无以吾命也。"宾既将事，乃发币于大夫，及孔子，孔子爵之。既彻俎②而燕，客执骨而问曰："敢问骨何如为大？"孔子曰："丘闻之，昔禹致群臣于会稽之山，防风后至，禹杀而戮之，其骨专车焉。此为大矣。"客曰："敢问谁守为神？"孔子曰："山川之灵足以纪纲天下者，其守为神。诸侯社稷之守为公侯，山川之祀者为诸侯，皆属于王。"客曰："防风何守？"孔子曰："汪芒氏之君，守封嵎山者，为漆姓，在虞、夏、商为汪芒氏，于周为长瞿氏，今曰大人。"有客曰："人长之极几何？"孔子曰："焦侥氏长三尺，短之至也，长者不过十，数之极也。"

注释

①专：独享，独有，独占。②彻俎：撤掉祭祀用的礼器。俎，祭祀用的青铜盘或木漆盘。

译文

吴国攻打越国，毁坏了会稽山，得到一节很大的骨头，装满了整整一车。吴王夫差的使者前来鲁国聘问，并且就此事向孔子请教，命令使者说："不要说这是我的命令。"使者举行完聘问的礼仪之后，就开始给大夫们和孔子发放礼品，发到孔子的时候，孔子喝了一杯酒。撤下祭祀的礼器之后开始饮宴，使者请教孔子说："请问什么样的骨头才算是大的呢？"孔子说："我听说，从前禹在会稽山召集诸侯，防风氏来得晚了，禹就杀了他而且陈尸示众，他的骨头能够装满一辆车，这可以算是大的了。"使者说："请问守护什么的可以称为是神灵呢？"孔子说："守护山川的神灵如果能够管理天下的话，那么他们的守护者就是神灵。在诸侯之中，只守护社稷的称为公侯，祭祀山川的称为诸侯，而他们都是隶属于天子的。"使臣说："防风氏是守护什么的呢？"孔子说："他是汪芒氏的君主，守护着封山和嵎山，漆姓。在虞、夏、商的时候称为汪芒氏，周时称为长瞿氏，现在称为大人。"有位客人说："人的身长的极限是多少呢？"孔子说："焦侥氏身长三尺，这是身长的最小值了。最高的不会超过十尺，这已经是身高的极限了。"

原文

孔子在陈，陈惠公宾之于上馆，时有隼集陈侯之庭而死，楛矢贯之①，石砮②其长尺有咫③。惠公使人持隼如孔子馆而问焉。孔子曰："隼之来远矣，此肃慎氏之矢。昔武王克商，通道于九夷百蛮，使各以其方贿④来贡，而无忘职业。于是肃慎氏贡楛矢石砮，其长尺有咫。先王欲昭其令德之致远物也，以示后人，使永鉴焉，故铭其栝曰'肃慎氏贡楛矢。'以分大姬⑤，配胡公，而封诸陈。古者分同姓以珍玉，所以展亲亲⑥也；分异姓以远方之职贡，所以无忘服也，故分陈以肃慎氏贡焉。君若使有司求诸故府，其可得也。"公使人求，得之金椟，如之。

【注释】
①楛矢贯之：楛木做的箭穿透了它们的身体。楛，木材名，矢，箭，贯，穿。②石砮：石头做的箭镞。砮，箭头。③尺有咫：一尺八寸。咫，八寸。④方贿：地方特产。贿，财物。⑤大姬：周武王的女儿。⑥展：表示。亲亲：亲近的关系。

【译文】
孔子在陈的时候，陈惠公安排他住在上等的馆舍。那时，有隼落在陈侯的门庭前，随即死去。楛木做的箭穿透了它的身体，箭镞是用石头做的，长度有一尺八寸。惠公派人拿着隼去孔子所住的馆舍去询问。孔子说："隼所飞来的那个地方离这儿很远，这是肃慎氏所做的箭。从前周武王灭亡商朝后，修建了很多道路一直延伸到周边的少数民族，这样便于他们把各自的土产进贡给周王室，好不忘掉他们分内应做的事。于是肃慎氏就进贡了楛木做的箭矢以及石头做的箭镞，长度有一尺八寸。先王想要彰显其能让远方之人来朝贡的美好德行，以昭示后人，让人们永远都能知道此事，所以在箭末扣弦处刻上'肃慎氏贡楛矢'这几个字，后来就把这些分给了武王的女儿大姬，大姬后来许配给陈国胡公，所以这些箭矢也随之到了陈国。古时候，分给同姓诸侯以珍珠宝玉，以加强亲亲之道；将远方贡物赐给异姓诸侯，用来提醒他们不忘事周，正是出于这样的原因才把肃慎氏的贡物赐给了陈国。您如果让人到原来的府库中去寻找，就可以找到的。"惠公派人去找，找到了铜柜，里面果然装了孔子所说的箭。

【原文】
郯(tán)子朝鲁，鲁人问曰："少昊氏以鸟名官，何也？"对曰："吾祖也，我知之。昔黄帝以云纪官，故为云师①而云名。炎帝以火，共工以水，大昊以龙，其义一也。我高祖少昊挚之立也，凤鸟适至，是以纪之于鸟，故为鸟师而鸟名。自颛顼(zhuān xū)氏以来，不能纪远，乃纪于近,为民师而命以民事,则不能故也。"孔子闻之,遂见郯子而学焉。既而告人曰:"吾闻之,天子失官②,学在四夷,犹信。"

注释

①师:长。②官:官学。

译文

郯国国君前来朝觐鲁国,叔孙昭子问道:"少昊氏用鸟来作为官名,为什么呢?"国君回答说:"少昊氏是我的祖先,因此我了解这件事。从前黄帝用云来命名官职,所以用云来命名官长。炎帝用火来命名官职,共工氏用水来命名,太昊以龙命名,其实道理都是一样的。我的远祖少昊立国时,恰巧有凤鸟飞来,于是就用鸟来命名官职,所以百官之长都用鸟名。自从颛顼帝以来,不能以远方的祥瑞来命名,就用近处的民事来命名,因此设立百姓的长官,就用民事来命名官职,所以就不能再像以前那样用远方的祥瑞命名了。"孔子听说之后,就前去拜见郯国国君并向他请教学习。学完之后告诉别人说:"我听说:'天子的官学中断后,学统却保存在周边的诸侯小国中',这看来是真的。"

原文

邾隐公朝于鲁,子贡观焉。邾子执玉高,其容仰;定公受玉卑,其容俯。子贡曰:"以礼观之,二君者将有死亡①焉。夫礼,生死存亡之体②。将左右周旋,进退俯仰,于是乎取之;朝祀丧戎,于是乎观之。今正月相朝,而皆不度③,心以亡矣。嘉事不体,何以能久?高仰,骄也;卑俯,替④也。骄近乱,替近疾。若为主,其先亡乎?"夏五月,公薨(hōng),又邾子出奔。孔子曰:"赐不幸而言中,是赐多言。"

注释

①死亡:指死亡与逃走。②体:根本。③不度:不合法度。④替:衰落。

译文

邾隐公到鲁国去朝觐,子贡观看了朝觐礼仪。邾隐公把玉拿得很高,脸部朝上仰着;定公身子低低地把玉接了过来,脸是向下俯的。子贡说:"从礼仪上来看,两位国君将要死亡或者逃亡了。礼是生死存亡的根本。揖让周旋，进退俯仰，都是从这里来择取的；朝会祭祀，丧葬征战，也要在其中观看。当下在正月里的朝觐，却都已经不合礼制了，礼在他们心中已经亡失了。朝聘这样的嘉礼尚且不合礼仪，还有什么可以长久的呢？高仰着脸，这是骄慢的表现；低俯着身，这是怠弃的表现。骄慢就会导致动乱，怠弃就会导致疾病。鲁君是主人，我想他应该会先去世吧？"到了夏天五月份，鲁定公去世，邾国国君也出奔到他国。孔子说："这样不幸的事情被子贡说中了，这是他多嘴了。"

原 文

孔子在陈，陈侯就之燕游①焉。行路之人云："鲁司铎(duó)②灾及宗庙。"以告孔子。子曰："所及者，其桓、僖(xī)之庙。"陈侯曰："何以知之？"子曰："礼，祖有功而宗有德，故不毁其庙焉。今桓、僖之亲尽矣③，又功德不足以存其庙，而鲁不毁，是以天灾加之。"三日，鲁使至，问焉，则桓、僖也。陈侯谓子贡曰："吾乃今知圣人之可贵。"对曰："君之知之可矣，未若专其道而行其化之善也。"

注 释

①**燕游**：闲游。②**司铎**：宫城中的官署。③**今桓、僖之亲尽矣**：古代礼制，"诸侯五庙"，即只立五代先祖的宗庙表示宗亲关系。桓公与僖公已超出五代，所以宗亲关系已终结。

译 文

孔子在陈国的时候，陈国国君陪同孔子一起去闲游。路上的行人说："鲁都中的官署发生火灾，火烧到了宗庙。"把这件事告诉了孔子。孔子说："所烧到的宗庙必定是桓公和僖公的宗庙。"陈侯说："您是怎么知道的呢？"孔子说："礼，一向是尊敬有功德的先人，所以不会毁坏他们的宗庙。现在桓公和僖公与哀公的宗亲关系已经终结，而且他们功德浅薄，不足以保存他们的宗庙，但是鲁国并没有把他们的宗庙毁掉，所以天灾会加于其上。"过了三天，鲁国的使者到来，一问使者，所烧的果然是桓公和僖公的宗庙。陈侯对子贡说："我现在才知道圣人值得尊敬的地方。"子贡回答说："您明白圣人值得尊敬的地方，这可以了，但是不如专心地遵守他的学说、推行他的教化更好一些。"

原　文

　　阳虎既奔齐,自齐奔晋,适①赵氏。孔子闻之,谓子路曰:"赵氏其世②有乱乎？"子路曰:"权不在焉,岂能为乱？"孔子曰:"非汝所知。夫阳虎亲③富而不亲仁,有宠于季孙,又将杀之,不克④而奔,求容⑤于齐。齐人囚之,乃亡归晋,是齐、鲁二国,已去其疾。赵简子好利而多信⑥,必溺⑦其说而从其谋,祸败所终,非一世可知也。

注　释

①**适**：到。②**世**：后世。③**亲**：依附。④**克**：成功。⑤**求容**：求收留。⑥**多信**：容易轻信。⑦**溺**：迷惑。

译　文

　　季孙氏的家臣阳虎逃到齐国后,又从齐国逃到晋国,来到赵简子之处。孔子听说这件事后,对子路说："赵简子的后代大概是要有动乱了。"子路说："政权没有掌握在他们手里,怎能动乱呢？"孔子说："事情并不是你所想的那样。阳虎依附富贵之人却不能亲近仁人,得到季桓子的宠爱,却又想要谋害季桓子,没能成功就逃走了。希望齐国收留他,被齐人监禁起来,他便又逃到晋国。这样,齐国与鲁国都已经去除掉了祸患。赵简子喜好小利且容易轻信别人,一定会受到他的言论迷惑,而听从其谋划,祸患引发的最终后果,这不是从一代人中就可以知道的。"

原　文

　　季康子问于孔子曰:"今周十二月,夏之十月,而犹有螽(zhōng),何也？"孔子对曰:"丘闻之,火伏而后蛰者毕①。今火犹西流②,司历过③也。"季康子曰:"所失者几月也？"孔子曰:"于夏十月,火既没矣。今火见,再失闰也。"

注　释

①**火伏而后蛰者毕**：大火星隐没后,蝗虫才会彻底蛰伏。火,星宿名,又称大火,

即心宿二,入冬后会看不到。②**西流**:逐渐从天空向西陨落。③**司历过**:掌管历法的官员的过错。

译 文

季康子问孔子说:"现在是周历的十二月,相当于夏历的十月,但还是出现蝗灾,为什么呢?"孔子说:"我听说,大火星隐没之后,蝗虫才会全部蛰伏。现在大火还正在逐渐从天空向西陨落,这是掌管历法的官员的过失。"季康子说:"错过了几个月?"孔子说:"在夏历十月,大火星就应该隐没,但是现在还出现在天空,这是两次没有设置闰月的缘故。"

原 文

叔孙氏之车士曰子鉏商,采薪于大野,获麟①焉,折其前左足,载以归。叔孙以为不祥,弃之于郭外,使人告孔子曰:"有麇(jūn)而角者,何也?"孔子往观之,曰:"麟也。胡为来哉?胡为来哉?"反袂拭面,涕泣沾衿②。叔孙闻之,然后取之。子贡问曰:"夫子何泣尔?"孔子曰:"麟之至,为明王也。出非其时而害,吾是以伤焉。"

注 释

①**获麟**:麒麟被古人认为是祥瑞,预示着圣人即将出现。②**涕泣沾衿**:流下的泪打湿了衣襟。

译 文

叔孙氏的车夫子鉏商,在大野打柴,捕获了一只麒麟,折断了它的左前脚,把它带了回来。叔孙氏认为这是不祥的东西,于是就把它丢弃在城外,派人去告诉孔子说:"有一只獐子还长着角,它到底是什么东西呢?"孔子前去观看,说:"这是麒麟啊,它为什么来这里啊?为什么来这里啊?"翻转过衣袖来擦脸,流下的泪水打湿了衣襟。叔孙氏听说这件事之后,就把麒麟带了回去。子贡问孔子说:"老师您为什么哭呢?"孔子说:"麒麟的到来,是圣王将要降临的祥瑞。但是它出现得不是时候而遇害,我因此而伤心。"

哀公问政

原文

哀公问政于孔子。孔子对曰："文、武①之政，布在方策②。其人存则其政举，其人亡则其政息。天道敏生，人道敏政，地道敏树。夫政者，犹蒲卢③也，待化以成，故为政在于得人。取人以身，修道以仁。仁者，人也，亲亲为大；义者，宜也，尊贤为大。亲亲之杀④，尊贤之等，礼所以生也。礼者，政之本也，是以君子不可以不修身。思修身，不可以不事亲；思事亲，不可以不知人；思知人，不可以不知天⑤。天下之达道⑥有五，其所以行之者三。曰君臣也、父子也、夫妇也、昆弟也、朋友也，五者，天下之达道。智仁勇三者，天下之达德也。所以行之者，一也。或生而知之，或学而知之，或困而知之。及其知之，一也。或安而行之，或利而行之，或勉强而行之，及其成功，一也。"公曰："子之言美矣，至矣！寡人实固⑦不足以成之也。"

注释

①**文、武**：指周文王与周武王。②**布在方策**：记录在木牍与竹简上。布，记载；方，古代书写用的木板。③**蒲卢**：即蒲苇。④**亲亲之杀**：亲情减少。⑤**天**：天道。⑥**达道**：天下古今通行的道理。⑦**固**：原本。

译文

鲁哀公向孔子请教为政之道。孔子回答说："文王和武王的为政之道，都在典籍中记载着呢。如果有贤明的君主在，那么他们的治国之道就会得到贯彻；如果没有贤明的君主，那么他们的治国之道就会悄无声息。天之道就在于努力地化生万物，人之道就在于努力处理政事，地之道就在于努力地培育树木。政事就像芦苇一样，需要教化才能取得成功，所以说为政之道就在于得到贤人。想要得到贤人，自己必须先修身，修养自己的道义最重要的就是培养自己的仁爱之心。仁就是人与人之间互相敬爱，而以亲爱自己的亲人最为重要；义就是做事要合宜，而以尊敬贤人最为重要。对亲人的爱有差别，尊敬贤人也有差别，这都是礼仪所要求的。礼是为政的根本，因此君子不能不修身。想要修身，就不能不侍奉自己的父母；想要侍奉自己的父母，就不能不善于了解人的内心；想要了解人的内心，就不能不了解天之道。天下古今所通行的道义有五个，而要实行这些道义需要具备三个方面的美德。五个道义就是：君臣之道、父子之道、夫妇之道、兄弟之道、朋友之道。这五者是天下通行的大道。而智、仁、勇三者则是天下古今通行的德行，但是要践行这些道义和德行的方法都是一样的，即诚实专一。有的人生来就知道这些道理，有的人是通过学习才知道这些道理的，有的人经过困惑、思考才明白这些道理，但是等到他们明白了这些道理的时候，他们就没有任何区别了。有些人安心地去践行这些道理，有些人功利地去践行这些道理，有的人勉强自己去践行这些道理，但是等到他们都去实践的时候，也是没有区别的。"

哀公说："您讲得真是太好了，好到了极点啊！我确实是浅薄得不能做到这些的。"

原 文

孔子曰："好学近乎智，力行近乎仁，知耻近乎勇，知斯三者，则知所以修身；知所以修身，则知所以治人；知所以治人，则能成天下国家者矣。"公曰："政其尽此而已乎？"孔子曰："凡为天下国家有九经①，曰：修身也、尊贤也、亲亲也、敬大臣也、体群臣也、子庶民也、来百工也、柔远人也、怀诸侯也。夫修身则道立，尊贤则不惑，亲亲则诸父兄弟不怨，敬大臣则不眩②，体群臣则士之报礼重，子庶民则百姓劝③，来百工则财用足，柔远人则四方归之，怀诸侯则天下畏之。"

注 释

①九经：九种经久不变的常道。②眩：迷惑不明。③劝：勉力而为。

译 文

孔子说："努力学习的人就像智者一样，努力践行德行的人就像仁者一样，明于耻辱的人就像勇者一样。明白了这三点，就明白了应该怎样修养身心了；明白了怎样去修养身心，就明白了怎样去管理百姓；明白怎样去管理别人，就能够完成天下国家的大事了。"

哀公说："难道为政之道就这么多吗？"孔子说："治理天下国家总共有九条大经大法，即修养身心，尊敬贤者，亲爱亲人，敬重大臣，体恤臣下，爱民如子，招徕百工，怀柔远人，安抚诸侯。修养身心就会使道义屹立起来，尊敬贤者就不会惶惑，亲爱亲人，那么伯父、叔父以及兄弟等人就不会抱怨；敬重大臣，就不会迷乱；体恤臣下，那么臣下就会报以更重的礼仪；爱民如子，那么百姓就会更加勤勉；招徕百工，那么财用就会充足；怀柔远人，就会使四方之民归附；安抚诸侯，就会使天下畏服。"

原　文

公曰："为之奈何？"孔子曰："齐①洁盛服，非礼不动，所以修身也；去谗远色，贱财而贵德，所以尊贤也；爵其能，重其禄，同其好恶，所以笃亲亲也；官盛任使②，所以敬大臣也；忠信重禄，所以劝士也；时使薄敛，所以子百姓也；日省月考③，既廪(xì lǐn)称事④，所以来百工也；送往迎来，嘉善而矜不能⑤，所以绥远人也；继绝世，举废邦，治乱持危，朝聘以时⑥，厚往而薄来，所以怀诸侯也。治天下国家有九经，其所以行之者一也。凡事豫则立，不豫则废；言前定则不跲(jiá)，事前定则不困；行前定则不疚，道前定则不穷。在下位不获于上，民弗可得而治矣；获于上有道，不信于友，不获于上矣；信于友有道，不顺于亲，不信于友矣；顺于亲有道，反诸身不诚，不顺于亲矣；诚身有道，不明于善，不诚于身矣。诚者，天之至道也；诚之者，人之道也。夫诚弗勉而中，不思而得，从容中道，圣人之所以定体⑦也。诚之者，择善而固执之者也。"

注释

①齐：通"斋"，斋戒。②**官盛任使**：给大臣设置许多官吏，供其差遣。③**日省月考**：每天按时检查，每月按时考核。④**既廪称事**：发给百工的俸禄要与他们的工作成绩相称。既廪，同"饩廪"，俸给。⑤**嘉善而矜不能**：嘉奖善言善行，安抚地位低下的人。⑥**朝聘以时**：按时朝聘。古代诸侯亲自朝觐周天子叫朝，派大夫代往叫聘。⑦**定体**：内心清静安定的根据。

译文

哀公说："那么该怎样做到这些呢？"孔子说："诚信斋戒，体态端庄，不符合礼的事情不去做，这就是修养身心的办法；远离奸邪的小人和女色，轻视财物而重视德行，这就是尊敬贤者的办法；给贤能的人以爵位，并给予较高的俸禄，与他们的好恶保持一致，这就是强化亲亲之道的方法；给大臣们以足够的下属供其差遣，这就是敬重大臣的办法；对忠信之士给予高官厚禄，这就是使士勤勉的方法；适时地让百姓服劳役，减少赋税的征收，这就是爱民如子的方法；每天按时检查，每月按时考核，按照工匠的能力发放俸禄，这就是招徕百工的方法；热情接送远来之人，奖励善言善行而哀怜弱者，这就是安抚边远民众的办法；使难以维持祭祀的家族得以延续，复兴被灭亡的国家，安定乱世，支撑危局，按时朝聘，赏赐出去的礼物很多，而收取的贡赋却很少，这就是安抚诸侯的方法。治理天下国家有九项大经大法，而去施行这些的方法就是真诚专一。凡事只有事先准备才能成功，不去准备就会失败；应该说的话都事先想好就不会出现意外，做事之前准备好就不会遇到困难；应做的都事先想好就不会担心，事先想好应遵循的道义就不会走投无路。身处下位但是却不被上司信任，这就没有办法去治理好百姓；自己有办法获取上司的信任，但是得不到朋友的信任，这也是没有办法得到上司的信任的；自己有办法去获得朋友的信任，但是不能孝顺父母，这也是没有办法得到朋友的信任的；自己有办法去孝顺亲人，但是却不能真诚地反省自己，这也是没有办法孝顺父母的；自己有办法真诚地反省自己，但是却不能明白善的意蕴，这也是没有办法诚信地反省自己的。诚，是上天的最高准则；勉励自己按照诚的要求去做，这是人的处世准则。内心真诚的人，不去提醒自己就能使行为合理，不思考就能知道，一举一动都会自然而然地符合道的要求，这就是圣人内心淡定的依据；勉励自己按照诚的要求去做，需要自己去择取善道而且坚定地服膺于它。"

原文

公曰："子之教寡人备①矣，敢问行之所始。"孔子曰："立爱自亲始，教民睦也；立敬自长始，教民顺也。教之慈睦，而民贵有亲；教以敬，而民贵用命。民既孝于亲，又顺以听命，措诸天下无所不可。"公曰："寡人既得闻此言也，惧不能果②行而获罪咎。"

注释

①备：完备、齐全。②果：事情实现。

译文

鲁哀公说："您教给我的道理已经非常齐备了，敢问您该从哪里可以着手施行呢？"孔子说："树立仁爱应当从热爱自己的父母做起，这样能够教给人民和睦；树立恭敬应当从尊敬长者做起，这样能够教给人民顺从。教导人民和睦的话，人民就能够注重孝敬自己的亲人。教导人们尊敬别人，人民就会以奉献为重。人民既懂得孝敬父母与亲人，又乐于奉献，让他们做天下的任何事情，那就没有什么是不可以的了。"鲁哀公说："我已经听到了这些话，很害怕不能做到而犯下错误。"

卷 五

在 厄

原文

楚昭王聘①孔子,孔子往拜礼焉,路出于陈、蔡。陈、蔡大夫相与谋曰:"孔子圣贤,其所刺讥,皆中诸侯之病②。若用于楚,则陈、蔡危矣。"遂使徒兵距③孔子。

注释

①聘:聘任。②病:弊病。③距:通"拒",阻挡。

译文

楚昭王聘任孔子到楚国去做官,孔子将要前去拜见楚昭王,路上经过陈、蔡两国。陈、蔡两国的大夫一起谋划说:"孔子是圣贤之人,他所批评指责的都切中诸侯统治的弊端。如果孔子被楚国任用,那么陈、蔡就很危险了。"于是两国就发兵阻止孔子去楚国。

原文

孔子不得行,绝粮七日,外无所通,藜羹不充①,从者皆病。孔子愈慷慨讲诵,弦歌②不衰。乃召子路而问焉,曰:"《诗》云:'匪兕匪虎,率彼旷野③。'吾道非乎,奚为至于此?"子路愠,作色而对曰:"君子无所困。意者夫子未仁与,人之弗吾信也?意者夫子未智与,人之弗吾行也?且由也昔者闻诸夫子:'为善者,天报之以福,为不善者,天报之以祸。'今夫子积德怀义,行之久矣,奚居之穷④也?"

注释

①藜羹不充:连野菜汤也吃不上。②弦歌:弹琴唱歌。③匪兕匪虎,率彼旷野:不是犀牛、不是虎,沿着旷野疾走。④穷:陷入困境。

译文

孔子没有办法前行,断粮七天,也没有办法与外界联络,连野菜汤都吃不上,随从的很多弟子都病倒了。孔子却更加慷慨激昂地讲授学问,弹琴唱歌的声音没有停息。于是喊来子路问道:"《诗经》上说:'不是犀牛不是虎,沿着旷野急出走。'我的道义难道是错误的吗,怎么会到达这样的地步呢?"子路听完之后非常生气,脸色大变,说道:"君子不应该受到困穷。难道老师您还不够仁德?所以人们都不相信我们?难道老师不够智慧吗?所以别人才不让我们前行?而且我也听老师您说过:'做善事的人,上天就会报之以福;做坏事的人,上天就会报之以祸。'如今老师您积累德行、心怀仁义已经很久了,怎么会落到如此窘迫的境地呢?"

原文

子曰:"由未之识也,吾语汝:汝以仁者为必信也,则伯夷、叔齐不饿死首阳;汝以智者为必用也,则王子比干不见剖心;汝以忠者为必报也,则关龙逢不见刑;汝以谏者为必听也,则伍子胥不见杀。夫遇不遇者,时也;贤不肖者,才也。君子博学深谋而不遇时者众矣,何独丘哉!且芝兰生于深林,不以无人而不芳。君子修道立德,不谓穷困而改节。为之者人也,生死者命也。是以晋重耳之有霸心,生于曹、卫;越王勾践之有霸心,生于会稽。故居下而无忧者,则思不远;处身而常逸者,则志不广。庸知其终始乎?"子路出。

召子贡,告如子路。子贡曰:"夫子之道至大,故天下莫能容夫子,夫子盍少贬焉①?"子曰:"赐,良农能稼②,不必能穑③;良工能巧,不能为顺。君子能修其道,纲而纪之,不必其能容。今不修其道,而求其容。赐,尔志不广矣,思不远矣!"子贡出。

颜回入,问亦如之。颜回曰:"夫子之道至大,天下莫能容。虽然,夫子推而行之,世不我用,有国者之丑也。夫子何病焉?不容,然后见君子。"孔子欣然叹曰:"有是哉,颜氏之子,使尔多财,吾为尔宰。"

注 释

①**夫子盍少贬焉**:老师您何不把您的主张的标准稍稍降低一下呢? ②**稼**:种植。 ③**穑**:收获。

译 文

孔子说:"仲由啊,你还不知道其中的道理,我告诉你吧:你以为仁者就必然受到信任吗? 如果这样,伯夷、叔齐就不会饿死在首阳山了;你以为智者就必然受到任用吗? 如果是这样的话,王子比干就不会被商纣挖去心脏;你以为忠者必定会得到回报吗? 如果真是这样,关龙逢就不会遭受刑杀;你以为进谏的人都会被听从吗? 这样的话,伍子胥就不会被杀害了。能不能遇到明主,这是由时运所决定的;贤人还是不肖者,这是由个人才能决定的。君子广泛地学习、深刻地谋划,但是还是不能赶上好时候的人多了,又不是只有我孔丘一个! 而且芝兰生长在深山老林里面,不因为没有人看见就没有了芬芳。君子修行道义、树立德行,不因为困穷而放弃自己的气节。做还是不做,这是人所决定的;生或者是死,这是命运所决定的。因此晋国国君重耳称霸的决心,是他流亡在曹、卫两国受辱时才产生的;越王勾践称霸的野心,是在会稽被围困时才产生的。因此身居下位却没有忧患的人,他的理想不会高远;生活总是安逸的人,他的志向就不会广阔。你怎么会知道他们的开始和终结呢? "于是子路就走了出来。

孔子叫子贡进来,问了一个和子路一样的问题。子贡说:"老师您的道义太宽广了,因此天下都不能容得下老师,那么老师您何不把您的道义稍微贬损一下呢?"孔子说:"赐啊,一个好的农民会耕种,但是不一定会收割;一个好的工匠可以是心灵手巧,但他所做的东西并不一定都会符合人们的要求。君子能够修行自己的道义,抓住事物的主旨,但是不一定能被人接受。怎么可以不修行自己的道义,却希望被人所接受。赐啊,你的志向不广阔啊,理想不高远啊。"子贡于是走了出来。

颜回进来了，孔子也问了他同样的问题。颜回说："老师您的道义至为宽广，以至于天下没有人能容得下，即使这样，老师您已经宣扬了自己的道义，但是世人还是不肯任用我们，这是统治者的耻辱。老师您有什么担心的呢？不被接受，然后才显现出自己是真正的君子。"孔子高兴地感叹道："是这个道理啊，颜回啊，如果你有很多财物的话，我愿意去帮你管理，当你的家宰。"

原文

子路问于孔子曰："君子亦有忧乎？"子曰："无也。君子之修行也，其未得之，则乐其意①；既得之，又乐其治②。是以有终身之乐，无一日之忧。小人则不然，其未得也，患弗得之；既得之，又恐失之。是以有终身之忧，无一日之乐也。"

注释

①**意**：指做某件事的想法。②**治**：行为。

译文

子路问孔子："君子难道也有忧虑吗？"孔子说："没有。君子的修身实践，当还没有做到时，就以做这件事的想法为乐；当做到这件事时，就以自己的行为而乐。因此君子有终身的快乐，却没有一天的忧愁。小人却不是这样，当他没有得到时，就担心自己得不到；当他得到时，又担心自己会失去。因此小人有终身的忧虑，却没有一天的快乐。"

原文

曾子敝衣①而耕于鲁，鲁君闻之而致邑②焉。曾子固③辞不受。或曰："非子之求，君自致之，奚固辞也？"曾子曰："吾闻受人施者常畏人，与人者常骄人。纵君有赐，不我骄也，吾岂能勿畏乎？"孔子闻之曰："参之言，足以全其节也。"

注释

①**敝衣**：穿着破旧的衣服。敝，残破。②**致邑**：赐给封地。③**固**：坚决，坚定。

译文

曾参穿着破旧的衣服在鲁国的田野上耕种，鲁国国君听说这件事之后就要赐给他封地。曾参坚决推辞，不肯接受。有人说："这并不是你乞求的，而是国君封赐给你的，你为什么坚决地推辞呢？"曾参说："我听说受到别人施舍，就会时常畏惧别人，给人东西的人常常傲慢地对待别人。即使国君赐给我封地，他并没有傲视我的意思，但是我又岂能没有畏惧他的想法呢？"孔子听到这件事之后，说道："曾参的话，足以保全他的气节了。"

原文

孔子厄于陈、蔡，从者七日不食。子贡以所赍货①，窃犯围②而出，告籴于野人③，得米一石焉。颜回、仲由炊之于坏屋之下，有埃墨堕饭中，颜回取而食之。

子贡自井望见之，不悦，以为窃食也。入问孔子曰："仁人廉士，穷改节乎？"孔子曰："改节即何称于仁廉哉？"子贡曰："若回也，其不改节乎？"子曰："然。"子贡以所饭告孔子。子曰："吾信回之为仁久矣，虽汝有云，弗以疑也，其或者必有故乎？汝止，吾将问之。"召颜回曰："畴昔予梦见先人，岂或启佑我哉④？子炊而进饭，吾将进焉。"对曰："向有埃墨堕饭中，欲置之，则不洁；欲弃之，则可

● 圣门四科

孔门的诸多弟子当中，德行好的有颜渊、闵子骞、冉伯牛、冉仲弓；善于言辞的有子我、子贡；擅长处理政事的有冉有、季路；熟悉古代文献的有子游、子夏。

惜,回即食之。不可祭也。"孔子曰:"然乎,吾亦食之。"

　　颜回出,孔子顾谓二三子曰:"吾之信回也,非待今日也。"二三子由此乃服之。

注释

①赍货:携带的东西。②犯围:冲出重围。③告籴于野人:向乡间的百姓请求卖给自己粮食。④岂或启佑我哉:难道是先人在启示和保佑我吗?

译文

孔子受困于陈、蔡两国之间,随从的人七天没有吃到东西。子贡用自己所携带的财货,偷偷地冲出重围,请求乡间百姓卖给自己粮食,终于买到了一石米。颜回和子路在破屋子的旁边做饭,突然有烟灰掉到了饭里,于是颜回就把有烟灰的饭粒取出来吃掉了。

子贡在井边看见颜回的举动,很不高兴,以为他在偷东西吃。进屋去问孔子说:"仁德廉洁的人,在困穷的时候会改变自己的气节吗?"孔子说:"改变了自己的气节怎么还能称作仁德廉洁呢?"子贡说:"像颜回,他是不会改变自己气节的吗?"孔子说:"是的。"子贡于是就把自己看到颜回偷吃饭的事情告诉了孔子。孔子说:"我很久之前就相信颜回是一个仁人了,即使你说了这样的话,我也不能就因此怀疑他,这或者一定是有原因的吧?你等一下,我来问问他。"于是把颜回叫了进来,说:"昨夜我梦见先人,难道先人是在启示或者保佑我吗?你去做饭,做好了拿进来,我要用这些饭来进献先人。"颜回回答说:"刚才有烟灰落入饭中,我想置之不理,但是这样就不干净;我想把饭丢弃了,但是又很可惜,我就把脏的饭取出自己吃了。所以这些饭已经不能用来祭祀祖先。"孔子说:"你做得对啊,如果是我,我也会吃掉的。"

颜回走了出去,孔子对弟子们说:"我对颜回的信任,并不是从今天开始的。"弟子们因为这件事更加钦佩颜回。

困 誓

原文

　　子贡问于孔子曰:"赐倦于学,困于道矣,愿息于事君,可乎?"孔子曰:"《诗》云:'温恭朝夕,执事有恪①。'事君之难也,焉可息哉！"曰："然则赐愿息而事亲。"孔子曰："《诗》云：'孝子不匮，永锡尔类②。'事亲之难也，焉可以息哉！"曰："然赐请愿息于妻子。"孔子曰："《诗》云：'刑于寡妻，至于兄弟，以御于家邦③。'妻子之难也，焉可以息哉！"曰："然赐愿息于朋友。"孔子曰："《诗》云：'朋友攸摄，摄以威仪④。'朋友之难也，焉可以息哉！"曰："然则赐愿息于耕矣。"孔子曰："《诗》云：'昼尔于茅，宵尔索绹，亟其乘屋，其始播百谷。'耕之难也，焉可以息哉！"曰："然则赐将无所息者也？"孔子曰："有焉。自望其广，则睪如也；视其高，则填如也；察其从，则隔如也。此其所以息也矣。"子贡曰："大哉乎死也！君子息焉，小人休焉，大哉乎死也！"

注释

①**温恭朝夕，执事有恪**：温和恭敬地早晚朝觐君主，做事谨慎恭敬。②**孝子不匮，永锡尔类**：孝子的孝心不会穷尽，祖宗将永远赐福于他们。③**刑于寡妻，至于兄弟，以御于家邦**：给妻子作典范，推广到自己的兄弟，然后就可以用这样的办法去治理国家。④**朋友攸摄，摄以威仪**：朋友之间要相互帮助，增加自己的威仪。

译文

子贡问孔子说："我对于学习已经厌倦，对于道也感到困惑不解，想停止学习去侍奉君主，可以吗？"孔子说："《诗经》上说：早晚温和恭敬做事，谨慎勤勉侍奉君主是很难的，怎么可以停止学习呢。"子贡说："这样的话，我想停止学习去侍奉父母。"孔子说："《诗经》上说：'孝子的孝心不会穷尽，祖宗将永远赐福于他们。'侍奉父母是很难的，怎么可以停止学习呢！"子贡说："这样的话，我想要停止学习去供养妻儿。"孔子说："《诗经》上说：'给妻子作典范，推广到自己的兄弟，然后就可以用这样的办法去治理国家。'供养妻儿也是很难的，怎么可以停止学习呢！"子贡说："这样的话我想停止学习去结交朋友。"孔子说："《诗经》上说：'朋友之间要相互帮助，以增加自己的威仪。'与朋友交往是很难的，怎么可以停止学习呢！"子贡说："这样的话我想停止学习去从事耕作。"孔子说："《诗经》上说：'白天忙着割茅草，晚上忙着搓绳子，急急忙忙修房屋，又要开始种庄稼了。'耕作是很艰难的,怎么可以停止学习呢!"子贡说:"这样的话岂不是就没有停止学习的时候了啊?"孔子说:"有啊。你从这儿看那坟墓,高高的;看它的高度,就像山巅一样啊;从侧面来看,就像一个鬲一样。等到那个时候就可以停止学习了。"子贡说:"死亡真是一件大事啊!君子停止了,小人也终结了,死亡真是一件大事啊!"

原 文

孔子自卫将入晋,至河,闻赵简子杀窦犨鸣犊(chōu)及舜华,乃临河而叹曰:"美哉水,洋洋乎!丘之不济,此命也夫!"子贡趋而进曰:"敢问何谓也?"

孔子曰:"窦犨鸣犊、舜华,晋之贤大夫也。赵简子未得志之时,须此二人而后从政。及其已得志也,而杀之。丘闻之,刳胎杀夭①,则麒麟不至其郊;竭泽而渔,则蛟龙不处其渊;覆巢破卵,则凰凰不翔其邑,何则?君子违②伤其类者也。鸟兽之于不义,尚知避之,况于人乎。"遂还,息于邹,作《槃操》③以哀之。

注 释

①刳(kū)胎杀夭:挖出胎儿,残害幼小的生命。刳,剖;剖挖;夭,幼小的东西。②违:通"讳",忌讳。③《槃操》:琴曲名。

译 文

孔子从卫国到晋国去,到达黄河边上的时候,听到赵简子杀死了窦犨鸣犊和舜华两位贤士,于是在河边感叹道:"壮美啊,奔流不息的河水!但是我却不能渡河过去,这难道是我的宿命吗!"子贡快步上前问道:"冒昧地请问老师,您说的是什么意思啊?"孔子说:"窦犨鸣犊和舜华是晋国的贤明大夫。赵简子还没有得志的时候,需要这两个人的辅佐然后才能从政。等到他得志时,却又把他们俩杀害。我听说,剖胎残害幼小的生命,那么麒麟就不会出现在他的城外;排干了水去打鱼,那么蛟龙就不会再居住在那儿的深渊;打翻鸟巢还打破鸟卵,那么凤凰也不会飞到他的都邑上空。为什么呢?因为君子忌讳看到别人伤害到自己的同类。鸟兽对于不义,尚且知道去躲避,更何况是人呢。"于是孔子就回去了,在邹地停了下来,作了《槃操》这首琴曲来哀悼此事。

原　文

子路问于孔子曰："有人于此，夙兴夜寐，耕芸树艺①，手足胼胝②，以养其亲，然而名不称孝，何也？"孔子曰："意者身不敬与？辞不顺与？色不悦与？古之人有言曰：'人与己与，不汝欺。'""今尽力养亲而无三者之阙③，何谓无孝之名乎？"孔子曰："由，汝志之！吾语汝，虽有国士之力，而不能自举其身，非力之少，势不可矣。夫内行不修，身之罪也；行修而名不彰，友之罪也；行身，非力之少，势不可矣。夫内行不修，身之罪也；行修而名不彰，友之罪也；行修而名自立。故君子入则笃行，出则交贤，何谓无孝名乎？"

注　释

①**耕芸树艺**：耕地除草，种植庄稼。②**手足胼胝**：手脚上有很多老茧。③**阙**：缺失，缺点，过错。

译　文

子路问孔子说："有这样一个人，每天早早起来，晚上很晚才睡下，耕地除草，种植庄稼，手脚上都磨出了老茧，这样来奉养自己的父母，但是却不被称为孝顺，为什么呢？"

孔子说："想来可能是自己不够恭敬吗？言辞不够顺从吗？脸色不够愉悦吗？古人说过：'别人的事和自己的事在道理上都是相同的，是不会欺骗你的。'"

子路说："他现在是尽力奉养自己的父母而且没有您说的那三种过错，为什么还是没有孝顺的名声呢？"

孔子说："仲由啊，你记住！我告诉你，即使有全国著名的勇士的力气，也不能把自己的身体举起来，并不是因为力气不够，而是因为形势不对；内在的德行得不到修养，这是自己的过错；德行修养了，但是名声还是没有得到彰显，这是朋友的过错；内在德行修养了，名声就会自然地树立起来了。因此君子在家就要行为切实，在外就要结交贤良，这样怎么会没有孝的名声呢？"

原　文

　　孔子遭厄于陈蔡之间，绝粮七日，弟子馁病①，孔子弦歌。子路入见曰："夫子之歌，礼乎？"孔子弗应，曲终而曰："由，来！吾语汝，君子好乐，为无骄也；小人好乐，为无慑也。其谁之子，不我知而从我者乎？"子路悦，援戚②而舞，三终而出。明日免于厄。子贡执辔曰："二三子从夫子而遭此难也，其弗忘矣！"孔子曰："善，恶何也③？夫陈蔡之间，丘之幸也。二三子从丘者，皆幸也。吾闻之，君不困不成王，烈士④不困行不彰。庸知其非激愤厉志之始于是乎在？"

注　释

①馁病：饥饿疲劳。②援戚：拿起斧子。③恶何也：为什么呢？④烈士：刚烈之士。

译　文

　　孔子在陈、蔡之间遭受了围困，绝粮七天，弟子们都很饥饿疲劳，孔子却在弹琴唱歌。子路进去拜见孔子，说："老师您现在唱歌，是符合礼的吗？"孔子不回答，一曲终了时才说："仲由，你过来，我告诉你，君子喜好音乐，为的是避免骄傲；小人喜好音乐，为的是避免畏惧。你是谁家的孩子，不了解我却还跟随着我？"这样一说，子路就高兴了，手拿着斧跳起了舞蹈，直到几支曲子结束才走了出去。第二天孔子就摆脱了困境，子贡拉着马缰绳说："我们这些人跟随着老师遭受到这样的困顿，大概是都不会忘记的。"孔子说："说得好啊，为什么呢？遭难于陈、蔡之间，这是我的幸运，你们跟随着我，也是幸运的啊。我听说过，君主不经受困顿，就不能成就王业，刚烈之士不经受困顿，他的品行就得不到彰显。怎么知道不是在困顿之时才开始激发了他们的志气的呢？"

原　文

　　孔子之宋，匡人简子以甲士围之。子路怒，奋戟①将与战。孔子止之曰："恶有修仁义而不免世俗之恶者乎？夫《诗》《书》之不讲，礼、乐之不习，是丘之过也。若以述②先王，好古法而为咎者,则非丘之罪也,命之习,是丘之过也。若以述先王,好古法而为咎者,则非丘之罪也,命之夫。由,歌,予和汝。"子路弹琴而歌,孔子和之,曲三终,匡人解甲而罢。

注释

①奋戟:举起戟。奋,举起。②述:遵循,依照。

译文

孔子到宋国去,匡人简子用军队将他们包围了起来。子路非常愤怒,举起戟就要跟他们战斗。孔子制止了他,说道:"哪里有修行仁义但还不能免于世俗的恶行的呢?《诗经》《尚书》得不到讲习,礼、乐得不到演练,这是我的过错。如果说遵循先王之道,爱好古代法度却还是遭受灾祸,这不是我的罪过,是命啊。仲由,你来唱歌吧,我跟着你唱。"子路于是弹琴唱歌,孔子跟着一起唱,几支曲子过后,匡人就卸甲退去了。

原文

孔子曰:"不观高崖,何以知颠坠之患①?不临深泉,何以知没溺之患②?不观巨海,何以知风波之患?失之者其不在此乎?士慎此三者,则无累于身矣。"

子贡问于孔子曰:"赐既为人下③矣,而未知为人下之道,敢问之。"子曰:"为人下者,其犹土乎。汨④之深则出泉,树其壤则百谷滋焉,草木植焉,禽兽育焉,生则出焉,死则入焉。多其功而不意,弘其志而无不容。为人下者以此也。"

注释

①颠坠之患:从山上坠落的灾难。②没溺之患:落水溺死的灾难。③为人下:为人谦虚。下,谦虚。④汨:通"抇",挖掘。

译文

孔子说:"不去观看高高的山崖,怎么会知道从高山上坠下的灾难呢?不靠近观看深渊,怎么会知道落水溺死的灾难呢?不去观看大海,怎么会知道风波的灾难呢?

造成过失的原因难道不在这些方面吗？士谨慎地对待这三个方面，就不会有灾祸降临到自己身上了。"

子贡问孔子说："我为人已经很谦逊了，但是却还不知道为人谦逊的道理，因此冒昧地问问老师。"

孔子说："为人谦逊的人，大概就像是这土地吧。挖深了就会流出泉水来，在土壤里播种，就会生长出百谷来。草木在它上面生长，禽兽在它上面生育，活的东西是从它那里出来的，死的东西又要回到它那里去。颂扬它的功德，它却还不以为意，它的胸怀宽广以至于无所不容。为人谦逊的道理就在这里。"

原 文

孔子适郑，与弟子相失①，独立东郭门外。或人谓子贡曰："东门外有一人焉，其长九尺有六寸，河目隆颡②，其头似尧，其颈似皋繇，其肩似子产，然自腰已下，不及禹者三寸，累然③如丧家之狗。"子贡以告，孔子欣然而叹曰："形状未也，如丧家之狗，然乎哉！然乎哉！"

注 释

①失：失散。②河目隆颡：眼眶像河一样平正而直，额头高而突起。颡，额。③累然：不得意的样子。

译 文

孔子到达郑国之后，与弟子们失散了，自己一个人站在城东的城门外。有人告诉子贡说："东门的外面有一个人，他的身高有九尺六寸，眼眶像河一样平直，额头高而隆起，头长得像尧，脖子长得像皋陶，肩膀长得像郑国的子产，但是从腰部以下，却比禹短三寸，失意得就像一只丧家犬一样。"子贡把这些话告诉了孔子，孔子高兴地感叹："容貌形状倒未必一样，但是说像丧家犬一样，说得对啊！说得对啊！"

原 文

孔子适卫，路出于蒲，会公叔氏以蒲叛卫而止之。孔子弟子有公良儒者，为人贤长有勇力，以私车五乘从夫子行，喟然曰："昔吾从夫子遇难于匡，又伐树于宋①，今遇困于此，命也夫！与其见夫子仍②遇于难，宁我斗死。"挺剑而合众，将与之战。蒲人惧，曰："苟无适卫，吾则出子。"以盟孔子，而出之东门。孔子遂适卫。子贡曰："盟可负乎？"孔子曰："要我以盟③，非义也。"卫侯闻孔子之来，喜而于郊迎之。问伐蒲，对曰："可哉！"公曰："吾大夫以为蒲者，卫之所以恃④晋楚也。伐之，无乃不可乎？"孔子曰："其男子有死之志，吾之所伐者，不过四五人矣。"

公曰："善！"卒不果伐⑤。他日，灵公又与夫子语，见飞雁过而仰视之，色不悦。孔子乃逝。

注释

①**伐树于宋**：孔子在宋国时，与弟子习礼于大树下，宋国司马桓魋想排挤他，先砍掉了那棵树。②**仍**：屡次。③**盟**：与其签订盟约。④**恃**：防御，抵御。⑤**卒不果伐**：最后还是没有征伐蒲地。

译文

孔子要到卫国去，路过蒲地，正好遇上公叔氏据蒲地反叛卫国，孔子一行人停止前行。孔子有个弟子叫公良儒，为人贤良，有长者之风且甚有勇力，用自己私人的五辆车马跟从孔子周游，他感叹地说："从前我跟随老师在匡地遭遇困难，后来在宋国的时候又被桓魋伐去习礼的大树，如今又再次遇难，这是命吧！与其看到老师您再次陷于围困，我宁愿为您战斗而死。"于是举起剑来，集合众人，将要与敌人战斗。蒲人开始害怕了，于是说："只要你们不去卫国，就可以放你们走。"因此蒲人就和孔子订立盟约，并且把孔子一行人从东门放了出去。孔子于是就去了卫国。子贡说："盟约难道是可以违背的吗？"孔子说："那是受到要挟才订立的盟约，是不合道义的。"

卫灵公听说孔子来了，欢喜地到郊外去迎接孔子，并向孔子询问征伐蒲地的事情。孔子回答说："蒲地是可以征伐的。"灵公说："我国的大夫认为蒲地是卫国用来防御晋、楚两国的战略要地。蒲地恐怕是不可以征伐的吧？"孔子说："蒲地的男子宁死也不肯随从叛乱，我们所要征伐的，就是那么四五个叛乱的人而已。"灵公说："说得好！"但是最后还是没有征伐蒲地。有一天，灵公又和孔子谈话，看见天上有大雁飞过，于是就抬头看，脸上露出不悦的神情。因此孔子就离开了卫国。

原 文

卫蘧伯玉贤而灵公不用，弥子瑕不肖反任之。史鱼骤①谏而不从。史鱼病将卒，命其子曰："吾在卫朝不能进蘧伯玉，退弥子瑕，是吾为臣不能正君也。生而不能正君，则死无以成礼。我死，汝置尸牖下，于我毕矣②。"其子从之。

灵公吊焉，怪而问焉。其子以其父言告公。公愕然失容③曰："是寡人之过也。"于是命之殡于客位，进蘧伯玉而用之，退弥子瑕而远之。

孔子闻之曰："古之列谏之者，死则已矣。未有若史鱼死而尸谏，忠感其君者也，不可谓直乎？"

注 释

①骤：屡次，多次。②**汝置尸牖下，于我毕矣**：把我的尸体停放在窗户下面，对于我来说就足够了。③**愕然失容**：惊讶得脸色大变。愕然，惊讶的样子。

译 文

卫国的蘧伯玉是个贤才，但是灵公却不能任用。弥子瑕是无能之辈，但是灵公反而信任他。史鱼屡次进谏但是灵公都没有听从。史鱼病重将要去世，命令他的儿子说："我在卫国朝廷不能举荐蘧伯玉，不能罢免弥子瑕，这说明我作为臣下但是却不能匡正君主。活着的时候不能匡正君主，那么死的时候就不能用全套的礼仪。我死了之后，你把我的尸体停放在窗户下面，这对于我来说就足够了。"他的儿子遵从了父亲的话。

灵公前去吊唁史鱼，看到停尸的位置后感到奇怪，于是就问史鱼的儿子。史鱼的儿子把史鱼的话告诉了灵公。灵公惊讶得面容大变，说："这真是我的过错啊！"于是命令将史鱼尸体停放在正堂，起用蘧伯玉，斥退弥子瑕。

孔子听说这件事之后，说："古时候那些极力劝谏的人，最多到死的时候就停止了。没有像史鱼这样死了还要用尸体来进谏的，忠心感动了君主，这难道不是正直吗？"

卷　六

执　辔

原文

闵子骞为费宰，问政于孔子。子曰："以德以法。夫德法者，御民之具①，犹御马之有衔②勒也。君者，人也；吏者，辔③也；刑者，策也。夫人君之政，执其辔策而已。"

注释

①**具**：工具，器具。②**衔**：马嚼子。③**辔**：缰绳。

译文

闵子骞担任费地长官，向孔子请教为政之道。孔子说："为政要用德和法。德、法二者，就是治理百姓的工具，就好像驾驭马匹要有马嚼子和马笼头一样。君主就好比是人，而官吏则是马缰绳，刑罚就是马鞭子。君主的为政之道，只不过是拿着缰绳和鞭子罢了。"

原文

子骞曰："敢问古之为政。"孔子曰："古者天子以内史①为左右手，以德法为衔勒，以百官为辔，以刑罚为策，以万民为马，故御天下数百年而不失。善御马者，正衔勒，齐辔策，均马力，和马心。故口无声而马应②辔，策不举而极③千里；善御民，壹④其德法，正其百官，以均齐民力，和安民心，故令不再而民顺从，刑不用而天下治。

注释

①**内史**：官职名，西周时始置，协助天子管理爵禄等政务。②**应**：顺应。③**极**：到达。④**壹**：统一。

译文

闵子骞说："我冒昧地问一下老师，古时候君主是怎样为政的？"孔子说："古时候天子以内史作为自己的左膀右臂，以德、法作为马嚼子和马笼头，以百官作为马缰绳，以刑罚作为马鞭子，以万民为马匹，因此可以治理天下数百年而不会亡国。善于驾驭马匹的人，端正好马嚼子和马笼头，整齐好马缰绳和马鞭子，平均好马的用力，集合马的心志，因此嘴里虽然没有声音但是马都会听从缰绳的命令，不用举起马鞭也能驰骋千里；善于治理百姓的人，统一起来德行和法度，端正官吏们的行为举止，以平均来整合百姓的力量，用祥和来安定百姓的心志，因此法令不需重复而百姓就会顺从，不需用刑罚就会使天下得到治理。"

原文

"是以天地德之，而兆民怀之。夫天地之所德，兆民之所怀，其政美①，其民而众称之。今人言五帝、三王者，其盛无偶②，威察若存，其故何也？其法盛，其德厚，故思其德必称其人，朝夕祝之，升闻于天。上帝俱歆，用永厥世③，而丰其年。

注释

①**美**：井井有条。②**其盛无偶**：其兴盛没有人比得上。③**用永厥世**：使他们的世系绵延不绝。

译文

"因此天地都会以他们为有德，而百姓也会感怀他们。天地所感激的，百姓所感怀的，他们的政治很美好，他们的百姓也会得到别人的称赞。现在的人说到五帝三王，他们的盛德无人能比，其声威和明鉴好像还存在，这是什么原因呢？他们的法度充盈，德行深厚，因此感怀他们的德行必然会称赞他们的为人，早晚向他们祝祷，声音一直上升到天上。上天和天帝都听到了，因而使他们世系绵长，年年丰收。

原 文

"不能御民者,弃其德法,专用刑辟①,譬犹御马,弃其衔勒而专用棰(chuí)策,其不制也,可必矣。夫无衔勒而用棰策,马必伤,车必败;无德法而用刑,民必流,国必亡。治国而无德法,则民无修②,民无修则迷惑失道。如此,上帝必以其为乱天道也。苟乱天道,则刑罚暴,上下相谀,莫知念忠,俱无道故也。

注 释

①**刑辟**:刑罚。②**无修**:没有可以遵循的。

译 文

"不能治理百姓的君主,丢弃德行和法度,而专用刑罚治理百姓。这就好像是驾驭马匹一样,丢弃马嚼子和马笼头却专用棍棒和鞭子,这不能制服马匹是一定的。没有马嚼子和马笼头而用棍棒和鞭子,马匹必然会受到伤害,车子也必然会受到破坏;没有德法而专用刑罚,百姓必然会流亡,国家也必然会灭亡。治理国家却没有德行和法度,那么百姓就不知道遵循什么,百姓没有可以遵循的就会迷惑以致做出无道之事。如果这样的话,天帝必定会认为他扰乱了天道。如果扰乱了天道,那么刑罚就会残暴,上下就会相互阿谀谄媚,没有谁会心存忠信,这都是无道的缘故。

原 文

"今人言恶者,必比之于桀、纣,其故何也?其法不听,其德不厚,故民恶其残虐,莫不吁嗟①,朝夕祝②之,升闻于天。上帝不蠲(juān)③,降之以祸罚,灾害并生,用殄(tiǎn)厥世。故曰德法者,御民之本。

注 释

①**吁嗟**:哀叹,叹息。②**祝**:通"诅",诅咒。③**蠲**:除去,减免。

译 文

"现在人们提到邪恶,都会和桀、纣相比较,这是为什么呢?他们的法令得不到听从,他们的德行浅薄,因此百姓厌恶他们的残虐,没有不叹息的,他们不分朝夕地向上天祷告,声音一直向天上升去。上帝没有直接夺取暴君的地位,而是把灾祸降临到他们身上，导致各种灾害相继发生，以致他们的灭亡。因此说德行和法度是治理百姓的根本。

原文

"古之御天下者，以六官①总治焉。冢宰之官以成道，司徒之官以成德，宗伯之官以成仁，司马之官以成圣，司寇之官以成义，司空之官以成礼。六官在手以为辔，司会均仁以为纳。故曰御四马者执六辔，御天下者正六官。是故善御马者，正身以总辔，均马力，齐马心，回旋曲折，唯其所之②。故可以取长道，可赴急疾。此圣人所以御天地与人事之法则也。

注释

①六官：指后面提到的冢宰、司徒、宗伯、司马、司寇、司空六官。②唯其所之：想到达哪里，就可以到达哪里。

译文

"古代治理天下的人，用六官来负责治理：设置冢宰之官以成就道术，设置司徒之官以成就仁德，设置宗伯之官以成就仁义，设置司马之官以成就圣明，设置司寇之官以成就道义，设置司空之官以成就礼仪。六官抓在手里作为缰绳，再用司会均行仁义作为总揽，所以说：'驾驭马车的人要掌握好六条缰绳，治理天下的人要端正六官的职责。'因此善于驾驭马匹的人，端正自己的身体，握住缰绳，平均马的力气，整齐马的心志，回旋曲折，想要去哪里就可以去哪里，可以到达极远的路程，也可以快速地奔驰。这就是圣人治理天地和人事的法则。

原文

"天子以内史为左右手，以六官为辔，已而与三公为执六官，均五教①，齐五法。故亦唯其所引，无不如志。以之道则国治，以之德则国安，以之仁则国和，以之圣则国平，以之礼则国定，以之义则国义，此御政之术。

注释

①**均五教**：施行五教。五教，指父义、母慈、兄友、弟恭、子孝五种道德教育。

译文

"天子用内史作为自己的左右手，用六官作为缰绳，继而和三公一起执掌六官，均行五教，整齐五法。所以只要是君王想要引导的，没有不随心的。用道术引导就会使国家得到治理，用德行来引导就会使国家安平，用仁义来引导就会使国家和乐，用圣明来引导就会使国家太平，用礼仪来引导就会使国家安定，用道义来引导就会使国家正义，这就是驾驭政治的办法。

原文

"过失，人之情莫不有焉，过而改之，是为不过。故官属不理，分职不明，法政不一，百事失纪曰乱，乱则饬①冢宰。地而不殖，财物不蕃，万民饥寒，教训②不行，风俗淫僻③，人民流散曰危，危则饬司徒。父子不亲，长幼失序，君臣上下乖离④异志曰不和，不和则饬宗伯。贤能而失官爵，功劳而失赏禄，士卒疾怨，兵弱不用曰不平，不平则饬司马。刑罚暴乱，奸邪不胜曰不义，不义则饬司寇。度量不审，举事失理，都鄙⑤不修，财物失所曰贫，贫则饬司空。故御者同是车马，或以取千里，或不及数百里，其所谓进退缓急异也。夫治者同是官法，或以致平，或以致乱者，亦其所以为进退缓急异也。

注释

①**饬**：告诫。②**教训**：教导、训诫。③**淫僻**：放纵而偏邪。④**乖离**：相互抵触。⑤**都鄙**：都城及边邑。

译文

"因过失而犯错误，这是人之常情，犯错之后能够改正，这就是没有犯错误。因此，管理上下级关系不顺，职分不明确，法令、政教不一致，各种事情都失去了纲纪，这就叫作乱，出现混乱就应该追究冢宰的责任。土地得不到种植，财物无法增多，百姓饥寒交迫，教化训令得不到推行，风俗放纵而偏邪，百姓流离失所，这就叫作危险，出现了危险就应该追究司徒的责任。父子之间不相亲相爱，长幼之间不讲秩序，君臣上下相互抵触，离心离德，这就叫作不和，不和就应该追究宗伯的责任。贤能的人失去官爵，有功之人失去赏赐，士兵们怨恨上级，导致军力衰弱，不堪一击，这就叫作不平，不平即应该去追究司马的责任。刑罚残暴混乱，奸邪之人得不到制止，这就叫作不义，不义就应该去追究司寇的责任。度量的标准不准确，做事失去条理，都城和边邑都得不到修整，财物分配不均，这就叫作贫困，贫困就应该去追究司空的责任。因此，不同的人驾驭同一辆车，有的可以驰骋千里，有的却还不能到达几百里的地方，这就是因为在进退缓急上的处理方法不同。治理天下的人用的同样是法度，有的得以天下太平，也有导致乱亡，这也是在进退缓急上的处理方法不同的缘故。

原文

"古者，天子常以季冬①考德正法，以观治乱：德盛者治也，德薄者乱也。故天子考德，则天下之治乱，可坐庙堂②之上而知之。夫德盛则法修，德不盛则饬法，与政咸德而不衰③。故曰：王者又以孟春论吏之德及功能，能德法者为有德，能行德法者为有行，能成德法者为有功，能治德法者为有智。故天子论吏而德法行，事治而功成。夫季冬正法，孟春论吏，治国之要。"

● 五乘从游

孔子路过蒲地，恰逢公叔氏叛乱，不让孔子通过。公良儒带着自己的五辆车随行孔子。仗打得很凶猛，蒲人害怕，孔子才得以经过蒲地到卫国去。

注释

①季冬：冬季的最后一个月。②庙堂：指朝廷。③与政咸德而不衰：使它与政教都符合德行而不衰败。

译文

"古代的时候，天子常常在冬季的最后一个月考察德行，端正法度，以此来观察社会的治乱兴衰：德行充盈，那么天下安定；德行鄙陋，则天下混乱。因此天下的治乱兴衰，在朝廷之上就可以了解到。德行充盈，那么法度就得到了整饬，德行不兴就要整饬法度，使其与政事都依德而行而不衰败。所以说：王者在春季的第一个月考察官吏的德行与功劳，能够重视德法的人就认为其有德，能够施行德法的人就认为其有品行，能够成就德法的人就认为他有功劳，能够研习德法的人就认为他有智慧。因此天子考论官吏而德法也得到了施行，政事得到了治理而成就了功德。在冬季的最后一个月调整法律，在春季的第一个月考论官吏，这就是治理国家的关键。"

原文

子夏问于孔子曰："商闻易①之生人及万物、鸟兽、昆虫，各有奇偶，气分②不同。而凡人莫知其情，唯达德者能原③其本焉。天一、地二、人三，三三如九④。九九八十一，一主日，日数十，故人十月而生；八九七十二，偶以从奇，奇主辰，辰为月，月主马，故马十二月而生；七九六十三，三主斗，斗主狗，故狗三月而生；六九五十四，四主时，时主豕，故豕四月而生；五九四十五，五为音，音主猿，故猿五月而生；四九三十六，六为律，律主鹿，故鹿六月而生；三九二十七，七主星，星主虎，故虎七月而生；二九一十八，八主风，风为虫，故虫八月而生。其余各从其类矣。鸟、鱼生阴而属于阳，故皆卵生。鱼游于水，鸟游于云，故立冬则燕雀入海化为蛤。蚕食而不饮，蝉饮而不食，蜉蝣不饮不食，万物之所以不同。介鳞夏食而冬蛰，龁吞者八窍而卵生，龃嚼者九窍而胎生,四足者无羽翼,戴角者无上齿,无角无前齿者膏,无角无后齿者脂。昼生者类父,夜生者似母,是以至阴主牝⑤,至阳主牡⑥。敢问其然乎?"孔子曰:"然,吾昔闻老聃亦如汝之言。"

注释

①**易**:《周易》。②**气分**:指人或物所禀受元气的限度。分,合适的限度。③**原**:动词,推原,推究。④**九**:阳数之极。后面其余的数字都与九相乘。⑤**牝**:指禽兽的雌性,与牡相对。⑥**牡**:指禽兽的雄性。

译文

子夏问孔子说:"我听说易理能够产生人类以及万物、鸟兽、昆虫,他们各有单数与双数,这是因为他们所禀受的元气不同。但是普通的人不能够了解这其中的玄机,只有通于德行的人可以推究这其中的本原。天为一,地为二、人为三,三三为九。九九八十一,一主于太阳,太阳的数是十,因此人都要十月怀胎才能出生;八九七十二,偶数跟随着奇数,奇数主于星辰,星辰为月亮,月亮主于马,因此马要怀胎十二个月才能出生;七九六十三,三主于北斗,北斗主于狗,因此狗要怀胎三个月才能出生;六九五十四,四主于四时,四时主于猪,因此猪要怀胎四个月才能出生;五九四十五,五主于五音,五音主于猿,因此猿要怀胎五个月才能出生;四九三十六,六主于六律,六律主于鹿,因此鹿要怀胎六个月才能出生;三九二十七,七主于星宿,星宿主于虎,因此虎要怀胎七个月才能出生;二九一十八,八主于风,风主于虫,因此虫要经过八个月才能生成。其他的物种都是各自根据自己的种类而生成的。鸟、鱼生在阴处,但是却生活在阳处,因此都是卵生动物。鱼是游在水里的,鸟是飞翔在天上的,因此到了冬天时,鸟雀就会进入海中化为蛤。蚕只吃东西但是不喝水,蝉只喝水却不吃东西,蜉蝣不吃也不喝,这就是万物之所以不同的根本所在。长有鳞甲的动物夏天进食而冬天蛰伏,不用咀嚼而吞食的动物长有八个器官靠卵生,嚼碎食物的动物长有九个器官而胎生,四只脚的动物没有翅膀,长角的动物没有尖利的牙齿,没有角而且前齿不发达的动物长得肥,没有角并且后齿不发达的动物身上油脂很多。白天出生的动物像父亲,晚上出生的像母亲,因此极阴的地方主于雌性,极阳的地方主于雄性。老师您说是这个道理吗?"孔子说:"是的,我从前听老聃说过跟你说的一样的话。"

原文

子夏曰:"商闻《山书》①曰:'地东西为纬,南北为经;山为积德，川为积刑；高者为生，下者为死；丘陵为牡，溪谷为牝；蚌蛤龟珠，与日月而盛虚②。'是故坚土之人刚，弱土之人柔，墟土之人大，沙土之人细，息土之人美，耗土之人丑。食水者善游而耐寒，食土者无心而不息，食木者多力而不治，食草者善走而愚，食桑者有绪而蛾，食肉者勇毅而扞③，食气者神明而寿，食谷者智惠而巧，不食者不死而神。故曰：羽虫三百有六十，而凤为之长；毛虫三百有六十，而麟为之长；甲虫三百有六十，而龟为之长；鳞虫三百有六十，而龙为之长；倮虫④三百有六十，而人为之长。此乾坤之美也，殊形异类之数⑤。王者动必以道动，静必以道静，必顺理以奉天地之性，而不害其所主，谓之仁圣焉。"

子夏言终而出，子贡进曰："商之论也何如？"孔子曰："汝谓何也？"对曰："微⑥则微矣，然则非治世之待⑦也。"孔子曰："然，各其所能。"

注释

①《山书》：一本讲述山川地理之书，已失传。②**盛虚**：充满或空虚。③**扞**：通"悍"，勇猛，强悍。④**倮虫**：没有甲壳的虫子。⑤**数**：天数，命数。⑥**微**：精微，微妙。⑦**待**：依靠。

译文

子夏说："我听说《山书》上说：'大地的东西方向称作纬，南北方向称作经；山是积累德行的，川是积累刑罚的；在高位者象征着生，在下位者象征着死；丘陵代表着牡，溪谷代表着牝；蚌蛤龟珠随着时间的变化而改变着自己的盈虚。'因此生长在坚硬土地上的人刚强，生活在松软土地上的人软弱，生活在丘陵上的人身材高大，生活在沙土地上的人身材纤弱，生活在肥沃土地上的人模样俊俏，生活在贫瘠土地上的人相貌丑陋。以水为食的动物擅长游泳又耐得住寒冷，以泥土为食的动物没有心脏也不用呼吸，以树木为食的动物力气很大而且难以驯服，以草为食的动物善于奔跑但是却很愚笨，以桑为食的动物能够吐丝而且会变成飞蛾，吃肉的动物勇猛而强悍，以气为食的动物通于神明而且长寿，以五谷为食的动物有智慧而且很灵巧，不吃东西的动物不会死去，而且能与神灵沟通。因此说：'长有羽翼的动物有三百六十种，而以凤凰为首；长有毛皮的动物有三百六十种，而以麒麟为首；长有甲壳的动物有三百六十种，而以龟为首；长有鳞片的动物有三百六十种，而以龙为首；没有羽毛鳞甲的动物有三百六十种，而以人为首。'这就是天地之大美所在，也是物种形状、种类不同的天数之所在。王者的一举一动都要符合道义的要求，安静的时候也要顺应天理，这就不妨害他们所主象的事物，这样就可以叫作仁圣了。"

子夏说完之后走了出来，子贡上前向孔子说道："子夏所说的言论怎么样啊？"孔子说："你以为怎么样呢？"子夏回答："精微倒是很精微了，但不是治理国家的依靠。"孔子说："对啊，但是这也是各自发挥自己的才能啊。"

卷 七

观乡射

原文

孔子观于乡射①,喟然叹曰:"射之以礼乐也。何以射?何以听?循声而发,而不失正鹄②者,其唯贤者乎?若夫不肖之人,则将安能以求饮?《诗》云:'发彼有的,以祈尔爵③。'祈,求也,求所中以辞爵。酒者,所以养老,所以养病也。求中以辞爵,辞其养也。是故士使之射而弗能,则辞以病,悬弧之义④。"于是退而与门人习射于瞿相之圃,盖观者如墙堵焉。射至于司马⑤,使子路执弓矢,出列延⑥,谓射之者曰:"奔军之将,亡国之大夫,与为人后⑦者,不得入,其余皆入。"盖去者半。又使公罔之裘、序点扬觯而语曰:"幼壮孝悌,耆老好礼,不从流俗,修身以俟死者在此位。"盖去者半。序点扬觯而语曰:"好学不倦,好礼不变,耄期⑧称道而不乱者,在此位。"盖仅有存焉。射既阕,子路进曰:"由与二三子者之为司马,何如?"孔子曰:"能用命矣。"

注释

①**乡射**:地方长官会在春秋两季以礼会民,在地方的学校当中学习射箭。②**鹄**:箭靶的中心,也叫"的""质"等。③**以祈尔爵**:祈求你可以免于被罚酒。④**悬弧之**

义：在古代的风俗当中，如果生下男孩，就在家门的左上方悬挂一张弓表示祝贺，这里是指射箭应当是男子可以从事的事情。弧，弓。⑤**司马**：掌管军政与军赋的官员，这里指子路，他当时正担任司马一职。⑥**列延**：列队邀请。⑦**与为人后**：过继给别人作为后嗣。⑧**耄期**：八九十岁为耄期。

译 文

孔子观看乡射礼，长叹一声说："射箭时配上礼仪和音乐，射箭的人怎能一边射，一边听？根据乐声的节奏而发出的箭，并能射中目标，只有贤德的人才能做到。如果是不肖之人，他怎能射中而罚别人喝酒呢？《诗经》说：'发射你的箭射中目标，祈求你免受罚酒。'祈，就是求。祈求射中而免受罚酒。酒，是用来养老和养病的。祈求射中而辞谢罚酒就是推辞别人的奉养。所以如果让士人射箭，假如他不会，就应当以有病来辞谢，因为男子生来就应该会射箭。"于是回来后和弟子们在矍相的园圃中学习射箭，观看的人们好像一堵围墙。当射礼轮到子路时，孔子让子路手执弓箭出来邀请比射的人，说："败军之将、丧失国土的大夫、过继给别人当后嗣的人，一律不准入场，其余的人进来。"听到这话，人走了一半。孔子又让公罔之裘、序点举起酒杯说："幼年、壮年时能孝敬父母，友爱兄弟，到老年还爱好礼仪，不随流俗，修身以待寿终的人，请留在这个地方。"结果又走掉一半。序点又举杯说："好学不倦，好礼不变，到老还言行不乱的人，请留在这里。"结果只有几个人留下没走。射箭结束后，子路走上前对孔子说："我和序点他们这些人做司马，如何？"孔子回答说："可以胜任了。"

原 文

子贡观于蜡①。孔子曰："赐也，乐乎？"对曰："一国之人皆若狂，赐未知其为乐也。"孔子曰："百日之劳，一日之乐，一日之泽②，非尔所知也。张而不弛，文武弗能，弛而不张，文武弗为。一张一弛，文武之道③也。"

注 释

①**蜡**：蜡祭，年终进行的祭祀。②**泽**：接受国君的恩泽。③**道**：道理。

译 文

子贡观看了蜡祭。孔子说："赐，你感到快乐吗？"子贡说："如今整个国家的百姓都如疯子一样，我不知道这样是否算是快乐。"孔子说："长年累月进行辛苦劳作，一天快乐，一天享受国君的恩泽。这其中的乐趣你是无法理解的。只是紧张不放松，文王和武王都不能这样做；只是放松而不紧张，文王和武王也不会这样做。紧张的同时又能够放松，这种观点才是文王和武王所主张的。"

五刑解

原　文

冉有问于孔子曰："古者三皇五帝不用五刑①，信乎？"孔子曰："圣人之设防，贵其不犯也。制五刑而不用，所以为至治也。凡民之为奸邪、窃盗、靡法②、妄行者，生于不足。不足生于无度。无度则小者偷盗，大者侈靡，各不知节。

注　释

①**五刑**：墨、劓、剕、宫、辟五种刑罚。②**靡法**：非法。

译　文

冉有问孔子说："古代的时候，三皇五帝不用五刑就能治理好百姓，这是真的吗？"孔子说："圣人设定礼法以防范百姓，所看重的是百姓不去触犯。制定了五刑却置而不用，这才是治理国家的最高境界。凡是那些奸邪、盗窃、无视法度、胡作非为的人，他们都是因为贪欲得不到满足才那样做的，而不满足是由于自己没有节度而引起的。没有节度的话，轻者就会偷盗，重者就会奢侈糜烂，都不知道有所节度。

原　文

"是以上有制度，则民知所止，民知所止则不犯。故虽有奸邪、贼盗、靡法妄行之狱①，而无陷刑之民②。

注　释

①**狱**：官司，罪案。②**陷刑之民**：触犯刑法的百姓。

译　文

"所以，只有上面制定好制度，民众就清楚什么不能做，知道什么不能做就不会去犯法了。因此，即使有奸诈、邪恶、偷盗、犯法的罪名，却不会出现触犯刑法的百姓。

原文

"不孝者生于不仁，不仁者生于丧祭之无礼。明丧祭之礼，所以教仁爱也。能教仁爱，则丧思慕，祭祀不解人子馈养之道①。丧祭之礼明，则民孝矣。故虽有不孝之狱，而无陷刑之民。

注释

①**不解人子馈养之道**：如同双亲在世一样，毫不懈怠地奉行赡养之道。

译文

"不孝顺父母是由于缺少仁爱造成的，缺少仁爱是由于丧礼和祭祀时没有礼仪才造成的。让百姓学习祭祀时的礼仪，以此来教育他们懂得仁爱。能够教给百姓懂得仁爱，那么丧葬的时候就会渴望祭祀父母，就如同双亲还在世一样，毫不懈怠地奉行为人子孝顺父母的赡养之道。百姓懂得了丧葬和祭祀时的礼仪，那么百姓就会孝顺了。因此即使有不孝的罪名，也不会有百姓陷于刑罚之中。

原文

"弑①上者生于不义。义所以别贵贱，明尊卑也。贵贱有别，尊卑有序，则民莫不尊上而敬长。朝聘之礼②者，所以明义也。义必明则民不犯，故虽有弑上之狱，而无陷刑之民。

注释

①**弑**：古时称臣杀君、子杀父。②**朝聘之礼**：古代诸侯定期朝觐天子的礼仪。

译文

"杀害在上位者的都是由于没有仁义造成的。仁义就是用来区分贵贱，彰显尊卑的。贵贱得到了区分，尊卑秩序井然，那么百姓就都会尊敬在上位者和长者。朝聘的礼仪，也是用来彰明道义的。道义只有得到了彰明，百姓才不会侵犯长上。因此就是有杀害长上的罪名，也不会有百姓陷于刑罚之中。

原文

"斗变者生于相陵①，相陵者生于长幼无序而遗敬让。乡饮酒之礼②者，所以明长幼之序，而崇敬让也。长幼必序，民怀敬让，故虽有斗变之狱，而无陷刑之民。

注释

①**斗变者生于相陵**：发生争斗是由于彼此欺凌导致的。②**乡饮酒之礼**：古代嘉礼的一种，一般在正月吉日举行。

译文

"发生争斗是由于彼此欺凌而引起的，相互欺凌是因为长幼无序而彼此遗忘了尊敬谦让。乡饮酒之礼就是为了彰明长幼之间的秩序，以崇尚尊敬谦让。长幼之间必须遵守一定的秩序，百姓也要心怀尊敬谦让，因此即使有争斗的罪名，也不会使百姓陷入刑罚之中。

原文

"淫乱者生于男女无别，男女无别则夫妇失义。礼聘享①者，所以别男女、明夫妇之义也。男女既别，夫妇既明，故虽有淫乱之狱，而无陷刑之民。

注释

①**礼聘享**：婚聘宴享的礼仪。

译文

"淫乱者是由于男女之间没有区别造成的，男女之间没有区别，那么夫妇之间就失去了道义。婚聘宴享的礼仪，就是为了彰明男女之间的区别和夫妇之间的道义。男女之间区别开了，夫妇之间的关系得到了彰显，因此即使有淫乱的罪名，也不会有百姓陷于刑罚之中。

原文

"此五者，刑罚之所以生，各有源焉。不豫塞其源，而辄绳之以刑①,是谓为民设阱而陷之。刑罚之源,生于嗜欲不节。夫礼度者,所以御民之嗜欲,而明好恶顺天之道。礼度既陈,五教毕修,而民犹或未化,尚必明其法典以申固之②。

注释

①**绳之以刑**:用刑罚来加以制裁。②**尚必明其法典以申固之**:还要让百姓明白法度与典章制度,通过反复申诫使之得以巩固。

译文

"这五项都是刑罚产生的原因,而且各自有各自的渊源。如果不预先堵塞住事情的源头,就直接用刑罚来制裁,这就无异于挖设陷阱而让百姓向里面跳。刑罚的渊源,是由于人的嗜欲没有节制。而礼仪法度是用来管理百姓的嗜欲的,以此来彰明好恶的区别,来顺应天之道。礼仪法度已经展现到了百姓的面前,五教也得到了修饬,但是百姓还是不能得到教化的,那么就还要明确法度和典章制度,通过反复地阐述使之得到巩固。

原文

"其犯奸邪、靡法、妄行之狱者,则饬制量之度①;有犯不孝之狱者,则饬丧祭之礼;有犯杀上之狱者,则饬朝觐之礼;有犯斗变之狱者,则饬乡饮酒之礼;有犯淫乱之狱者,则饬婚聘之礼。三皇五帝之所化民者如此,虽有五刑之用,不亦可乎!"

注释

①**制量之度**:法度方面的标准。

译文

"如果有犯奸邪,无视法度,胡作非为的罪行的,就需要整饬法度方面的标准;如果有犯不孝的罪行的,就需要整饬丧葬祭祀方面的礼仪;如果有犯侮慢长上的罪行的,就需要整饬朝觐方面的礼仪;如果有犯私斗的罪行的,就需要整饬乡饮酒方面的礼仪;如果有犯淫乱罪行的,就需要整饬婚聘宴享方面的礼仪。三皇五帝教化百姓的方法就是这样,即使有五刑也置而不用,这不也是可以的吗?"

原文

孔子曰："大罪有五，而杀人为下。逆天地者罪及①五世，诬文武者罪及四世，逆人伦者罪及三世，谋鬼神者罪及二世，手②杀人者罪及其身。故曰大罪有五，而杀人为下矣。"

注释

①及：牵连。②手：亲自。

译文

孔子说："最为重大的罪行有五种，其中杀人罪是最轻的。违背天道的人的罪行要牵连五代亲属，诬蔑周文王、周武王的人的罪行要牵连四代亲属，违背人伦之道的人的罪行要牵连三代亲属，不敬鬼神的人的罪行要牵连两代亲属，亲手杀人的人的罪行只需自身伏法。因此说，最为重大的罪行有五种，但是杀人罪的刑罚是最轻的。"

卷 八

辩乐解

原文

孔子学琴于师襄子。襄子曰："吾虽以击磬（qìng）为官，然能于琴。今子于琴已习，可以益①矣。"孔子曰："丘未得其数②也。"有间，曰："已习其数，可以益矣。"孔子曰："丘未得其志也。"有间，曰："已习其志，可以益矣。"孔子曰："丘未得其为人也。"

注释

①益：学其他曲子。②数：节奏度数。

译文

孔子向师襄子学习弹琴。襄子说："我虽然担任击磬的官职，但是也很擅长弹琴。现在你已经学会弹奏这首曲子了，可以改学其他的曲子了。"孔子说："我还没有熟练掌握弹奏这首曲子的技巧呢。"过了一段时间，师襄子说："你已经熟练掌握了这首曲子的技巧，可以改学其他的曲子了。"孔子说："我还没有领悟出这首曲子所表达出的内在思想呢。"又过了一段时间，师襄子说："你已经领悟了这首曲子的内在思想，可以改学其他的曲子了。"孔子说："我还不知道创作这首曲子的人是什么样子呢。"

原文

有间，曰："孔子有所谬然思焉，有所睪（gāo）然①高望而远眺。"曰："丘迨得其为人矣，近黮而黑，颀然②长，旷如望羊，奄有四方,非文王其孰能为此?"师襄子避席叶拱③而对曰:"君子圣人也,其传曰《文王操》。"

注释

①睾然:高高的样子。睾,通"皋"。②颀然:指身材修长的样子。③叶拱:古代的一种礼仪,即两手相合靠近胸前。

译文

又过了一段时间,孔子开始穆然深思起来,脸上满是志存高远的样子,极目眺望着远方,说:"我已经知道创作这首曲子的是什么人了。他皮肤很黑,身材修长,志存高远,广有四方,除了文王谁还能作出这样的曲子呢?"师襄子听到孔子的话之后,赶紧离开座位,双手放在胸前向孔子行礼道:"您真是圣人啊,这首曲子就是流传的《文王操》。"

原文

子路鼓琴,孔子闻之,谓冉有曰:"甚矣①由之不才也。夫先王之制②音也,奏中声以为节,流入于南,不归于北。夫南者生育之乡,北者杀伐之域。故君子之音温柔居中,以养生育之气。忧愁之感不加③于心也,暴厉④之动不在于体也。夫然者,乃所谓治安之风也。

注释

①甚矣:非常严重。②制:创制。③加:存在于。④暴厉:剧烈。

● 学琴师襄

孔子二十九岁时,向师襄学习琴艺,他长时间都在练习同一支曲子,直到理解了乐曲的全部内涵,进而领悟到作者为周文王,师襄很佩服,告诉他这首乐曲叫《文王操》。

译文

子路在弹琴,孔子听到后对冉有说:"真的是非常

严重啊！仲由太过不成才了！先王创制音乐，使用了弹奏中和之音作为节制，音乐流传到南方，但是不流传到北方。因为南方是生养发育之地，北方则为充满战争与杀戮之地。所以君子的音乐显得温和适中，从而用于调养生育气息。忧愁的感觉不会只存在于心中，剧烈的运动不存在于体内。像这样的声音就是大家经常所说的盛世安乐之音。

原文

"小人之音则不然，亢丽微末①，以象杀伐之气。中和之感，不载于心；温和之动，不存于体。夫然者，乃所以为乱②之风。昔者舜弹五弦之琴，造《南风》之诗，其诗曰：'南风之熏兮，可以解吾民之愠(yùn)兮；南风之时兮，可以阜③吾民之财兮。'唯修此化，故其兴也勃焉。德如泉流，至于今王公大人述而弗忘。

注释

①亢丽微末：指声音尖细。②乱：扰乱。③阜：巩固，增加。

译文

"小人所弹奏的音乐就不是这样了，声音高亢尖细，象征着杀伐争斗的气息。中和的感情，不存在内心里；温和的行为，也不存在于身体上。这样的情况，就是引起动荡不安的风气。从前，舜弹奏五弦琴，创作出《南风》这样的诗歌。诗中这样说：'多么温柔和暖的南风啊，可以解除百姓胸中的怨气；多么及时的南风啊，可以增加百姓的财富。'正是由于施行了这样的教化，所以他才能兴起得如此之快，他的德行就像泉水一样涌流不息，直到现在，王公大人还在述说他的功德，丝毫没有忘记。

原文

"殷纣好为北鄙之声①，其废也忽②焉。至于今，王公大人举以为诫。夫舜起布衣，积德含和而终以帝。纣为天子，荒淫暴乱而终以亡，非各所修之致乎？由，今也匹夫之徒，曾无意③于先王之制，而习亡国之声，岂能保其七尺之体哉？"冉有以告子路，子路

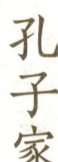

惧而自悔,静思不食,以至骨立。夫子曰:"过而能改,其进矣乎。"

[注释]

①北鄙之声:流行于商朝北部边境的音乐,很粗俗。②忽:迅速。③无意:没有进行思考。

[译文]

"商纣王喜欢弹奏北方边境地区的粗俗的音乐,因此他的灭亡是很迅速的。直到现在,王公大人还都要引以为戒。舜起于平民布衣,积累德行,胸怀中和之道,最终成为帝王。商纣本来为天子,但是他荒淫暴乱,最终灭亡,这难道不是由于他们各自不同的修养所导致的吗?仲由现在只是一个平民百姓,丝毫不留意先王之制,却喜欢弹奏亡国之音,这怎么能保全他的性命呢?"冉有把孔子说的话告诉了子路,子路很害怕而且后悔,整日静下心来思考,不吃一点东西,以致骨瘦如柴。孔子说:"有了过错就能及时地改正,这就是进步啊!"

[原文]

周宾牟贾侍坐于孔子。孔子与之言及乐,曰:"夫《武》①之备诫之以久,何也?"对曰:"病疾②不得其众。""咏叹之,淫液之③,何也?"对曰:"恐不逮事。""发扬蹈厉之已蚤④,何也?"对曰:"及时事。""《武》坐致右而轩左,何也?"对曰:"非《武》坐。""声淫及商,何也?"对曰:"非《武》音也。"孔子曰:"若非《武》音,则何音也?"对曰:"有司失其传也。"孔子曰:"唯丘闻诸苌弘⑤,若非吾子之言是也。若非有司失其传,则武王之志荒⑥矣。"

[注释]

①《武》:即《大舞》,周代六舞之一,模仿武王伐纣的故事而编排。②病疾:担心。③淫液之:形容声音连绵不绝,拖得很长。淫,过度,过分。④发扬蹈厉之已蚤:乐舞一开始就猛烈地手足舞蹈。发扬蹈厉,猛烈地挥舞双手,顿脚踏地。厉:疾。蚤,通"早"。⑤苌弘:春秋时代周敬王手下的大夫,擅长音乐,相传孔子曾向他学习雅乐。⑥志荒:心志迷乱。

译文

宾牟贾陪着孔子坐着。孔子和他谈话,谈到了音乐,孔子问道:"《武》舞开始的时候长时间地击鼓儆诫,这是为什么呢?"宾牟贾回答说:"这是担心不能得到民众的支持。"孔子问:"乐舞的声音拖得很长,这是为什么呢?"回答说:"这是武王担心自己不能完成灭商大业。"孔子问:"乐舞在一开始就猛烈地手舞足蹈,这是为什么呢?"回答说:"这是抓住时机进行战斗的时候。"孔子问:"《武》舞中的坐姿都是用右腿跪地而左腿却不跪地,这是为什么呢?"回答说:"这不是《武》舞的坐姿。"孔子问:"《武》舞中音乐的浮靡赶上了商朝的音乐,这是为什么呢?"回答说:"这不是《武》的音乐。"孔子说:"如果不是《武》的音乐,那么是什么音乐呢?"回答说:"这是乐官传授失误的缘故。"孔子说:"是的,以前我从周大夫苌弘那儿也听说了,他的看法跟你的看法一样。如果不是因为乐官之间的传授出现失误,那么就真是武王心志迷乱了。"

问 玉

原文

子贡问于孔子曰:"敢问君子贵玉而贱珉(mín)①,何也?为玉之寡而珉多欤?"孔子曰:"非为玉之寡故贵之,珉之多故贱之。夫昔者君子比德于玉:温润而泽,仁也;缜密以栗②,智也;廉而不刿(guì)③,义也;垂之如坠,礼也;叩之,其声清越而长,其终则诎(qū)然,乐矣;瑕不掩瑜④,瑜不掩瑕,忠也;孚尹旁达,信也;气如白虹,天也;精神见于山川,地也;圭璋特达,德也;天下莫不贵者,道也。诗云:'言念君子,温其如玉。'故君子贵之也。"

注释

①珉:似玉的美石。②缜密以栗:细密而坚实。栗,坚硬。③廉而不刿:有棱角而不伤人。廉,棱角。刿,划伤。④瑕不掩瑜:玉上面的斑点掩盖不了玉本身的光彩。

译文

子贡问孔子说:"我想冒昧地问老师,君子都把玉看得很贵重,而把珉看得很轻,这是为什么呢？是因为玉的数量很少而珉的数量很多吗？"孔子说："并不是因为玉少就把它看得贵重，也不是因为珉很多就把它看得轻贱。从前君子都把德行比作玉：温润而有光泽，这就好比是仁；细密而坚实，这就好比是智慧；有棱角但是却不会划伤人，这就好比是义；悬垂下坠，这就好比是礼；敲打它，就会发出清脆而悠扬的声音，结束的时候戛然而止，这就好比是乐；瑕不掩瑜，瑜不掩瑕，这就好比是忠；玉的光泽晶莹剔透，闪耀四方，这就好比是信；玉身上的光气如同白色的长虹，这就好比是天；玉的精神同于山川，这就好比是地；玉做的圭璋特别尊贵，这就好比是道。《诗经》上说：'想念远方的君子啊，温厚如同碧玉一般。'因此君子都会以玉为贵。"

原文

孔子曰："入其国，其教可知也。其为人也，温柔敦厚，《诗》教也；疏通知远，《书》教也；广博易良，《乐》教也；洁静精微，《易》教也；恭俭庄敬，《礼》教也；属辞比事，《春秋》教也。故《诗》之失愚，《书》之失诬，《乐》之失奢，《易》之失贼，《礼》之失烦，《春秋》之失乱。其为人也，温柔敦厚而不愚，则深于诗者矣；疏通知远而不诬，则深于《书》者矣；广博易良而不奢，则深于《乐》者矣；洁静精微而不贼①，则深于《易》者矣；恭俭庄敬而不烦，则深于《礼》者矣；属辞比事而不乱，则深于《春秋》者矣。天有四时者，春夏秋冬，风雨霜露，无非教也。地载神气，吐纳②雷霆，流形庶物③，无非教也。清明在躬，气志如神，有物将至，其兆必先。是故，天地之教与圣人相参。其在诗曰：'嵩高惟岳，峻极于天。惟岳降神，生甫及申。惟申及甫，惟周之翰。四国于蕃，四方于宣。'此文武之德。'矢其文德，协此四国。'此文王之德也。凡三代之王，必先其令闻。诗云：'明明天子，令闻不已。'三代之德也。"

注释

①贼：悖谬，不正。②吐纳：包容。③流形庶物：万物在自然的滋润下生长繁育。

译文

孔子说："进入一个国家，就可以看到它的教化。那里的百姓温和宽厚，这就是以《诗经》教化的结果；博古通今而且有远见，这就是以《书》教化的结果；宽广博大平易善良，这就是以《乐》教化的结果；内心洁净明于微毫，这就是以《易》教化的结果；恭敬节俭仪态端庄，这就是以《礼》教化的结果；连缀文辞排比史事，这就是以《春秋》教化的结果。因此以《诗经》教化的不足就是容易愚钝不知变通，以《书》教化的不足就是容易失去事物的真实性，以《乐》教化的不足就在于容易导致奢侈，以《易》教化的不足就是容易产生怪诞而伤害正道，以《礼》教化的不足就是容易导致礼仪的烦琐，以《春秋》教化的不足就是容易导致社会的纷乱。如果为人温和宽厚而且不愚钝，那么他必是深谙于《诗经》；如果为人博古通今有远见而且所记之事都不失实，那必是深谙于《书》；如果为人宽广博大平易善良而且不奢侈，那必是深谙于《乐》；如果为人内心洁净明于秋毫而且合于正道，那必是深谙于《易》；如果为人恭敬节俭仪态端庄而且不烦琐，那必是深谙于《礼》；连缀文辞排比史事而不混乱，那必是深谙于《春秋》。天地有春夏秋冬四个季节，以及风霜雨露等现象，这些无不和教化有关。大地负载着万物之精气，变化出风雨雷霆，万物都在自然的滋养下生长发育，这些也无不和教化有关。清明之德在于己身，气志如有神助，将要有新事物出现的时候，必然会有预先的征兆出现。因此，天地的教化与圣人的教化是相互参成的。在《诗经》上有这样一句话：'山岳巍巍，直入云端。神灵降临，甫侯、申伯生于人间。正是申伯和甫侯，成为周的中流砥柱。使四方各国来屏卫，天子的德行传于四方。'这就是文王、武王的德行。'宣扬文德，协和万方'，这是文王的德行。凡是三代时候的圣明君王，在其称王之前必是已经有了美好的声誉。《诗经》上说：'勤勉的天子，美好的声誉从不间断。'这就是三代圣王的德行。"

原文

子张问圣人之所以教。孔子曰："师乎，吾语汝。圣人明于礼乐，举而措①之而已。"子张又问，孔子曰："师，尔以为必布几筵，揖让升降，酌献酬酢(zuò)②，然后谓之礼乎？尔以必行缀兆③，执羽龠(yuè)④，作钟鼓，然后谓之乐乎？言而可履，礼也；行而可乐，乐也。圣人力此二者，以躬已南面。是故天下太平，万民顺伏，百官承事，上下有礼也。夫礼之所以兴，众之所以治也；礼之所以废，众之所以乱也。目巧之室则有隩阼⑤，席则有上下，车则有左右，行则并随，立则有列序，古之义也。室而无隩阼，则乱于堂室矣；席而无上下，则乱于席次矣；车而无左右，则乱于车上矣；行而无并随，则乱于阶涂矣；列而无次序，则乱于著矣。昔者明王圣人辩贵贱长幼，正男女内外，序亲疏远近，而莫敢相逾越者，皆由此涂出也。"

注释

①措：施行。②酌献酬酢：主人向客人敬酒，客人向主人敬酒。③缀兆：跳舞时的行列位置。④羽龠：舞者所持的舞具和乐器。⑤目巧之室则有隩阼：目测巧思建造的房屋，则有内室与台阶之分。

译文

子张向孔子请教圣人是怎样施行教化的。孔子说："子张啊，我告诉你。圣人明于礼乐教化，只不过是把他们施行于天下而已。"子张没有听明白，又问了一遍。孔子说："子张，你以为必须摆下案几筵席，彼此揖让周旋，斟酒献客，相互敬酒，才能叫作礼仪吗？你以为必须排列好舞者的位置，拿着舞具和乐器，敲钟击鼓，才能叫作乐吗？说过的话能够去施行，这就是礼；做起来能够感受到快乐，这就是乐。圣人力行这几个方面，南面而坐，治理天下。因此天下太平，百姓顺服，百官尽职，上下之间恭顺有礼。礼制能够兴盛，百姓就会得到治理；礼制废弛，社会就会混乱。通过目测巧思所建造的房屋必然会有隩阼之分，座席也会有上下之分，坐在车上就会有左右尊卑之分，走路的时候就会有并行和随行的区别，站着的时候也有队列的顺序，这都是自古已然的道理。房屋如果没有隩阼的区分，那么堂室的制度就混乱了；坐席没有上下之分，筵席的秩序也就混乱了；坐车没有左右尊卑之分，那么车上的秩序也混乱了；走路的时候没有前后顺序，那么走路的秩序也混乱了；队列没有顺序，人们的位置就混乱了。昔日明王圣人区分贵贱长幼，端正男女内外的区别，排列亲疏远近的等级关系，没有敢逾越的，这都是根据这个道理而来的。"

屈节解

原文

子路问于孔子曰："由闻丈夫居世，富贵不能有益于物，处贫贱之地，而不能屈节以求伸，则不足以论乎人之域①矣。"孔子曰："君子之行己，期于必达于己。可以屈则屈，可以伸则伸。故屈节者所以有待，求伸者所以及时②。是以虽受屈而不毁其节，志达而不犯于义。"

注释

①域：境界。②及时：赶上好时机。

译文

子路问孔子说："我听说大丈夫生活在世间，富贵而不能有利于世间的事物，处于贫贱之地，不能暂时忍受委屈以求得将来的伸展，则不足以活在世上。"孔子说："君子所做的事，期望必须达到自己的目标。需要委屈的时候就委屈，需要伸展的时候就伸展。委屈自己是因为有所期待，求得伸展需要抓住时机。所以虽然受了委屈也不能失掉气节，志向实现了也不能有害于义。"

原文

孔子在卫，闻齐国田常将欲为乱，而惮鲍、晏，因欲移其兵以伐鲁。孔子会诸弟子而告之曰："鲁父母之国，不可不救，不忍视其受敌，今吾欲屈节于田常以救鲁。二三子谁为使？"于是子路曰："请往齐。"孔子弗许。子张请往，又弗许。子石请往，又弗许。三子退，谓子贡曰："今夫子欲屈节以救父母之国，吾三人请使而不获往？此则吾子用辩之时也，吾子盍请行焉？"子贡请使，夫子许之。遂如齐，说田常曰："今子欲收功①于鲁实难，不若移兵于吴则易。"田常不悦，子贡曰："夫忧在内者攻强，忧在外者攻弱。吾闻子三封而三不成，是则大臣不听令。战胜以骄主，破国以尊②臣，而子之功不与焉，则交日疏于主，而与大臣争，如此，则子之位危矣。"田常曰："善，然兵甲已加鲁矣，不可更，如何？"子贡曰："缓师，吾请于吴，令救鲁而伐齐，子因以兵迎之。"田常许诺。

注释

①收功：取得功绩。②尊：尊崇。

译文

孔子在卫国时，听说齐国的田常准备叛乱，而由于忌惮鲍牧、晏圉等人会从中作梗，就想将叛乱的军队转移到其他地方，用于侵略鲁国。孔子便集结各位弟子并告知他们："鲁国是我们父母亲人居住的地方，不可不去援救，更不忍心见到他们受到侵犯，因此我想通过委身于田常手下的方法去救援鲁国，你们几个人谁愿意作为使者前往齐国？"子路说："请允许我前往齐国。"孔子没有答应。子张也请求前往，孔子又没答应，子石也请求前往，孔子依然没有答应。他们三个人退下后对子贡说："现在先生想委身于田常来救援鲁国，我们三个人都请求出使齐国，却都没得到准许，现在正是你展示自己出色的口才的时机，你怎么不去请求出使呢？"子贡于是前去请求出使，孔子答应了。子贡来到齐国，游说田常："现在你想要在鲁国获取功绩实在是非常难，不如移兵前往吴国会比较容易。"田常听了很不高兴。子贡又说："忧患在朝堂内的人，必定会攻打强国；忧患在百姓身上的人，才会去攻打弱国。而今你的忧患是在朝堂当中，我听说你三次将要受封都没成功，那是因为朝中有大臣反对。如果你打赢了，你的君主会因此骄傲；如果你攻破了敌国，却只能让其他大臣显贵，而你功劳却没有在其中。你和君王的关系会日渐疏远，如果你再去和那些大臣争夺权力的话，你的处境就会越发危险。"田常说："你说得有道理。然而我的军队已经开赴鲁国，不能更改了，该怎么办呢？"子贡说："您先停止进兵，我请求前往吴国，让他们去进攻齐国，以便援助鲁国，这样您再趁机发兵进攻他们就可以了。"田常应允了。

原文

子贡遂南说吴王曰："王者不灭国①，霸者无强敌，千钧之重加铢两而移。今以齐国而私②千乘之鲁,与吴争强,甚为王患之。且夫救鲁以显名,以抚泗上诸侯,诛暴齐以服晋,利莫大焉。名存亡鲁,实困强齐,智者不疑。"吴王曰:"善,然吴常困越,越王今苦身养士,有报吴之心③。子待我先越,然后乃可。"子贡曰:"越之劲不过鲁,吴之强不过齐,而王置④齐而伐越,则齐必私鲁矣。王方以存亡继绝之名,弃齐而伐小越,非勇也。勇而不计难,仁者不穷约,智者不失时,义者不绝世。今存越示天下以仁,救鲁伐齐,威加晋国,诸侯必相率而朝,霸业盛矣。且王必恶越,臣请见越君,令出兵以从,此则实害越而名从诸侯以伐齐。"吴王悦,乃遣子贡之越。

注释

①**王者不灭国**:实行王道的人不会灭亡其他国家。②**私**:占为己有。③**报吴之心**:报复吴国的想法。④**置**:搁置。

译文

子贡向南来到吴国,游说吴王:"实行王道的人不会使别国灭亡,实行霸道的人也不允许天下存在比自己强大的敌人。这正如千钧的重量彼此平衡,却只要加些微小的东西就会改变局面。如今齐国想要将鲁国这样的千乘之国占为己有,和吴国争强,我很为大王您感到忧虑。并且假如你去救援鲁国,您的名声也会得以显扬,泗水周边的诸侯也会得到安抚。击败暴虐的齐国,征服强大的晋国,再也没有比这更大的好处了。名义上是挽救了快要灭亡的鲁国,实际上却使强大的齐国陷入困境,明智的人对这种做法是不会有丝毫犹豫的。"吴王说:"你说得对。但是吴国时常使越国交困,越王退守到会稽山。现在越国苦心经营,训练将士,有报复吴国的想法,你先等我击败了越国,再去攻伐齐国。"子贡说:"越国的实力不如鲁国,吴国的实力也不如齐国,如果大王您不去攻打齐国,而去攻打越国,那么齐国就必然已经占领并吞并鲁国了。您正是以保全即将灭亡的国家的名义出兵啊,如果您放弃齐国而去打越国,那不算勇者的表现了。勇者是不会理会困难的,仁者是不甘心陷入困窘的,智者是不会错过时机的,义者是不会拒绝与他人来往的,如今保存了越国可以向天下展现您的仁慈，救助鲁国去攻伐齐国，就向晋国展现了您的威仪，那样各国诸侯就必定会相继到吴国来朝觐您。这样一来，您称霸天下的事业也就能实现了。如果大王您的确担心越国，那我请求去会见越王，让他也带兵跟随大王您一起出征，而这实际上就是让越国的国力变弱，名义上却是跟随诸侯去攻伐齐国。"吴王听了很高兴，就派子贡前往越国。

原　文

越王郊迎，而自为子贡御①，曰："此蛮夷之国，大夫何足俨然辱而临之？"子贡曰："今者吾说吴王以救鲁伐齐，其志欲之而心畏越，曰：'待我伐越而后可。'则破越必矣。且无报人之志而令人疑之，拙矣；有报人之意而使人知之，殆乎；事未发而先闻者，危矣。三者，举事之患矣。"勾践顿首②曰："孤尝不料力而兴吴难，受困会稽，痛于骨髓，日夜焦唇干舌，徒欲与吴王接踵③而死，孤之愿也。今大夫幸告以利害。"子贡曰："吴王为人猛暴，群臣不堪，国家疲弊，百姓怨上，大臣内变，申胥以谏死，太宰嚭用事④，此则报吴之时也。王诚能发卒佐之，以邀射⑤其志，而重宝以悦其心，卑辞以尊其礼，则其伐齐必矣。此圣人所谓屈节求其达者也。彼战不胜，王之福；若胜，则必以兵临晋。臣还北请见晋君共攻之，其弱吴必矣。锐兵尽于齐，重甲困于晋，而王制其弊焉。"越王顿首许诺。子贡返五日，越使大夫文种顿首言于吴王曰："越悉境内之士三千人以事吴。"吴王告子贡曰："越王欲身从寡人，可乎？"子贡曰："悉人之率众，又从其君，非义也。"吴王乃受越王卒，谢留勾践。遂自发国内之兵以伐齐，败之。子贡遂北见晋君，令承其敝，吴晋遂遇于黄池。越王袭吴之国。吴王归与越战,灭焉。孔子曰:"夫其乱齐存鲁,吾之始愿。若能强晋以敝吴,使吴亡而越霸者,赐之说之也。美言伤信,慎言哉。"

注释

①**御**:驾车。②**顿首**:叩头。③**接踵**:脚尖挨着脚后跟,即一起。④**用事**:掌握大权。⑤**邀射**:投合、求得。

译文

越王亲自到郊外迎接子贡,并亲自为子贡驾车,说:"我们这里是没有开化的蛮夷的国度,大夫你为什么要屈尊来到这里呢?"子贡说:"现在我游说吴王前去讨伐齐国,以便援救鲁国,他已同意,只是对越国放心不下,说:'等我讨伐越国后才会去救鲁国。'那样一来,越国必定是被击败了。况且没有报复的打算,却遭人怀疑,这是非常笨拙的;有了报复的打算却被其他人察觉,这是非常危险的;事情还没施行,就已经被人探听到了消息,这就越发危险了。这三种状况,是举事的最大危害。"勾践听后叩首说:"我曾不自量力地与吴国作战,结果被围困在会稽,实在让我痛入骨髓,我日夜在反思,以致嘴唇干裂,口舌焦渴,一心想与吴王先后死去,这是我最大的心愿。感谢您如今告诉我其中的利害关系,希望大夫您能告诉我保全自己的方法。"子贡说:"吴王为人凶残,大臣们难以忍受。如今国力凋敝,百姓怨声载道,大臣也私下里希望可以政变,伍子胥因进谏被杀,太宰嚭谄媚专权,这正是报复吴国的大好时机。如果大王您能发兵帮助吴国,迎合其心意,并用重金去赢得他的欢心,用谦卑的言辞与尊贵的礼仪来对待他。那么他一定会兴兵伐齐,这就是圣人所说的委屈自己,以求得实现心愿。如果他战败了,这是大王您的福分;如果他打胜了,必定会趁机进攻晋国。到时我就去见晋国君主,让他和您一同进攻吴国,那样吴国必然变得衰落。等他的精锐部队在齐国损失惨重时,他的其余部队又被晋国牵制,在他疲惫时,您再趁机出兵攻打吴国,那样就必定会灭亡吴国。"越王再次点头,高兴地同意了。子贡返回吴国五天,越王派大夫文种觐见吴王说:"我们的国君愿亲率越国的三千士兵来听命于您。"吴王将文种的话告诉子贡,问:"越王要亲率士兵来随我进攻齐国,这样可以吗?"子贡说:"不可以。已经调动了他国的全部兵马,又让他们的国君跟随自己出战,这不符合道义。"于是吴王接受了越王的军队,但拒绝了越王随军。吴王亲率国内所有军队讨伐齐国,大败齐军。接着子贡离开吴国,北上来到晋国,游说晋国国君趁机进攻吴国。吴国、晋国在黄池大战。越王趁机袭击吴国国都,吴王匆忙从晋国撤回,与越王作战,最后吴国被灭,吴王自杀。孔子说:"让齐国发生战乱而让鲁国得以保存,这是我本来的愿望。但让晋国强大而让吴国凋敝,乃至让吴国灭亡、越国称霸,这些都是子贡游说各国的成果啊。可是,巧言辞令却损害话语的真实性,说话不可不慎重啊。"

原　文

孔子弟子有宓子贱者,仕于鲁,为单父宰。恐鲁君听谗言,使己不得行其政。于是辞行,故请君之近史①二人与之俱至官。宓子戒其邑吏,令二史书,方书辄掣其肘。书不善,则从而怒之。二史患之,辞请归鲁。宓子曰:"子之书甚不善,子勉而归矣。"二史归报于君曰:"宓子使臣书而掣肘,书恶而又怒臣,邑吏皆笑之,此臣所以去之而来也。"鲁君以问孔子。子曰:"宓不齐,君子也。其才任霸王之佐,屈节治单父,将以自试②也。意者以此为谏乎?"公寤③,太息而叹曰:"此寡人之不肖。寡人乱宓子之政而责其善者,非矣。微二史,寡人无以知其过;微夫子,寡人无以自寤。"遽发所爱之使告宓子曰:"自今已往,单父非吾有也,从子之制,有便于民者,子决为④之。五年一言其要⑤。"宓子敬奉诏,遂得行其政,于是单父治焉。躬敦厚,明亲亲,尚笃敬,施至仁,加恳诚,致忠信,百姓化之。齐人攻鲁,道由单父,单父之老请曰:"麦已熟矣,今齐寇至,不及人人自收其麦。请放民出,皆获傅郭之麦,可以益粮,且不资于寇。"三请而宓子不听,俄而齐寇逮于麦。季孙闻之怒,使人以让宓子曰:"民寒耕热耘,曾不得食,岂不哀哉?不知犹可,以告者而子不听,非所以为民也。"宓子蹴然⑥曰:"今兹无麦,明年可树。若使不耕者获,是使民乐有寇,且得单父一岁之麦,于鲁不加强,丧之不加弱。若使民有自取之心，其创必数世不息。"季孙闻之，赧(nǎn)然而愧曰："地若可入，吾岂忍见宓子哉？"

注 释

①近史：君王身边很亲近的人。②自试：检验自身的才能。③寤：醒悟。④为：治理。⑤要：大概。⑥蹙然：忧愁不悦的样子。

译 文

孔子有一名弟子叫宓子贱，在鲁国担任单父宰。宓子贱担心鲁君会听信谗言，让自己的执政方略无法施行，于是就在辞别鲁君准备前往单父时，特意要求鲁君的两个近臣和自己一同赴任。到达单父后，宓子贱告诫单父当地的官吏，让两位佐吏记录，刚写就让人牵拉他们的胳膊肘。这样，他们写的字就很难看，宓子贱很生气，两位近臣感到害怕，便辞职请求返回国都。宓子贱对他们说："你们写的字太差，回去后要努力练习。"两位史官回到国都后报告国君："宓子让我们起草文书，却又派人牵拉我们的胳膊肘，导致字写得差，又因此而怪罪我们，导致单父当地人嘲笑我们，这就是我们返回的原因。"国君就把这件事告诉孔子。孔子说："宓子贱是君子，他的才能足以辅佐君王，现在他自降身份到单父去，只是检验一下自身的才能而已。这件事，他不过是以此来向您进谏而已。"国君恍然大悟，叹息了良久，说道："这是我的不贤明导致的，我扰乱了宓子贱的执政方针，又错责了有才能之人，我是错的啊。如果没有这两位近臣，我就不会知道自己的过错了；没有您的话，我就无法醒悟啊。"于是就派遣自己信任的使者前往单父，告诉宓子贱："从此以后，单父就不再受我的管辖了，而听从你的治理，只要能够方便人民的政令，你就自行决定去施行吧，只需每五年向我做一个大体情况的汇报就行了。"宓子贱恭敬地接受了鲁君的诏令，就得以施行他的行政方针，单父这个地方被治理得很好了。宓子贱亲自教导百姓待人要敦厚，让老百姓知晓要关爱应当关爱的人，崇尚诚信、笃行，待人要仁爱，做人要忠厚，对君王要尽忠，当地的百姓都很好地得到了教化。

齐国的军队准备进攻鲁国，途中要经过单父，单父当地的一些有声望的老人向宓子贱请求："麦子已熟，如今齐军即将到来，不如让百姓收割麦子。请您下命令，让百姓们出去收割郊外的麦子。这样可以增加百姓的粮食，又不会让齐国的军队得到给养。"这些老人多次向宓子贱提出这样的请求，宓子贱都没有允许。很快齐国的军队就前来收割走了单父的麦子。鲁国的大夫季孙知道这件事后很生气，派人去谴责宓子贱："百姓们经过酷暑及严寒的辛劳，却没有得到粮食，这难道不悲哀吗？如果你事先不知道这种情况也就罢了，但已有人告诉你，你却没有听从，这么做可不是为百姓着想啊。"宓子贱很不高兴地说："今年没有麦子，明年还可以重新进行耕种。但是如果让一些人不经过耕耘就得到粮食的话，他们就会乐于有敌寇入侵。何况即便是获得了单父一年的麦子，鲁国也不会因此变得强大；即便是失去了单父一年的麦子，鲁国也不会因此弱小。可是如果让百姓有了自取的想法，那所造成的伤害就要好几年不能愈合。"季孙听了以后，羞愧得脸都红了，说道："如果能够钻到地缝里去的话，我哪里还有脸面去面见宓子贱呢？"

原文

三年，孔子使巫马期远观政焉。巫马期阴①免衣，衣敝裘②，入单父界，见夜渔者得鱼辄舍之。巫马期问焉，曰："凡渔者为得，何以得鱼即舍之？"渔者曰："鱼之大者名为鲦(chóu)，吾大夫爱之；其小者名为鱦(yìng)，吾大夫欲长之，是以得二者辄舍之。"巫马期返，以告孔子曰："宓子之德至，使民闇(àn)行，若③有严刑于旁，敢问宓子何行而得于是？"孔子曰："吾尝与之言曰：'诚于此者刑乎彼。'宓子行此术于单父也。"

注释

①阴：悄悄地。②敝裘：破旧的衣服。③若：像。

译文

过了三年，孔子派弟子巫马期去察看宓子贱的政务情况。巫马期悄悄脱下华丽的衣服，换上破旧的衣服，进入单父的地界内，看到一个在晚上打鱼的人，他将捕到的鱼马上又放回水中。巫马期向他问道："凡是打鱼的人都是为了获得鱼，为什么你捉到了鱼却又立即舍弃呢？"打鱼的人回答："这种大的鱼名字叫作鲦，是我们大夫所喜好的品种；这种小的鱼名字叫作鱦，是我们大夫想要让它们长大的品种，因此，我捕捉到这两种鱼就马上放回去了。"巫马期回来以后就将这件事告诉孔子，说道："宓子贱的德行真是高超啊，已经达到了让民众在夜间劳作，也能像有严厉的刑罚在一旁监督一样。请问宓子贱是怎样做的呢，竟然达到了这样的境界？"孔子说："我曾经对他说过，如果在一件事情上宽厚，那么就要在另一件事上严酷。宓子贱就是将这种方法用到了治理单父上啊。"

原 文

孔子之旧①曰原壤,其母死,夫子将助之以沐②椁。子路曰:"由也昔者闻诸夫子曰:'无友不如己者,过则勿惮改③。'夫子惮矣,姑已若何?"孔子曰:"凡民有丧,匍匐④救之,况故旧乎?非友也,吾其往。"及为椁,原壤登木曰:"久矣。予之不托于音也。"遂歌曰:"狸首之斑然,执女手之卷然。"夫子为之隐⑤,佯不闻以过之。子路曰:"夫子屈节而极于此,失其与矣,岂未可以已⑥乎?"孔子曰:"吾闻之亲者不失其为亲也,故者不失其为故也。"

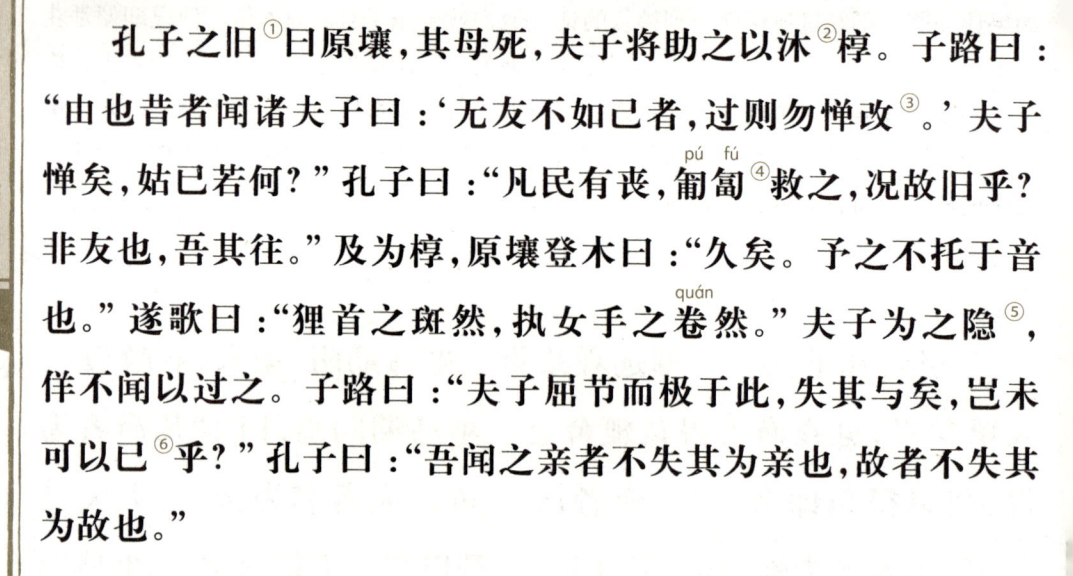

注 释

①旧:老朋友。②沐:修理。③过则勿惮改:有了过错不要害怕改正。④匍匐:努力的样子。⑤隐:隐隐作痛。⑥已:停止。

译 文

孔子的老朋友原壤的母亲去世了,孔子帮他修整棺材。子路说:"我也曾听您说过,'交朋友不交不如自己的人,有过错不要害怕进行改正。'先生您有所顾忌,暂且停止帮助他,好吗?"孔子说:"凡是百姓有丧事,我们都应努力帮助,何况是老朋友呢?就算不是朋友,我也会过去帮忙的。"棺材准备好后,原壤敲着木头说:"我很久没有将心意寄托在歌声当中了。"于是歌唱道:"棺材的纹理犹如狸首,执你的手感到好柔软。"孔子心里隐隐作痛,假装没听到他的话。子路说:"先生委屈自己到如此地步,如此没有礼法,难道您还不制止吗?"孔子说:"我听说,亲人总归是亲人,朋友总归是朋友。"

卷 九

本姓解

原文

孔子之先，宋之后也。微子启①，帝乙之元子②，纣之庶兄，以圻③（qí）内诸侯，入为王卿士。微，国名；子，爵。初，武王克殷，封纣之子武庚于朝歌，使奉汤祀。武王崩，而与管、蔡、霍三叔作难④，周公相成王东征之。二年，罪人斯得，乃命微子代殷后，作《微子之命》申之，与国⑤于宋，徙殷之子孙。唯微子先往仕周，故封之贤。其弟曰仲思，名衍，或名泄。嗣微之后，故号微仲。生宋公稽，胄子虽迁爵易位，而班级⑥不及其故者，得以故官为称。故二微虽为宋公，而犹以微之号自终，至于稽乃称公焉。

注释

①**微子启**：商纣王的同母兄长，被分封于微。殷亡后投降周朝，因武庚叛乱，微子启被分封于宋。②**元子**：长子。③**圻**：通"畿"，指京城周围千里范围内的土地。④**与管、蔡、霍三叔作难**：商纣王之子武庚联合管叔、蔡叔、霍叔三监作乱，后被周公平定。⑤**与国**：建国。⑥**班级**：官爵等级。

译文

孔子的先祖，是宋国的后裔。微子启，是商王帝乙的长子，商纣王的庶兄。他以王畿内诸侯的身份，得以入朝歌担任纣王的卿士。微是国名，子是爵位。起初，武王克殷的时候，把商纣王的儿子武庚分封在朝歌，让他来延续商汤的祭祀。武王去世之后,武庚与管叔、蔡叔、霍叔三监共同作乱。周公辅佐成王,东征武庚及三叔。两年之后,有罪之人就得到了应有的惩罚,周公于是就让微子启来继承商的国祚,还写下《微子之命》,因此就将其分封在宋国,并且迁徙了殷商的遗民。因为微子启首先去周朝做官,封赐给他的东西很多。他的弟弟叫仲思,名衍或者泄,继承微子启的位置做了宋的国君,因此称他为微仲,微仲生子宋公稽。天子或者国君的长子如果变换了官爵,但是等级还不如以前,就用以前的旧的官爵来称呼。因此微子启及微仲虽然做了宋国的国君,但是还以微作为称号,一直到微仲死去,直到稽的时候才称宋公。

原文

宋公生丁公申,申公生缗(mǐn)公共及襄公熙,熙生弗父何及厉公方祀。方祀以下,世为宋卿。弗父何生宋父周,周生世子胜,胜生正考甫,考甫生孔父嘉。五世亲尽,别为公族①,故后以孔为氏焉。一曰孔父者,生时所赐号也,是以子孙遂以氏族。孔父生子木金父,金父生睪夷,睪夷生防叔,避华氏之祸而奔鲁②。防叔生伯夏,伯夏生叔梁纥。曰:"虽有九女,是无子。"其妾生孟皮,孟皮一字伯尼,有足病。于是乃求婚于颜氏。颜氏有三女,其小曰徵在。颜父问三女曰:"陬(zōu)大夫虽父祖为士,然其先圣王之裔。今其人身长十尺,武力绝伦,吾甚贪之。虽年长性严,不足为疑,三子孰能为之妻?"二女莫对,徵在进曰:"从父所制,将何问焉。"父曰:"即尔能矣。"遂以妻之。徵在既往,庙见。以夫之年大,惧不时有男,而私祷尼丘之山以祈焉。生孔子,故名丘而字仲尼。

注释

①**五世亲尽,别为公族**:古代实行嫡长子继承制及五服制,五世后,血缘关系逐渐疏远,就会分出另外一族,另立氏号。②**避华氏之祸而奔鲁**:孔父嘉为宋国大司马,其妻貌美,太宰华督欲夺其妻,后来杀孔父嘉。其子木金父降为士,孔氏受排挤,防叔于是奔鲁。

译 文

宋公生丁公申，申生湣公共以及襄公熙，熙生弗父何以及厉公方祀，从方祀以下，孔子的先祖世世代代都担任宋国的卿士。弗父何生宋父周，周生世子胜，胜生正考甫，正考甫生孔父嘉。从弗父何到孔父嘉，已经出了五服，与宋国公室的亲缘已尽，因此需要分开另立一族，因此就以孔为氏号。另外一种说法是，孔父是孔父嘉在世的时候被赐予的称号，因此子孙就以孔作为自己氏族的氏号。孔父嘉的儿子叫木金父，金父生睪夷，睪夷生孔防叔，孔防叔为了躲避华督的迫害就逃到了鲁国。孔防叔生伯夏，伯夏生叔梁纥。叔梁纥说："我虽然生了九个女儿，但是却没有一个儿子。"他的小妾生了一个儿子叫孟皮，孟皮字伯尼，但是他的脚有残疾。于是叔梁纥就求婚于颜氏。颜氏有三个女儿，最小的女儿叫颜徵在。颜父问三个女儿："陬大夫叔梁纥的父亲和祖父虽然都是士，但是他却是古代圣王商汤的后代。如今叔梁纥身高十尺，武艺高超，我非常看重他。虽然他年纪大了而且脾性暴躁，但是这都不值得疑虑。你们三人谁愿意做他的妻子呢？"其他的两个女儿都没有说话，只有徵在向前说道："听从父亲的裁决，还有什么好问的呢？"颜父说："就是你肯这样做了。"于是就把颜徵在嫁给了叔梁纥。徵在嫁到孔家之后，举行了庙见之礼。因为丈夫的年龄较大，担心不能及时怀上男孩，因此就偷偷地到尼山去祈求生子。后来生了孔子，因此就起名为丘，字仲尼。

原 文

孔子三岁而叔梁纥卒，葬于防。至十九，娶于宋之并官氏，一岁而生伯鱼。鱼之生也，鲁昭公以鲤鱼赐孔子，荣君之贶(kuàng)，故因以名曰鲤，而字伯鱼。鱼年五十，先孔子卒。

齐太史子与适鲁，见孔子，孔子与之言道。子与悦，曰："吾鄙人[①]也，闻子之名，不睹子之形久矣，而求知之宝贵也，乃今而后知泰山之为高，渊海之为大。惜乎夫子之不逢明王，道德不加于民，而将垂宝以贻后世。"

遂退而谓南宫敬叔曰："今孔子先圣之嗣，自弗父何以来，世有德让[②]，天所祚[③]也。成汤以武德王天下，其配在文。殷宗以下，未始有也。孔子生于衰周,先王典籍,错乱无纪,而乃论百家之遗记,考正其义,祖述尧舜,宪章文武,删《诗》述《书》,定礼理乐,制作《春秋》,赞明《易》道,垂训后嗣,以为法式,其文德著矣。然凡所教诲,束脩已上三千余人,或者天将欲与素王之乎?夫何其盛也。"敬叔曰:"殆如吾子之言,夫物莫能两大④。吾闻圣人之后,而非继世之统,其必有兴者焉。今夫子之道至矣,乃将施之无穷。虽欲辞天之祚,故未得耳。"子贡闻之,以二子之言告孔子。子曰:"岂若是哉?乱而治之,滞而起之,自吾志,天何与焉?"

注释

①鄙人:粗鄙固陋之人。②**自弗父何以来,世有德让**:孔子的十世祖弗父何原本是襄公的太子,应当继承宋国的君位,但弗父何却把王位让给了自己的弟弟厉公,这句话就是指这件事而言的。③祚:赐福。④两大:两全其美。

译文

孔子三岁的时候叔梁纥就去世了,葬于防山。孔子到了十九岁的时候,娶了宋国的并官氏之女为妻,过了一年就生下了伯鱼。伯鱼出生的时候,鲁昭公正好赏赐了孔子鲤鱼。承蒙国君的赏赐,因此就取名为鲤,字伯鱼。伯鱼五十岁时去世,死在孔子之前。

齐国的太史子与到鲁国去,拜见了孔子。孔子与他谈论道义。子与十分高兴,说:"我真是粗鄙固陋之人啊,听说过您的名字已经很久了,但是却一直没见过您的样子。我在您这儿学到的知识是很宝贵的,从今以后我终于知道了泰山有多么高,大海有多么宽广。可惜啊,先生您没有遇见圣明的君王,您的道德教化没有办法推行到百姓之中,但是以后必将会留给后世无穷的珍宝。"

太史子与退出来对南宫敬叔说:"孔子是古代圣王商汤的后裔,自弗父何以来,世世代代都有德让的美名,这真是上天的保佑啊!成汤是依靠武德而统治天下的,与其相配的就是文德。但是自殷商帝王以来,却一直都没有出现过这样的人。孔子生活在周朝衰败的境地之中,先王的典籍早已错乱无序,于是孔子就论述了各个学派流传下来的记载,考辨订正了其中的内容,遵循尧舜的治国之道,效法文王、武王的典章制度，删定《诗经》，编述《尚书》，订正《礼》，整理《乐》，制作《春秋》，阐明《易》理，对后世垂训教化，以作为后世治理天下的法则。孔子的文德是非常显著的啊！他所教诲过的学生，行过束脩礼的就有三千余人。难道上天将要以他为素王吗？不然为何如此兴盛？"南宫敬叔说："大概就像您说的那样，凡事都没有两全的。我听说圣人的后裔，如果不是继承大统的那个支脉，必将会有圣人出现。现在先生的学说已经达到极致了，他的思想必会长久地流传于后世。即使想要推辞上天的福佑，也是不可能的了。"子贡听说了这些话，将两个人的谈话告诉了孔子。孔子说："怎么会像他们说的呢？天下混乱，所以我欲治理之；天下顿塞，所以我想疏导之。这本来就是我的志向，跟上天又有什么关系呢？"

卷 十

终记解

原文

孔子蚤晨作，负手曳①杖，逍遥②于门，而歌曰："泰山其颓③乎！梁木其坏乎！哲人其萎④乎！"既歌而入，当户而坐。

注释

①曳：拖。②逍遥：悠闲自得的样子。③颓：坍塌。④萎：植物的枯萎，引申为人的死亡。

译文

孔子早上起来，背着一只手，另一只手拄着拐杖，在门口悠闲自得地散步，吟唱道："泰山就要坍塌了，栋梁就要折坏了，圣人的生命就要终结了。"唱完歌就走进屋子，对着门口坐着。

原文

子贡闻之，曰："泰山其颓，则吾将安仰①？梁木其坏，吾将安杖②？哲人其萎，吾将安放③？夫子殆将病也。"遂趋而入。夫子叹而言曰："赐，汝来何迟？予畴昔梦坐奠于两楹之间④。夏后氏殡⑤于东阶之上则犹在阼，殷人殡于两楹之间即与宾主夹之，周人殡于西阶之上则犹宾之，而丘也即殷人。夫明王不兴，则天下其孰能宗余，余逮将死。"

遂寝病,七日而终,时年七十二矣。

注释

①仰:仰望。②杖:通"仗",依托、依靠。③放:通"仿",效仿、效法。④畴昔梦坐奠于两楹之间:曾经梦见自己坐在堂屋正中的位置接受祭奠。⑤殡:殓而未葬。

译文

子贡听见了,说:"泰山如果坍塌了,将来我们仰望什么?栋梁如果毁坏了,将来我们依靠什么?圣人的生命如果终结了,将来我们效仿谁?老师大概是病重了。"于是赶快走进去拜见孔子。孔子感慨地说:"赐啊,你怎么才来啊?前些日子我曾经梦见自己坐在两楹之间接受祭奠。夏朝的人把灵柩停放在东阶之上,那是主人迎接客人的位置;殷人把灵柩停放在两楹之间,那是介于主客之间的位置;周人把灵柩停放在西阶之上,那是宾客所在的位置,而我孔丘是殷人的子孙,倘若没有贤明的君王出现,那么天下有谁能够尊奉我的思想学说呢?我大概快要死了。"不久,孔子卧病在床,七天后去世了,享年七十二岁。

原文

哀公诔①曰:"昊天不吊②!不慭③遗一老,俾(bǐ)屏(bǐng)余一人以在位,茕茕(qióng)④余在疚,于乎哀哉,尼父!无自律。"子贡曰:"公其不没于鲁乎!夫子有言曰:'礼失则昏,名失则愆。失志为昏,失所为愆⑤。'生不能用,死而诔之,非礼也;称一人,非名。君两失之矣。"

注释

①诔:在丧礼中讲述死者的德行,表示哀悼。②吊:吊

● 真宗祀鲁

宋真宗封禅泰山,拜谒孔子庙,起初制定的礼仪是跪地而不叩头,真宗认为显得不够尊敬,特意酌酒以献,再拜行礼,追封孔子为"玄圣文宣王"。

唁，祭奠死者。③憖：愿意，宁愿。④茕茕：孤独的样子。⑤失所为愆：不讲身份，名位就会有差失。失所，指不在其应处之所。愆，过错。

译文

哀公哀悼孔子说："苍天不怜悯我啊，不愿意留下这位仁慈的老人，让我一个人居于王位，孤单难过，忧伤成疾！唉，尼父啊，失去你，我再也没有可以学习效仿的人了。"子贡说："国君您大概不想在鲁国善终了吧！夫子曾经说过：'丧失礼仪就会昏暗不清，丧失名分就会出现差错。失去理智就会迷茫，不讲身份名位就会出错。'老师生前没有得到您的重用，他去世了您却又哀悼他，这不合礼仪；自称为'一人'，和您国君的身份不相符。您把礼仪和名分都失去了。"

原文

既卒，门人所以疑服①夫子者，子贡曰："昔夫子之丧②颜回也，若丧其子而无服，丧子路亦然。今请丧夫子如丧父而无服。"于是弟子皆吊服而加麻。出有所之，则由绖③(dié)。子夏曰："入宜绖可居，出则不经。"子游曰："吾闻诸夫子：丧朋友，居则绖，出则否；丧所尊，虽绖而出，可也。"

注释

①服：丧服。②丧：守丧礼，办丧事。③绖：古代丧服中的麻带，系在腰间或头上。

译文

孔子去世后，弟子们不知道该穿什么样的丧服来哀悼老师。子贡说："以前先生为颜回服丧的时候，就像为自己的儿子服丧一样，但是没有穿丧服，为子路服丧的时候也是这样。那么现在大家就应该像为自己的父母服丧一样来为老师服丧，也不必穿戴相应的丧服。"于是，孔门弟子就都穿上丧服并且系上麻带，出门的时候就只束上麻带。子夏说："在家里的时候可以束着麻带，出门的时候就没有必要再束了。"子游说："我记得先生曾经说过：为朋友服丧，在家里束着麻带，出门的时候就不必了；为自己尊敬的人服丧，即使外出，束着麻带也是允许的。"

原 文

孔子之丧，公西掌殡葬焉。唅以疏米三贝①，袭衣十有一称②，加朝服一，冠章甫之冠，佩象环，径五寸而綦组绶③，桐棺四寸，柏棺五寸。饬庙置翣④。设披⑤，周也；设崇⑥，殷也；绸练、设旐，夏也。兼用三王礼，所以尊师，且备⑦古也。

注 释

①**唅以疏米三贝**：口里含着粳米和三贝。唅，古代的一种葬仪，殡殓时把珠、玉、贝、米之类放在死人嘴里。疏米，粳米。②**袭衣十有一称**：穿着十一套衣服。袭衣，整套的衣服。③**径五寸而綦组绶**：直径为五寸用苍艾色的丝带系好。④**饬庙置翣**：灵柩停放的地方也作了装饰，棺柩外也装置了翣扇这种装饰。⑤**披**：古代的一种丧具，用布帛做成，供送葬的人使用。⑥**崇**：旌旗四周的齿状装饰物。⑦**备**：使齐备、完备。

译 文

在为孔子办理丧事期间，殡葬事宜是由公西赤负责的。把粳米和三贝放入孔子口中含着，置备了十一套衣服，外加上朝的官服一套，头戴着章甫帽子，佩戴着象牙环佩，它直径为五寸大小并用苍艾色的丝带系好，四寸厚的内棺是由桐木做成的，五寸厚的外棺是由柏木做成的。就连灵柩停放的地方也稍作了装饰，棺柩外还装置了翣扇。按照周朝的礼仪设置了披具，按照殷人的礼仪设置了崇牙，按照夏人的礼仪用白帛制成了引魂幡。兼用三代君王的礼仪，不但是为了尊敬老师，同时也是为了使古代的礼制能够保存下来。

原 文

葬于鲁城北泗水上，藏入地，不及泉，而封为偃斧之形，高四尺，树松柏为志①焉。弟子皆家于墓，行心丧之礼。既葬，有自燕来观者，舍于子夏氏②。子贡谓之曰："吾亦人之葬圣人，非圣人之葬人。子奚观焉？昔夫子言曰：'见吾封若夏屋③者，见若斧矣。'从若斧者也，马鬣封之谓也。今徒一日三斩板而以封，尚行夫子之志而已。何观乎哉!

注释

①志:标记,记号。②**子夏氏**:子夏,孔子的学生。③**夏屋**:在夏朝流行的中间高、四周低的房屋。

译文

孔子去世以后,弟子们把他安葬在鲁国都城北部的泗水边上,棺木下葬没有触碰到地下的泉水,坟墓垒封成仰斧状,高四尺,旁边种上松柏作为标志。弟子们都把家建在坟墓的四周,行心丧的礼仪。安葬完毕以后,有人从燕国赶过来观丧,住在子夏家里。子贡对他说:"我们这是普通人安葬圣人,又不是圣人安葬普通人,有什么可观看的呢?以前老师就说过:'我见过把坟墓筑成像夏朝的房屋状的,也见过像斧子状的。'我赞成这种斧状的坟墓,民间把它称为马鬣封。作为老师的弟子,我们为他筑坟,也就是在一天中换了三次板来封土,基本上表达了老师生前的愿望罢了。有什么可参观的呢?"

原文

二三子①三年丧毕,或②留或去,惟子贡庐③于墓六年。自后群弟子及鲁人处于墓如家者,百有余家,因名其居曰孔里焉。

注释

①**二三子**:孔子本人及别人对其弟子的称呼。②**或**:有的。③**庐**:临时搭盖小屋来居住。

译文

孔子的弟子们服完三年之丧以后,有的在当地留了下来,有的离开了,唯有子贡一待就是六年。自此以后,众多弟子及鲁国人在孔子墓边安家落户的,有一百多家,于是就把这个地方命名为孔里。

曲礼子贡问

原文

子贡问于孔子曰:"晋文公实召天子①,而使诸侯朝②焉。夫子作《春秋》云：'天王狩于河阳③。'何也？"孔子曰："以臣召君，不可以训④，亦书其率诸侯事天子而已。"孔子在宋，见桓魋自为石椁(tuí)，三年而不成，工匠皆病。夫子愀然曰："若是其靡也，死不如朽之速愈。"冉子仆曰："礼，凶事不豫⑤，此何谓也？"夫子曰："既死而议谥，谥定而卜葬，既葬而立庙，皆臣子之事，非所豫属也，况自为之哉？"南宫敬叔以富得罪于定公，奔卫。卫侯请复⑥之，载其宝以朝。夫子闻之曰："若是其货⑦也，丧⑧不若速贫之愈。"子游侍，曰："敢问何谓如此？"孔子曰："富而不好礼，殃也。敬叔以富丧矣，而又弗改，吾惧其将有后患也。"敬叔闻之，骤如⑨孔氏，而后循礼施散焉。

注释

①**实召天子**：实际上是召请天子。②**朝**：朝觐。③**天王狩于河阳**：周襄王在河阳打猎。天王，指周天子，这里指周襄王。④**训**：法则。⑤**凶事不豫**：凶事不可能预先就料到。⑥**复**：恢复。⑦**货**：贿赂。⑧**丧**：丢掉官职。⑨**骤如**：立即前往。

译文

子贡问孔子说："晋文公在温地的会盟，实际上是召请来周天子，而让诸侯来朝觐。老师您编写《春秋》时写道：'天王在河阳打猎。'这是为什么呢？"孔子说："以臣下的身份召请君主，这不可以效法。所以我如此写，就是要写成晋文公率诸侯来朝觐天子。"孔子在宋国，看见桓魋为自己预做石椁，做了三年还没有完工，工匠都为此感到忧虑。孔子面有忧色，说："像这样奢靡，死了还不如快点腐朽的好。"冉有跟随侍奉孔子，说："《礼》书说，凶事不可能预先就料到。这是指的什么呢？"孔子说："人死了以后再议定谥号，谥号定了以后再选择下葬地点日期，安葬完毕再建立宗庙，这些事都应该由属下的臣子来办，并非是预先就操办好，更何况是自己为自己操办呢？"南公敬叔因富有而得罪了鲁定公，逃到了卫国。卫侯请求鲁定公恢复敬叔的官位，敬叔就载着他的宝物来朝觐鲁定公。孔子听到这件事，说："像这样使用财货进行贿赂，丢了官位还不如迅速贫穷的好呢！"子游正侍奉孔子，说："请问这话是什么意思呢？"孔子说："富而不好礼，必定会招致灾祸。南宫敬叔因富有而丧失官位，却仍不知悔改，我恐怕他将来还会有祸患啊！"南宫敬叔听到孔子的话，马上去见孔子，从此以后他做事遵循礼节，还把自己的财产施舍给百姓。

原文

孔子在齐，齐大旱，春饥。景公问于孔子曰："如之何？"孔子曰："凶年①则乘驽马，力役不兴②，驰道不修③，祈以币玉④，祭祀不悬⑤，祀以下牲⑥。此贤君自贬，以救民之礼也。"孔子适季氏，康子昼居内寝⑦。孔子问其所疾⑧，康子出见之。言终，孔子退。子贡问曰："季孙不疾而问诸疾，礼与？"孔子曰："夫礼，君子不有大故⑨，则不宿于外⑩。非致斋也，非疾也，则不昼处于内。是故，夜居外，虽吊⑪之，可也。昼居于内，虽问其疾，可也。"孔子为大司寇。国厩焚，子退朝而之火所。乡人有自为火来者，则拜之。士一，大夫再⑫。子贡曰："敢问何也？"孔子曰："其来者，亦相吊⑬之道也。吾为有司，故拜之。"

注释

①**凶年**：有灾荒的年份。②**力役不兴**：不征发百姓服徭役。③**驰道不修**：不修建供君主车马行驶的道路。④**祈以币玉**：祈请时用币玉来代替牲畜。⑤**不悬**：不演奏音乐。⑥**祀以下牲**：古代祭祀时往往用牲畜来作为祭品，以牛、猪、羊各一头为最高标准，称太牢，猪、羊各一头为次一等标准，称少牢，这里的下牲是指用少牢代替太牢。⑦**昼居内寝**：白天在内室中睡觉。⑧**疾**：病。⑨**大故**：代指丧事。⑩**外**：外室。⑪**吊**：吊丧。⑫**再**：拜两次。⑬**吊**：慰问。

译文

孔子在齐国的时候，齐国遇到了大旱，春季出现了饥荒。齐景公向孔子问道："怎么办呢？"孔子说道："遇到饥荒之年，国君就乘坐劣马，不征劳役，用来驰车的大道也不去修理，祈祷时用币玉去代替牲畜，祭祀时也不奏音乐，所用的祭品也是次一等的牲畜。这些都是贤明的君主自己主动降低要求，以此来救助百姓的礼。"孔子去季康子家的时候，季康子白天在内室中睡觉。孔子问他得了什么病，季康子出来接待了孔子。说完话，孔子就回去了。子贡向孔子问道："季康子没有生病却去探问他的病情，这符合礼吗？"孔子说："礼是这样的，君子没有遇到丧事的话，就不会在外室睡觉。如果不是因为斋戒，不是因为疾病的话，就不会在内室睡觉。因此，如果夜里睡在外面的话，即便是前去吊唁，也是可以的。白天在内室睡觉的话，即便是前去探询病情的话也是可以的。"

孔子担任鲁国的大司寇的时候，马厩失了火。孔子上朝回来以后就立刻赶到了失火的地方，拜谢那些为大火而前来慰问的乡人。对那些士人拜了一次，对大夫则拜了两次。子贡问道："这是什么缘故呢？"孔子回答道："因为他们前来慰问，所以我对他们拜谢，这就是相互慰问。我是主管的官员，因此拜谢他们。"

原文

子贡问曰："管仲失于奢，晏子失于俭。与其俱失矣，二者孰贤？"孔子曰："管仲镂簋而朱纮①，旅树而反坫②，山节藻棁，贤大夫也，而难为上。晏平仲祀其先祖而豚肩不揜豆③，一狐裘三十年，贤大夫也，而难为下。君子上不僭下④，下不逼上。"冉求曰："昔文仲知鲁国之政，立言垂法，于今不亡，可谓知礼矣？"孔子曰："昔臧文仲安知礼？夏父弗綦逆祀⑤而不止，燔柴于灶以祀焉。夫灶者，老妇之所祭，盛于瓮，尊于瓶，非所柴也。故曰：'礼也者，犹体⑥也。体不备谓之不成人。设之不当，犹不备也。'"子路问于孔子曰："臧武仲率师与邾人战，于狐鲐遇，败焉，师人多丧⑦而无罚，古之道然与？"孔子曰："凡谋人之军师，败则死之；谋人之国邑，危则亡之。古之正⑧也。其君在焉者，有诏则无讨。"

注释

①镂簋而朱纮：用镂刻了花纹的玉去装饰盛食物的器具，戴着朱红色的帽带。

簠，古代用于盛食物的器具。纮，帽带。②**旅树而反坫**：对着门设立了屏风，设置摆放酒具的土台。③**豚肩不揜豆**：猪腿还不足以遮住用来盛祭品的器物。豆，古代用来盛放食品的一种器物。④**上不僭下**：对上不僭越。⑤**逆祀**：祭祀时臣居于君位之上，逆乱了尊卑，称之为"逆祀"。⑥**体**：人的身体，这里指关键部分。⑦**多丧**：伤亡惨重。⑧**正**：通"政"，政令。

译文

子贡向孔子问道："管仲的过失在于奢侈，晏子的过失在于节俭，与其说他们两个人身上都存在不足而一概否定，还不如加以区分他们谁更为贤良一些呢？"孔子说："管仲使用镂刻了花纹的玉去装饰盛食物的器具，戴着朱红色的帽带，对着门设立了屏风墙，设置摆放酒具的土台，上面画有山形以及水草的柱子。他虽然是贤明的大夫，但是身为他的国君是太难了。晏子祭祀他的祖先的时候，所用的猪腿还不足以遮住用来盛祭品的器物，一件狐皮制的衣服穿了三十年。他虽然是贤明的大夫，但是作为他的下级却太难了。君子对上不僭越，对下不逼迫。"

冉求问道："以前文仲主持鲁国的政事的时候，所制定的礼法制度，现在还在用，文仲可以称得上是知礼的人了吧。"孔子说："文仲怎么会懂得礼呢？夏父弗綦在祭祀的时候，将僖公的灵位放到了闵公灵位的上面，文仲却没有制止。在炉灶上举行燔柴之祭是不合礼的，祭社神的时候应当由老妇来主持，祭祀时要用盆来盛祭品，用瓶来作酒樽，而不能用烧柴祭祀。因此说，所谓的礼就像是人的身体一样，身体不完备的话，就不能做人。礼安排不恰当的话，就如人身体不完备一样。"

子路向孔子问道："臧武仲带领军队去和邾人打仗，两军在狐鲐开战，结果臧武仲大败，兵士死伤很严重，但他却没有受到惩罚。古代的制度就是这样的吗？"孔子说："但凡是指挥军队的人，战败了就会自杀，用来承担责任；但凡是掌管邦国的，社会危难的话就被放逐到国外，用来承担责任。这是古代的政令。假如国君在的话，有赦免的诏书，就不能去讨伐。"

原　文

晋将伐宋，使人觇①之。宋阳门②之介夫③死，司城④子罕哭之哀。觇者反，言于晋侯曰："阳门之介夫死，而子罕哭之哀。民咸悦宋，殆未可伐也。"孔子闻之曰："善哉！觇国乎。《诗》⑤云：'凡民有丧，匍匐救之。'子罕有焉，虽非晋国，其天下孰能当之?是以周任⁶有言曰:'民悦其爱者,弗可敌也。'"楚伐吴,工尹商阳与陈弃疾追吴师。及之,弃疾曰:"王事也,子手弓而可。"商阳手弓。弃疾曰:"子射诸。"射之,毙一人,韔⁷其弓。又及,弃疾谓之,又及,弃疾复谓之。毙二人,每毙一人辄掩其目,止其御曰:"吾朝不坐,燕不与,杀三人亦足以反命矣。"孔子闻之曰:"杀人之中,又有礼焉。"子路怫然⁸进曰:"人臣之节,当君大事,唯力所及,死而后已。夫子何善此?"子曰:"然,如汝言也。吾取其有不忍杀人之心而已。"

注释

①觇:偷偷地观看。②阳门:宋国的城门。③介夫:手执兵器守门的人。④司城:官名。⑤诗:这里指《诗经·邶风·谷风》。⑥周任:上古史官。⑦韔:用来装弓箭的套子。⑧怫然:愤怒的样子。

译文

晋国将要去攻打宋国,先派人去宋国刺探情况。宋国守卫都城的城门卫士死了,子罕哭得很悲伤。刺探情况的人返回到晋国以后,对晋侯说道:"守城门的人死了,子罕哭得很悲伤,为此人民都很感动,恐怕是无法去攻打宋国了。"孔子听到了以后,说道:"这个刺探情况的人真善于观察宋国的国情啊!《诗经》中说'凡民有伤亡,竭力去救援',子罕就具备了这种品质啊。如果没有晋国的话,天下还有谁敢和宋国为敌呢?因此周任说过:'人民喜好同情爱护他们的人,这样的人是不可抵挡的。'"

楚国讨伐吴国的时候,工尹商阳和陈弃疾奉命前去追击吴军。追上吴军的时候,陈弃疾对工尹商阳说道:"这是国君赋予的使命。您可以将弓拿在手里了。"工尹商阳将弓拿在了手中。陈弃疾说道:"现在您可以射箭了。"工尹商阳就将箭射了出去,射死了一个人,就将弓放回了弓袋。又一次追上了敌人后,陈弃疾又对他说了相同的话。再一次追上敌人以后,陈弃疾又一次说了相同的话。他又射死了两个人,而每一次射死一个人后,工尹商阳就将眼睛遮住,并让御者停车,说道:"在朝见时,我是没有座位的人,宴会时我是没有席位的人,现在射杀了三个人也就可以回去复命了。"孔子听到了以后,说道:"杀人也还是有礼节的。"子路很气愤地说:"身为人臣，礼节就应当是为国君做事，应当尽力而为，死而后已。您为何要称赞他呢？"孔子说："是的，你说得很对。我所赞赏的只是他不忍心多杀人而已。"

原文

孔子在卫，司徒敬子卒，夫子吊焉。主人不哀，夫子哭不尽声而退。蘧伯玉请曰："卫，鄙俗不习丧礼，烦吾子辱相①焉。"孔子许之，掘中霤（liù）②而浴，毁灶而缀足，袭③于床。及葬，毁宗而蹴行也，出于大门。及墓，男子西面，妇人东面，既封④而归。殷道也，孔子蹴行⑤之。子游问曰："君子行礼，不求变俗，夫子变之矣。"孔子曰："非此之谓也，丧事则从其质而已矣。"宣公八年六月辛巳，有事⑥于太庙，而东门襄仲卒。壬午犹绎⑦。子游见其故，以问孔子曰："礼与？"孔子曰："非礼也，卿卒不绎。"季桓子丧，康子练而无衰⑧。子游问于孔子曰："既服练，服可以除衰乎？"孔子曰："无衰衣者，不以见宾，何以除焉？"邾人以同母异父之昆（zhū）弟死，将为之服⑨，因⑩颜克而问礼于孔子。子曰："继父同居者，则异父昆弟从为之服；不同居，继父且犹不服，况其子乎？"

注释

①**相**：主持礼仪仪式的人。②**中霤**：室中央。③**袭**：穿衣服。④**封**：堆土筑坟。⑤**蹴行**：实行。⑥**有事**：即祭祀。⑦**绎**：指当天祭祀了以后，第二天又进行祭祀。⑧**衰**：丧服。⑨**服**：穿丧服。⑩**因**：通过。

译文

孔子在卫国的时候，司徒敬子死了，孔子前去吊唁。主人哭得并不怎么悲伤，孔子没有大声哭就回家了。蘧伯玉向孔子请求道："我们卫国人很鄙陋，不懂得如何举行丧礼，劳烦您担任礼相。"孔子答应了，让人在室中央挖了一个坑洗浴尸体，拆毁了炉灶，用灶砖将脚连在了一起，在床上给尸体穿上了衣服。下葬时，拆毁了庙墙，超越了行神之位，没有经过中门就直接将灵车拉出了大道。到了墓地以后，男子面向西，妇女面向东，封好了坟墓以后才回来。这是殷人的礼节，孔子依照殷人丧礼的礼节安葬了司徒敬子。子游问道："君子主持礼仪的时候，不要求改变风俗，您现在却改变了。"孔子说道："我所做的并不是你说的这样，办丧事只是从俭而已。"

鲁宣公八年六月辛巳日，鲁宣公在太庙举行了祭祀。这时候，东门襄仲去世了。壬午那天，宣公还在举行绎祭。子游看到以后就向孔子问道："这样做符合礼吗？"孔子回答说："不符合礼，卿士死了以后，就不应该再举行绎祭。"

季桓子死了以后，季康子在一周年祭的时候没有穿衰服。子游向孔子问道："已经能穿练服了，可以脱去衰服了吗？"孔子回答道："没有穿衰服的人，是不能去会见客人的，怎么能脱去衰服呢？"

邾国有个人的同母异父的兄弟死了，将要给他穿丧服，他通过颜克向孔子请教有关这方面的礼仪。孔子说道："和继父一同生活在一起的话，即便是同父异母的兄弟，也应当为他服丧；假若不和继父生活在一起的时候，即便是继父死了也不必服丧，何况是他的儿子呢？"

原文

齐师侵鲁，公叔务人遇人入保①，负杖而息。务人泣曰："使②之虽病，任③之虽重，君子弗能谋④，士弗能死，不可也。我则既言之矣，敢不勉⑤乎？"与其邻嬖（bì）童汪锜（yǐ）乘往奔敌，死焉。皆殡，鲁人欲勿殇童汪锜，问于孔。子曰："能执干戈以卫社稷，可无殇乎？"鲁昭公夫人吴孟子卒，不赴⑥于诸侯。孔子既致仕⑦，而往吊焉。适于季氏，季氏不绖⑧，孔子投绖而不拜。子游问曰："礼与？"孔子曰："主人未成服，则吊者不绖焉，礼也。"公父穆伯之丧，敬姜昼哭。文伯之丧，昼夜哭。孔子曰："季氏之妇，可谓知礼矣。爱而无私，上下有章⑨。"南宫绦之妻，孔子兄之女。丧其姑而诲之髽（zhuā）⑩，曰："尔毋从从⑪尔，毋扈扈⑫尔。盖榛以为笄，长尺，而总⑬八寸。"

注释

①保：通"堡"，小城。②使：役使、徭役。③任：赋税。④谋：谋划。⑤勉：勉力、尽力。⑥赴：同"讣"，讣告。⑦致仕：辞官。⑧绖：用麻布做成的丧服。⑨章：别。⑩髽：妇人服丧期间所梳的发髻。⑪从从：高高的样子。⑫扈扈：大大的样子。⑬总：束发。

译文

齐国的军队进犯鲁国的时候，公叔务人遇到一个挂着兵杖的人进到城中休息。公叔务人哭泣着说："虽然徭役让百姓生活很艰苦，赋税也很沉重，而卿大夫不去好好谋划，战士又做不到为国而死，这样不行啊。我既然这样说了别人，自己就不敢不尽力去做。"于是就和他邻里的儿童汪锜一起冲向了敌人的军队，两个人都死了。两人的灵柩在出殡的时候，鲁国人不想使用儿童的丧礼去安葬他，向孔子询问，这样是不是合适。孔子说道："能拿起武器去保卫国家是可贵的，因此可以不用儿童的丧礼。"

鲁昭公的夫人吴孟子死了以后，没有向诸侯国发讣告。当时孔子已经辞官了，但还是前去吊唁。孔子到了季氏家以后，看到季氏没有穿丧服，自己也就脱下了丧服，也没有答拜。子游向孔子问道："这符合礼吗？"孔子说道："主人没有穿丧服，那么前往吊唁的人也可以不按照丧礼执行，这符合礼。"

公父穆伯死了以后，敬姜在白天哭，她的儿子文伯死了以后，她白天夜晚都在哭。孔子说道："季氏之妇可以说得上懂得礼了，爱而无私，但上下之间有分别。"

南宫绦的妻子是孔子哥哥之女。她的婆婆死了以后，孔子就教她做丧髻的方法，并说道："不要将头发弄得高高的，也不要将头发弄得大大的，所用的簪子要用榛木，长度为一尺，而束在发根的带子垂下来的部分却只能有八寸。"

原文

子张有父之丧，公明仪相①焉。问启颡（sǎng）②于孔子，孔子曰："拜而后启颡，颓；乎其顺③启颡而后拜，顾④乎其至也。三年之丧，吾从其至也。"孔子在卫，卫之人有送葬者，而夫子观之，曰："善哉，为丧乎！足以为法⑤也，小子识⑥之。"子贡问曰："夫子何善⑦尔？"曰："其往也如慕⑧，其返也如疑。"子贡曰："岂若速反而虞⑨哉？"子曰："此情之至者也。小子识之，我未之能也。"

卞人有母死而孺子之泣者，孔子曰："哀则哀矣，而难继也。夫礼为可传⑩也，为可继也，故哭踊有节，而变除⑪有期⑫。"孟献子禫(dàn)⑬，悬而不乐，可御而处内。子游问于孔子曰："若是则过礼也？"孔子曰："献子可谓加于人一等矣。"鲁人有朝祥而暮歌者，子路笑⑭之。孔子曰："由，尔责于人终无已。夫三年之丧，亦以久矣。"子路出，孔子曰："又多乎哉，逾月则甚善也。"

注释

①**相**：担任礼相。②**启颡**：以头触地，表示极度哀伤。③**颓**：恭顺貌。④**顾**：诚恳。⑤**法**：法则、效法。⑥**识**：记。⑦**善**：赞美。⑧**慕**：依恋。⑨**虞**：下葬了以后举行的祭祀。⑩**传**：传扬。⑪**除**：去除。⑫**期**：期限。⑬**禫**：从丧服换回吉服之间的一个月的礼制称为"禫"。⑭**笑**：嘲笑。

译文

　　子张的父亲死了，公明仪担任礼相。他向孔子询问如何进行跪拜之礼，孔子说："首先两膝着地，拱手而拜，然后两手也着地，俯首以头叩地，这是十分恭顺的。先两手着地，俯首以头叩地；然后两膝着地，拱手而拜，这是十分诚恳的。守丧要守三年，我赞同最为诚恳的跪拜之礼。"孔子在卫国的时候，卫国有人在送葬，孔子看了以后说道："这样的丧礼办得很好啊！是可以用来作为准则了，你们都要记住。"子贡问道："老师您为何这样称赞呢？"孔子回答说："他们送丧的时候就像是小孩子跟在父母身后啼哭一样，送丧回来时又留恋父母迟疑而不尽快返回。"子贡问道："这样还不如尽快回去准备葬后的拜祭好吧？"孔子说："这是感情的最高表现，你们要记住这些，我自己也还不能够做到呢。"卞邑有个人母亲死了，他哭得像小孩子一样伤心。孔子说："哀痛是很哀痛的了，可是很难有人能够和他一样。礼是为了可以宣扬，也可以是有人亲自去做。因此啼哭和踩脚都要有一定的节制，除去丧服也需要一定的时期限定。"

　　孟献子在祭的时候，挂起了乐器却没有奏乐，能够接受妻妾的侍奉，却依然在房中不出来。子游向孔子问道："像他这样做是不是超过了礼仪的规定了呢？"孔子回答说："孟献子真的可以说是高人一等啊。"鲁国有一个人，早上除掉了丧服，晚上就开始唱歌了。子路嘲笑了他。孔子说："仲由，你怎么总是这么没有终止地责怪别人呢？守了三年丧，已经很久了。"子路出去以后，孔子说道："那个人要再过多长时间才能唱歌呢？再过一个月再唱歌就是很好的了。"

原 文

子路问于孔子曰："伤哉！贫也。生而无以供养,死则无以为礼①也。"孔子曰："啜菽②饮水,尽其欢也,斯为之孝乎。敛③手足形,旋葬而无椁,称其财,斯谓之礼,贫何伤乎？"吴延陵季子聘于上国④,适齐,于其返也,其长子死于嬴、博之间。孔子闻之曰："延陵季子,吴之习于礼者也。"往而观其葬焉。其敛以时服而已；其圹⑤掩坎⑥深不至于泉；其葬无盟器⑦之赠。既葬,其封广轮掩坎,其高可肘隐⑧也。既封,则季子乃左袒,右还其封,且号者三,曰："骨肉归于土,命也。若魂气则无所不之,则无所不之而遂行。孔子曰："延陵季子之礼,其合矣。"

注 释

①礼：指丧礼。②菽：豆类的总称。③敛：通"殓"。④上国：齐国。⑤圹：墓地。⑥坎：坑穴。⑦盟器：明器,随葬品。⑧隐：凭借,依据。

译 文

子路向孔子问道："贫穷真可悲啊,父母在世的时候不能好好奉养,死了以后也不能办好丧事。"孔子说道："即便是吃粗豆喝水,只要让父母感到快乐,也就是尽孝了。举办丧礼的时候,即便是衣服被单只能遮住身体,很快就下葬并且只有棺没有椁,只要是和自己的财力相当,也就符合礼了,有没有钱有什么重要的呢？"吴国的延陵季子出使齐国,在他返回的时候,他的长子在嬴、博两邑之间死了。孔子听到这件事以后说："延陵季子是吴国熟知礼的人,我要前往观看他如何举办丧礼。"延陵季子给儿子下葬时,装殓时只有日常的衣服,墓穴的深度没有达到泉水处,并且下葬的时候没有明器殉葬。埋葬了以后,墓地上所堆的土,长度和墓穴长度一样,高度是可以让人倚靠的。坟墓封好以后,季子袒露着左臂,向右绕着坟墓走,大哭了三遍,说道："骨肉回到土里,是命中注定的。你的灵魂却是无处不在的,无处不在。"然后就回去了。孔子说道："延陵季子的礼是符合规范的。"

颜氏家训

卷第一

序致第一

一

原文

夫圣贤之书,教人诚孝①,慎言检迹,立身扬名,亦已备矣。魏、晋已来②,所著诸子,理重事复,递相摹效③,犹屋下架屋,床上施床耳。吾今所以复为此者,非敢轨物范世也,业以④整齐门内,提撕子孙。夫同言而信,信其所亲;同命而行,行其所服。禁童子之暴谑,则师友之诫,不如傅婢⑤之指挥;止凡人之斗阋⑥,则尧、舜之道,不如寡妻之诲谕。吾望此书为汝曹之所信,犹贤于傅婢寡妻耳。

注释

①诚孝:忠孝。②已来:以来。已,通"以"。③摹效:模拟,仿效。④业以:用它来。⑤傅婢:婢女。⑥斗阋:指家庭里兄弟之间的争执。

译文

圣贤的书籍,教诲人们要忠诚孝顺,说话要谨慎,行为要检点,建功立业使声名远扬,所有这些方面也都已讲得很全面详细了。从魏晋时代开始,世间流传的一些诸子书籍,类似的道理重复而且内容相近,一个接一个互相模仿学习,这好比屋下又架屋,床上又放床,显得多余无用了。我如今之所以要再写这类书,并非是敢于给大家在为人处世方面做出什么规范,而只是用来整顿家风,教育子孙后代。同样的言语,因为是所亲近的人说出的就相信;同样的命令,因为是所佩服的人发出的就执行。禁止小孩间的胡闹嬉笑,那师友的训诫,就不如婢女的指令;阻止俗人的打架争吵,那尧舜的教导,就不如妻子的劝解。我希望这本《家训》能被你们所相信与遵循,希望它胜过婢女对孩童、妻子对丈夫所起的作用而已。

二

原文

吾家风教①,素为整密。昔在龆龀②(tiáo chèn),便蒙诱诲;每从两兄,晓夕温凊③(qìng)。规行矩步,安辞定色,锵锵翼翼,若朝严君焉。赐以优言,问所好尚,励短引长,莫不恳笃。年始九岁,便丁荼蓼④(tú liǎo),家涂⑤离散,百口索然。慈兄鞠养,苦辛备至;有仁无威,导示不切。虽读《礼》《传》,微爱属文,颇为凡人之所陶染,肆欲轻言,不修边幅。年十八九,少知砥砺,习若自然,卒难洗荡。二十已后,大过稀焉;每常心共口敌,性与情竞,夜觉晓非,今悔昨失,自怜无教,以至于斯。追思平昔之指,铭肌镂骨⑥,非徒古书之诫,经目过耳也。故留此二十篇,以为汝曹后车⑦耳。

注释

①**风教**:家风与家教。②**龆龀**:指儿童换牙的时期,这里代指童年时期。③**温凊**:冬季温暖,夏季清凉。温,冬季准备好被子,使父母感到温暖。凊,寒,凉。④**丁荼蓼**:丁,当,碰上。荼蓼,苦菜,喻苦辛,这里喻指双亲去世。⑤**家涂**:家道。⑥**铭肌镂骨**:形容体会深刻,难以忘记。⑦**后车**:后继之车,引申为借鉴。

译文

我家的门风家教,向来严整周密。在我还小的时候,就受到劝导教诲;每天跟随两位兄长,早晚孝顺、侍奉双亲,言谈谨慎举止端正,言语安详、神色平和,恭敬有礼、小心翼翼,好似拜见尊严的君王一样。双亲经常劝勉鼓励我们,问我们的爱好,慢慢改正我们的缺点,引导发挥我们的优点,态度既恳切又恰当。当我九岁的时候,父亲与母亲都去世了，家庭陷入困境，家业衰落，人丁萧条。哥哥抚养我，极其辛苦；他有仁爱而少威严，引导启示也不那么严厉。我当时虽也诵读《周礼》《左传》，但我又对写文章有爱好，很大程度上受到社会世人的影响，放纵欲望，言语轻率，且不修边幅。我到了十八九岁，才稍加磨砺、锻炼，只因习惯已成自然，短时间难以去除。直到二十岁以后，大的过错才较少出现；但还经常心是口非，善性与私情相矛盾，出现夜晚发觉清晨的错误，今天悔恨昨天犯下的过失的情况，自己常叹息由于缺乏教育，才会到了这种地步。回想起平生的意愿志趣，体会深刻；与那种只是阅读古书上的训诫，让这些教训经过一下眼睛、耳朵的情况是无法相比的。所以写下这二十篇文字，让你们引以为鉴。

教子第二

一

原　文

上智不教而成，下愚虽教无益，中庸之人①，不教不知也。古者，圣王有胎教之法：怀子三月，出居别宫，目不邪视，耳不妄听，音声滋味，以礼节②之。书之玉版，藏诸金匮③。生子咳提④，师保固明孝仁礼义，导习之矣。凡庶纵不能尔，当及婴稚，识人颜色，知人喜怒，便加教诲，使为则为，使止则止。比及数岁，可省笞罚。父母威严而有慈，则子女畏慎而生孝矣。吾见世间，无教而有爱，每不能然；饮食运为，恣其所欲，宜诫翻奖，应呵反笑。至有识知，谓法当尔。骄慢已习，方复制之，捶挞至死而无威。忿怒日隆而增怨，逮于成长，终为败德。孔子云："少成若天性，习惯如自然⑤"是也。俗谚曰："教妇初来，教儿婴孩。"诚哉斯语！

注　释

①**中庸之人**：中等智力的人，普通人。②**节**：约束，限制。③**金匮**：金属制的柜子，

用来收藏珍贵的东西。④咳提：指小儿啼哭、笑闹。⑤**少成若天性，习惯如自然**：《大戴礼记·保傅》："少成若天性，习惯如之长。"此句指出早期教育的极度重要性。

译 文

　　智力超群的人，不用教育他就能成才；智力迟钝的人，虽然教育他也没有用处；智力中常的人，不教育他就不会明白事理。古时候，圣王有所谓胎教的方法：王后怀胎到三个月时，就要搬到专门的房间，不该看的就不看，不该听的就不听，音乐、饮食，都按照礼节制。这种胎教的方法，都写在玉版上，藏在金匮里。太子生下来到两三岁时，教导他的太师、太保就已经确定好了，从那时起开始对他进行孝、仁、礼、义的教育训练。普通平民纵然不能如此，也应当在孩子知道辨认大人的脸色、明白大人的喜怒时，开始对他们加以教诲，叫他去做他就能去做，叫他不做他就不会去做。这样，等到他长大时，就可不必对他进行用竹板打的处罚了。当父母的平时威严而且慈爱，子女就会敬畏谨慎，从而产生孝心。我看这人世上，父母不知教育而只是溺爱子女的，往往不能这样：他们对子女的吃喝玩乐，任意放纵，本应告诫子女的，反而奖励；本应呵责，反而面露笑容。等到子女懂事，还以为按道理本当如此。子女骄横傲慢的习气已经养成了，才去制止它，把子女用鞭棍打死也树立不起威信。对子女火气一天天增加，招致子女的怨恨，等到子女长大成人，终究是道德败坏。孔子说："少成若天性，习惯如自然。"便是这个道理。俗话又说："教媳妇趁新到，教儿子要赶早。"这句话一点不假啊！

二

原 文

　　凡人不能教子女者，亦非欲陷其罪恶；但重于诃怒，伤其颜色①，不忍楚挞②惨其肌肤耳。当以疾病为谕，安得不用汤药针艾③救之哉？又宜思勤督训者，可愿苛虐于骨肉乎？诚不得已也。

● 孟母教子

　　孟子的母亲很重视对孟子的教育。孟子少年读书时不专心，他的母亲就故意割断了织好的布，并借此告诫孟子：学习如织布一样，不专心读书，就像断了的麻布一样，再也接不起来了。

注释

①**颜色**：脸色，神色。②**楚挞**：荆条，古时用作刑杖。引申为用刑杖打人。③**针艾**：针灸。中医用针具刺，用艾熏灼。

译文

一般人不去教育子女，也并不是想让子女去犯下错误；但更看重责骂使他脸面受到损伤，不忍心用荆条抽打使子女受皮肉之苦。这应该用治病来打比方，子女生了病，父母怎么能不用汤药针灸去救治他们呢？也应该为那些勤于督促训导子女的父母想一想，他们难道愿意虐待自己的亲骨肉吗？确实是不得已啊。

三

原文

王大司马母魏夫人，性甚严正；王在溢城①(pén)时，为三千人将，年逾四十，少不如意，犹捶挞之，故能成其勋业。梁元帝时，有一学士，聪敏有才，为父所宠，失于教义。一言之是，遍于行路，终年誉之；一行之非，掩藏文饰，冀其自改。年登婚宦，暴慢日滋，竟以言语不择，为周逖抽肠衅鼓②云。

注释

①**溢城**：即溢口，古城名，是溢水与长江交汇处，在今江西九江一带。②**衅鼓**：古代战争时，杀人或牲畜，以其鲜血涂抹在鼓上用来祭奠。

译文

魏夫人，是大司马王僧辩的母亲，她有着极为严谨端正的品性。王僧辩在溢城时，已是一位统率三千名将士的首领，年龄超过四十，但稍有让母亲感到不如意的言行，母亲依旧会用棍棒来教训他。这样，王僧辩才得以功成名就。梁元帝时，有一位学士聪明机敏，颇有才气，从小得到父亲的宠爱，没有给予其该有的管教。假如他有一句话说得好，父亲就沿街到处宣扬，希望行人都可以晓得，一年到头不停地说；假如他有一件事做错了，父亲就为他极力遮掩，希望他能够改正自身。这位学士长大成人之后，粗暴傲慢的习气日渐增长，最终因为说话不慎，触犯周逖，周逖下令抽出他的肠子，并把他的血涂在战鼓上来进行祭祀。

四

原 文

父子之严，不可以狎；骨肉之爱，不可以简。简则慈孝不接①，狎则怠慢生焉。由命士②以上，父子异宫，此不狎之道也；抑搔痒痛，悬衾箧(qiè)枕③，此不简之教也。或问曰："陈亢④喜闻君子之远其子，何谓也？"对曰："有是也。盖君子之不亲教其子也，《诗》有讽刺之辞，《礼》有嫌疑之诫，《书》有悖乱之事，《春秋》有邪僻之讥，《易》有备物之象：皆非父子之可通言，故不亲授耳。"

注 释

①**慈孝不接**：慈和孝不能接触，就是慈和孝都做不好。②**命士**：被授予爵位，有一定官职的士人。③**抑搔痒痛，悬衾箧枕**：为父母按摩止痛止痒，铺床叠被。④**陈亢**：孔子的学生。

译 文

以父亲的威严，就不应该对孩子过分亲昵；以至亲的相爱，就不应该不拘礼节。不拘礼节，慈爱孝敬就都谈不上了；如果过分亲昵，那么放肆不敬之心就会产生。从有身份的读书人往上数，他们父子之间都是分室居住的，这就是不过分亲昵的道理；当晚辈的替长辈抓搔，收拾卧具，这就是讲究礼节的道理。有人要问："陈亢这人很高兴听到君子与自己的孩子保持距离的事，这究竟是什么意思呀？"我要回答说："不错啊，大概君子是不亲自教授自己孩子的。因为《诗经》里面有讽刺骂人的诗句，《礼记》里面有不便言传的告诫，《尚书》里面有悖礼作乱的记载，《春秋》里面有对淫乱行为的指责，《易》里面有备物致用的卦象，这些都不是当父亲的可以向自己孩子直接讲述的，因此君子不亲自教授自己的孩子。"

五

原 文

齐武成帝子琅邪王①，太子母弟也，生而聪慧，帝及后并笃爱之，衣服饮食，与东宫②相准。帝每面称之曰："此黠儿也，当有所成。"及太子即位，王居别宫，礼数优僭(jiàn)，不与诸王等；太后犹谓不足，常以为言。年十许岁，骄恣无节，器服玩好，必拟乘舆③；尝朝南殿，见典御④进新冰，钩盾⑤献早李，还索不得，遂大怒，诟(gòu)曰："至尊已有，我何意无？"不知分齐，率皆如此。识者多有叔段、州吁⑥之讥。后嫌宰相，遂矫诏斩之，又惧有救，乃勒麾下军士，防守殿门。既无反心，受劳而罢，后竟坐此幽薨。

【注释】

①**齐武成帝**：指北齐皇帝高湛，其谥号是武成皇帝。**琅邪王**：指高湛的第三子高俨，曾被封为琅邪王。②**东宫**：古代太子所居住的宫殿，此处代指太子。③**乘舆**：帝王所乘坐的车子。④**典御**：此处指尚食典御，主管帝王饮食的官员。⑤**钩盾**：主管园林事务的官员。⑥**叔段、州吁**：叔段，即共叔段，春秋初期郑庄公的弟弟，自幼因其母的溺爱，后来发动叛乱，为郑庄公所平定。州吁，春秋期卫庄公之子，小时就受其父宠爱，变得凶残、刚愎自用，后杀其兄卫桓公自立，不久也被人杀害。

【译文】

齐武成帝的三儿子琅邪王高俨，是太子高纬的同母弟，他天生聪明、充满智慧，武成帝与皇后都极为喜爱他，穿的衣服、吃的食物都要依照太子的级别来进行安排。成帝经常当面称赞他："这是一个机灵的孩子，将来必定会成就大事业的。"在太子即位之后，琅邪王移居到别宫，他受到的礼遇还与当年一样优越，级别超过其他的诸侯王；在这种情况之下，太后还觉得对他不够好，时常在皇帝面前说起这事。才十多岁的琅邪王，极为放荡不羁、毫无节制，所有赏玩器物、衣着服饰都要与皇帝相比。他曾经前往南殿朝拜，看见尚食典御向皇上进献新出的冰块，钩盾进献早熟的李子，回去后派人去要，没能得到，之后就大发脾气，大骂："皇上拥有的东西，为什么我就没有呢？"所有的行为都是如此，丝毫分寸都不懂。在其他事情上也大都如此。有才识的人多半讥笑他像公叔段、州吁一样，不懂君臣有别的礼节。之后，琅邪王由于嫌弃宰相，假传圣旨将其杀掉，同时因为担心会有人前来相救，让自己的手下军士，严守住殿门。他并没有叛乱的想法，受到安抚后就撤兵了，但后来终究还是由于此事被秘密处死。

六

原文

人之爱子，罕亦能均；自古及今，此弊多矣。贤俊者自可赏爱，顽鲁者亦当矜怜。有偏宠者，虽欲以厚之，更所以祸之。共叔之死①，母实为之。赵王之戮②，父实使之。刘表之倾宗覆族③，袁绍之地裂兵亡④，可为灵龟明鉴也。

注释

①**共叔之死**：共叔段是郑庄公的弟弟，因为受到母亲偏爱而造反，最终被杀。②**赵王之戮**：赵王，指汉高帝刘邦之子刘如意，其母戚夫人因受刘邦宠幸，与吕后结仇，吕后后来将如意毒死，将戚夫人折磨至死。③**刘表之倾宗覆族**：刘表，东汉末年荆州牧，有刘琦、刘琮二子，两兄弟反目成仇，结果被曹操击败。④**袁绍之地裂兵亡**：袁绍，东汉末年军阀，生有三子，三子内讧，最后被曹操各个击破。

译文

人们爱孩子，很少能做到平等对待，从古到今，这种弊病一直都很多。其实聪明俊秀的固然引人喜爱，顽皮愚笨的也应该加以怜悯。那种有偏爱的家长，即使是想对他好，却反而会给他招祸殃。共叔段的死，实际是他母亲造成的。赵王刘如意的死，汉高帝对此负有责任。刘表的宗族倾覆，袁绍的领地被占领、军队覆灭，都像灵龟、明镜一样值得后人借鉴。

七

原文

齐朝有一士大夫，尝谓吾曰："我有一儿，年已十七，颇晓书疏，教其鲜卑语及弹琵琶，稍欲通解，以此伏事公卿，无不宠爱，亦要事也。"吾时俛①（fǔ）而不答。异哉，此人之教子也！若由此业，自致卿相，亦不愿汝曹为之。

注释

①**俛**：通"俯"，低下头。

译文

北齐有个士大夫，曾对我说："我有个儿子，已有十七岁，很懂得抄抄写写的事，教他讲鲜卑语、弹奏琵琶，差不多都学会了，凭这些来服侍三公九卿，没有不宠爱他的，这也是紧要的事情。"我当时低头没有回答。奇怪啊，这个人用这样的方式来教育儿子！如果用这种办法，就算可以做到卿相，我也不愿让你们去干的。

兄弟第三

一

原　文

夫有人民而后有夫妇，有夫妇而后有父子，有父子而后有兄弟：一家之亲，此三而已矣。自兹以往，至于九族，皆本于三亲焉，故于人伦为重者也，不可不笃。兄弟者，分形连气①之人也。方其幼也，父母左提右挈，前襟后裾②，食则同案，衣则传服，学则连业，游则共方，虽有悖乱之人，不能不相爱也。及其壮也，各妻其妻，各子其子，虽有笃厚之人，不能不少衰也。娣姒③之比兄弟，则疏薄矣；今使疏薄之人，而节量亲厚之恩，犹方底而圆盖，必不合矣。惟友悌深至，不为旁人之所移者，免夫！

注　释

①**连气**：又称"同气"。指兄弟同为父母所生，气息相同相连。②**前襟后裾**：指兄弟有的拉父母的衣前襟，有的牵父母的衣后摆。襟，上衣的前幅。裾，上衣的后幅。
③**娣姒**：兄弟妻子们之间的称呼，也称妯娌。

译　文

有了人群然后才有夫妻，有了夫妻然后才有父子，有了父子然后才有兄弟：一个家庭里的亲人，就有这三种关系。由此类推，直推到九族，都是源于这三种亲属关系，所以这三种关系在人伦关系中极为重要，不能不认真对待。兄弟，是形体虽然分开，但是气息相连的人。当他们幼小的时候，父母左手牵右手携，拉前襟扯后摆，吃饭同桌，衣服依次传承着穿，学习用同一册课本，游玩去同一处地方，即使有荒谬胡来的行为，也不可能不相友爱。等到进入壮年时期，各有各的妻，各有各的子，即使是诚实厚道的，感情上也不可能不减弱。至于妯娌比起兄弟来，就更疏远而欠亲密了。如今让这种疏远欠亲密的人，来节制度量亲密的关系，就好比那方的底座要加个圆盖，必然是合不拢了。这种情况只有十分敬爱兄长和友爱兄弟，不被妻子所动摇才能避免出现啊！

二

原文

二亲既殁(mò)，兄弟相顾，当如形之与影，声之与响。爱先人之遗体①，惜己身之分气，非兄弟何念哉？兄弟之际，异于他人，望深则易怨，地亲则易弭。譬犹居室，一穴则塞之，一隙则涂之，则无颓毁之虑；如雀鼠之不恤，风雨之不防，壁陷楹沦，无可救矣。仆妾之为雀鼠，妻子之为风雨，甚哉！

注释

①遗体：古人认为自己的身体是祖先所遗留下来的，所以称为"遗体"。

译文

双亲已经去世，留下兄弟彼此照顾，兄弟间的关系应当既像形和影，又像声和响那样紧密。爱护先人的遗体，顾惜自身的血肉关系，除了兄弟还能挂念谁呢？兄弟之间，与他人可不一样，要求高就容易产生埋怨，而接触密切就容易消除隔阂。譬如住的房屋，出现了一个漏洞就堵塞，出现了一条细缝就填补，那就不会有倒塌的危险；假如有了雀鼠也不忧虑，刮风下雨也不防御，那么就会墙崩柱摧，无法挽回了。仆妾比那雀鼠，妻子比那风雨，怕还更厉害些吧！

三

原文

兄弟不睦，则子侄不爱；子侄不爱，则群从①疏薄；群从疏薄，则僮仆为仇敌矣。如此，则行路皆踖(jí)②其面而蹈其心，谁救之哉？人或交天下之士，皆有欢爱，而失敬于兄者，何其能多而不能少也！人或将数万之师，得其死力，而失恩于弟者，何其能疏而不能亲也！

> 注 释

①**群从**：指堂兄弟及其子侄。②**蹋**：践踏。

> 译 文

兄弟之间如果不能和睦，子侄这些后辈之间就不能互相爱护；子侄之间如果不互相爱护，家庭中的子弟辈们就会关系疏远；如果子弟辈们关系疏远，那童仆之间就可能成为仇敌。这样，过往路人都可以任意欺辱他们，谁能够救助他们呢？有的人却能够结交天下之士，相互之间都能快乐友爱，而对自己的哥哥却缺乏敬意，为什么对多数人可以做到的，而对少数人却不行呢！有人能统领几万军队，使部属以死效力，而对自己的弟弟却缺乏爱护，为什么对关系疏远的人能够做到的，对关系亲密的人却是不行呢！

四

> 原 文

娣姒者，多争之地也，使骨肉居之，亦不若各归四海，感霜露而相思，伫日月之相望也。况以行路之人，处多争之地，能无间者，鲜矣。所以然者，以其当公务而执私情，处重责而怀薄义也；若能恕己①而行，换子而抚，则此患不生矣。

> 注 释

①**恕己**：扩充爱心，以己度人。

> 译 文

妯娌之间，是最容易发生纠纷的。即使是亲姐妹形成的至亲关系，也最好是能够住在四面八方，以在霜露之寒时产生相思之感，仰观日月而遥相盼望。何况妯娌本是陌路之人，处在多纠纷之地，相互间能够不生嫌隙之心的实在太少了。会出现这种情况，是因为为大家办理家庭的公事，却要顾及自己的私利，肩负重大责任时，心底却挂念着个人的恩怨。假如这些人能够多宽恕原谅对方，把对方的孩子当成自己的孩子那样关心，那么妯娌不和的事情自然就不会发生了。

五

> 原 文

人之事兄，不可同于事父，何怨爱弟不及爱子①乎？是反照而不明也。沛国刘琎②,尝与兄瓛连栋隔壁,瓛呼之数声不应,良久方答;瓛怪问之,乃曰:"向来未着衣帽故也。"以此事兄,可以免矣。

注释

①怨爱弟不及爱子:指弟弟埋怨兄长爱弟弟不如爱他自己的儿子。②刘琎:字子圭,南北朝时期大儒,性至孝,笃志好学。

译文

有人不肯以对待父亲的态度来服侍兄长,又怎么能埋怨兄长对自己不如自家孩子那样爱护呢?以此反观就可看出自己缺乏自知之明。沛国的刘琎曾与哥哥刘瓛住房只隔着一层墙壁,有一次,刘瓛喊叫刘琎,连叫几声都没有回答,过了好长时间才听见他答应。刘瓛感到奇怪,问他原因,他说:"因为刚才还没有穿戴好衣帽。"以这样的态度服侍兄长,就可以免除隔阂了。

六

原文

江陵王玄绍①,弟孝英、子敏,兄弟三人,特相爱友,所得甘旨新异,非共聚食,必不先尝,孜孜②色貌,相见如不足者。及西台③陷没,玄绍以形体魁梧,为兵所围;二弟争共抱持,各求代死,终不得解,遂并命尔。

注释

①王玄绍:生平不详,疑为南朝齐梁时期人。②孜孜:勤勉的样子。③西台:指江陵。

译文

江陵的王玄绍与弟弟王孝英、王子敏,这兄弟三人,彼此间十分友爱。只要是有美味或是新鲜奇特的食物,只有在兄弟三人都在时才会共同享用,绝对不会某个人独自先品尝。兄弟间热忱诚恳的态度溢于言表,每次见面都会觉得在一起的日子太过短暂。当西台被攻陷时,王玄绍因为自己体形魁梧,被敌兵围困,两个弟弟争着去将他抱住,愿意为他去死,但灾难并未因此消减,与兄长同时被害。

后娶第四

一

原文

吉甫①,贤父也;伯奇②,孝子也。以贤父御孝子,合得终于天性,而后妻间之,伯奇遂放。曾参③妇死,谓其子曰:"吾不及吉甫,汝不及伯奇。"王骏④丧妻,亦谓人曰:"我不及曾参,子不如华、元。"并终身不娶,此等足以为诫。其后,假继⑤惨虐孤遗,离间骨肉,伤心断肠者,何可胜数。慎之哉!慎之哉!

注释

①**吉甫**:即尹吉甫,西周宣王时期的大臣。②**伯奇**:相传是吉甫长子,其母早亡,后母想将自己的儿子立为继承人,暗地里对伯奇进行陷害。吉甫大怒,把伯奇逐出家门。后来,伯奇作琴曲《履霜操》来自述情怀。吉甫听后才知道冤枉了他,于是射杀后妻。③**曾参**:即曾子,孔子的学生。④**王骏**:西汉成帝时的大臣,王骏丧妻后,没有续娶。⑤**假继**:继母。

译文

吉甫,是一位贤明的父亲;伯奇,是一位孝顺的儿子。贤父对待孝子,父子之间慈孝的天性应当是能够一直存在的,但由于后妻挑拨,儿子伯奇被放逐。曾参的妻子死去时,他对儿子说:"我的贤明不如吉甫,你的孝顺也不如伯奇。"王骏的妻子去世时,他也对人说:"我自己难以和曾参相比,我的儿子也不如曾华、曾元。"曾参、王骏此后都没有再娶。这些事足以让我们引以为戒。后世不断地出现继母虐待孤儿,离间前妻之子及其父的血脉之情,使得无数人为此伤心断肠。对此要多加小心啊!对此要多加小心啊!

二

原文

江左不讳庶孽①,丧室之后,多以妾媵②终家事;疥癣蚊虻,或未能免,限以大分,故稀斗阋之耻。河北鄙于侧出③,不预人流,是以必须重娶,至于三四,母年有少于子者。后母之弟,与前妇之兄,衣服饮食,爱及婚宦,至于士庶贵贱之隔,俗以为常。身没之后,辞讼盈公门,谤辱彰道路。子诬母为妾,弟黜兄为佣,播扬先人之辞迹,暴露祖考④之长短,以求直己者,往往而有。悲夫!

注释

①庶孽:古代指小妾们所生下的子女,因其非正室妻子所生,因此这样称呼。②妾媵:旧时诸侯之女出嫁,从嫁的妹妹和侄女叫"妾媵"。后来广义地称正妻以外的婢妾为"妾媵"。③侧出:即小妾所生的子女,与庶孽义同。④祖考:过世的父祖辈人。

译文

江东对妾室生下的孩子没有什么歧视,正妻死了以后,多由妾来主持家事。细小的纠纷,有时也许没能避免,但限于小妾的名分,打架、争吵等可耻的事情就很少见。黄河以北的地区鄙视妾室生下的孩子,不把他们当成是有身份的人,所以正妻死后必须从外面再娶正妻,甚至重娶三四次,以至后母年龄有时比大的儿子还小。后母生的孩子和前妻生的孩子,会有在衣服、饮食以及婚姻、仕宦上存在差异,甚至会有士庶贵贱的很大差异,而世俗对这种现象已经习以为常。这样的家庭,在父亲死后,往往打官司会挤破衙门,诽谤辱骂之声路上都能听得到。前妻之子诬蔑后母是小老婆,后母之子贬斥前妻之子当佣仆,他们四处传扬先辈的隐私,暴露祖宗的长短,以此来证明自己的正直,这种人时时出现。可悲啊!

三

原文

凡庸之性,后夫多宠前夫之孤,后妻必虐前妻之子;非唯妇人怀嫉妒之情,丈夫有沉惑之僻①,亦事势使之然也。前夫之孤,不敢与我子争家,提携鞠养,积习生爱,故宠之;前妻之子,每居己生之上,宦学②婚嫁,莫不为防焉,故虐之。异姓③宠则父母被怨，继亲虐则兄弟为仇，家有此者，皆门户之祸也。

注释

①沉惑：沉迷，迷惑。僻：不好的嗜好。②宦学：宦，指学习为官之事；学，指学习《六经》之事。③异姓：此处指前夫的儿子。

译文

常人的禀性，后夫大多宠爱前夫留下的孩子，后妻则必定虐待前妻丢下的骨肉；并不是只有妇人才会心怀嫉妒之情，男人才有一味溺爱的毛病，这也是事物的情势令他们这样。前夫的孩子，不敢与自己的孩子争夺家业，而从小照顾抚养他，日积月累就能够产生爱心，因此就宠爱他；前妻的孩子，地位往往在自己孩子之上，读书做官，男婚女嫁，没有一样不要提防，因此要虐待他。异姓的孩子被宠爱，父母就会遭到怨恨，后母虐待前妻的孩子，兄弟之间就会变成仇人，如果哪家有这种事，都是家庭的祸害啊！

四

原文

思鲁①等从舅殷外臣，博达之士也。有子基、谌，皆已成立②，而再娶王氏。基每拜见后母，感慕呜咽，不能自持，家人莫忍仰视。王亦凄怆，不知所容，旬月求退，便以礼遣，此亦悔事也。

注释

①思鲁：字孔归，颜之推长子。②成立：长大成人。

译文

殷外臣是思鲁孩子们的堂舅，他是一位学识渊博且心志通达之士。他有两个儿子，叫殷基和殷谌，都已长大成人，殷外臣又再娶王氏为妻。殷基每次拜见继母时，都会因为想到自己的生母而伤心哭泣，不能抑制自己的情绪，家里的人也都不忍心仰头看他。王氏心里也感到凄楚，不知道该怎么做，没到半个月就要求退婚，殷外臣无奈之下，只能按照礼节把她送回了娘家，这不能不说是一件令人懊悔的事。

五

原文

《后汉书》曰："安帝时，汝南薛包孟尝，好学笃行，丧母，以至孝闻。及父娶后妻而憎包,分出之。包日夜号泣,不能去,至被殴杖。不得已,庐于舍外,且入而洒扫。父怒,又逐之,乃庐于里门,昏晨不废。积岁余,父母惭而还之。后行六年服,丧过乎哀。既而弟子求分财异居,包不能止,乃中分其财:奴婢引其老者,曰:'与我共事久,若不能使也。'田庐取其荒顿者,曰:'吾少时所理,意所恋也。'器物取其朽败者,曰:'我素所服食,身口所安也。'弟子数破其产,还复赈给。建光①中,公车特征,至拜侍中。包性恬虚,称疾不起,以死自乞。有诏赐告归也。"

[注释]

① 建光:东汉安帝的年号。

[译文]

《后汉书》上说:"安帝的时候,汝南有个人名叫薛包,字孟尝,他好学行善,母亲去世,以奉行孝道而闻名。当他父亲娶了后妻,就开始憎恶薛包,把他赶出家门另住。薛包日夜痛哭,不愿离开,直至被棍棒殴打。薛包不得已,才在房子外面搭建了一个小屋,天刚刚亮就回家洒扫庭院。他父亲看到后极为恼怒,又将他赶了出去,薛包没有办法,只能又在里巷外搭建一个茅屋帐篷暂住,但他却总是记得每天早上按时回家,去给父母请安。这样的生活持续了一年多,薛包的父母对此也感到过意不去,让他搬回家居住。父母死后,薛包为他们守孝六年,超过一般丧礼所要求的期限。不久,他的弟弟提出要分割家产,居住在外面,薛包无法劝阻,就平分了家产:他要了奴婢中最为年老的,说:'这些奴仆和我共同居住了很长时间,你使唤不了。'田地房产,他要的是荒凉的,说:'这都是我年轻时一手打理过的,所以对它们很依恋。'对于那些器具之类的东西,他要那些损坏了的,说:'这都是我平常所惯用的,都觉得习惯了。'后来,在弟弟几次破产时,薛包依旧毫无顾忌地来接济弟弟。建光年间,公车署为此特地召见薛包,同时授予他侍中的官职。薛包生来性情恬淡,以身体有病为由要求回家终老,朝廷无奈之下,下诏准许他带着官职返乡养病。"

治家第五

一

原文

夫风化①者,自上而行于下者也,自先而施于后者也。是以父不慈则子不孝,兄不友则弟不恭,夫不义则妇不顺矣。父慈而子逆,兄友而弟傲,夫义而妇陵②,则天之凶民,乃刑戮之所摄,非训导之所移也。

注释

①风化:教育与感化。②陵:通"凌",侵侮。

译文

教育感化的事,是从上向下推行延续,前人影响后人。所以,父亲不慈爱,子女就不可能孝顺;哥哥不友爱,弟弟就不可能恭敬;丈夫不仁义,妻子就不可能和顺。父亲慈爱而子女忤逆,哥哥友爱而弟弟倨傲,丈夫仁义而妻子凶悍,那便是天生的凶民,只有靠刑罚杀戮来让他们畏惧,而不是靠训导教育能够加以改变的。

二

原文

笞怒废于家,则竖子之过立见;刑罚不中,则民无所措手足。治家之宽猛,亦犹国焉。孔子曰:"奢则不孙①,俭则固;与其不孙也,宁固。"又云:"如有周公之才之美,使骄且吝,其余不足观也已。"然则可俭而不可吝已。俭者,省约为礼之谓也;吝者,穷急不恤之谓也。今有施则奢,俭则吝;如能施而不奢,俭而不吝,可矣。

> **注 释**
>
> ①孙：同"逊"，恭顺。

> **译 文**
>
> 　　家庭内部没有严厉的体罚，孩子们的过失立刻就会出现；刑罚施用不当，百姓就不知如何是好。治家的宽严标准，也与治国一样。孔子说："奢侈就显得不恭顺，俭朴就显得鄙陋；与其不恭顺，宁可鄙陋。"孔子又说："假如有一个人有周公那样好的才能，但只要他既骄傲又吝啬，那其他方面也是不足道的。"这么说来就应该节俭而不应该吝啬了。节俭，即是减省节约以合乎礼数；吝啬，即是对穷困急难的人也不救济。现在可以施舍的却也奢侈，能节俭的却又吝啬；假如能做到肯施舍而不奢侈，能节俭而不吝啬，那就可以了。

三

> **原 文**
>
> 　　生民之本，要当稼穑而食，桑麻以衣。蔬果之畜，园场之所产；鸡豚之善，坁①圈之所生。爰及栋宇器械，樵苏②脂烛，莫非种殖之物也。至能守其业者，闭门而为生之具以足，但家无盐井③耳。今北土风俗，率能躬俭节用，以赡衣食；江南奢侈，多不逮焉。梁孝元④世，有中书舍人，治家失度，而过严刻，妻妾遂共货刺客，伺醉而杀之。

> **注 释**
>
> ①坁：鸡窝。②樵苏：烧火的柴草。③盐井：用来开采地下盐而挖出的井。④梁孝元：即梁元帝萧绎。

> **译 文**
>
> 　　对老百姓来说，最根本的活动，就是要播种收获以便解决吃饭的问题，种植桑树、麻草来解决穿衣问题。存储的蔬菜果品，都产于果园场圃之中；吃到的鸡猪之肉，都是鸡窝、猪圈当中生养出来的。至于说房屋器具、柴草蜡烛之类的东西，无一不是由种植收获而获取的。对于那些可以保守家业的，关门在家，生活必需品都够用，不过缺一口盐井而已。北方的风俗，都可以做到勤俭节约，可以满足温饱问题。江南一带

的人较奢侈，大多不能赶上北方。梁元帝萧绎时，有一位中书舍人，治家的尺度没能把握好，过度严厉苛刻，他的妻妾就合谋买通刺客，趁他酒醉时杀了他。

四

原 文

世间名士但务宽仁，至于饮食饷馈，僮仆减损；施惠然诺，妻子节量，狎侮宾客，侵耗乡党：此亦为家之巨蠹矣。齐吏部侍郎房文烈，未尝嗔怒，经霖雨绝粮，遣婢籴米，因尔逃窜，三四许日，方复擒之。房徐曰："举家无食，汝何处来？"竟无捶挞。尝寄人宅，奴婢彻屋为薪略尽，闻之颦蹙①，卒无一言。

注 释

①颦蹙：皱眉，意为不高兴。

译 文

世上的一些名士，只知道讲究宽厚仁慈，以致款待客人的食品，被仆人克扣；承诺接济亲友的东西，由妻子把持控制，甚至发生狎弄、侮辱宾客、扰乱乡里的事：这也是家里的一大问题。齐朝的吏部侍郎房文烈，从来都不生气发怒。一次由于连续几天降雨，家中短缺了粮食，房文烈派一名婢女出去买米，婢女乘机逃跑了，过了三四天，才把她抓住。房文烈只是语气平和地对她说："一家人都没吃的了，你跑哪里去啦？"竟然没有痛打。房文烈曾经把房子借给别人居住，奴婢们把房子拆了当柴烧，差不多都要拆光了，他听到后皱了皱眉头，但最终没说一句话。

五

原 文

裴子野有疏亲故属饥寒不能自济者，皆收养之。家素清贫，时逢水旱，二石米为薄粥，仅得遍焉，躬自同之，常无厌色。邺下有一领军①，贪积已甚，家童八百，誓满一千；朝夕每人肴膳，以十五钱为率，遇有客旅，更无以兼。后坐事伏法，籍其家产，麻鞋一屋,弊衣数库,其余财宝,不可胜言。南阳有人,为生奥博②,性殊俭吝,冬至后女婿谒之,乃设一铜瓯酒,数脔③獐肉。婿恨其单率,一举尽之。主人愕然,俯仰④命益,如此者再,退而责其女曰:"某郎好酒,故汝常贫。"及其死后,诸子争财,兄遂杀弟。

注释

①**领军**:官名,东汉末年设置此官,后改名中领军。②**奥博**:广积富有。③**脔**:成块的肉。④**俯仰**:应对、周旋之意。

译文

裴子野有远亲故旧饥寒不能自救的,他都会将其收养下来。家里一向清贫,有时遇上水旱灾,用两石米煮成稀粥,勉强让大家都吃上饭,自己也和大家一起吃,从没有厌倦。京城邺下有个将军,贪敛财物猖狂,家仆已有了八百人,还发誓要凑满一千人;早晚每人的饭菜,以十五文钱为标准,遇到客人来,也不增加一些。后来犯事被处死,籍册没收家产,麻鞋有一屋子,旧衣装满几个仓库,其余的财宝,更多得说不完。南阳有个人,经营家业隐秘而广博,性极吝啬。冬至后女婿来看他,他只给准备了一铜瓯的酒,还有几块獐子肉。女婿不满太简单,一下子就吃尽喝光了。这个人很吃惊,只好勉强应付添上一点,这样添过几次,回头责怪女儿说:"你丈夫太爱喝酒,才弄得你老是贫穷。"等到他死后,几个儿子为争夺遗产,甚至发生了兄杀弟的惨事。

六

原文

妇主中馈①,惟事酒食衣服之礼耳,国不可使预政,家不可使干蛊②。如有聪明才智,识达古今,正当辅佐君子,助其不足;必无牝鸡晨鸣③,以致祸也。江东妇女,略无交游,其婚姻之家,或十数年间,未相识者,惟以信命赠遗,致殷勤焉。邺下风俗,专以妇持门户,争讼曲直,造请逢迎,车乘填街衢,绮罗盈府寺④,代子求官,为夫诉屈。此乃恒、代之遗风⑤乎?南间贫素,皆事外饰，车乘衣服，必贵整齐；家人妻子，不免饥寒。河北人事，多由内政，绮罗金翠，不可废阙，羸(léi)马悴(cuì)奴，仅充而已。倡和之礼，或尔汝之。

注释

①**中馈**：指家中饮食祭祀之类的事情。②**干蛊**：主持事务。③**牝鸡晨鸣**：谓母鸡报晓，古时喻指女性掌权。④**府寺**：指高级官员们的住宅。⑤**恒、代之遗风**：恒指恒州，代指代郡，此处以恒、代借指北朝旧时的风俗。

译文

妇女主持家中饮食之事，只不过把酒食衣服准备得符合礼制而已。对于国家而言，不能让她过问国家大事；家中不能让她主持家中主要事务。如果真有聪明才智，见识通达古今，也只应辅佐丈夫，对他做不到的事做点帮助；一定不要让母鸡代替公鸡报晓，招致祸殃。江东的妇女，很少对外交往，她们娘家与婆家双方，有十几年还不相识的，只派人传达音信或送礼品，来表示深情厚意。邺城的风俗，专门让妇女当家，争讼曲直，谒见迎候，所乘的车马填塞道路，穿着绫罗绸缎挤满官署，有的为儿子乞求官职，有的为丈夫诉说冤屈。这应是鲜卑人的遗风吧？南方的贫寒人家，都注意修饰外表，车马、衣服，一定讲究整齐；而家人妻子，反不免饥寒。黄河以北地区交际应酬，多凭妇女，绮罗金翠，不能短少，而马匹瘦弱、奴仆憔悴，勉强充数而已。夫妇之间交谈，一唱一和的称呼礼仪，已经被彼此轻贱的称呼所替代了。

七

原文

河北妇人，织纴(rèn)组紃(xún)①之事，黼黻②锦绣罗绮之工，大优于江东也。太公曰："养女太多，一费也。"陈蕃曰："盗不过五女之门。"女之为累，亦以深矣。然天生蒸民③，先人传体，其如之何？世人多不举女，贼行骨肉，岂当如此，而望福于天乎？吾有疏亲，家饶妓媵(yìng)④，诞育将及，便遣阍(hūn)竖守之。体有不安，窥窗倚户，若生女者，辄持将去。母随号泣，使人不忍闻也。

注释

①织纴组紃：指妇女所从事的女红之类的事情。纴，丝缕；紃，丝绳带。②黼黻：衣服上所绣的花纹。③烝：通"烝"，众多的意思。④妓媵：家妓和小妾。

译文

黄河以北妇女，从事织纺的工作，制作绣有花纹绸布的手工技巧，都大大胜过江东的妇女。姜太公说："女儿养得太多，实为一种耗费。"陈蕃说："盗贼也不光顾有五个女儿的家庭。"女儿带来的拖累，也太深重了。但天生众民，先辈传下的骨肉，你拿她怎么办呢？一般人通常都不愿抚养女儿，生下的亲骨肉对其也要加以残害，难道这样做，还期望老天赐福给你吗？我有一个远亲，家中多有姬妾，有谁产期快要到的时候，就派看门人去监守。一旦产妇身体不安，就从门窗往里窥视，如果生下的是女孩，就立即抱走。母亲随之号啕大哭，真让人不忍心听下去。

八

原文

妇人之性，率宠子婿而虐儿妇。宠婿，则兄弟之怨生焉；虐妇，则姊妹之谗行焉。然则女之行留①，皆得罪于其家者，母实为之。至有谚云："落索阿姑餐。"此其相报也。家之常弊，可不诫哉！婚姻素对，靖侯成规②。近世嫁娶，遂有卖女纳财，买妇输绢，比量父祖，计较锱铢③，责多还少，市井无异。或猥婿在门，或傲妇擅室，贪荣求利，反招羞耻，可不慎欤！

注释

①行留：女子的出嫁和滞留。②靖侯：指颜之推九世祖颜含，因功绩被封为西平县侯，死后谥曰靖侯。成规：前人定下的规矩。③锱铢：喻指极其微小的利益。

译文

女人的禀性，多为宠爱女婿而虐待儿媳。宠爱女婿，则儿子的不满就会产生；虐待儿媳，则女儿的谗言就随之而至。那么不论是嫁女儿还是娶儿媳，都要得罪家人，这实在是当母亲的造成的。以致有谚语说："阿姑吃饭好冷清。"这是对她的报应啊。这是家庭中经常出现的弊端，能不警诫吗！男女婚配要节俭，这是先祖靖侯立下的规矩。近来嫁女儿娶媳妇，竟然有卖女儿捞钱财，用财礼买媳妇的。为子女选择配偶时，比较算计对方父辈祖辈的权势地位，斤斤计较对方财礼的多寡；女方要求得多，男方应允得少，与商人没有差别。结果，招的女婿猥琐鄙贱，娶来的媳妇凶悍擅权。他们贪荣求利，反而招来羞耻，对此能够不慎重吗？

九

原文

借人典籍，皆须爱护，先有缺坏，就为补治，此亦士大夫百行之一也。济阳江禄①，读书未竟，虽有急速，必待卷束整齐，然后得起，故无损败，人不厌其求假焉。或有狼藉几案，分散部帙②，多为童幼婢妾之所点污，风雨虫鼠之所毁伤，实为累德。吾每读圣人之书，未尝不肃敬对之。其故纸有《五经》词义，及贤达姓名，不敢秽用也。吾家巫觋③祷请，绝于言议；符书章醮④亦无祈焉。并汝曹所见也，勿为妖妄之费。

注释

①**江禄**：字彦遐，南朝梁人，好学，以文章著称。②**部帙**：书籍的卷帙。③**巫觋**：女巫为巫，男巫为觋，泛指各类精于施展巫术的人。④**符书章醮**：古代道家施行法术的文书。

译文

借来其他人的书籍，都要好好保护，以前就有缺坏，就主动把它修补好，这也是士大夫的百种善行之一。济阳人江禄，读书未结束时，就算突然有极为要紧的事情，也必然要先把书卷整理好，再起身去做，所以他的书籍都是没有受到损坏的。别人也不讨厌他来借书。有人把书籍乱放在桌上，书卷都散开了，易被小孩、婢妾弄脏，还有可能遭

●借人典籍，皆须爱护

到风雨、蛀虫损伤，这些行为都是有违道德的。每当我拜读圣人写的书时，从未很随便地对待过。废纸上留有《五经》上的言辞与贤人的姓名，不敢将它用在污秽的所在。我们家从来不信奉巫婆或道僧祈福的事情；也没有以符书设道场去祈求的举动。这些你们都是看到的，一定不可以把钱花费在这些虚妄的事情上。

卷第二

风操第六

一

原文

吾观《礼经》①,圣人之教:箕帚匕箸②,咳唾唯诺,执烛沃盥(guàn),皆有节文,亦为至矣。但既残缺,非复全书;其有所不载,及世事变改者,学达君子,自为节度,相承行之,故世号士大夫风操。而家门颇有不同,所见互称长短;然其阡陌③,亦自可知。昔在江南,目能视而见之,耳能听而闻之;蓬生麻中④,不劳翰墨。汝曹生于戎马之间,视听之所不晓,故聊记录,以传示子孙。

注释

①《礼经》:一般指《仪礼》,也称《士礼》,但根据后文的内容来看,此处应指《礼记》。②匕箸:勺、匙、筷子之类的取食用具。③阡陌:本指田间纵横交错的小路。此处是途径的意思。④蓬生麻中:比喻人受环境影响。

译文

我阅读《礼经》,上面有圣人的教诲:为长辈清扫秽物时应该怎样使用簸箕扫帚,进餐时应该怎样选择匙、筷子,在长辈面前应该采用怎样一种行为姿态,酒席宴会上应该有些什么规矩,服侍长辈洗手又应该怎么进行,都有一定的规范,说得也特别周详。但这部书已经残缺,不再是全本;有些礼仪规范,书上也没有记载;有些则需根据世事的变化进行相应调整,博学通达的君子,自己去权衡度量制定了一些规范与标准,因此就把这些礼仪规范称为士大夫的风操。然而各个家庭的情况有所不同,对所见到的礼仪规范的看法不同,但它们的大致路径还是清楚的。我过去途经江南的时候,对这些礼仪规范耳闻目睹,早已深受其熏染,就如同蓬蒿生长在麻之中,不用培育也长得很直一样。你们生长在战乱的年代,对这些礼仪规范当然是看不见也听不到的,因此我姑且把它们记录下来,以此教导子孙后代。

二

原文

《礼》云:"见似目瞿,闻名心瞿①。"有所感触,恻怆心眼;若在从容平常之地,幸须申其情耳。必不可避,亦当忍之;犹如伯叔兄弟,酷类先人,可得终身肠断,与之绝耶?又:"临文不讳,庙中不讳,君所无私讳②。"益知闻名,须有消息,不必期于颠沛而走也。梁世谢举,甚有声誉,闻讳必哭,为世所讥。又有臧逢世,臧严之子也,笃学修行,不坠门风;孝元经牧江州,遣往建昌督事,郡县民庶,竞修笺书,朝夕辐辏③,几案盈积,书有称"严寒"者,必对之流涕,不省取记,多废公事,物情怨骇,竟以不办而还。此并过事也。

注释

①**见似目瞿,闻名心瞿**:看到容貌与父母相似的人就目惊,听到和父母相同的名字就心惊。②**临文不讳,庙中不讳,君所无私讳**:做文章时用到本应避讳的字可以不避讳;在宗庙里祭祀时,祭祀者可以称被祭者的名字而不必避讳;在君主面前不应避自己父祖的名讳。③**辐辏**:本意指车条,这里是汇聚的意思。

译文

《礼记》上说:"看见与过世父母相似的容貌,会感到视觉冲击,听到与过世父母相同的名字,都会心跳不安。"这主要是因为有所感触,而引发了内心的哀痛。如果在气氛和谐的地方发生这类事,可以把这种感情表达出来。遇到实在无法回避的,也应该忍一忍。就比如自己的叔伯兄弟,相貌有酷似过世父母的,难道你能因此而一辈子伤心断肠,同他们绝交吗?《礼记》上还说过:"写文章时不用避讳,在宗庙祭祀不用避讳，在国君面前不避私讳。"这就让我们进一步懂得了在听到先人的名字时，应该先斟酌一下自己应当采取的态度，不一定非要立刻窘迫趋避不可。梁朝的谢举，他很有声誉，但听到别人称先父母的名字就要哭，引得世人对他讥笑。还有一位臧逢世，是臧严的儿子，其人特别爱好学习，修养品行，不失官宦人家的门风。梁元帝任江州刺史时，派他到建昌处理公事，当地黎民百姓纷纷写信来函，信函集中到官署，堆得桌子满满的。这位臧逢世在处理公务时，凡见信函中出现"严寒"一类的字样，必然为之掉泪，不再察看回复，所以经常耽误公事。人们对此既不满又感到诧异，他最终因不会办事被召回。以上所举都是些避讳不当的例子。

三

原文

近在扬都①，有一士人讳审，而与沈氏交结周厚，沈与其书，名而不姓，此非人情也。凡避讳者，皆须得其同训以代换之：桓公名白，博有五皓之称；厉王名长，琴有修短之目②。不闻谓布帛为布皓，呼肾肠为肾修也。梁武小名阿练，子孙皆呼练为绢③；乃谓销炼物为销绢物，恐乖其义。或有讳云者，呼纷纭为纷烟；有讳桐者，呼梧桐树为白铁树，便似戏笑耳。

注释

①扬都：南北朝时对建康的俗称。②"厉王"一句：厉王，汉高帝刘邦之子刘长，曾因骄横、无视法纪遭到贬斥，后自杀而死。死后谥曰厉，其子刘安召集文人撰《淮南子》，为避父讳，书中凡"长"字均改作"修"字。③"梁武"一句：梁武，梁武帝萧衍，因其小名练儿，子孙为避其讳，把"练"字呼作"绢"字。

译文

最近就在扬州，有个士人他避讳"审"字，但是同时又和姓沈的人相处很好，姓沈的人给他写信时，只写名而不写"沈"姓，这样的避讳也是有些过分了。凡是那些要避讳的字，都必须用它的同义词来代替：齐桓公名叫小白，五白这种博戏就叫作"五皓"；淮南厉王名长，当说到"琴有长短"时就说成"琴有修短"。尽管如此还没听有人把布帛叫成布皓，把肾肠叫成肾修的。梁武帝的小名叫阿练，因此他的子孙都把练说成是绢，把销炼物称为销绢物，这样一说意思就改变了不少。还有避讳云字的，把纷纭叫作纷烟；避讳桐字的，把梧桐树叫成白铁树，像是在开玩笑一样了。

四

原文

周公名子曰禽，孔子名儿曰鲤，止在其身，自可无禁。至若卫侯、魏公子、楚太子，皆名虮虱；长卿①名犬子，王修名狗子，上有连及②，理未为通，古之所行，今之所笑也。北土多有名儿为驴驹、豚子者，使其自称及兄弟所名，亦何忍哉？前汉有尹翁归，后汉有郑翁归，梁家亦有孔翁归，又有顾翁宠；晋代有许思妣（bǐ）、孟少孤，如此名字，幸当避之。今人避讳，更急于古。凡名子者，当为孙地③。吾亲识中有讳襄、讳友、讳同、讳清、讳和、讳禹，交疏造次，一座百犯，闻者辛苦，无憀（liáo）赖④焉。

注释

①**长卿**：即司马相如。②**连及**：关联、牵涉之义。③**孙地**：为后世子孙留有余地。④**憀赖**：亦作"聊赖"，无所归适之感。

译文

周公给自己的儿子取名字叫禽，孔子给自己的儿子取名字叫鲤，只是他们自身的称呼，可以不去理会它。至于说卫侯、韩公子、楚太子的名字都叫虮虱；司马长卿名叫犬子，王修名叫狗子，名字涉及了自己的父母，就显得不合情理了。古人所做的这些事，现如今不免成了笑料。北方人们经常给儿子取名为驴驹、猪崽，这样的名字用来自称或让他兄弟去称呼的话，怎么能受得了呢？前汉的时候有尹翁归，后汉的时候有郑翁归，梁朝有孔翁归，还有顾翁宠；晋代有许思妣、孟少孤，诸如此类的名字，都是要有意避免的。现代人的避讳，与古人相比，有过之而无不及。那些为自己儿子取名字的，应当为他们的孙子考虑一下。我的亲朋中有避讳"襄""友""同""清""和""禹"等字的。大家在一起交谈时，交情较远的人考虑欠周到，说话的时候很容易触犯众人的忌讳，让听话的人伤怀，比较尴尬。

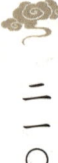

五

原文

昔司马长卿慕蔺相如①，故名相如；顾元叹慕蔡邕②，故名雍；而后汉有朱伥字孙卿③，许暹字颜回④，梁世有庾晏婴⑤、祖孙登，连古人姓为名字，亦鄙事也。昔刘文饶⑥不忍骂奴为畜产，今世愚人遂以相戏，或有指名为豚犊者：有识傍观，犹欲掩耳，况当之者乎？近在议曹⑦，共平章百官秩禄，有一显贵，当世名臣，意嫌所议过厚。齐朝有一两士族文学之人，谓此贵曰："今日天下大同，须为百代典式，岂得尚作关中旧意？明公定是陶朱公⑧大儿耳！"彼此欢笑，不以为嫌。

注释

①**蔺相如**：战国时赵国大臣，以高风亮节被后世视为楷模。②**顾元叹**：即顾雍，字元叹。顾雍曾跟随当时著名的学者蔡邕学习，蔡邕认为顾雍日后必成大器，于是将自己的名字给了顾雍。**蔡邕**：字伯喈，东汉时人，于诗、书、画、天文、地理无所不知，是当时有名的大学者。③**朱伥**：字孙卿，东汉人，顺帝时曾担任司徒一职。**孙卿**：即荀子，战国思想家，汉朝因避讳汉宣帝（刘询）的名讳，以"孙"代"荀"。④**许暹**：其生平不详。**颜回**：名回，字子渊，春秋时鲁国人，孔子的得意门生。⑤**庾晏婴**：南朝时梁人，其先祖为东晋司空庾冰。晏婴，字平仲，春秋时齐国大夫，历仕三朝，以善辞令而名闻诸侯。⑥**刘文饶**：东汉人刘宽，字文饶。刘宽请客人吃饭，派仆人出去买酒，仆人去了很久才回来，还喝得大醉。客人很生气，骂仆人是畜生。刘宽过了一会儿派人去查看仆人的情况，怀疑他会自杀。⑦**议曹**：古代主持议事的官署。⑧**陶朱公**：春秋时越国大夫范蠡。曾助越王勾践灭掉吴国，后周游齐国，定居在陶地，自号为陶朱公，是当时有名的大商人。其次子在楚地被囚禁，长子携黄金前往营救，终因花费钱财过多而舍不得，间接导致弟弟被杀害。

译文

从前司马长卿对蔺相如很是钦慕，因此改名相如；顾元叹对蔡邕钦慕，因此取名雍；而后汉有朱伥字孙卿，许遏字颜回，梁朝又有庾晏婴、祖孙登，所有这些把古人姓名作为自己名字的人，显得太卑贱了。在以前，刘文饶不忍心用畜生来辱骂奴仆，而现在的愚人们，却拿这些字词来开玩笑，甚至还有故意指称某人是猪崽、牛犊之类的，有学识的听者，都恨不能把自己的耳朵堵上，被骂之人的感受就可想而知了！近来，我在议曹参加商讨百官的俸禄标准问题，有一位权贵，是当世的一位名臣，觉得标准制定得太高了。一两位原齐朝士族的文学侍从对他说道："现在的国家大一统了，我们要尽可能地为后代树立典范，哪能仍然沿袭关中旧规呢？明公你如此小气，必然是陶朱公的大儿子吧！"在座的都相互取笑，还不感到厌恶。

六

原文

昔侯霸①之子孙，称其祖父曰家公；陈思王②称其父为家父，母为家母；潘尼③称其祖曰家祖：古人之所行，今人之所笑也。今南北风俗，言其祖及二亲，无云家者；田里猥人，方有此言耳。凡与人言，言己世父，以次第称之，不云家者，以尊于父，不敢家也。凡言姑姊妹女子子：已嫁，则以夫氏称之；在室，则以次第称之。言礼成他族，不得云家也。子孙不得称家者，轻略之也。蔡邕书集，呼其姑姊为家姑家姊；班固④书集，亦云家孙：今并不行也。凡与人言，称彼祖父母、世父母、父母及长(zhǎng)姑，皆加尊字，自叔父母已下，则加贤字，尊卑之差也。王羲之⑤书，称彼之母与自称己母同，不云尊字，今所非也。

注释

①**侯霸**：字君房，东汉时人。曾任尚书令、大司徒等职，谦虚谨严，好学不辍。②**陈思王**：曹操之子曹植，曾封于陈，卒后谥思，后世称之为陈思王。③**潘尼**：字正叔，晋代文人，勤勉于学，有著述传世。④**班固**：字孟坚，东汉史学家。⑤**王羲之**：东晋人，出身士族，是一代书法大家，有作品流传后世。《晋书》中评其书法为"飘若浮云，矫若惊龙"。

译文

过去侯霸的子孙们，称呼他们的祖父为家公；陈思王曹植则称他的父亲为家父，母亲为家母；潘尼称他的祖父叫家祖：这是古人的称呼，今人觉得可笑。现在不论南方还是北方，只要说到他的祖辈和父母双亲的，说"家"的几乎没有；只有村里粗鄙之人，才会这么说。和别人谈话的时候，提到自己的伯父，只是用排行来称呼，不用"家"，害怕尊重的情感超过父亲，不敢用"家"。凡是说到姑表姊妹、女儿，如果是已经出嫁的，就用丈夫的姓来称呼，没有出嫁的则用排行来称呼，在他们看来举行婚礼就成为别家的人，不好用"家"。子孙不好用"家"，是一种轻视的表现。蔡邕文集里对他的姑、姊都唤作家姑、家姊，班固文集里也称家孙，现在都是行不通的。

凡是与人交谈，对人家的祖父母、伯父母、父母和长姑等在称呼时，前面都加"尊"字，从叔父母以下，则是加"贤"字，这样区分，是为了表示尊卑的差别。王羲之写信时，对人家的母亲和自己的母亲称呼相同，不用"尊"字，现在是不这么做的。

七

原文

南人冬至岁首，不诣丧家；若不修书，则过节束带①以申慰。北人至岁②之日，重行吊礼；礼无明文，则吾不取。南人宾至不迎，相见捧手而不揖，送客下席而已；北人迎送并至门，相见则揖，皆古之道也，吾善其迎揖。昔者，王侯自称孤、寡、不谷③，自兹以降，虽孔子圣师，与门人言皆称名也。后虽有臣、仆之称，行者盖亦寡焉。江南轻重，各有谓号，具诸书仪④；北人多称名者，乃古之遗风，吾善其称名焉。

注释

①**束带**：整理衣服，以示恭敬。②**至岁**：冬至、岁首二节日。③**不谷**：古时帝王的谦称。④**书仪**：古时关于书札、典礼仪式等著作的通称。

译文

南方人遇到冬至、岁首这两个节日时，不去办丧事的人家；要是不写信表示哀悼的话，就要在节日过完之后穿戴整齐前去吊唁，以示慰问。与此相反，北方人在冬至、岁首这两个节日中，十分重视吊唁活动，这一点在礼仪上没有明文记载，我不抱有赞同意见。南方人有客人来家时不去迎接，见面只是拱手而不弯腰，送客的时候只是离开自己的座位而已；北方人则不然，迎接、送别客人时都要到门口，相见时行躬身礼，这些都是古代遗留下来的，我赞同这种待客之礼。从前，王侯自己称自己是孤、寡、不谷，之后，即使是孔子这样的圣人，和弟子谈话都直接称呼自己的名字。后来尽管还有自称臣、仆的，但毕竟是少数。江南那边，无论尊卑贵贱，都各有称号，所有这些都记载在专讲礼节的书籍上。北方那边，多是自己称名，这是古时候流传下来的风俗，我同意自称其名的做法。

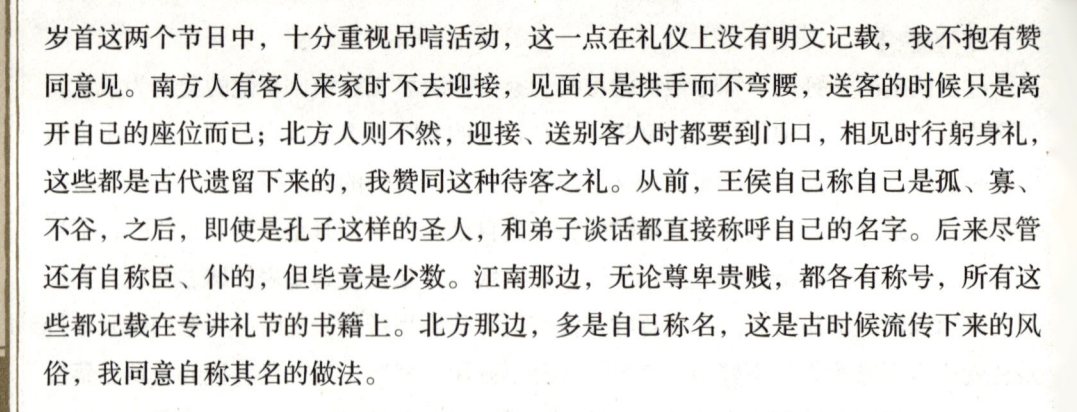

八

原文

言及先人，理当感慕，古者之所易，今人之所难。江南人事不获已①，须言阀阅，必以文翰，罕有面论者。北人无何便尔话说，及相访问。如此之事，不可加于人也。人加诸己，则当避之。名位未高，如为勋贵所逼，隐忍方便，速报取了；勿使烦重，感辱祖父。若没，言须及者，则敛容肃坐，称大门中②，世父、叔父则称从兄弟门中，兄弟则称亡者子某门中，各以其尊卑轻重为容色之节，皆变于常。若与君言，虽变于色，犹云亡祖亡伯亡叔也。吾见名士，亦有呼其亡兄弟为兄子弟子门中者，亦未为安贴也。北土风俗，都不行此。太山羊侃③，梁初入南；吾近至邺，其兄子肃访侃委曲，吾答之云："卿从门中在梁，如此如此。"肃曰："是我亲④第七亡叔，非从也。"祖孝徵在坐，先知江南风俗，乃谓之云："贤从弟门中，何故不解？"

注释

①不获已：不得已，没办法。②大门中：对别人称呼自己已故的祖父和父亲。③太山：即"泰山"，此处指郡名。羊侃：字祖忻，南朝梁甫人。曾担任徐州刺史，

累迁都官尚书。性情豪侈，穷极奢靡。④**亲**：汉朝到隋朝时期，人们习惯在亲戚的称谓前加一个"亲"字，强调该亲属与自己的亲近关系。

译文

说到先人的名字，按道理应当产生哀念之情，这在古人是不难的，而今天的人却感到不那么容易。江南人除非事出不得已，否则在与别人谈及家世的时候，一定是以书信往来，很少当面谈及。北方人却会不自觉地找别人聊天，会到家里拜访。那么，像当面谈及家世这样的事，就不可以强加给别人。如果别人把这样的事强加给你，你就应当设法回避。你们名声地位都不高，如果是被权贵所逼迫而必须谈及家世，你们可以隐忍敷衍一下，尽快结束谈话；不要烦琐重复，以免有辱自家祖辈、父辈。如果自己的长辈已经逝世，谈话中必须提到他们时，就应该表情严肃，端正坐姿，口称"大门中"，对伯父、叔父则称"从兄弟门中"，对已过世的兄弟，则称兄弟的儿子"某门中"，并且要各自按照他们的尊卑高低，来确定自己表情上应该掌握的分寸，与平时的表情要有所区别。如果是同国君谈话提及自己过去的长辈，虽然表情上也有所改变，但还是可以说"亡祖、亡伯、亡叔"等称谓。我看见一些名士，与国君谈话时，也有称他的亡兄、亡弟为兄之子"某门中"或弟之子"某门中"的，这是不够妥当的。北方的风俗，就完全不是这样。泰山的羊侃，是在梁朝初年到南方来的。我最近到邺城，他侄儿羊肃来访我，问及羊侃的具体情况，我答道："您从门中在梁朝时，具体情况是这样的？"羊肃说："他是我的亲第七亡叔，不是堂叔。"祖孝徵当时也在座，他早就知道江南的风俗，就对羊肃说："就是指贤从弟门中，您怎么不了解这话的意思呢？"

九

原文

古人皆呼伯父叔父，而今世多单呼伯叔。从父兄弟姊妹已孤，而对其前，呼其母为伯叔母，此不可避者也。兄弟之子已孤，与他人言，对孤者前，呼为兄子弟子，颇为不忍；北土人多呼为侄。别易会难，古人所重；江南饯送，下泣言离。有王子侯①，梁武帝弟，出为东郡，与武帝别，帝曰："我年已老，与汝分张②，甚以恻怆。"数行泪下。侯遂密云③，赧(nǎn)然而出。坐此被责，飘摇(yáo)舟渚，一百许日，卒不得去。北间风俗，不屑此事，歧路言离，欢笑分首。然人性自有少涕泪者,肠虽欲绝,目犹烂然;如此之人,不可强责。

注释

①**王子侯**:古代天子及诸王的儿子被封为列侯。②**分张**:犹言分离。③**密云**:强作愁苦状却没有泪水流下。

译文

古时的人都称呼伯父、叔父,而现在多只单称伯、叔。叔伯兄弟、姊妹父母去世后,在他们面前,称他们的母亲为伯母、叔母,这是没有办法回避的。兄弟的儿子死了父亲,你与别人谈话时,当着他们的面,称他们为兄之子或弟之子,颇不忍心;北方大多数称他们为侄。

离别的时候容易,想要再见面就困难了,基于这个原因,古人很重视离别。江南人在饯别时,提起分离就掉眼泪。有位王子侯,他是梁武帝的弟弟,将要去东边州郡去任职,和武帝告别,武帝对他讲:"我年事已高,和你分别,真的很是伤心。"话刚说完就流下了数行的眼泪。王子侯显露出一副悲伤的样子,却没能挤出眼泪,只好含羞离去。就是因为这件事受到指责,他的船在江边漂流了一百多天还没有离开。在北方,就不屑沉溺于离情别绪,走到岔路口要分别了,相互握手分别。其中自然有人是素来不轻易落泪的人,即使肝肠痛断,眼睛仍然炯炯有神;去责备这样的人,就显得不合乎情理了。

十

原文

凡亲属名称,皆须粉墨①,不可滥也。无风教者,其父已孤,呼外祖父母与祖父母同,使人为其不喜闻也。虽质于面,皆当加外以别之;父母之世叔父,皆当加其次第以别之;父母之世叔母,皆当加其姓以别之;父母之群从世叔父母及从祖父母,皆当加其爵位若姓以别之。河北士人,皆呼外祖父母为家公家母;江南田里间亦言之。以家代外,非吾所识。凡宗亲②世数,有从父,有从祖,有族祖。江南风俗,自兹已往,高秩③者,通呼为尊,同昭穆④者，虽百世犹称兄弟；若对他人称之，皆云族人。河北士人，虽三二十世，犹呼为从伯从叔。梁武帝尝问一中土人曰："卿北人，何故不知有族？"答云："骨肉易疏，不忍言族耳。"当时虽为敏对，于礼未通。

注释

①**粉墨**：本意指白与黑，此处指需要像黑与白一样容易被区分开来、分辨清楚。②**宗亲**：同一宗族当中的亲属。③**高秩**：此处指等级较高的官职。秩，官秩。④**昭穆**：一般指宗法制度对宗庙或墓地的辈次排列规则和次序。这里指《周礼·春官·小宗伯》一篇当中有郑玄注"父曰昭，子曰穆"，即拥有同一祖先。

译文

凡是亲属的名称，都应该有所区别，不能滥用。没有教养的人，在祖父、祖母去世后，对外祖父、外祖母的称呼与祖父、祖母一个样，叫人听了不顺耳。虽是当着外公、外婆的面，在称呼上都应加"外"字以此表示区别；父母亲的伯父、叔父，都应该在称呼前加上排行顺序以此表示区别；父母亲的伯母、叔母，都应该在称呼前面加上她们的姓以此表示区别；父母亲的子侄辈的伯父、叔父、伯母、叔母以及他们的从祖父母，都应该在称呼前面加上他们的爵位和姓以此表示区别。河北的男子，都称外祖父、外祖母为家公、家母；江南的乡间也是这样称呼。用"家"字代替"外"字，这我就不明白了。宗族亲属的世系辈数，有从父，有从祖，有族祖。江南的风俗，从此以往，对官职高的，通称为尊，同一个祖宗的，虽然隔了一百代，但照样称为兄弟；如果对外人介绍，则都称作族人。河北地区的男子，虽然已隔二三十代，但照样称从伯、从叔。梁武帝曾经问一位中原人说："你是北方人，为什么不懂得有'族'这种称呼呢？"他回答说："骨肉的关系容易疏远，因此我不忍心用'族'来称呼。"这在当时虽然是一种机敏的回答，但从道理上讲却是不通的。

十一

原文

吾尝问周弘让①曰："父母中外姊妹，何以称之？"周曰："亦呼为丈人。"自古未见丈人之称施于妇人也。吾亲表所行，若父属者，为某姓姑；母属者，为某姓姨。中外丈人之妇，猥俗呼为丈母,士大夫谓之王母、谢母云。而《陆机集》有《与长沙顾母书》,乃其从叔母也,今所不行。

齐朝士子,皆呼祖仆射为祖公,全不嫌有所涉也,乃有对面以相戏者。古者,名以正体,字以表德,名终则讳之,字乃可以为孙氏。孔子弟子记事者,皆称仲尼;吕后微时,尝字高祖为季②;至汉爰种,字其叔父曰丝③;王丹与侯霸子语,字霸为君房④;江南至今不讳字也。河北士人全不辨之,名亦呼为字,字固呼为名。尚书王元景兄弟⑤,皆号名人,其父名云,字罗汉,一皆讳之,其余不足怪也。

注释

①**周弘让**:南朝陈人,性情娴雅,博学,有仪容。南朝梁时隐居在句容的茅山,朝廷多次征召他去做官,他不肯去。侯景之乱时,周弘让畏惧侯景而出任中书侍郎,被世人讥笑。梁元帝时,担任国子监祭酒,著有文集前后二十一卷,已失传,今存诗四首。②**吕后微时,尝字高祖为季**:吕后,汉高帝刘邦的妻子。《史记·高祖本纪》记载秦始皇认为东南之地有天子气,高帝怀疑说的是自己,于是躲藏到山里,吕后却总能顺利地找到他,高帝很奇怪,于是询问原因,吕后说:"你所在的地方的上空总有特殊的云,所以经常能找到你。"③**至汉爰种,字其叔父曰丝**:爰种,西汉臣子爰盎之侄。爰盎字丝,因敢于直谏,被迁为吴相,临行时,爰种曾直呼盎为丝。④**王丹与侯霸子语,字霸为君房**:王丹,字仲回,东汉人,曾任太子太傅一职。侯霸,东汉初年官员。汉成帝时任太子舍人,王莽时任随县县宰。⑤**王元景兄弟**:王昕,字元景,北齐人,少好读书,曾仕祠部尚书事。其弟王晞,字叔朗,有孝行,亦学而不倦。

译文

我曾经问周弘让:"对父母亲的表姊妹,要怎样称呼呢?"周弘让这样回答:"一样把她们称作丈人。"从古到今还没有见过把女人称为丈人的。我对表亲的称呼规则是:如果是父亲的表姊妹,把她称为是某姓姑;如果是母亲的表姊妹,把她称为是某姓姨。表亲长辈的妻子,乡间习俗称她们为丈母,士大夫就把她们称作王母、谢母等。《陆机集》中的《与长沙顾母书》,顾母说的就是陆机的从叔母,现在没有这样的称呼了。

　　齐朝的士大夫们，都将祖珽仆射称为祖公，完全没有考虑到这样称呼会和自己祖父的称呼混为一谈，更过分的是，还有当着祖珽面用这种称呼开玩笑的。从前，名是用以表明自身的，字是用以表示德行的，名在形体消亡后就应对之避讳，字却可以作为孙辈的氏。孔子的弟子在记录孔子的言行时，均称他为仲尼；吕后贫贱的时候，曾经称呼汉高帝刘邦的字叫季；到汉代的爰种，称呼他叔叔的字叫丝；王丹与侯霸的儿子谈话时，称呼侯霸的字叫君房；江南一直到今天不避讳称字。河北的士大夫们对名和字全都不加区别，名也称作字，字当然就称作字。尚书王元景兄弟俩，都被称作是名人，他俩的父亲名云，字罗汉，他俩对父亲的名和字全都加以避讳，其他的人讳字，就不足为怪了。

十二

原　文

　　《礼·间传》云："斩縗①之哭，若往而不反；齐縗②之哭，若往而反；大功③之哭，三曲而偯④；小功缌麻⑤，哀容可也，此哀之发于声音也。"《孝经》云："哭不偯。"皆论哭有轻重质文之声也。礼以哭有言者为号，然则哭亦有辞也。江南丧哭，时有哀诉之言耳；山东重丧⑥，则唯呼苍天，期功⑦以下，则唯呼痛深，便是号而不哭。江南凡遭重丧，若相知者，同在城邑，三日不吊则绝之；除丧，虽相遇则避之，怨其不已悯也。有故及道遥者，致书可也；无书亦如之。北俗则不尔。江南凡吊者，主人之外，不识者不执手⑧；识轻服⑨而不识主人，则不于会所而吊，他日修名诣其家。

注　释

①**斩縗**：古时五种丧服中最重的一种，服期三年，子女为父母，媳为公婆，孙为祖父母，妻妾为夫，均服斩縗。②**齐縗**：古时五种丧服之一，仅次于斩縗，服期三年、一年、九月、五月、三月不等，视其亲属关系远近而定。③**大功**：古时五种丧服之一，次于齐縗，服期九个月。④**偯**：大哭的余声。⑤**小功**：古时五种丧服之一，次于大功，服期五个月。**缌麻**：古时五种丧服中最轻的一种，服期三个月。⑥**重丧**：指斩縗、齐

缌等亲缘关系较近的丧事。⑦**期功**：服期为一年的丧服。⑧**执手**：握手。⑨**轻服**：古时五种丧期中较轻的几种，如大功、小功、缌麻。

译 文

《礼记·间传》上记载："穿斩缞孝服的人，一声痛哭便至气竭，仿佛再回不过气来似的；穿戴齐缞孝服的人，悲声阵阵连续不停；穿大功孝服的人，其哭一声三折，余音犹存；穿小功、缌麻孝服的人，脸上显出哀痛的表情也就可以了。这些就是哀痛之情通过声音表现出来的各种各样的状况。"《孝经》上说："孝子痛哭父母的哭声，气竭而后止，不会发出余声。"这些话都是论说哭声有轻微、沉重、质朴、和缓等诸多区别。按礼俗以哭时杂有话语者叫作号，如此则哭泣也可带有言辞了。江南地区在丧事哭泣时，经常杂有哀诉的话语；山东一带在披戴斩缞孝服的丧事中，哭泣时，只知呼叫苍天，在披戴齐缞、大功、小功以下丧服的丧事中哭泣时，则只是倾诉自己悲痛如何深重，这就是号而不哭。

江南地区，凡是遭逢重丧的人家，若是与他家相认识的人，又同住在一个城镇里，三天之内不前去吊唁，丧家就会同他断绝交往。丧家的人除掉丧服，与他在路上相遇，也要尽量避开他，因为怨恨他不怜恤自己。如果是另有原因或道路遥远而没能前来吊丧者，可以写信来表示慰问；不来信的，丧家也会一样对待他。北方的风俗则不是这样。江南地区凡是来吊唁者，除了主人之外，对不认识的人都不握手；如果只认识穿关系较远的丧服的人而不认识主人，就不到灵堂去吊唁，改天准备好名刺再上他家去表示慰问。

十三

原 文

阴阳说云："辰为水墓，又为土墓，故不得哭。"王充①《论衡》云："辰日不哭，哭则重丧。"今无教者，辰日有丧，不问轻重，举家清谧②，不敢发声，以辞吊客。道书又曰："晦歌朔哭，皆当有罪，天夺其算③。"丧家朔望，哀感弥深，宁当惜寿，又不哭也？亦不谕。偏傍之书，死有归杀④。子孙逃窜，莫肯在家；画瓦书符，作诸厌胜⑤；丧出之日，门前然火，户外列灰，祓⑥送家鬼，章断注连：凡如此比，不近有情，乃儒雅之罪人，弹议所当加也。已孤，而履岁及长至⁷之节，无父，拜母、祖父母、世叔父母、姑、兄、姊，则皆泣；无母，拜父、外祖父母、舅、姨、兄、姊，亦如之。此人情也。

注释

①**王充**：字仲任，东汉思想家，著有《论衡》一书，其中有许多关于哲学、伦理方面的论述。②**谧**：清静。③**算**：人寿，寿命。④**归杀**：古时迷信说人死后灵魂会回家一次。⑤**厌胜**：古时的一种巫术，通过诅咒来压服人或事物。⑥**祓**：又称祓除，古代除去灾祸的一种仪式。⑦**履岁**：指元旦。**长至**：指冬至。

译文

阴阳家曾这样说："辰为水墓，又为土墓，所以在辰日的时候不得哭泣。"王充的《论衡》中说："辰日是不能哭泣的，一旦哭泣就说明是重丧。"现如今那些没有教养的人，在辰日遇到丧事，不管是轻丧还是重丧，全家都毫无声息，一点哭声都不敢发出，还一律谢绝吊丧的客人。道家的书中是这样说的："在晦日唱歌，在朔日哭泣，都被看作是有罪的，如果这样做了，老天要减少他的寿命。"如果丧家在朔日、望日，悲痛万分，难道就因为珍惜自己的寿命，就要停止哭泣吗？令人费解。

旁门左道之类的书里讲，人死之后灵魂要返家一次，子孙在这一天中，都要逃避在外，没人愿意留在家中。又说：要画瓦书符，做种种巫术和法术；出丧那天，要在门前生火，在户外铺灰，消灾驱邪，把家鬼送走，写奏章向上天祈求断绝殃祸。但凡这些迷信恶俗的做法，违背人情，有逆于儒学雅道，应该予以批评。

在失去父亲或母亲之后，在元旦和冬至这两个节日中，如果去世的是父亲，就要去拜见母亲、祖父母、世叔父母、姑母、兄长、姐姐，拜时都要哭泣；如果去世的是母亲，就要去拜见父亲、外祖父母、舅舅、姨母、兄长、姐姐，拜时同样也要哭泣，这是人之常情啊。

十四

原文

江左朝臣，子孙初释服①，朝见二宫②，皆当泣涕；二宫为之改容。颇有肤色充泽，无哀感者，梁武薄其为人，多被抑退。裴政出服，问讯武帝，贬瘦枯槁，涕泗滂沱，武帝目送之曰："裴政之父裴之礼不死也。"

二亲既没，所居斋寝，子与妇弗忍入焉。北朝顿丘李构，母刘氏，夫人亡后，所住之堂，终身锁闭，弗忍开入也。夫人，宋广州刺史纂③之孙女，故构犹染江南风教。其父奖④，为扬州刺史，镇寿春，遇害。构尝与王松年、祖孝徵数人同集谈宴。孝徵善画，遇有纸笔，图写为人。顷之，因割鹿尾，戏截画人以示构，而无他意。构怆然动色，便起就马而去。举座惊骇，莫测其情。祖君寻悟，方深反侧⑤，当时罕有能感此者。

吴郡陆襄，父闲被刑，襄终身布衣蔬饭，虽姜菜有切割，皆不忍食；居家惟以掐摘供厨。江宁姚子笃，母以烧死，终身不忍啖炙。豫章熊康父以醉而为奴所杀，终身不复尝酒。然礼缘人情，恩由义断，亲以噎死，亦当不可绝食也。

注释

①**释服**：与"出服"同，谓除去丧服之义。②**二宫**：皇帝与太子。③**纂**：南朝刘宋时广州刺史刘纂。④**奖**：李奖，即李构之父，为人端正，有风雅，亦为时人所看重。⑤**反侧**：惴惴不安的样子。

译文

梁朝的大臣们亡故后，他们的子孙刚脱去丧服，去拜见皇帝和太子的时候，一定要哭泣落泪，皇帝和太子就会因此动容。但其中也有一些容光焕发，脸上看不出一丝哀痛的表情，梁武帝就会看不起他们的为人，这些人大多数都受到贬斥压制。裴政脱去丧服，行礼拜见梁武帝的时候，身体极其消瘦，形容枯槁，在庭上痛哭不止，梁武帝目送他走出宫门，说："裴政之父裴之礼虽死犹生啊！"

父母亲去世后，生前他们斋戒时所居住的房屋，儿子和媳妇都不忍再进去。北朝顿丘郡的李构，他母亲刘氏死后，她生前住过的房屋，李构一直将它锁着，不忍心开门进去。李构的母亲刘氏，是宋广州刺史刘纂的孙女，李构自然得到的是江南礼数的熏陶。他的父亲李奖，是扬州刺史，镇守寿春，被人杀害而亡。李构曾经与王松年、祖孝徵几人相聚，一起聊天饮酒。孝徵擅长画画，当时的纸笔又很齐全，就画了一个人物。一会儿，因为他要割取盘中的鹿尾，就开玩笑把人像斩断给李构看，其中并没有其他意思。李构见这种情况，悲痛得脸色都变了，立刻起身乘马而去。所有在场的人都感到莫名其妙，很是惊讶。之后，祖孝徵意识到问题的严重性了，才觉得很是愧疚不安，当时人们很少能理解这件事。

吴郡的陆襄，他的父亲陆闲遭受刑戮，为此，陆襄一生都穿布衣、吃素餐，就算是生姜之类，只要是用刀割过，他都不忍心食用；做饭时都是用手掐摘蔬菜然后制成饭菜。江宁的姚子笃，因为他的母亲是被烧死的，所以他终生都不忍心吃烤肉。豫章的熊康，因为父亲是酒醉后被奴仆杀害的，所以事后他终生不再喝酒。当然礼是依照人的感情需要而制定的，感念父母之恩则可根据事理来判断，假使说父母亲是因为吃饭噎死的，也没有必要从此绝食吧。

十五

原　文

《礼经》：父之遗书，母之杯圈①，感其手口之泽，不忍读用。政为常所讲习，雠校②缮写，及偏加服用，有迹可思者耳。若寻常坟典③，为生什物，安可悉废之乎？既不读用，无容散逸，惟当缄保④，以留后世耳。思鲁等第四舅母，亲吴郡张建女也，有第五妹，三岁丧母。灵床上屏风，平生旧物，屋漏沾湿，出曝晒之，女子一见，伏床流涕。家人怪其不起，乃往抱持；荐席淹渍，精神伤怛，不能饮食。将以问医，医诊脉云："肠断矣！"因尔便吐血，数日而亡。中外怜之，莫不悲叹。

注　释

①**杯圈**：即杯棬，一种用木头制作的饮器。②**雠校**：校对。③**坟典**：即三坟、五典，三坟指伏羲、神农、黄帝之书，五典指少昊、颛顼、高辛、尧、舜之书。这里泛指各种各样的文化典籍。④**缄保**：封存、保存之义。

译文

《礼经》上曾说:"父亲留传下来的书籍,母亲曾经使用过的口杯,觉得上面有汗水和唾水,就不忍再阅读或使用它。"原因在于,这些东西是他们经常讲习、校勘抄写,以及专门使用的,有遗迹是可以引发思念的。假如说是一般的书籍,以及各种日用品,怎么能全部把它废弃掉呢?即使已不读不用,那也不能分散丢失,以保存下来传给后代。思鲁几弟兄的四舅母,是吴郡张建的女儿,有一个五妹,在三岁的时候就失去了母亲。灵床上的屏风,是她母亲生前曾经使用过的。因屋中漏雨,屏风被水沾湿,拿出去曝晒,那女孩见到这种状况,就伏在床上流泪。家人责怪她不起来,过去把她抱起身;床上的垫席已被泪水浸湿,女孩神思恍惚,不能进食。于是家人带她去看病,医生诊脉后说:"她已经伤心断肠了!"女孩随即吐血,几天后就死了。所有的亲属觉得很惋惜,都感到伤心难过。

十六

原文

《礼》云:"忌日①不乐。"正以感慕罔极,恻怆无聊,故不接外宾,不理众务耳。必能悲惨自居,何限于深藏也?世人或端坐奥室②,不妨言笑,盛营甘美,厚供斋食;迫有急卒(cù),密戚至交,尽无相见之理:盖不知礼意乎!

魏世王修母以社日亡。来岁社日,修感念哀甚,邻里闻之,为之罢社。今二亲丧亡,偶值伏腊分至③之节,及月小晦后,忌之外,所经此日,犹应感慕,异于余辰,不预饮燕、闻声乐及行游也。

注释

①忌日:古时父母去世之时,不能随便饮酒作乐,俗称"忌日"。②奥室:内室。③伏腊:伏祭和腊祭。分至:分指春分和秋分;至指夏至和冬至。

译文

《礼记》中说:"忌日不举办宴席、不饮酒作乐。"原因就在于有难以言尽的感伤和思恋,伤感哀怨,沉闷不乐,忌日里不接待宾客,日常事务也不去处理,就是这个原因。一定能够悲惨地自处,为什么又要关在家不出门呢?人世间有些人虽然深居于内室中,却依然整日谈天说地,美味佳肴,对亡者也供奉着丰厚的斋食;但凡有紧急的事情发生时，或者是有很要好的朋友到来，却没有一点儿要出来相见的愿望：这应该是缺乏礼数的表现吧！

魏朝王修的母亲，是在社日这天去世的。第二年的社日，王修由于对母亲思念至极，万分哀伤。邻里们听说后，就因为这个原因，停止了社日活动。在现在，父母亲去世的日子，如果正巧赶上伏祭、腊祭、春分、秋分、夏至、冬至这些节日，包含忌日前后三天，忌日晦日的前后三天，除忌日这天外，凡遇以上节日，仍应该对父母亲感怀思恋，和其他的日子相区别，不去参加宴饮、不听声乐、避免外出。

十七

原文

刘绦(tāo)、缓、绥(suí)，兄弟并为名器①，其父名昭②，一生不为照字，惟依《尔雅》火旁作召耳。然凡文与正讳相犯，当自可避；其有同音异字，不可悉然。"刘"字之下，即有昭音。吕尚③之儿，如不为上；赵壹④之子，傥不作一：便是下笔即妨，是书皆触也。

尝有甲设宴席，请乙为宾；而旦于公庭⑤见乙之子，问之曰："尊侯早晚顾宅？"乙子称其父已往，时以为笑。如此比例，触类慎之，不可陷于轻脱。

注释

①"刘绦"一句：刘绦，字言明。刘缓，字含度，南朝梁人，自幼熟习五经，兄弟俩在当时俱有盛名。名器，比喻名气很大，是不可多得的人才。②**昭**：即刘昭，字宣卿，南朝梁人，出身士族。③**吕尚**：即姜太公。④**赵壹**：字无叔，东汉文学家，著有《刺世疾邪赋》，抨击当时豪强势力的专横、暴戾，极有醒世意义。⑤**公庭**：门庭，公室。

译文

刘绦、刘缓和刘绥三兄弟，都是很出名的人，因为他们的父亲名叫昭，所以兄弟三人终生都不写照字，他们都依照《尔雅》，用火旁加召来代替。凡是文字与人的正名相同时，是应该避讳的；当写文章出现同音字时，避讳显然就不必了。刘字的下半部分就包含昭的音。假如说吕尚的儿子不能写"上"字；赵壹的儿子不能写"一"字，那就一落笔就有妨碍，一写字就犯讳了。

过去有某甲设席请客，某乙是所请之人；某甲早上在官衙内见到某乙的儿子，问道："什么时候令尊大人可以光临寒舍？"某乙的儿子说他父亲已经去了，一时间成为笑话。所有类似的事情，一旦碰上就要慎重对待，不能草率而有失稳重。

十八

原文

江南风俗，儿生一期，为制新衣，盥浴装饰，男则用弓矢纸笔，女则刀尺针缕，并加饮食之物，及珍宝服玩，置之儿前，观其发意所取，以验贪廉愚智，名之为试儿①。亲表聚集，致燕享焉。自兹以后，二亲若在，每至此日，尝有酒食之事耳。

无教之徒，虽已孤露②，其日皆为供顿③，酣畅声乐，不知有所感伤。

梁孝元年少之时，每八月六日载诞之辰④，常设斋讲；自阮修容⑤薨殁之后，此事亦绝。

注释

①**试儿**：也称"试周"，古时在小儿周岁时让他尝试选择一些东西，以预测以后的爱好和兴趣。②**孤露**：孤单无依的样子。③**供顿**：招待、安置。④**载诞之辰**：即生日。⑤**阮修容**：梁武帝的妃子。修容，古代宫中的女官名。

译文

江南的风俗，新生儿出生一年时，要给他制作新的衣服，清洁全身、整理打扮，是男孩的话，就将弓箭纸笔，女孩的话，就将刀尺针线，还有可以吃的东西及珍宝、衣服、玩具，摆放在孩子面前，观察他想要拿哪个东西，以此来检验他是贪是廉，是愚是智，这就被人称为是试儿。把所有的亲属姑、舅、姨等表亲都召集过来，宴请款待。此后，只要父母亲在世，每逢这个日子，都要准备酒食，宴请一次。有些没有教养的人，即使是在父母去世之后，每逢这一天，还要设宴请客，欢歌快饮，纵情歌舞，不懂得应该有所感伤。梁孝元帝年轻时，每到八月六日生日之时，常以素食经书相伴。在他母亲阮修容过世之后，此事就再也没有了。

十九

原文

人有忧疾，则呼天地父母，自古而然。今世讳避，触途急切。而江东士庶，痛则称祢①。祢是父之庙号，父在无容称庙，父殁何容辄呼？

《仓颉篇》有𠫓字，《训诂》云："痛而謼也，音羽罪反②。"今北人痛则呼之。《声类》音于未反，今南人痛或呼之。此二音随其乡俗，并可行也。

注释

①祢：父亲死去之后在庙中所立的牌号。②反：指反切，我国古代的一种注音方式。

译文

每到人们遇上忧患疾病时，总是会呼喊天地父母，历来都是这样。现在的人对避讳很是讲究，处处比古人还恪守礼数。江东的士人百姓，悲痛时都呼喊"祢"。祢是已故父亲的庙号，父亲在世的时候不能随便地称呼他的庙号，难道死后就能随便呼叫他的庙号吗？

《仓颉篇》中有𠫓字，在《训诂》中的解释是："这是人在痛苦时刻发出的声音，读音是羽罪反。"现在的北方人，每遇到悲伤痛苦时就这样叫。《声类》注这个字的音是于未反，现在南方人在悲伤痛苦时有人就这样喊。两个音根据不同的地域约定俗成，都是行得通的。

二十

原文

梁世被系劾①者，子孙弟侄，皆诣阙三日，露跣陈谢；子孙有官，自陈解职。子则草屩②粗衣，蓬头垢面，周章道路，要候执事，叩头流血，申诉冤枉。若配徒隶③，诸子并立草庵于所署门，不敢宁宅，动经旬日，官司驱遣，然后始退。

江南诸宪司弹人事,事虽不重,而以教义见辱者,或被轻系而身死狱户者,皆为怨仇,子孙三世不交通矣。到洽④为御史中丞,初欲弹刘孝绰,其兄溉⑤先与刘善,苦谏不得,乃诣刘涕泣告别而去。

注释

①系劾:弹劾、论罪之义。②草屩:草鞋。③徒隶:按罪服劳役的犯人。④到洽:字茂泗,南朝梁人,敢直言,为政有清誉,人多称之。⑤溉:到洽之兄,字茂灌,与弟洽俱有政名。

译文

梁朝但凡被囚困、弹劾的官员,他的子孙弟侄们,都要赶赴朝廷,连续三天在那里,脱掉帽子,光着脚,不断地坦白述罪;假如在这些子孙中有做官的,就要主动恳请卸职。儿子们这时都穿上草鞋和粗布做成的衣服,不梳头、不洗脸,万分惊恐地在道路上守候着,拦住主管的官员,上前叩头不止,连呼冤枉。假如说被发配出去服苦役,他的儿子们就在官府门口搭起草屋,不敢安居在家里,这样的日子,一连住下来就是十天有余,直到官府驱逐才离开。

江南地区各宪司弹劾某人时,虽然说所犯罪行不严重,但如果弹劾之事是因教义而生,或因此被囚困,又身死狱中,怨仇就会在两家之间产生,子孙三代老死不相往来。到洽在当御史中丞的时候,起初有想要弹劾刘孝绰的想法,到洽的哥哥到溉与刘孝绰关系很好,他苦苦请求劝说到洽不要弹劾刘孝绰,最终没有成功,随即到刘孝绰那里,涕泪横流与他分手。

二十一

原文

兵凶战危①,非安全之道。古者,天子丧服以临师②,将军凿凶门③而出。父祖伯叔,若在军阵,贬损自居,不宜奏乐宴会及婚冠吉庆事也。若居围城之中,憔悴容色,除去饰玩,常为临深履薄④之状焉。父母疾笃,医虽贱虽少,则涕泣而拜之,以求哀也。

梁孝元在江州，尝有不豫；世子方等亲拜中兵参军李猷焉。

注释

①**兵凶战危**：兵器是凶器，战争是危险的事。②**天子丧服以临师**：皇帝身穿丧服视察军队，表明军情紧迫。③**凶门**：旧时将军出征时，凿一扇向北的门，由此出发，以示必死的决心，称为"凶门"。④**临深履薄**：比喻行事很谨慎小心。

译文

兵器是凶器，战争是危事，都非安全之道。古时候，天子穿上丧服去统领军队，将军凿一扇凶门然后由这里出征。某人的父祖伯叔如果在军队里，他就要自我约束，不宜参加奏乐、宴会以及婚礼冠礼等吉庆活动。如果某人被围困在城邑之中，他就应该是面容憔悴，除掉饰物器玩，总要显出如临深渊、如履薄冰的样子。如果他的父母病重，那医生虽然年少位卑，他也应该向医生哭泣下拜，以此求得医生的怜悯。梁孝元帝在江州的时候，曾经生病，他的大儿子萧方等就亲自拜求过中兵参军李猷。

二十二

原文

四海之人，结为兄弟，亦何容易。必有志均义敌，令终如始者，方可议之。一尔①之后，命子拜伏，呼为丈人，申父友之敬；身事彼亲，亦宜加礼。比见北人，甚轻此节，行路相逢，便定昆季②，望年观貌，不择是非，至有结父为兄，托子为弟者。

注释

①**一尔**：一旦如此。②**昆季**：兄弟。兄为昆，弟为季。

译文

四海五湖之内的人们，彼此结拜为兄弟，不能随随便便的。必须是有着共同的志向，坚定忠贞，才可以商讨此事。一旦结拜了，就要让自己的孩子前来拜见，称呼对方为丈人，以此来表达对父辈的尊敬之意；对结拜兄弟的双亲，自己也应当以礼相待。最近发现北方人不是很重视这一点，两人在途中相遇，立即结为兄弟，只论年长与年幼，也不管辈分是否正确，以至于有结交父辈为兄长的，结交子辈为弟弟的。

二十三

原文

昔者，周公一沐三握发，一饭三吐餐，以接白屋①之士，一日所见者七十余人。晋文公以沐辞竖头须②，致有图反之诮。门不停宾，古所贵也。失教之家，阍(hūn)寺无礼，或以主君寝食嗔怒，拒客未通，江南深以为耻。黄门侍郎裴之礼，号善为士大夫，有如此辈，对宾杖之；其门生③僮仆，接于他人，折旋④俯仰，辞色应对，莫不肃敬，与主无别也。

注释

①**白屋**：用茅草盖的屋，旧时也指没有做官的读书人住的屋子。②**竖头须**：宫中一个名叫头须的小臣。③**门生**：此处指家中使役之人。④**折旋**：曲行。旧时行礼时的动作。

译文

古代，周公随时中断沐浴、用餐，以接待来访的贫寒之士，一天之内曾经接待了七十多人。而晋文公以正在沐浴为借口拒绝接见下人头须，以致遭来"图反"的嘲笑。家中宾客不绝，这是古人所看重的。那些没有良好教养的家庭，看门人也没有礼貌，有的看门人在客人来访时，就以主人正在睡觉、吃饭或发脾气为借口，拒绝为客人通报，江南人家深以此事为耻。黄门侍郎裴之礼，被称作士大夫的楷模，假如他家中有这样的人，他会当着客人的面用棍子抽打。他的仆人在接待客人的时候，进退礼仪，表情言辞，没有不严肃恭敬的，与主人没有任何区别。

慕贤第七

一

原文

古人云："千载一圣，犹旦暮也；五百年一贤，犹比髆(bó)①也。"言圣贤之难得，疏阔如此。傥遭不世明达君子，安可不攀附景仰之乎？吾生于乱世，长于戎马，流离播越②，闻见已多；所值名贤，未尝不心醉魂迷向慕之也。人在年少，神情未定，所与款狎，熏渍陶染，言笑举动，无心于学，潜移暗化，自然似之；何况操履艺能，较明易习者也？是以与善人居，如入芝兰之室，久而自芳也；与恶人居，如入鲍鱼之肆③，久而自臭也。墨子悲于染丝④，是之谓矣。君子必慎交游焉。孔子曰："无友不如己者。"颜、闵之徒，何可世得！但优于我，便足贵之。

注释

①比髆：肩膀挨着肩膀，言其多。髆，肩膀。②播越：流亡。③鲍鱼之肆：卖咸鱼的店铺，气味非常难闻，因此用来比喻坏人与小人聚集的地方。④墨子悲于染丝：《墨子·所染》："子墨子见染丝者而叹曰：'染于苍则苍，染于黄则黄，所入者变，其色亦变，五入而已则为五色矣：故染不可不慎也。'"

译文

古人说："一千年出一位圣人，也就像从早到晚那么快了；五百年出一位贤人，还密得像肩碰肩。"这是讲圣人、贤人是如此稀少难得。假如遇上世间所少有的明达君子，怎能不攀附敬仰啊！我出生在乱离之时，长成在兵马之间，迁移流亡，见闻已多，遇上名流贤士，没有不心醉神迷地向往仰慕。人在年少时候，精神意态还未定型，和人家交往亲密，受到熏染陶冶，人家的一言一笑、一举一动，即使无心去学习，也会潜移默化，自然相似，何况人家的操行技能，是更为明显易于学习的东西呢！因此和善人在一起，如同进入养育芝兰的花房，时间一久自然就芬芳；若是和恶人在一起，如同进入卖鲍鱼的店铺，时间一久自然就腥臭。墨子看到染丝的情况，感叹染丝在什么颜色里就会变成什么颜色。所以君子在交友方面必须谨慎。孔子说："不要和不如自己的人做朋友。"像颜回、闵损那样的人，哪能常有，只要有胜过我的地方，就很可贵。

二

原文

世人多蔽，贵耳贱目①，重遥轻近。少长周旋，如有贤哲，每相狎侮，不加礼敬；他乡异县，微藉风声，延颈企踵②，甚于饥渴。

校其长短，核其精粗，或彼不能如此矣。所以鲁人谓孔子为东家丘③，昔虞国宫之奇，少长于君，君狎之，不纳其谏，以至亡国④，不可不留心也。用其言，弃其身，古人所耻。凡有一言一行，取于人者，皆显称之，不可窃人之美，以为己力；虽轻虽贱者，必归功焉。窃人之财，刑辟⑤（bì）之所处；窃人之美，鬼神之所责。

注释

①**贵耳贱目**：语出东汉人张衡《东京赋》："若客所谓，末学肤受，贵耳而贱目者也。"比喻不仔细，盲目地从事。②**延颈企踵**：出自《汉书·萧望之传》："天下之士，延颈企踵。"③**"所以"句**：《后汉纪》卷二三："宋子俊曰：'鲁人谓仲尼东家丘，荡荡体大，民不能名。'"说明孔子家乡的人对孔子反而不够尊敬。④**"昔虞国"四句**：春秋之时，晋献公向虞国提出借道进攻虢国的要求，虞国大臣宫之奇向虞公进谏，要求拒绝晋国的要求，虞公没能听从，后来，晋国灭掉虢国，在返回途中，把虞国也一并灭掉了。⑤**刑辟**：刑法、法律。

译文

世间的人们多数有所壅蔽，重视说的而忽视看的，重视相隔极远的而忽视身边的。从小到大接触的人当中，假如说有了贤士与哲人，也经常会显得非常轻慢，很少会以礼相待。相反对身居异乡的人，只要是稍有名气，就会伸长脖子、跷起脚跟要去见一面，那种心情比饥渴还厉害。事实上，比较两者的长短，核实他们的粗细，远处的很可能不及身边的。就是因为这种情况，鲁人才会将孔子称为"东家丘"。从前虞国的宫之奇年龄比国君大，虞君与他非常亲近却不尊重，他的劝谏从来没有被听从，最后落得个亡国的结局，真应当心啊！采用了某人的意见，反过来又嫌弃这个人，这在古人看来是极为可耻的。不论是什么话或行为，只要是从别人那里学习得到的，加以颂扬都是必须要去做的，绝对不能夺人之美，随即将它当成是自己的功劳；尽管给你提供建议的人地位不如你，也要肯定其功劳。偷盗别人的财物，要受刑罚之苦；窃取他人的功绩，则将受到鬼神的责罚。

三

原文

梁孝元前在荆州，有丁觇（chān）者，洪亭民耳，颇善属文，殊工草隶;孝元书记,一皆使之。军府①轻贱,多未之重,耻令子弟以为楷法,时云:"丁君十纸,不敌王褒数字。"吾雅爱其手迹,常所宝持。孝元尝遣典签②惠编送文章示萧祭酒③,祭酒问云:"君王比赐书翰,及写诗笔,殊为佳手,姓名为谁?那得都无声问?"编以实答。子云叹曰:"此人后生无比,遂不为世所称,亦是奇事。"于是闻者少复刮目。稍仕至尚书仪曹郎,末为晋安王侍读,随王东下。及西台④陷殁,简牍湮散,丁亦寻卒于扬州;前所轻者,后思一纸,不可得矣。

注释

①**军府**:当时萧绎都督六州军事,所以把他的治所称为军府。②**典签**:官职名,原本只是类似书记员一类的小官,后来权力极大,称为签帅。③**祭酒**:官职名,晋代设有国子祭酒,主管太学之事。④**西台**:指江陵。此处指侯景之乱中,侯景攻占江陵之事。

译文

梁元帝从前在荆州时,有个叫丁觇的人,是洪亭地方的普通百姓,非常会写文章,尤其擅长写草书、隶书,元帝的往来书信,都叫他代写。可是,军府里的人以为他轻贱,都对他不重视,不愿自己的子弟去模仿学习他的笔体,一时有"丁君写的十张纸,比不上王褒几个字"的说法。我是一向喜爱丁觇的书法的,还经常加以珍藏。后来,梁元帝派掌管文书的叫惠编的人送文章给祭酒萧子云看,萧子云问道:"君王刚才所赐的书信,还有所写的笔体,真是出于高手,此人姓什么叫什么,怎么会一点名声都没有?"惠编如实回答,萧子云叹道:"此人在后生中没有谁能比得上,却不为世人称道,也算是奇怪的事情!"从此,听到丁觇名字的人对他稍稍刮目相看,丁觇也逐步当上了尚书仪曹郎。最后丁觇做了晋安王的侍读,随王东下。到元帝被杀,西台陷落,书信文件散失,丁觇不久也死于扬州。以前那些轻视丁觇的人,以后想要丁觇的一纸书法也不可得了。

四

原文

侯景①初入建业,台门虽闭,公私草扰②,各不自全。太子左卫率③羊侃坐东掖门，部分经略④，一宿皆办，遂得百余日抗拒凶逆。于时，城内四万许人，王公朝士，不下一百，便是恃侃一人安之，其相去如此。

注释

①侯景：503年—552年，字万景，北魏末年靠军功成名，后来率部投降梁朝，驻守寿阳。548年9月，侯景叛乱，起兵攻梁，史称"侯景之乱"。551年，他篡位自立为皇帝，改国号为"汉"，后来兵败被杀。②草扰：纷扰杂乱。③太子左卫率：官职名，掌东宫兵仗羽卫之事。④经略：谋划、布置。

译文

侯景刚进入建康时，台门虽已闭守，而官府和普通百姓一片混乱，人人不得自保。太子左卫率羊侃坐镇东掖门，部署安排，一夜间准备齐备，才能抗拒叛贼一百多天。这时台城里有四万多人，王公大臣，不下一百人，就仅靠羊侃一个人才使大家安定，才能高下相差之大由此可见。

五

原文

齐文宣帝①即位数年，便沉湎纵恣，略无纲纪；尚能委政尚书令杨遵彦，内外清谧，朝野晏如②，各得其所，物无异议，终天保之朝。遵彦后为孝昭所戮，刑政于是衰矣。斛律明月③，齐朝折冲之臣④，无罪被诛，将士解体，周人始有吞齐之志，关中⑤至今誉之。此人用兵，岂止万夫之望⑥而已哉！国之存亡，系其生死。

注释

①齐文宣帝：即北齐开国皇帝高洋，文宣是其谥号，年号为天保。高洋死后，他的儿子废帝高殷被其叔叔孝昭帝高演废掉。②晏如：安然有序。③斛律明月：即斛律光，字明月，北齐名将。④折冲之臣：国家重臣。⑤关中：地理习惯用语，有时专指今陕西关中盆地，有时也包括陕北、陇西地区。当时是北周的关键地区。⑥万夫之望：意谓万人之所瞻望，即众望所归。

译文

齐文宣帝即位几年,就沉迷酒色、放纵恣肆,法纪全无;但还能把政事委托给尚书令杨遵彦,才使内外安定,朝野清明,大家各得其所,而无异议,整个天保一朝都是如此。杨遵彦后来被孝昭帝所杀,朝政从此混乱。斛律明月,是北齐抵御敌人的功臣,却无罪被杀,将士人心离散,北周才有灭齐的想法,关中到现在还称颂这位斛律明月。斛律将军的用兵,何止是众望所归!他的生死,关系到国家的存亡命运。

六

原文

张延隽之为晋州行台左丞①,匡维主将,镇抚疆埸②,储积器用,爱活黎民,隐若敌国矣。群小不得行志,同力迁之。既代之后,公私扰乱,周师一举,此镇先平。齐亡之迹,启于是矣。

注释

①**张延隽**:北齐人,少时以纯孝被乡里所举荐,仕州郡的功曹、主簿。**晋州**:州名,治所在今山西临汾东北。②**疆埸**:边境。

译文

在张延隽担任晋州行台左丞时,匡扶主将,镇守安抚边疆,积极储备物资,关爱帮助百姓,让晋州这个地方威重得可与一国匹敌。那些卑鄙小人,因为不能从中谋得利益,就串通起来将他赶走了。张延隽被人排挤掉之后,整个晋州都混乱成一团,北周的军队刚一起兵,晋州城就被占领了。北齐之所以败亡,从这时就开始有征兆显现了。

卷第三

勉学第八

一

原文

自古明王圣帝，犹须勤学，况凡庶乎！此事遍于经史，吾亦不能郑重①，聊举近世切要，以启寤②汝耳。士大夫子弟，数岁已上，莫不被教，多者或至《礼》《传》，少者不失《诗》《论》。及至冠婚，体性稍定；因此天机③，倍须训诱。有志尚者，遂能磨砺，以就素业；无履立者，自兹堕④慢，便为凡人。人生在世，会当有业：农民则计量耕稼，商贾则讨论货贿，工巧则致精器用，伎艺则沉思法术，武夫则惯习弓马，文士则讲议经书。多见士大夫耻涉农商，羞务工伎，射则不能穿札⑤，笔则才记姓名，饱食醉酒，忽忽无事，以此销日，以此终年。或因家世余绪⑥，得一阶半级，便自为足，全忘修学；及有吉凶大事，议论得失，蒙然张口，如坐云雾。公私宴集，谈古赋诗，塞默低头，欠伸而已。有识旁观，代其入地。何惜数年勤学，长受一生愧辱哉！

注释

①郑重：这里是频繁的意思。②寤：使其明白。③天机：天性。④堕：同"惰"。

⑤札：铠甲上用皮革或金属制成的甲片。⑥余绪：此处指祖上的荫庇。

译文

从古以来的贤王圣帝，还需要勤奋学习，何况是普通百姓之人呢！这类事情在经籍史书当中很多，我也不能过多列举，只举近代重要的事来启发和提醒你们。士大夫的子弟，几岁以上的没有不受教育的，多的读到《礼记》《左传》，少的也起码读了《诗经》和《论语》。到了加冠成婚的年纪，体质、性情稍稍定型，凭着这天赋的机灵，应该加倍教训、诱导。有志向的，就能因此磨炼，成就专门的事业；没有成就功业志向的，从此怠惰，就成为庸人。人生在世，应当有所作为：农民专心耕稼，商人则讨论买卖交易，工匠则精造器用，懂技艺的人则要钻研方法技术，武夫则熟练骑马射箭，文士则研究议论经书。然而常看到士大夫耻于涉足农商，羞于从事工匠之事，射箭则不能穿透铠甲，握笔则才记起姓名，饱食醉酒，恍惚空虚，以此来虚度日子，以此来终尽天年。有的凭家世余荫，混到一官半职，就自感满足，完全忘记学习，遇到婚丧大事，议论得失，就昏昏然张口结舌，像坐在云雾之中。公家或私人集会宴欢，谈古赋诗，又是沉默低头，只会打呵欠、伸懒腰。有见识的人在旁看到，真替他羞得无处容身。为什么不愿用几年时间勤学，而使一辈子受羞辱呢？

二

原文

梁朝全盛之时，贵游子弟①，多无学术，至于谚云："上车不落则著作②，体中何如则秘书。"无不熏衣剃面，傅粉施朱，驾长檐车，跟高齿屐③，坐棋子方褥，凭斑丝隐囊，列器玩于左右，从容出入，望若神仙。明经求第，则顾人答策；三九公宴，则假手赋诗。当尔之时，亦快士也。及离乱之后，朝市迁革，铨衡④选举，非复曩(nǎng)者之亲；当路秉权，不见昔时之党。求诸身而无所得，施之世而无所用。被褐而丧珠，失皮而露质，兀若枯木，泊若穷流，鹿独⑤戎马之间，转死沟壑之际。当尔之时，诚驽材也。有学艺者，触地而安。自荒乱以来，诸见俘虏。虽百世小人⑥，知读《论语》《孝经》者，尚为人师；虽千载冠冕，不晓书记者，莫不耕田养马。以此观之,安可不自勉耶？若能常保数百卷书,千载终不为小人也。

注释

①**贵游子弟**：没有官职的王公贵族被称为贵游,他们的子弟就叫贵游子弟。此处泛指贵族子弟。②**著作**：即著作郎,负责编纂国史,与秘书郎都是闲职。③**高齿屐**：一种装有高齿的木底鞋。④**铨衡**：考察与选择。⑤**鹿独**：漂泊、流离,有行之意。⑥**小人**：平民。

译文

梁朝全盛之时,那些贵族子弟大多不学无术,以致当时的谚语说："登车不跌跤,可当著作郎；会说身体好,可做秘书官。"这些贵族子弟没有一个不是以香料熏衣,修剃脸面,涂脂抹粉的；他们外出乘长檐车,走路穿高齿屐,坐在织有方格图案的丝绸坐褥上,倚靠着五彩丝线织成的靠枕,身边摆的是各种古玩,进进出出派头十足,看上去好像神仙一样。到明经答问求取功名的时候,他们就雇人顶替自己去应试,在三公九卿列席的宴会上,他们就借别人之手来为自己作诗,在这种时刻,他们倒显得像模像样的。等到动乱来临,朝廷变迁革易,考察选拔官吏时,不再任用过去的亲信,在朝中执掌大权的,再看不见过去的同党。这时候,这些贵族子弟们失去靠山,想在社会上发挥作用又没有本事。他们只能身穿粗布衣服,卖掉家中的珠宝,失去华丽的外表,露出无能的本质,呆头呆脑如同一段枯木,有气无力像条快要干涸的流水,在乱军中颠沛流离,最后抛尸于荒沟野壑之中。在这种时候,这些贵族子弟就完完全全成了蠢材。有学问、有手艺的人,走到哪里都可以站稳脚跟。自从兵荒马乱以来,我见过不少俘虏,其中一些人虽然世世代代都是平民百姓,但由于懂得《孝经》《论语》,还可以去给别人当老师；而另外一些人,虽然是年代久远的世家大族子弟,但由于不会动笔,结果没有一个不是去给别人耕田养马的。由此看来,怎么会不努力学习呢？如果能够经常保有几百卷书籍,就是再过一千年也始终不会沦为平民百姓的。

三

原文

夫明"六经"①之指,涉百家之书,纵不能增益德行,敦厉风俗,犹为一艺,得以自资。父兄不可常依,乡国不可常保,一旦流离,无人庇荫,当自求诸身耳。谚曰："积财千万,不如薄伎在身。"伎之易习而可贵者,无过读书也。世人不问愚智,皆欲识人之多,见事之广,而不肯读书,是犹求饱而懒营馔(zhuàn),欲暖而惰裁衣也。夫读书之人,自羲、农②已来,宇宙之下,凡识几人,凡见几事,生民之成败好恶,固不足论,天地所不能藏,鬼神所不能隐也。

注释

①**六经**:指《诗》《书》《礼》《乐》《易》《春秋》。②**羲、农**:羲指伏羲,农即神农。

译文

精通六经主旨,博览百家群书,尽管无法提高道德修养,劝勉世俗,也可以把它看作是一种才艺,可以充实自我。父亲兄长是无法长期依靠的,国家也不能永远太平,一旦流离失所,无人来庇护资助时,就要自己去想办法了。老话说:"家财千万,不如薄技在身。"容易学习的能够安身立命的本领,莫过于读书。不管是聪明或是愚笨之人,都希望自己可以认识更多的人,见识到更多的事,但又不愿意去读书,犹如是想要美餐一顿又懒得去做饭,想要保暖又不愿意去裁衣一样。那些读书人,从伏羲、神农的时代以来,在世上,认识了很多的人,见识了许多事,对普通人的好恶,能够分析得清清楚楚,即使是天地鬼神之类的事,也逃不过他们的眼睛。

四

原文

有客难主人曰:"吾见强弩长戟(jǐ),诛罪安民,以取公侯者有矣;文义习吏,匡时富国,以取卿相者有矣;学备古今,才兼文武,身无禄位,妻子饥寒者,不可胜数,安足贵学乎?"主人对曰:"夫命之穷达,犹金玉木石也;修以学艺,犹磨莹雕刻也。金玉之磨莹，自美其矿璞①，木石之段块，自丑其雕刻；安可言木石之雕刻，乃胜金玉之矿璞哉？不得以有学之贫贱，比于无学之富贵也。且负甲为兵，咋②笔为吏，身死名灭者如牛毛，角立杰出者如芝草③；握素披黄④，吟道咏德，苦辛无益者如日蚀，逸乐名利者如秋荼⑤，岂得同年⑥而语矣。"且又闻之：生而知之者上，学而知之者次。所以学者，欲其多知明达耳。必有天才，拔群出类，为将则暗与孙武、吴起⑦同术，执政则悬得管仲、子产⑧之教，虽未读书，吾亦谓之学矣。今子即不能然，不师古之踪迹，犹蒙被而卧耳。

注 释

①**矿**：未经冶炼的金属。**璞**：未经雕琢的玉石。②**咋**：啃咬。③**角立**：如角之挺立。**芝草**：灵芝草，一种菌类植物，旧时人以为瑞草。④**素**：绢素，旧时用以抄写书籍的丝织品。**黄**：黄卷，古时用黄蘗染纸以防蠹，故名。素、黄，均代指书籍。⑤**秋荼**：荼至秋而花繁叶密，此喻其多。⑥**同年**：相等。⑦**孙武**：春秋时代军事家。**吴起**：战国时代军事家。⑧**管仲**：即管夷吾，字仲，辅佐齐桓公成为春秋五霸之首。**子产**：即公孙侨、公孙成子，春秋时政治家。

译 文

有客人对我发问说："那些手持强弓长戟，去诛灭罪恶之人，安抚黎民百姓，以此博取公侯爵位的人，我认为是有的；那些阐释礼仪，研习吏道，匡正时尚，使国家富足，以此博取卿相职位的人，我认为是有的；而那些学问贯通古今，才能文武兼备，却身无俸禄官爵，妻子儿女挨饿受冻的人，却是数也数不清，照此说来，哪里值得对学习那么看重呢？"我回答他说："一个人的命运是困厄还是显达，就如同金、玉与木、石；研习学问，就好比琢磨金、玉，雕刻木、石。金、玉经过琢磨，就比矿、璞来得更美，木、石截成段、敲成块，就比经过雕刻来的丑陋，但怎么能说经过雕刻的木、石就胜过未经琢磨的金、璞呢？因此，不能以有学问的人的贫贱，去与那无学问的人的富贵相比。况且，那些披挂铠甲去当兵，口含笔管充任小吏的人，身死名灭者多如牛毛，脱颖而出者少如灵芝草；如今，勤奋攻读，修养品性，含辛茹苦而没有任何益处的人就像日食一样少见，而闲适安乐，追名逐利的人却像秋荼那样繁多，哪能把二者相提并论呢？况且我又听说：生下来就懂得事理的是上等人，通过学习才明白事理的是次一等的人。人之所以要学习，就是想使自己知识得到丰富，明白通达。如果说一定有天才存在的话，那就是出类拔萃的人：作为将军，他们暗中具备了与孙武、吴起相同的军事谋略；作为执政者，他们先天就获得了管仲、子产的政教才干。虽然他们从未读过书，我也要说他们是有学问的。现在您不能够做到这一点，又不去师法古人的所作所为，那就好比闭上眼睛，什么也看不见了。"

五

原文

人见邻里亲戚有佳快①者，使子弟慕而学之，不知使学古人，何其蔽也哉？世人但知跨马被甲，长矟②强弓，便云我能为将；不知明乎天道，辨乎地利③，比量逆顺，鉴达兴亡之妙也。但知承上接下，积财聚谷，便云我能为相；不知敬鬼事神，移风易俗，调节阴阳，荐举贤圣之至也。但知私财不入，公事夙办，便云我能治民；不知诚己刑物④，执辔如组⑤，反风灭火，化鸱为凤之术也⑥。但知抱令守律，早刑晚舍⑦，便云我能平狱；不知同辕观罪⑧，分剑追财⑨，假言而奸露⑩，不问而情得之察⑪也。爰及农商工贾，厮役奴隶，钓鱼屠肉，饭牛牧羊，皆有先达，可为师表，博学求之，无不利于事也。

注释

①**佳快**：才能优异之士。②**矟**：即槊，近似长矛，古时的一种重型兵器。③**不知明乎天道，辨乎地利**：《孙子·计》："天者，阴阳寒暑时制也。地者，远近险易广狭生死也。"④**刑物**：给人做出榜样。刑，同"型"。⑤**执辔如组**：辔，马缰绳。组，用丝织成的带子。《诗经·邶风·简兮》："有力如虎，执辔如组。"意谓执政有方，张弛有度。⑥**"化鸱"句**：鸱，即猫头鹰，古代被视为一种不祥之鸟。此处化用东汉人仇览劝人为善之事。仇览为亭长时，有个叫陈元的人不孝，仇览亲到其家进行规劝，陈元终于感其言，成为有名的孝子。⑦**早刑晚舍**：早上还宣判有罪，晚上就把人无罪释放了。⑧**同辕观罪**：将两个犯人都绑在车辕上，让他们面对面相望，以便能够反省自己的过错。⑨**分剑追财**：古代在沛郡有一个富翁，家财多达两千余万贯。只有一个

儿子，此时只有几岁，他的母亲已经去世。他的女儿为人很不好。富翁病危，将所有财产都给了女儿，同时把一把剑交给女儿，说："等你弟弟十五岁时，将这把剑交给他。"之后富翁去世。数年后，他的儿子已经十五岁，但他的姐姐不肯把剑交给他，于是打起了官司。这时当地的太守是何武，知道本案后，对手下说："富翁的女儿内心险恶，女婿贪婪，富翁害怕他们对自己的儿子下毒手，所以把家财都暂时给了女儿。剑，就是决断的含义，在儿子十五岁时要求还剑，是猜想儿子的智力足以告官，能够伸张正义。"于是把所有的财产都夺回来给了富翁的儿子。⑩**假言而奸露**：此句化用北魏人李崇断案一事。寿春县人苟泰有子三岁，遇贼亡失，数年不知所在。后见在同县人赵奉伯家，泰以状告。各言己子，并有邻证，郡县不能断。（李）崇曰："此易知耳。"令二父与儿各在别处。禁经数旬，然后遣人知之，曰："君儿遇患，向已暴死，有教解禁，可出奔哀也。"苟泰闻即号，悲不自胜；奉伯咨嗟而已，殊无痛意。崇察知之，乃以儿还泰，诘奉伯诈状。⑪**不问而情得之察**：借用晋人陆云断案事。陆云出补浚仪令。县居都会之要，名为难理。云到官肃然，下不能欺，市无二价。人有见杀者，主名不立，云录其妻，而无所问。十许日遣出，密令人随后，谓曰："其去不出十里，当有男子候之与语，便缚来。"既而果然。问之具服。云："与此妻通，共杀其夫。闻妻得出，欲与语，惮近县，故远相要候。"

译文

人们看见邻居、亲戚中有出人头地的人物，懂得让自己的子弟钦慕他们，向他们学习，却不明白让自己的子弟去向古人学习，这是多么无知啊。一般人只看见当将军的跨骏马，披铠甲，手持长矛强弓，就说我也能当将军；却不懂得了解天时的阴晴寒暑，分辨地理的险易远近，比较权衡逆境顺境，审察把握兴盛衰亡的种种奥妙。一般人只知道当宰相的秉承旨意，统领百官，为国积财储粮，就说我也可以当宰相；却不知道侍奉鬼神，移风易俗，调节阴阳，荐贤举能的种种周到细致。一般人只知道私财不落腰包，公事及早办理，就说我也可以管理好百姓；却不知道诚恳待人，为人楷模，治理百姓，如驾车马，止风灭火，消灾免难，化鸥为凤，变恶为善的种种道理。一般人只知道遵循法令条律，判刑赶早，赦免推迟，就说我也可以秉公办案；却不知道同辕观罪、分剑追财，用假言诱使诈伪者暴露，不用反复审问而案情自明这种种深刻的洞察力。推而广之，甚至那些农夫、商贾、工匠、童仆、奴隶、渔民、屠夫、喂牛的、放羊的，他们中间都有在德行学问上堪为前辈的人，可以作为学习的榜样，广泛地向这些人学习，对事业是不无好处的。

六

原文

夫所以读书学问，本欲开心明目，利于行耳。未知养亲者，欲其观古人之先意承颜①,怡声下气,不惮劬劳,以致甘腝②,惕然惭惧,起而行之也;未知事君者,欲其观古人之守职无侵,见危授命③,不忘诚谏,以利社稷,恻然自念,思欲效之也;素骄奢者,欲其观古人之恭俭节用,卑以自牧,礼为教本,敬者身基,瞿然自失,敛容抑志也;素鄙吝者,欲其观古人之贵义轻财,少私寡欲,忌盈恶满,赒穷恤匮,赧然悔耻,积而能散④也;素暴悍者,欲其观古人之小心黜己,齿弊舌存,含垢藏疾,尊贤容众⑤,茶然⑥沮丧,若不胜衣也;素怯懦者,欲其观古人之达生委命,强毅正直,立言必信,求福不回,勃然奋厉,不可恐慑也:历兹以往,百行皆然。纵不能淳,去泰去甚⑦。学之所知,施无不达。世人读书者,但能言之,不能行之,忠孝无闻,仁义不足;加以断一条讼,不必得其理;宰千户县,不必理其民;问其造屋,不必知楣横而梲⑧竖也;问其为田,不必知稷早而黍迟也;吟啸谈谑,讽咏辞赋,事既优闲,材增迂诞,军国经纶,略无施用。故为武人俗吏所共嗤诋,良由是乎!

注释

①**先意承颜**:指孝子先父母之意而顺承其志。②**腝**:熟烂、熟练之义。③**授命**:献出生命。④**积而能散**:自己有所积蓄之后能够散己之财以周济穷人。⑤**尊贤容众**:语出《论语·子张》:"君子尊贤而容众,嘉善而矜不能。"意指君子能够善于尊敬贤者,容纳不同的观点。⑥**茶然**:疲劳的样子。⑦**去泰去甚**:去其过甚。谓事宜适中。⑧**楣**:房屋的横梁。**梲**:梁上的柱子。

译文

所以要读书做学问,本意在于使心胸开阔,使眼睛明亮,以利于践行。不懂得奉养双亲的,要他看到古人探知父母的心意,顺受父母的脸色,和声下气,不怕劳苦,弄来甜美软和的东西,于是谨慎戒惧,起而照办;不懂得服侍君主的,要他看到古人的守职不越权，见到危难不惜生命，不忘对君主忠谏以利国家，心内悲愤自励，想向古人效仿；一贯骄傲奢侈的，要他看到古人的恭俭节约，谦卑养德，礼为教本，敬为身基，惊惧自失，敛容抑气；一贯鄙吝的，要他看到古人的重义轻财，少私寡欲，忌盈恶满，周济穷困，羞愧生悔，积而能散；一贯暴悍的，要他看到古人的小心贬抑自己，齿弊舌存，待人宽容，尊贤纳众，颓然沮丧，身体弱得不胜衣；一贯怯懦的，要他看到古人的不怕死，坚强正直，说话必信，好事干下去不回头，勃然奋力，不可慑服。这样历数下去，百行无不如此，即使难做得纯正，至少可以去掉过于严重的毛病。学习所得，用在哪一方面都会见成效。只是世人读书的，往往只能说到，不能做到，忠孝无闻，仁义不足；加以判断一件诉讼，不需要弄清事理；治理千户小县，不需要管好百姓；问他造屋，不需要知道楣是横而棁是竖；问他耕田，不需要知道稷是早而黍是迟；吟啸谈谑，讽咏辞赋，事情既很悠闲，人才更见迂诞，处理军国大事，一点没有用处。因此被武人俗吏们共同讥谤，确是由于上述的原因吧！

七

原文

夫学者所以求益耳。见人读数十卷书，便自高大，凌忽长者，轻慢同列①。人疾之如仇敌，恶之如鸱枭。如此以学自损，不如无学也。古之学者为己，以补不足也；今之学者为人，但能说之也②；古之学者为人，行道以利世也；今之学者为己，修身以求进也。夫学者犹种树也，春玩其华，秋登其实；讲论文章，春华也，修身利行，秋实也。

注释

①**同列**：同行、同辈。②**"古之"四句**：见《论语·宪问》："古之学者为己，今之学者为人。"

译文

人们不断地学习，就是为了能够获得好处。我见过有人读了几十卷书，就变得高傲自大了，不尊敬长者，轻视同辈。大家对他像仇敌、鸱枭一样厌恶。像这样用学习来损害自己，还不如不去学习。古代求学的人都是想要充实自己，弥补自己的不足；现在求学的人则多半是为了向别人炫耀，作为夸夸其谈的资本；古代求学的人，是为了推行自己的主张来为社会造福；现在求学的人，则是为了自己的需求，培养德行、谋得官职。学习就好比是种果树一样，春天可以欣赏它的花朵，秋天可以收获它的果实；谈论文章如同欣赏花朵，修身治国如同收获果实。

八

原文

人生小幼，精神专利，长成已后，思虑散逸，固须早教，勿失机也。吾七岁时，诵《灵光殿赋》①，至于今日，十年一理，犹不遗忘。二十之外，所诵经书，一月废置，便至荒芜矣。然人有坎壈②，失于盛年，犹当晚学，不可自弃。孔子云："五十以学《易》，可以无大过矣③。"魏武、袁遗④，老而弥笃，此皆少学而至老不倦也。曾子七十乃学⑤，名闻天下；荀卿五十，始来游学⑥，犹为硕儒；公孙弘四十余，方读《春秋》⑦，以此遂登丞相；朱云亦四十，始学《易》《论语》⑧；皇甫谧二十，始受《孝经》《论语》⑨：皆终成大儒，此并早迷而晚寤也。世人婚冠未学，便称迟暮，因循面墙⑩，亦为愚耳。幼而学者，如日出之光，老而学者，如秉烛夜行，犹贤乎瞑目而无见者也。

注释

①《**灵光殿赋**》：此赋为东汉人王逸所作，并收入《文选》。灵光殿，西汉鲁恭王所建，在今山东曲阜。②**坎壈**：坎坷、困顿不得志。③"**五十以学**"**二句**：见《论语·述而》："子曰：'加我数年，五十以学《易》，可以无大过矣。'"言年虽已老，为学尚不失为晚。④**袁遗**：字伯业，三国时人，为袁绍的堂兄。⑤**曾子七十乃学**：曾子小孔子四十六岁，此处七十改作十七为宜，在当时，十七岁始学，为时已经很晚了。⑥"**荀卿**"**二句**：荀卿，名况，战国时思想家。《史记·孟子荀卿列传》："荀卿，赵人，年五十，始来游学于齐。"⑦"**公孙弘**"**二句**：公孙弘，字季，西汉大臣。年四十才学《春秋公羊传》，后被武帝任命为丞相。⑧"**朱云**"**二句**：朱云，字游，西汉人。少时好游侠，

年四十始学《易经》《论语》，最后成为一代著名学者。⑨ **"皇甫谧"二句**：皇甫谧，字士安，魏晋人。少时不学无术，年满二十，方始醒悟，开始为学，诵读百家之书，终于有所成就。⑩ **面墙**：出自《尚书·周官》："不学墙面。"孔安国传："人而不学，其犹正墙面而立。"后来即以"面墙"比喻不爱好学习。

译 文

人在幼小的时候，精神专注敏锐，长大成人后，思想逐渐分散，这就应该提早进行教育，不要错过机会。我在七岁时，就诵读《灵光殿赋》，直至今日，坚持十年温习一次，仍然没有遗忘。二十岁以后，诵读的经书，只要搁置一个月，便到了荒废的地步。但是，人会有困顿不得志的时候，在盛年时失去求学机会，后来应该补上的，不能自己放弃。孔子说过："五十岁再来学《易经》就可以没有大过失了。"曹操、袁遗，到了老年，学习更加专心致志，这都是从小开始学习到老年仍不觉得厌倦。曾参十七岁才开始学习，美名传天下；荀卿五十岁才开始游学，最终还是成为儒家大师；公孙弘四十多岁才开始读《春秋》，最终因此还当上丞相；朱云也到四十岁才学《易经》《论语》，皇甫谧二十岁才学《孝经》《论语》，后来都成为儒学大师。这些人都是早年没意识到而晚年清醒了且立志成才的例子。世间之人到二三十岁婚冠之年还没有学习，就称太晚了，继续荒废下去不去学习，就好像面壁而立的人什么也看不见，这就太愚蠢了。幼年学的，就像日出时的光芒；老年学的，虽然像夜行路上的蜡烛，即使这样，也总比闭上眼睛什么也看不见要好。

九

原 文

学之兴废，随世轻重。汉时贤俊，皆以一经弘圣人之道，上明天时，下该人事，用此致卿相者多矣。末俗①已来不复尔，空守章句，但诵师言，施之世务，殆无一可。故士大夫子弟，皆以博涉为贵，不肯专儒。梁朝皇孙以下，总丱之年②，必先入学，观其志尚，出身已后，便从文史，略无卒业者。冠冕为此者，则有何胤、刘瓛(huán)、明山宾、周舍、朱异、周弘正、贺琛、贺革、萧子政、刘绦(tāo)③等，兼通文史，不徒讲说也。洛阳亦闻崔浩、张伟、刘芳④，邺下又见邢子才⑤:此四儒者,虽好经术,亦以才博擅名。如此诸贤,故为上品,以外率多田野间人,音辞鄙陋,风操蚩拙⑥,相与专固,无所堪能,问一言辄酬数百,责其指归,或无要会。邺下谚云:"博士买驴,书券三纸,未有驴字。"使汝以此为师,令人气塞。孔子曰:"学也禄在其中矣⑦。"今勤无益之事,恐非业也。夫圣人之书,所以设教,但明练经文,粗通注义,常使言行有得,亦足为人;何必"仲尼居"⑧即须两纸疏义,燕寝讲堂⑨,亦复何在?以此得胜,宁有益乎?光阴可惜,譬诸逝水。当博览机要,以济功业;必能兼美,吾无间焉。

注释

①**末俗**:指末世的风俗。②**总丱之年**:语出《诗经·齐风·甫田》:"婉兮娈兮,总角丱兮。"毛亨传:"总角,聚两髦也;丱,幼稚也。"此处指童年时代。③**何胤**:字子季,梁朝学者。曾注《周易》,著有《毛诗隐义》《礼记隐义》等。**刘瓛**:南齐学者。**明山宾**:字孝若,梁朝学者。少时即博通经传,著有《吉礼仪注》《礼仪》等书。**周舍**:字升逸,南朝梁人,博学,尤通义理,为梁武帝所赏识。《梁书》有传。**朱异**:字彦和,梁朝人,平生好涉猎文史杂记,尤通《礼》《易》,撰有《礼易讲疏》《仪注》等。**周弘正**:字思行,南朝梁、陈时人,少时即通《老子》《周易》,为当时硕学名流,著有《周易讲疏》《论语疏》等。**贺琛**:字国宝,梁朝人,幼时从伯父受学,以精通"三礼"闻名,著《三礼讲疏》等。**贺革**:字文明,贺琛之子,梁朝人,少时即通"三礼",后于《孝经》《论语》等皆有造诣。《梁书》有传。**萧子政**:南朝梁人,亦为一时文豪。著有《周易义疏》《系辞义疏》等。**刘绍**:字言明,精通"三礼"。④**崔浩**:字伯渊,北魏人,少时即好学,博览经史,精研义理,多所造诣。一时颇受明元帝、太武帝看重,《魏书》有传。**张伟**:字仲业,北魏人,为学通诸家,授业乡里,受其业者众多。**刘芳**:字伯文,北魏学者,才思敏捷,博闻强记,尤通音律,撰有《后汉书音》《毛诗笺音义证》等。⑤**邢子才**:名邵,字子才,北齐学者,少时即好纵游,但凡文章,过目不忘。其为文典丽工雅,独步当时文坛。老而专力于"五经",亦有斟见,有文集三十卷,《北齐书》中有传存焉。⑥**蚩拙**:愚昧无知。⑦**"学也"句**:语见《论语·卫灵公》。⑧**仲尼居**:《孝经·开宗明义》第一章首语。

⑨**燕寝讲堂**：燕寝，闲居之处；讲堂，讲经场所。诸家解经莫衷一是，有的解为休闲之所，有的解为讲经之处。

译 文

　　学习风气的兴盛或衰败，随世道变迁而变化。汉朝时代的贤士俊才们，都靠精通一部经书来发扬光大圣人之道，上知晓天命，下贯通人事，他们中凭着这个特长而获取卿相职位的很多。汉末风气改变以后就不再是这样了，读书人都空守章句之学，只知道背诵老师讲过的现成话，如果靠这些东西来处理实际事务，我看大概不会有什么用处。因此，后来的士大夫子弟读书都以广泛涉猎为贵，不肯专攻一经。梁朝从皇孙以下，在儿童时就一定先让他们入学读书，观察他们的志向，到步入仕途的年龄后，就去参与文官的事务，没有一个是把学业坚持到底的。既当官又能坚持学业的，则有何胤、刘瓛、明山宾、周舍、朱异、周弘正、贺琛、贺革、萧子政、刘绍等人，这些人写文章也很在行，不光是只能口头讲讲而已。在洛阳城，我还听说有崔浩、张伟、刘芳三人的大名，邺下那里还有位邢子才：这四位学者，虽然都较为喜好经术，但也以才识广博著称。像以上的各位贤士，原本就该是为官者中的上品，除此之外就大都是些村夫庸人，这些人语言鄙陋，风度拙劣，互相之间固执己见，任何事也干不了，你问他一句话，他就会答出几百句，若要问他其中的意旨究竟是什么，他大概一点也摸不到边。邺下有谚语说："执教的人上市去买驴，契约写了三大张，不见写出个驴字。"如果让你以这种人为师，岂不会使人丧气。孔子说："去学习吧，你的俸禄就在其中了。"而今这些人却在那些毫无益处的事情上下功夫，这恐怕不是正经行当吧。圣人的书，是用来教育人的，只要能熟读经文，精通注文之义，使之对自己的言行经常提供些帮助，也就足以在世上为人了；何必"仲尼居"三个字就要写两张纸的疏文来解释呢，你说"居"指闲居之处，他说"居"指讲习之所，现在又有哪个能够亲见？在这种问题上，争个你输我赢，难道会有什么好处吗？光阴可惜，就像那逝去的流水般一去不返，我们应当广泛阅读书中那些精要之处，以求对自己的事业有所帮助。如果你们能把博览与专精结合起来，那我就非常满意，再无话可说了。

十

原 文

　　俗间儒士，不涉群书，经纬①之外，义疏②而已。吾初入邺，与博陵崔文彦交游，尝说《王粲③集》中难郑玄《尚书》事。崔转为诸儒道之，始将发口，悬见排蹙，云："文集只有诗、赋、铭、诔④,

岂当论经书事乎？且先儒之中，未闻有王粲也。"崔笑而退，竟不以粲集示之。魏收⑤之在议曹，与诸博士议宗庙事，引据《汉书》，博士笑曰："未闻《汉书》得证经术。"收便忿怒，都不复言，取《韦玄成⑥传》，掷之而起。博士一夜共披寻之，达明，乃来谢曰："不谓玄成如此学也。"

注释

①**经纬**：经书和纬书。经书指儒家经典著作。纬书相对于"经书"而言，是汉代混合神学附会儒家经义的书籍。②**义疏**：解经之书，其名源于佛家对佛典的解释。以后指会通中国古书义理，加以阐释发挥；或指广搜群书，补充旧注，究明其原委的书。③**王粲**：汉末文学家。字仲宣，以博学著称，是"建安七子"之一。④**赋、铭、诔**：均为文学体裁名称，与诗都属于有韵之文。⑤**魏收**：北齐文学家、史学家。⑥**韦玄成**：《汉书·韦贤传》载："贤少子玄成，字少翁。好学，修父业，以明经擢为谏大夫。永光中，代于定国为丞相，议罢郡国庙，又议太上皇、孝惠、孝文、孝景庙，皆亲尽宜毁，诸寝园日月间祀，皆勿复修。"

译文

世间的读书人，不去广泛涉猎群书，除了读各种经书和纬书外，就是学学解释这些经典的注疏而已。我刚到邺城时，与博陵的崔文彦交游，我和他曾谈起《王粲集》中关于王粲责难郑玄《尚书注》的事，崔文彦转而给几位读书人谈起此事，刚要开口，就被他们责难说："文集中只有诗、赋、铭、诔等类文体，难道会论及有关经书的事吗？况且在先儒之中，也没听说过王粲这人啊。"崔文彦笑了笑便告辞了，终究未把《王粲集》给他们看。魏收在议曹任上时，与各位博士议及有关宗庙之事，并引《汉书》为据，众博士笑着说："我们没有听说过《汉书》可以证验经学的。"魏收很恼火，一句话也不再说，把《汉书》中的《韦玄成传》扔给他们，就起身退出了。众博士花了一个晚上的时间来共同翻检此书，第二天才来道歉说："想不到韦玄成还有这等学问啊。"

十一

原文

夫老庄之书，盖全真①养性，不肯以物累己也。故藏名柱史②，终蹈流沙；匿迹漆园，卒辞楚相③，此任纵之徒耳。何晏、王弼④，祖述玄宗⑤，递相夸尚，景附草靡，皆以农、黄之化，在乎己身，周、孔之业，弃之度外。而平叔以党曹爽见诛⑥，触死权之网也；辅嗣以多笑人被疾⑦，陷好胜之阱也；山巨源以蓄积取讥⑧，背多藏厚亡之文也；夏侯玄⑨以才望被戮，无支离拥肿之鉴也；荀奉倩丧妻，神伤而卒，非鼓缶之情也⑩；王夷甫悼子，悲不自胜，异东门之达也⑪；嵇叔夜排俗取祸，岂和光同尘之流也⑫；郭子玄以倾动专势，宁后身外己之风也⑬；阮嗣宗沈酒荒迷，乖畏途相诫之譬也⑭；谢幼舆赃贿黜削，违弃其余鱼之旨也⑮：彼诸人者，并其领袖，玄宗所归。其余桎梏尘滓(zhì gù)之中，颠仆名利之下者，岂可备言乎！直取其清谈雅论，剖玄析微，宾主往复，娱心悦耳，非济世成俗之要也。泊于梁世，兹风复阐，《庄》《老》《周易》，总谓"三玄"⑯。武皇、简文，躬自讲论。周弘正奉赞大猷(yóu)⑰，化行都邑，学徒千余，实为盛美。元帝在江、荆间，复所爱习，召置学生，亲为教授，废寝忘食，以夜继朝，至乃倦剧愁愤，辄以讲自释。吾时颇预末筵，亲承音旨，性既顽鲁，亦所不好云。

注释

①**全真**：保持本性。②**藏名柱史**：老子做过周代管理图书的柱下史，藏名柱史是说做柱下史而不被外人知道。柱史，即柱下史，周秦时官名。相传，老子西游，为关令尹著书，后俱西游流沙，无人知其下落。③**匿迹漆园**：庄子曾为漆园吏。此指做漆园吏不为人所知。漆园，地名，庄子曾为漆园吏。楚威王闻其贤，派使者厚迎之，并许以为相，最后均遭到庄周的拒绝。④**何晏**：字平叔，曹魏时玄学家，著有《道德论》《无名论》等。**王弼**：字辅嗣，曹魏时玄学家。笃好老庄之学，与何晏、夏侯玄开玄学清谈之风气。著有《周易注》等。⑤**玄宗**：深微的要旨。⑥**平叔以党曹爽见诛**：曹

爽，字昭伯，曹魏宗室。魏明帝临终时托孤于曹爽，他受诏辅佐年幼的皇帝，与司马懿争权失败，与何晏等人均被杀。⑦**辅嗣以多笑人被疾**：王弼，字辅嗣。他善于论道，但是有时牵强附会，不够自然，被时人讥笑。⑧**山巨源以蓄积取讥**：山涛，字巨源，西晋人，好老庄之学，是"竹林七贤"之一。司马氏家族与曹氏争权，山涛害怕受到牵连，于是隐身世外，后来司马氏夺权成功，他又复出，并担任朝廷官职，大节有失，因此被当时的士人讥笑。⑨**夏侯玄**：夏侯玄，字太初，曹魏人，喜老庄，尚清谈，在当时的士人当中很有声望。他原本是曹魏宗室，曹爽被杀后受到牵连，被司马氏杀害。这里指夏侯玄空有研究老庄的才气，却不能利用老庄之学来保全自己的生命。⑩**荀奉倩丧妻，神伤而卒，非鼓缶之情也**：荀奉倩，名粲，字奉倩，曹魏人，崇尚老庄之学，骠骑将军曹洪的女儿貌美，他娶她为妻。数年后，妻子病亡，荀粲非常忧伤，不久也去世了。鼓缶之情，见《庄子·至乐论》："庄子妻死，惠子吊之，方箕踞鼓盆而歌。"⑪**王夷甫悼子，悲不自胜，异东门之达也**：王夷甫，即王衍，字夷甫，出身士族，好谈老庄，其幼子夭折，山简前往吊唁，王衍为之情不自禁，悲不自胜。⑫**嵇叔夜排俗取祸，岂和光同尘之流也**：嵇康，字叔夜，曹魏玄学家，与阮籍等同为"竹林七贤"之一。先与魏室通婚，后来司马氏执政，由于非议汤武，废弃周礼，被权贵钟会诬陷，惨遭杀害。⑬**郭子玄以倾动专势，宁后身外己之风也**：郭象，字子玄，晋代玄学家，好老庄，喜清谈，为东海王司马越引为太傅主簿，得以权倾内外，为舆论非议。后身外己，语出《老子》："后其身而身先，外其身而身存。"⑭**阮嗣宗沈酒荒迷，乖畏途相诫之譬也**：阮籍，字嗣宗，与嵇康齐名，"竹林七贤"之一。本有济世之志，身处魏、晋争权之际，终日沉醉，想要置身于物外，求得心灵超脱。经常独自驾车随意出行，根本不管道路，一直驾车到路途的尽头，大哭一场后返回。⑮**谢幼舆赃贿黜削，违弃其余鱼之旨也**：谢鲲，字幼舆，晋代玄学家，喜好《老子》《易经》，曾为司马越推荐做官，后因家仆贪赃而丢官。弃其余鱼，出自《淮南子·齐俗》："惠子从车百乘，以过孟诸，庄子见之，弃其余鱼。"⑯**"三玄"**：《老子》《庄子》《周易》的总称。此三书在魏晋时期曾作为谈论玄学的经典，常为玄学家所引用。⑰**大猷**：治国的道理。

译文

老子、庄子他们的书，都是在讲怎样保持本真性情、修养超然品性的，所以他们不会因为身外之物而牵累自己。老子心甘情愿做一个默默无闻的图书管理员，最后又悄无声息地隐身于沙漠之中；庄子则干脆隐居漆园当一个小官，后来楚成王邀请他做相，可是他却不领情，他们俩都是喜欢自由自在、无拘无束生活的人啊。后来，像何晏、王弼，他们前溯先贤，宣讲道教的教义继其后者一个跟着一个夸夸其谈，就好比影子伴随形体、草木随风倒一般，大家都以神农、黄帝的教化来装扮自己，至于周公、孔子的礼教等就无人问津了。可是何晏因为攀附曹爽而遭杀身之祸，这是撞到了贪婪的网上；王弼以自己的所长讥笑他人而遭到怨恨，这是掉进了好胜的陷阱；山涛由于贪财吝啬而遭到世人非议，这是违背了聚敛得越多、失去越多的古训；夏侯玄以非凡的才能和声望而招致被害，这是因为他还没有从庄子支离和臃肿大树的寓言中吸取教训；荀粲因丧妻而伤心致死，说明他还不具有庄子丧妻击缶而歌的超脱情怀；王衍因丧子而痛不欲生，这和东门吴达观面对丧子之痛有着天壤之别；嵇康因清高而命丧黄泉，说明他还没有做到"和其光，同其尘"；郭象因声名显赫而成为达官贵人，最终也没有做到甘于人后；阮籍纵酒迷乱，违背了险途应该小心谨慎的古训；谢鲲因家仆贪污而遭罢官，这是他没有遵守节制物欲的宗旨。以上的这些人，都是所谓的玄学中的领袖人物。至于那些在尘世污秽、名利官场之中摔爬滚打的人，就更不用说了。这些人无非拿老庄书中的一些清谈雅论什么的，剖析一下其中的细微之处，宾主之间相互问答取娱，贪图一时的快乐，这对于形成良好的社会风气有什么用呢？到了梁朝，这种崇尚道教的风气又开始流行，那个时候流行玄学，《庄子》《老子》《周易》被人们称为"三玄"。这个东西，就连梁武帝和简文帝都亲自加以讲论。周弘正奉君王之命讲解如何以道教治国的大道理，偏远小城镇的人都来听讲，有时听讲的人达数千，真是盛况空前。后来元帝在江陵、荆州的时候，也对玄学乐此不疲，还召集学生亲自给他们讲解，以至于夜以继日、废寝忘食。他在身心疲惫、忧愁烦闷的时候，也会拿玄学来自我减压。我当时偶尔也会在末位听讲，有幸聆听元帝的教诲，这对于我这个天资愚笨的人来说，并没有特别的获益。

十二

原文

齐孝昭帝侍娄太后①疾，容色憔悴，服膳减损。徐之才②为灸两穴，帝握拳代痛，爪入掌心，血流满手。后既痊愈，帝寻疾崩，遗诏恨不见太后山陵③之事。其天性至孝如彼，不识忌讳如此，良由无学所为。若见古人之讥欲母早死而悲哭之④，则不发此言也。孝为百行之首，犹须学以修饰之，况余事乎！

注释

①**娄太后**：孝昭帝高演之母，名昭君，司徒娄内干之女。②**徐之才**：北齐医学家，因其医术高明，为高洋、高演所重用。③**山陵**：古代帝王或王后死后的陵墓。郦道元《水

经注·渭水三》：“秦名天子曰山，汉曰陵，故通曰山陵矣。”④**"若见"一句**：《淮南子·说山训》：“东家母死，其子哭而不哀。西家子见之，归谓其母曰：'社何爱速死，吾必悲哭社。'夫欲其母之死者，虽死亦不能悲哭矣。"

译文

北齐的孝昭帝在照顾病中的娄太后时，脸色暗淡憔悴，饭量减少。徐之才用艾柱灸太后的两个穴位，孝昭帝紧握双拳来代母受痛，指甲刺入了掌心，孝昭帝满手流血。太后病愈后，孝昭帝却暴病辞世，临终的遗诏上说：感到最为遗憾的是不能亲自为太后操办后事。他有着如此孝顺的天性，但同时又如此地不知忌讳，着实是没有学问造成的。假如他曾经从书中看过古人讽刺那盼母早死来痛哭尽孝的记载，就不会在遗诏中那样说话了。孝为百行之首，这种品行的习得都需要通过学习来完善。何况对于其他的事呢！

十三

原文

梁元帝尝为吾说：“昔在会稽①，年始十二，便已好学。时又患疥，手不得拳，膝不得屈。闲斋张葛帱②避蝇独坐，银瓯③贮山阴甜酒，时复进之，以自宽痛。率意自读史书，一日二十卷，既未师受，或不识一字，或不解一语，要自重之，不知厌倦。"帝子之尊，童稚之逸，尚能如此，况其庶士，冀以自达者哉？

注释

①**会稽**：郡名。南朝时其治所在山阴（今浙江绍兴）。②**葛帱**：用细葛布做成的帘帐。葛，一种植物，其皮可用来织成葛布。③**瓯**：一种瓦器，可用来盛酒或水。

译文

梁元帝曾经对我说：“我过去在会稽郡的时候，年龄才十二岁，就已经喜欢学习了。当时我身患疥疮，手不能握拳，膝不能弯曲。我在闲斋中挂上葛布制成的帐子，以避开苍蝇独坐，身边的小银盆内装着山阴甜酒，不时喝上几口，以此减轻疼痛。这时我就独自随意读一些史书，一天读二十卷，既然没有老师传授，就经常会有字不认识，或一句话不能够理解的情况，这就需要严格要求自己，不感到厌倦。"元帝以帝王之子的尊贵,以孩童的闲适,尚且能够用功学习,何况那些希望通过学习以求显达的小官吏呢?

十四

原　文

古人勤学,有握锥投斧①,照雪聚萤②,锄则带经③,牧则编简④,亦为勤笃。梁世彭城刘绮,交州刺史勃之孙,早孤家贫,灯烛难办,常买荻尺寸折之,然明夜读。孝元初出会稽,精选寮寀(liáo cǎi)⑤,绮以才华,为国常侍兼记室⑥,殊蒙礼遇,终于金紫光禄⑦。义阳朱詹,世居江陵,后出扬都,好学,家贫无资,累日不爨(cuàn)⑧,乃时吞纸以实腹。寒无毡被,抱犬而卧。犬亦饥虚,起行盗食,呼之不至,哀声动邻,犹不废业,卒成学士,官至镇南录事参军,为孝元所礼。此乃不可为之事,亦是勤学之一人。东莞臧逢世,年二十余,欲读班固《汉书》,苦假借不久,乃就姊夫刘缓乞丐客刺书翰纸末,手写一本,军府服其志尚,卒以《汉书》闻。

注　释

①**握锥**:战国苏秦读书以锥刺股之事。《战国策·秦策》:"苏秦读书欲睡,引锥自刺其股,血流至足。"**投斧**:指文党投斧受学的故事。《庐江七贤传》:"文党,字仲翁,未学之时,与人俱入山取木,谓侣人曰:'吾欲远学,先试投我斧高木上,斧当挂。'仰而投之,斧果上挂,因之长安受经。"②**照雪**:《初学记》引《宋齐语》:"孙康家贫,常映雪读书,清淡,交游不杂。"**聚萤**:《晋书·车胤传》:"博学多通。家贫,不常得油,夏月则练囊盛数十萤火以照书,以夜继日焉。"③**锄则带经**:《汉书·倪宽传》:"时行赁作,带经而锄,休息辄读诵。"④**牧则编简**:《汉书·路温舒传》:"路温舒,字长君,巨鹿东里人也。父为里监门,使温舒牧羊,温舒取泽中蒲,截以为牒,编用写书。"⑤**寮寀**:本指官舍,后来引申为僚属的代称。⑥**绮以才华,为国常侍兼记室**:《隋书·百官志》:"皇子府置中录事、中记室、中直兵等

参军，功曹史、录事、中兵等参军。王国置常侍官。" ⑦**金紫光禄**：即金紫光禄大夫。
⑧**爨**：烧火做饭。

译　文

　　古代勤学的人，有用锥子刺大腿以防止打瞌睡的苏秦；有投斧于高树、下决心到长安求学的文党；有映雪勤读的孙康；有用袋子收聚萤火虫用来照读的车胤；汉代的常林耕种时也不忘带上经书；还有个路温舒，在放羊的时候就摘蒲草截成小简，用来写字。他们也都可以算是勤奋学习的人。梁朝彭城的刘绮，是交州刺史刘勃的孙子，从小死了父亲，家境贫寒，无钱购买灯烛，就买来荻草，把它的茎折成尺把长，点燃后照明以作夜读。梁元帝在任会稽太守的时候，精心选拔官吏，刘绮以他的才华当上了太子府中的国常侍兼记室，很受尊重，最后官至金紫光禄大夫。义阳的朱詹，世居江陵，后来到了建业。他非常勤学，家中贫穷无钱，有时连续几天都不能生火煮饭，就经常吞食废纸充饥。天冷没有被盖，就抱着狗睡觉。狗也非常饥饿，就跑到外面去偷东西吃，朱詹大声呼唤也不见它归家，哀声惊动邻里。尽管这样，他还是没有荒废学业，终于成为学士，官至镇南录事参军，为元帝所尊重。朱詹之所为，是一般人所不能做到的，这也是一个勤学的典型。东莞人臧逢世，二十多岁的时候，想读班固的《汉书》，但苦于借来的书自己不能长久阅读，就向姐夫刘缓要来名片、书札的边幅废纸，亲手抄得一本。军府中的人都佩服他的志气，后来他终于以研究《汉书》出了名。

十五

原　文

　　齐有宦者内参①田鹏鸾，本蛮人也。年十四五，初为阉寺②，便知好学，怀袖握书，晓夕讽诵。所居卑末，使彼苦辛，时伺闲隙，周章③询请。每至文林馆④，气喘汗流，问书之外，不暇他语。及睹古人节义之事，未尝不感激沉吟久之。吾甚怜爱，倍加开奖。后被赏遇，赐名敬宣，位至侍中开府⑤。后主之奔青州，遣其西出，参伺动静，为周军所获。问齐主何在，绐云："已去，计当出境。"疑其不信，欧捶服之，每折一支⑥，辞色愈厉，竟断四体而卒。蛮夷童卯(guàn)，犹能以学成忠，齐之将相，比敬宣之奴不若也。

注释

①**内参**：宦官。②**阉寺**：官名。阉人和寺人的简称。③**周章**：周游。④**文林馆**：官署名。北齐设置，掌管著作及校对典籍，兼训生徒，置学士。⑤**侍中**：职官名。**开府**：开建府署，辟置僚属。因其仪仗同于三司（太尉、司徒、司空），称开府仪同三司。⑥**欧**：通"殴"。**支**，通"肢"，四肢。

译文

北齐时有位太监叫田鹏鸾，他本是少数民族。年纪有十四五岁。当初当宫禁的守门人时，就知道好学，身上带着书，早晚诵读。虽然他所处的地位很是低下，工作也很辛苦，但依然能经常利用空闲时间，四处拜师求教。每次到文林馆，气喘汗流，除了询问书中不懂的地方外，顾不得讲其他的话。每当他从书中看到古人讲气节、重义气的事，就特别激动，连声赞叹，心情久久不能平静。我很喜欢他，对他倍加开导勉励。后来他得到皇帝的赏识，赐名为敬宣，职位到了侍中开府。齐后主逃奔青州的时候，派他往西边去察看动静，被北周军队俘获。周军问他后主在什么地方？田鹏鸾欺骗他们说："已走了，恐怕已经出境了。"周军不相信他的话，就殴打他，企图使他屈服；他的四肢每被打断一条，声音和神色就越是严厉，最后终于被打断四肢而死。一位少数民族的少年，尚且能够通过学习变得如此忠诚，北齐的将相们，比敬宣这种奴仆都不如啊。

十六

原文

邺平之后，见徙入关①。思鲁尝谓吾曰："朝无禄位，家无积财，当肆筋力，以申供养。每被课笃②，勤劳经史，未知为子，可得安乎？"吾命之曰："子当以养为心，父当以学为教③。使汝弃学徇财，丰吾衣食，食之安得甘？衣之安得暖？若务先王之道，绍家世之业，藜羹(lí)缊(yùn)褐④，我自欲之。"

注释

①**邺平之后，见徙入关**：指北周军队攻占北齐都城邺城，北齐灭亡，北齐君臣被押送到长安一事。②**课笃**：监察、察视。③**父当以学为教**：此句，宋本作"父当以教

为事"，原注："'教'一本作'学'，'事'一本作'教'。" ④**藜羹**：用嫩藜煮成的羹，这里指粗劣的食物。

译　文

　　邺城被北周军队平定之后，我们被流放到关内。那时思鲁曾经对我说："我们在朝廷中没人当官，家里也没有积财，我应当尽力干活赚钱，以此尽供养之责。现在，我却时时被督促检查功课，致力于经史之学，您难道不知道我这做儿子的，能够在这种情况下安心学习吗？"我教诲他说："当儿子的固然应当把供养的责任放在心上，当父亲的却应当把子女的教育作为根本大事。如果让你放弃学业去赚取钱财，使我丰衣足食，那么，我吃起饭来怎么能够感到香甜，穿起衣来怎么能够感到温暖呢？如果你能够致力于先王之道，继承我们家世的基业，那么，我纵使吃粗茶淡饭，穿麻布衣衫，也心甘情愿。"

十七

原　文

　　《书》曰："好问则裕。"《礼》云："独学而无友，则孤陋而寡闻。"盖须切磋相起①明也。见有闭门读书，师心自是②，稠人广坐，谬误差失者多矣。《谷梁传》称公子友与莒挐(jǔ)相搏，左右呼曰"孟劳"。"孟劳"者，鲁之宝刀名，亦见《广雅》③。近在齐时，有姜仲岳谓："'孟劳'者，公子左右，姓孟名劳，多力之人，为国所宝。"与吾苦诤。时清河郡守邢峙，当世硕儒，助吾证之，赧然而伏。又《三辅决录》④云："灵帝殿柱题曰：'堂堂乎张，京兆田郎。'"盖引《论语》，偶以四言，目京兆人田凤也。有一才士，乃言："时张京兆及田郎二人皆堂堂耳。"闻吾此说，初大惊骇，其后寻愧悔焉。江南有一权贵，读误本《蜀都赋》⑤注，解"蹲鸱，芋也"，乃为"羊"字；人馈羊肉，答书云："损惠蹲鸱。"举朝惊骇，不解事义，久后寻迹，方知如此。元氏⑥之世，在洛京时，有一才学重臣,新得《史记音》,而颇纰缪,误反"颛顼"字,项当为许录反,错作许缘反,遂谓朝士言:"从来谬音'专旭',当音'专翾(xuān)'耳。"此人先有高名,翕然信行;期年之后,更有硕儒,苦相究讨,方知误焉。《汉书·王莽赞》云:"紫色蛙(wā)声,余分闰位。"谓以伪乱真耳。昔吾尝共人谈书,言及王莽形状,有一俊士,自许史学,名价甚高,乃云:"王莽非直鸱目虎吻,亦紫色蛙声。"又《礼乐志》云:"给太官挏(dòng)马酒。"李奇注:"以马乳为酒也,撞(chòng)挏⑦乃成。"二字并从手。撞挏,此谓撞捣挺挏之,今为酪酒亦然。向学士又以为种桐时,太官酿马酒乃熟,其孤陋遂至于此。太山羊肃,亦称学问,读潘岳赋:"周文弱枝之枣",为杖策之杖;《世本》:"容成造历。"以历为碓磨之磨。

注释

①起:启发,开导。②师心自是:以己意为师,自以为是。③《广雅》:三国魏人张揖撰,是一部训诂方面的书,因其依据《乐雅》并扩充之,故名之曰《广雅》。④《三辅决录》:汉人赵岐撰,晋人挚虞注,是一部有关地理交通方面的书籍。⑤《蜀都赋》:晋人左思撰《三都赋》(《魏都赋》《吴都赋》《蜀都赋》),此《蜀都赋》为刘逵所注。⑥元氏:指北魏。因自北魏孝文帝迁都洛阳,姓由拓跋改为元。⑦撞挏:上下撞击。

译文

《尚书》上说:"喜欢提问的人会知识丰富。"《礼经》上说:"独自学习而没有朋友共同商讨,就会孤陋寡闻。"看来,学习需要相互切磋,彼此启发,这是很明白的了。我就见过不少闭门读书,自以为是,在大庭广众之下满嘴胡言的人。《谷梁传》叙述公子友与莒挐两人搏斗,公子友左右的人呼叫"孟劳"。孟劳是鲁国宝刀的名称,这个解释也见于《广雅》。最近我在齐国,有位叫姜仲岳的说:"孟劳是公子友左右的人,姓孟,名劳,是位大力士,为鲁国人所敬重。"他和我苦苦争辩。当时清河郡守邢峙也在场,他是当今的大学者,帮助我证实了孟劳的真实含义,姜仲岳才红着脸认输了。此外,《三辅决录》上说:"汉灵帝在宫殿柱子上题字:'堂堂乎张,京兆田郎。'"这是引用《论语》中的话,而对以四言句式,用来品评京兆人田凤。有一位才士,却解释成:"当时张京兆及田郎二人都是相貌堂堂的。"他听了我的上述解释后,开始十分惊骇,后来又对此感到惭愧懊悔。江南有一位权贵,读了误本《蜀都赋》的注解,"蹲鸱,芋也",芋字错作"羊"字。有人馈赠他羊肉,他就回信说:"谢谢您赐我蹲鸱。"满朝官员都感到惊骇,不了解他用的是什么典故,经过很长时间查到出典,才明白是这么回事。北魏时,洛京一位有才学而位居重要职务的大臣,他新近得到一本《史记音》,而其中错谬很多,给"颛顼"一词错误地注音,顼字应当注音为许录反,却错注为许缘反,这位大臣就对朝中官员们说:"过去一直把颛顼误读成'专旭',应该读成'专翾'。"这位大臣名气早就很大,他的意见大家当然一致赞同并照办。直到一年后,又有大学者对这个词的发音苦苦地研究探讨,才知道谬误所在。《汉书·王莽赞》说:"紫色蛙声,余分闰位。"是说王莽以假乱真。过去我曾经和别人谈论书籍,其中谈到王莽的模样,有一位聪明能干的人,自夸通晓史学,名誉很高,却说:"王莽不但长得鹰目虎嘴,而且有着紫色的皮肤、青蛙的嗓音。"此外,《礼乐志》上说:"给太官挏马酒。"李奇的注解是:"以马乳为酒也,挏挏乃成。""挏挏"二字的偏旁都从手。所谓挏挏,这里是说把马奶上下捣击,现在做奶酒也是用这种方法。刚才提到的那位聪明人又认为李奇注解的意思是:要等种桐树之时,太官酿造的马酒才熟,他的学识浅陋竟到了这个地步。太山的羊肃,也称得上有学问的人,他读潘岳赋中"周文弱枝之枣"一句,把"枝"字读作"杖策"的"杖"字;他读《世本》中"容成造历"一句,把"历"字认作碓磨的"磨"字。

十八

原文

谈说制文,援引古昔,必须眼学,勿信耳受。江南闾里①间,士大夫或不学问,羞为鄙朴,道听途说,强事饰辞:呼徵质为周、郑,谓霍乱②为博陆,上荆州必称陕西,下扬都言去海郡,言食则糊口,道钱则孔方,问移则楚丘③,论婚则宴尔,及王则无不仲宣④,语刘则无不公干。凡有一二百件,传相祖述⑤,寻问莫知原由,施安时复失所。庄生有乘时鹊起之说,故谢朓诗曰:"鹊起登吴台。"吾有一亲表,作《七夕》诗云:"今夜吴台鹊,亦共往填河⑥。"

《罗浮山记》云:"望平地树如荠。"故戴暠诗云:"长安树如荠。"又邺下有一人《咏树》诗云:"遥望长安荠。"又尝见谓矜诞为夸毗,呼高年为富有春秋⑦,皆耳学之过也。

注释

①闾里:乡里。《周礼·天官·小宰》:"听闾里以版图。" ②霍乱:中医病名,与现代医学所说的烈性传染病霍乱不同。汉代大臣霍光封博陆侯,这里指不学无术的人将病名误以为是指汉代大臣。 ③楚丘:《左传·闵公二年》:"僖之元年,齐桓公迁邢于夷仪,封卫于楚丘。邢迁如归,卫国忘亡。" ④仲宣:指汉末著名文学家王粲。 ⑤祖述:效法、遵循前人的行为或学说。 ⑥填河:也称"填桥",指搭鹊桥让牛郎、织女相会。 ⑦富有春秋:指年纪小,春秋尚多,故称富。此与高年义正相反。春秋,指寿命。

译文

谈话写文章,援引古代的事例,必须是用自己的眼睛去学来的,而不要相信耳朵所听来的。江南乡里间,有些士大夫不愿意去学习,又羞于被视为鄙陋粗俗,就把一些道听途说的东西拿来装饰门面,以显示高雅博学。比如,把徵质呼为周、郑,把霍乱叫作博陆,上荆州一定要说成是上陕西,下扬都就说是去海郡,谈起吃饭就说是糊口,提到钱就称之为孔方,问起迁移之处就讲成楚丘,谈论婚姻就说成宴尔,讲到姓王的人没有不称为仲宣的,谈起姓刘的人没有不呼作公干的。这类"典故"共有一二百个,士大夫们前后相承,一个跟着一个学。如果向他们问起这些"典故"的缘起,却没有一个回答得出来;用于言谈文章,常常是不伦不类。庄子有乘时鹊起的说法,因此谢朓的诗中就说:"鹊起登吴台。"我有一位表亲,作的一首《七夕》诗又说:"今夜吴台鹊,亦共往填河。"《罗浮山记》上说:"望平地树如荠。"所以戴暠的诗就说:"长安树如荠。"而邺下有一个人的《咏树》诗又说:"遥望长安荠。"我还曾经见过有人把矜诞解释为夸毗,称高年为富有春秋,这些都是"耳学"造成的错误。

十九

原文

夫文字者,坟籍根本。世之学徒,多不晓字:读"五经"者,是徐邈①而非许慎②;习赋诵者,信褚诠而忽吕忱③;明《史记》者,专徐、邹④而废篆籀;学《汉书》者,悦应、苏⑤而略《苍》《雅》。

不知书音是其枝叶,小学⑥乃其宗系。至见服虔、张揖⑦音义则贵之,得《通俗》《广雅》⑧而不屑。一手⑨之中,向背如此,况异代各人乎?

注释

①**徐邈**:晋代东莞姑幕人,博涉多闻,四十四岁时担任中书舍人,撰《五经音训》。②**许慎**:字叔重,东汉经学大师,博涉经籍,曾撰有《说文解字》十四篇,集古文字学之大成,为后世所推崇。③**褚诠**:即褚诠之,南朝宋、齐时人,于诗赋颇有造诣。**吕忱**:字伯雍,晋代学者,撰有《字林》七卷。④**徐**:当为南朝宋中散大夫徐野民,撰有《史记音义》十二卷。**邹**:即邹诞生,南朝梁人,撰《史记音》三卷。⑤**应、苏**:即应劭、苏林。他们都曾经注过《汉书》,应劭撰有《汉书集解音义》二十四卷。⑥**小学**:汉代称文字学为小学,因儿童入小学先学文字,故名。隋唐以后,范围扩大,成为文字学、训诂学、音韵学的总称。⑦**服虔**:东汉经学家。初名重,又名祇,字子慎,河南荥阳人。曾任九江太守。信古文经学,撰有《春秋左氏传解谊》。**张揖**:三国时魏国清河人。字稚让,曾官博士。著作《埤苍》《古今字诂》已佚,存者有《广雅》。⑧**《通俗》**:即《通俗文》。服虔撰,一卷。训释经史用字。原书已失传。清人任大椿等有辑本。**《广雅》**:训诂书。三国时张揖撰。⑨**一手**:这里指出自一人的手笔。

译文

文字,这是书籍的根本。世上求学之人,大多都没有把字义弄通:通读《五经》的人,肯定徐邈而非难许慎;学习赋诵的人,信奉褚诠而忽略吕忱;崇尚《史记》的人,只对徐野民、邹诞生的《史记音义》这类书感兴趣,却废弃了对篆文字义的钻研;学习《汉书》的人,喜欢应邵、苏林的注解而忽略了《三苍》《尔雅》。他们不懂得语音只是文字的枝叶,而字义才是文字的根本。以致有人见了服虔、张揖有关音义的书就十分重视,而得到同是这两人写的《通俗文》《广雅》却不屑一顾。对同出一人之手的著作,居然这样厚此薄彼,何况对不同时代、不同人的著作呢?

二十

原文

夫学者贵能博闻也。郡国山川,官位姓族,衣服饮食,器皿制度,皆欲根寻,得其原本;至于文字,忽不经怀,己身姓名,或多乖舛,纵得不误,亦未知所由。近世有人为子制名:兄弟皆山傍立字,而有名峙者;兄弟皆手傍立字,而有名机者;兄弟皆水傍立字,而有名凝者。名儒硕学,此例甚多。若有知吾钟之不调①,一何可笑。

注释

①**"若有"一句**:《淮南子·修务》:"昔晋平公令官为钟,钟成而示师旷,师旷曰:'钟音不调。'平公曰:'寡人以示工,工皆以为调,而以为不调,何也?'师旷曰:'使后世无知音者则已,若有知音者,必知钟之不调。'"此以钟之不调来讽刺硕学名流们空有其名,却常常犯一些很低级的错误。

译文

　　求学的人都认为博学是最为可贵的。他们对郡国山川、官位族姓、穿着吃食、制度器皿,都要一一涉猎,找到源头;相反对于文字,却表现出一副漫不经心的态度,即使是自家的姓名,也有出错的时候,就算不出错,对它的由来也不甚了解。近代一些人给孩子起名是这样的:如果说弟兄几个的名字都是山字旁,竟有取名为峙的;如果都是手字旁,竟有取名为机的;如果都是水字旁,竟有取名为凝的。尽管是那些知名的大学者,这类例子也不在少数。假如说他们懂得了这与晋平公的乐工听不出钟声中不协调的乐音是一样的话,就知道这是多么可笑。

二十一

原文

　　吾初读《庄子》"螝二首",《韩非子》①曰:"虫有螝者,一身两口,争食相龁,遂相杀也。"②茫然不识此字何音③,逢人辄问,了无解者。案:《尔雅》诸书,蚕蛹名螝,又非二首两口贪害之物。后见《古今字诂》④,此亦古之虺字,积年凝滞,豁然雾解。

注释

①**《韩非子》**:书名,为战国末期韩国人韩非所著,是一部法家著作,主张"以法治国",充满了辩证思想。②**"虫有"**四句:出自《韩非子·说林下》。龁,撕咬

的意思。③**音**：通"意"，意思。《管子·内业》："不可呼以声，而可迎以音。"王念孙杂志："音，即意字也。言不可呼之的声，而但可迎之以意。"④**《古今字诂》**：三国魏人张揖撰，共三卷，是一部文字学著作。

译文

在我刚读《庄子》时，就见到了"蝴二首"这句，《韩非子》中说："虫中有蝴，一个身子两张嘴，为争食互相撕咬，因而互相残杀。"对"蝴"字的意思，我茫然无所知，遇到人就上前去问，根本没有知道的。据我考证：《尔雅》之类的字书中讲，蚕蛹叫"蝴"，但它没有长两张嘴，也不是为抢食而互相残杀的虫子。后来在读《古今字诂》时，书中讲："蝴"字就是古代的"虺"字。顿时觉得茅塞顿开，解开了多年的疑惑。

二十二

原文

愍(mǐn)楚友婿窦如同从河州来①，得一青鸟，驯养爱玩，举俗呼之为鹖(hé)。吾曰："鹖出上党②，数曾见之，色并黄黑，无驳杂也。故陈思王《鹖赋》云：'扬玄黄之劲羽。'"试检《说文》："鸖(jiè)雀似鹖而青，出羌中③。"《韵集》音介。此疑顿释。

注释

①**愍楚**：颜之推次子。**友婿**：即今天所称的连襟。**河州**：州名，治所在今甘肃境内。②**上党**：州郡名，治所在今山西长治。③**羌中**：古时羌人聚居之地，在今甘肃境内。

译文

愍楚的连襟窦如同从河州来，在那边他得到了一只青色的鸟，随即就把它养了起来，喜爱得终日玩赏，人们都叫这只鸟为鹖。我说："鹖出在上党，我见过好多次，它的羽毛全都是黄黑色的，没有杂色。"所以曹植《鹖赋》中说："鹖举起它那黄黑色有力的翅膀。"我试着翻看《说文》，上面说："鸖雀像鹖而毛色是青的，出产于羌中。"《韵集》中给它的注音是"介"。这样我的疑惑就解开了。

二十三

原文

梁世有蔡朗者讳纯，既不涉学，遂呼莼(chún)为露葵①。面墙②之徒，递相仿效。承圣中，遣一士大夫聘齐，齐主客郎李恕③问梁使曰："江南有露葵否？"答曰："露葵是莼，水乡所出。卿今食者绿葵菜耳。"李亦学问，但不测彼之深浅，乍闻无以核究。

注释

①莼：莼菜，又名"水葵"。水生植物。春、夏季嫩叶可作蔬菜。露葵，即冬葵。八九月种植，可食。②面墙：比喻不学，如面向墙而一无所见。③主客郎：官职名，北齐时创建，掌管与各国的交往事务。李恕：恕，亦作"庶"，以清辨知名，任尚书郎。

译文

梁朝有位叫作蔡朗的人忌讳"纯"字，他既然不喜学习，就把莼菜称作露葵。那些不学无术之徒，也就一个跟着一个模仿。承圣年间，朝廷派一位士大夫出使齐国，齐国的主客郎李恕在席间问这位梁朝的使者说："江南有露葵吗？"使者回答说："露葵就是莼菜，那是水泊中生长的。您今天吃的是绿葵菜。"李恕也是有学问的人，只是还不了解对方的深浅，猛一听见这话也就没有办法去核实推究了。

二十四

原文

思鲁等姨夫彭城刘灵，尝与吾坐，诸子侍焉。吾问儒行、敏行①曰："凡字与谘议名同音者，其数多少，能尽识乎？"答曰："未之究也，请导示之。"吾曰："凡如此例，不预研检，忽见不识，误以问人，反为无赖所欺，不容易②也。"因为说之，得五十许字。诸刘叹曰："不意乃尔！"若遂不知，亦为异事。校定书籍，亦何容易，自扬雄、刘向③，方称此职耳。观天下书未遍，不得妄下雌黄④。或彼以为非，此以为是；或本同末异；或两文皆欠，不可偏信一隅也。

注释

①儒行、敏行：二人是刘灵的儿子。②容易：不在乎。③扬雄：字子云，西汉人，

生性口吃，但文章却冠盖古今，当世极有名望。著有《方言》等文字方面的多本书籍。

刘向：字子政，西汉人，曾校阅群书，撰成《别录》，另有《列女传》《新序》等著作。

④**雌黄**：古人以黄纸写字有误，则用雌黄涂之。

译文

　　思鲁等人的姨夫是彭城的刘灵，曾经和我同坐闲谈，他的几个孩子在旁边陪伴。我问儒行、敏行说："凡与你们父亲名字同音的字，它的数目是多少，你们都能认识吗？"他们回答说："没有探究过这个问题，请您指教提示一下。"我说："凡是像这一类的字，如果平时不预先研究翻检，忽然见到又不认识，拿去问错了人，反而会被无赖所欺骗，可不能满不在乎啊。"于是我就给他们解说这个问题，一共说出了五十多个字。刘灵的几个孩子感叹道："想不到会有这样多！"他们竟然一点不了解，那也确实是怪事。

　　考核订正书籍，是一件很不容易的事，从扬雄、刘向开始，他们才可谓是胜任这个工作的人了。天下的书籍没有看遍，就不能任意改动书籍上的文字。书籍上的文字，有时那个本子认为是错误的，这个本子又认为是正确的；有时，开头的本子是相同的，后来的本子却又出现分歧；有时，两个本子的同一处文字都不够妥当，因此不可以偏信一方面的观点。

卷第四

文章第九

一

原文

夫文章者，原出"五经"①：诏命策檄，生于《书》者也；序述论议，生于《易》者也；歌咏赋颂，生于《诗》者也；祭祀哀诔，生于《礼》者也；书奏箴铭，生于《春秋》者也。朝廷宪章，军旅誓诰，敷显仁义，发明功德，牧民建国，施用多途。至于陶冶性灵，从容讽谏，入其滋味，亦乐事也。行有余力，则可习之。然而自古文人，多陷轻薄：屈原露才扬己，显暴君过②；宋玉体貌容冶，见遇俳优③；东方曼倩，滑稽不雅④；司马长卿，窃赀无操⑤；王褒过章《僮约》⑥；扬雄德败《美新》⑦；李陵降辱夷虏⑧；刘歆反复莽世⑨；傅毅党附权门⑩；班固盗窃父史⑪；赵元叔抗竦过度⑫；冯敬通浮华摈压⑬；马季长佞媚获诮⑭；蔡伯喈同恶受诛⑮；吴质诋忤乡里⑯；曹植悖慢犯法⑰；杜笃乞假无厌⑱；路粹隘狭已甚⑲；陈琳实号粗疏⑳；繁钦性无检格㉑；刘桢屈强输作㉒；王粲率躁见嫌㉓；孔融、祢衡，诞傲致殒㉔；杨修、丁廙，扇动取毙㉕；阮籍无礼败俗㉖;嵇康凌物凶终㉗;傅玄忿斗免官㉘;孙楚矜夸凌上㉙;陆机犯顺履险㉚;潘岳干没取危㉛;颜延年负气摧黜㉜;谢灵运空疏乱纪㉝;王元长凶贼自诒㉞;谢玄晖侮慢见及㉟。凡此诸人,皆其翘秀㊱者,不能悉纪,大较如此。至于帝王,亦或未免。自昔天子而有才华者,唯汉武、魏太祖、文帝、明帝、宋孝武帝,皆负世议,非懿德之君也。自子游、子夏㊲、荀况、孟轲、枚乘、贾谊、苏武、张衡、左思之俦(chóu),有盛名而免过患者,时复闻之,但其损败居多耳。每尝思之,原其所积,文章之体,标举兴会,发引性灵,使人矜伐㊳,故忽于持操,果于进取。今世文士,此患弥切,一事惬当,一句清巧,神厉九霄,志凌千载,自吟自赏,不觉更有傍人。加以砂砾所伤,惨于矛戟,讽刺之祸,速乎风尘,深宜防虑,以保元吉。

注　释

① **"夫文章"二句**:刘勰《文心雕龙·宗经》:"故论、说、辞、序,则《易》统其首;诏、策、奏,则《书》发其源;赋、颂、词、赞,则《诗》立其本;铭、诔、箴、祝,则《礼》总其端;纪、传、盟、檄,则《春秋》为根。"② **"屈原"二句**:屈原,战国时代楚国人,博闻强记,曾受到怀王重用,由于受到小人离间,信而见疑,忠而被谤,最后遭到流放。他的《离骚》等作品,对楚王及佞臣多有所讥讽,所以自班固以来,对于他的这种性格多有质疑。③ **"宋玉"二句**:宋玉,战国时代楚国人,宋玉"为人身体容冶",但没能被楚王所赏识,只是以倡优之士待之,才华不得施展。④ **"东方"二句**:东方朔,字曼倩,曾侍奉汉武帝,能辞赋,以滑稽诙谐为人所非议,而没有温文尔雅之风度。⑤ **"司马"二句**:司马相如在成名前,曾与卓王孙之女卓文君相爱并私奔,所以后人认为他不明礼教,无个人操守。⑥ **"王褒"句**:王褒,字子渊,善辞赋,在《僮约》一文当中,说他到寡妇杨惠家去,而遭到后人非议,认为他行为不检点。⑦ **"扬雄"句**:扬雄曾作《剧秦美新》一文,文章指斥秦朝而美化王莽的新朝,后人认为他这是不明事理的行为。⑧ **"李陵"句**:李陵,字少卿,李广之孙,曾率兵出击匈奴,战败投降,并在匈奴担任官职,后病死大漠,终生没能归汉。后人批评他有失国家尊严,是叛国者。⑨ **"刘歆"句**:刘歆,字子骏,刘向之子,精通天文及目录学,

起初支持王莽，后来又反对王莽，由于其举动反复无常，受到世人的非议。⑩"傅毅"句：傅毅，字武仲，东汉人，曾依附于大将军窦宪，并任官职。⑪"班固"句：班固因续写其父的《史记后传》，为人告发篡改国史，子承父业是古代修史的一种习惯，但后世一些人却无端给他扣上了剽窃的罪名。⑫"赵元叔"句：赵壹，字元叔，著有《刺世疾邪赋》，由于无情揭露及鞭挞社会的黑暗，被世人认为是狂狷之徒。⑬"冯敬通"句：冯衍，字敬通，东汉人。为文大多夸张，好铺排，以文辞取胜，人多以为他文过其实。⑭"马季长"句：马融，字季长，东汉时期的经学大师，曾因攀附外戚梁冀，为世人所诟病。⑮"蔡伯喈"句：蔡邕，字伯喈，曾为董卓效力，董卓死后，蔡邕为之叹息，被人治罪，死于狱中。⑯"吴质"句：吴质，字季重，三国时魏国人，以文才得到曹丕礼遇，得升高位，后在乡里横行，为乡人所不齿。⑰"曹植"句：曹植本为曹操所看重，欲立其为世子，但因其饮酒无度，且沉溺于乐，最终没能被立。⑱"杜笃"句：杜笃，字季雅，东汉人，博学而不修小节，为乡人所不齿。⑲"路粹"句：路粹，字少蔚，其笔才卓异，但气量颇小，人嘉其才而畏其笔，后以违背律条而被杀。⑳"陈琳"句：陈琳，字孔璋，东汉末年人，起初效力于袁绍，后归顺曹操，因此后人多认为他太过轻率，不能与之长久。㉑"繁钦"句：繁钦，字休伯，东汉末人，因其行为有失检点，行事没有一定的规范，任性而为，被世人所讥。㉒"刘桢"句：曹丕"命夫人甄氏出拜，坐中众人咸伏，而桢独平视。太祖闻之，乃收桢减死作收。"见《三国志·魏书》。因其太过倔强，最后还是罚做苦役。㉓"王粲"句：王粲尽管文辞兼擅，是"建安七子"之一，但"性躁竞"，过于急躁，遭人猜疑。㉔"孔融"二句：孔融，字文举，东汉末人，恃才傲物，言论偏激，终为曹操所杀。祢衡，字正平，东汉末人，因其傲慢无礼，为黄祖杀害。㉕"杨修"二句：杨修，字德祖，东汉末人，才思敏捷，有智谋，曾辅佐曹植，曹植失宠，曹操害怕出现后患，借故把他除掉。丁廙，字敬礼，三国魏人，曾劝说曹操改立曹植为太子，曹丕即位后将其杀害。㉖"阮籍"句：阮籍常饮酒作乐，做出一些无视礼节的怪异举动，遭到当时一些士人的嘲笑。㉗"嵇康"句：嵇康"非汤武而薄周孔"，引来一些士大夫的不满，终为司马氏杀害。㉘"傅玄"句：傅玄，字休奕，西晋人，曾与皇甫陶共事，与陶出现争执，被人弹劾，二人同时被免官。㉙"孙楚"句：孙楚，字子荆，西晋人，有才华，为人极为凌傲，从不屈从别人。最后终于遭到诬陷。㉚"陆机"句：赵王司马伦谋权，陆机却不识时务，依旧担任其僚属，事败，终于为人所杀。㉛"潘岳"句：潘岳性情轻漫急躁，好趋利，其母劝说他："尔不知足，而干没不已乎？"最终被赵王司马伦杀害。㉜"颜延年"句：颜延之，字颜年，南朝宋人，为文冠绝当世，但没有气量，出为永嘉太守，作《五君咏》，终被罢弃不用长达七年之久。㉝"谢灵运"句：谢灵运，南朝宋人，好学，以辞赋见长，但性情急躁而鲁莽，不拘礼节，最终被宋文帝以谋反罪杀害。㉞ "王元长"句：王融，字元长，南朝齐人，文思敏锐，与竟陵王萧子良关系亲密，并支持其夺位，等到郁林王继位，下狱赐死。㉟ "谢玄晖"句：谢朓，字玄晖，南朝齐人，因轻视当权者江祐的为人，对其不满，后被江祐杀害。㊱ 翘秀：高出常人。㊲ 子游、子夏：言偃，字子游；卜商，字子夏，都是孔子弟子，都以文采见长。㊳ 矜伐：夸耀。

译 文

文章都来自于《五经》：诏、命、策、檄，是从《尚书》中产生的；序、述、论、议，是从《易》中产生的；歌、咏、赋、颂，是从《诗》中产生的；祭、祀、哀、诔，是从《礼记》中产生的；书、奏、箴、铭，是从《春秋》中产生的。朝廷中的典章制度，军队里的誓、诰之词，传布显扬仁义，阐发彰明功德，统治人民，建设国家，文章的用途是各种各样的。至于以文章陶冶情操，或对旁人婉言劝谏，进入那种异样的审美感受，也是一件快乐的事。在奉行忠孝仁义尚有过剩精力的情况下，也可以学学写这类文章。但是从古至今，文人多陷于轻薄：屈原表露才华，自我宣扬，显现暴露国君的过失；宋玉相貌艳丽，被当作俳优对待；东方朔言行滑稽，缺乏雅致；司马相如攫取卓王孙的钱财，不讲究节操；王褒私入寡妇之门，在《僮约》一文中自我暴露；扬雄作《剧秦美新》歌颂王莽，其品德因此遭到损害；李陵向外族俯首投降；刘歆在王莽的新朝反复无常；傅毅投靠依附权贵；班固剽窃他父亲的《史记后传》；赵壹为人过分骄傲；冯衍因秉性浮华屡遭排挤；马融谄媚权贵招致讥讽；蔡邕与恶人同遭惩罚；吴质在乡里仗势横行；曹植傲慢不羁，触犯刑法；杜笃向人索借，不知满足；路粹心胸过分狭隘；陈琳确实粗枝大叶；繁钦不知检点约束；刘桢性情倔强，被罚做苦工；王粲轻率急躁，遭人嫌弃；孔融、祢衡放诞倨傲，导致杀身之祸；杨修、丁廙鼓动曹操立曹植为太子，反而自取灭亡；阮籍蔑视礼教，伤风败俗；嵇康盛气凌人，不得善终；傅玄负气争斗，被罢免官职；孙楚恃才自负，冒犯上司；陆机违反正道，自走绝路；潘岳唯利是图，不知进退，以致遭到伤害；颜延年意气用事，遭到废黜；谢灵运空放粗略，扰乱朝纪；王融凶恶残忍，咎由自取；谢朓对人轻忽傲慢，因而遭到陷害。以上这些人，都是文人中出类拔萃之辈，不能一一全都记载下来，大致就是这样吧。至于帝王，有时也难幸免。过去身为天子而有才华的，只有汉武帝、魏太祖、魏文帝、魏明帝、宋孝武帝等数人，他们都受到世人的议论，并不是具有美德的君主。子游、子夏、荀况、孟轲、枚乘、贾谊、苏武、张衡、左思这类人，有盛名而又能避免过失的，不时也可听到，但他们中间遭受祸患的还是占有大多数。我经常思考这个问题，推究其中所蕴含的道理，文章的本质，就是揭示兴味，抒发性情，容易使人恃才自夸，因而忽视操守，却勇于进取。现代的文人，这个毛病愈加深切，他们若是一个典故用得快意妥当，一句诗文写得清新奇巧，就神采飞扬、直达九霄，心潮澎湃、雄视千载，独自吟诵独自叹赏,不觉世上还有旁人。更加上言辞所造成的伤害,比矛、戟等武器尤为严重,讽刺带来的灾祸,比狂风、闪电还要迅速,你们应该特别加以防备,以保大福。

二

原文

学问有利钝,文章有巧拙。钝学累功,不妨精熟;拙文研思,终归蚩鄙。但成学士,自足为人。必乏天才,勿强操笔。吾见世人,至无才思,自谓清华,流布丑拙,亦以众矣,江南号为诊痴符①。近在并州,有一士族,好为可笑诗赋,誂掅②邢③、魏③诸公,众共嘲弄,虚相赞说,便击牛酾酒④,招延声誉。其妻,明鉴妇人也,泣而谏之。此人叹曰:"才华不为妻子所容,何况行路!"至死不觉。自见之谓明,此诚难也。

注释

①诊痴符:比喻那些无真才实学却妄自夸耀的人。②誂掅:嘲弄。③邢、魏:邢指邢邵,字子才,北朝魏人,为一时文士之冠。魏即魏收,字伯起,北齐人,曾任太学博士,后修国史,编撰《魏书》。与温子升、刑邵合称"北地三才"。④酾酒:斟酒。

译文

学问有聪明和鲁钝,文章有机巧和拙劣,学问鲁钝的人积累功夫,不妨达到精熟的地步;文章拙劣的人就算钻研思考,终究难免陋劣。其实只要有了学问,就可以自立做人,真是缺乏资质,就不必勉强执笔写文。我见到世人中间,有极其缺乏才思,却还自命清新华丽,让丑拙的文章流传在外的,也是很多的,这在江南被称为"诊痴符"。近来在并州,有个士族出身的人,喜欢写引人夸奖的诗赋,还和邢邵、魏收诸公开玩笑,人家嘲弄他,假意称赞他,他就杀牛斟酒,请人家帮他提高声誉。他的妻子是个心里清楚的女人,哭着劝阻他。他却叹着气说:"我的才华不被妻子所赞赏,何况是不相干的人啊!"到死也没有醒悟。自己能看清自己才叫明,这确实是不容易做到的。

三

原文

学为文章,先谋亲友,得其评裁,知可施行,然后出手;慎勿师心自任，取笑旁人也。自古执笔为文者，何可胜言。然至于宏丽精华，不过数十篇耳。但使不失体裁①，辞意可观，便称才士；要须动俗盖世，亦俟河之清乎！

注释

①体裁：文章的结构剪裁。

译文

学习写文章，应该先找亲友征求一下意见，经过他们的批评鉴别，知道可以在社会上传播了，然后才可脱稿；注意不要由着性子自作主张，以免被他人耻笑。自古以来执笔写文章的人哪里说得完，但能够达到宏丽精美这种地步的，也就不过几十篇而已。只要写出的文章不脱离它应有的结构规范，辞意可观，就可谓是才士了。一定要使自己的文章做到惊动众人、气盖当世，怕也只有等黄河的水变清才有可能吧！

四

原文

不屈二姓，夷、齐①之节也；何事非君，伊、箕②之义也。自春秋已来，家有奔亡，国有吞灭，君臣固无常分矣；然而君子之交绝无恶声，一旦屈膝而事人，岂以存亡而改虑？陈孔璋居袁裁书，则呼操为豺狼；在魏制檄，则目绍为蛇虺③。在时君所命，不得自专，然亦文人之巨患也，当务从容消息④之。

注释

①夷、齐：即伯夷、叔齐，为商朝孤竹君的两个儿子，后来在周武王灭商后，不食周粟而饿死。②伊：指伊尹，本来在夏朝做官，后来帮助商灭夏。箕：指箕子，为商纣王叔父，后来装疯避祸。③蛇虺：蛇、虺皆为蛇类。此喻凶残狠毒之人。④消息：这里指斟酌。

译文

不屈身于两个王朝，这是伯夷、叔齐的气节；对任何君主都可侍奉，这是伊尹、箕子的道理。自春秋时代以来，士大夫家族流亡奔窜，邦国被吞并灭亡，国君与臣子本来就没有固定的名分了。然而君子之间交情断绝，相互不出辱骂之声，一旦屈膝侍奉于人，怎么可以因为他的存亡而改变初衷呢？陈孔璋在袁绍手下撰文，就把曹操称为豺狼；在曹操那里起草檄文，就把袁绍看作蛇蝎。因为这是受当时君主之命，自己不能做主，但这也算是文人的大毛病了，应该从容地斟酌一下。

五

原文

或问扬雄曰："吾子少而好赋？"雄曰："然。童子雕虫篆刻①，壮夫不为也。"余窃非之曰：虞舜歌《南风》②之诗，周公作《鸱鸮》③之咏，吉甫、史克《雅》《颂》之美者④，未闻皆在幼年累德也。孔子曰："不学《诗》，无以言。⑤""自卫返鲁，乐正，《雅》《颂》各得其所。⑥"大明孝道，引《诗》证之。扬雄安敢忽之也？若论"诗人之赋丽以则，辞人之赋丽以淫⑦"，但知变之而已，又未知雄自为壮夫何如也？著《剧秦美新》，妄投于阁，周章⑧怖慑，不达天命，童子之为耳。桓谭⑨以胜老子，葛洪⑩以方仲尼，使人叹息。此人直以晓算术，解阴阳，故著《太玄经》，数子为所惑耳；其遗言馀行，孙卿、屈原之不及，安敢望大圣之清尘？且《太玄》今竟何用乎？不啻覆酱瓿（bù）而已。

注释

①**雕虫篆刻**：虫即虫书，刻即刻符，为秦书八体中的两种，八体中以虫书、刻符最难工，费力很多但实用起来却很少。②**《南风》**：乐曲名，相传为虞舜所作。③**《鸱鸮》**：出自《诗经·豳风》，诗中借鸟的处境，来衬托人生存的艰难。④**"吉甫"句**：尹吉甫，周宣王的大臣。史克，鲁国史官。《雅》《颂》许多篇都是二人美刺说法，"美"即歌颂，"刺"即讽刺。⑤**"不学"二句**：出自《论语·季氏》。⑥**"自卫"三句**：见《论语·子罕》。⑦**"诗人"二句**：见扬雄《法言·吾子》。则，平和，适中。淫，过分。⑧**周章**：惊恐的样子。⑨**桓谭**：字君山，东汉经学家，著《新论》二十九篇。⑩**葛洪**：字稚川，自号抱朴子，东晋人，信奉道家之说，会炼丹之术。著有《抱朴子》。

译 文

有人曾问扬雄:"从小你就喜欢作辞赋吗?"扬雄说:"是这样的。但是辞赋就如同是小孩子练的虫书、刻符,大丈夫是不屑于做的。"我私下里认为他的说法是不对的。虞舜吟唱过《南风》,周公作《鸱鸮》,尹吉甫、史克作《雅》《颂》这些美文,没听说都是在他们小时候写的,而且毁坏了自己的德行。孔子说:"不学《诗》就不能从容地使用辞令。""我从卫国回到鲁国,就开始整理乐章的工作,将《雅》《颂》的诗篇细致地分类,各归其位。"孔子宣扬孝道,就是引用《诗经》中的诗句为证,扬雄怎么能不在乎这样的诗赋呢?如果说"诗赋美丽而可供效法的,那么辞赋就显得华艳淫滥"。这只是说出了古代诗赋与现在诗赋的差别,那扬雄在成年的时候又写了些什么呢?他写的那本向王莽讨好的《剧秦美新》,把自己害得整日惊慌失措,恐惧不安,一个人不知天命,不识去留,这才真是小孩子的真实行为啊!桓谭认为扬雄胜过老子,葛洪认为扬雄可以与孔子相提并论,这种见解实在是让人费解。扬雄只不过是通晓术数,对阴阳稍有研究,撰写了《太玄经》,就把某些人给迷惑了。他一生所取得的成就,连荀子、屈原都比不上,怎么能步大圣人的后尘呢?话又说回来,《太玄经》拿到现在来看,它的价值又在哪里呢?也仅仅是能用来盖盖酱瓿而已。

六

原 文

齐世有席毗(pí)者,清干之士,官至行台①尚书,嗤鄙文学,嘲刘逖②云:"君辈辞藻,譬若荣华,须臾之玩,非宏才也;岂比吾徒千丈松树,常有风霜,不可凋悴矣!"刘应之曰:"既有寒木,又发春华,何如也?"席笑曰:"可哉!"

注 释

①**行台**:东汉以后,中央政务处理权逐渐由三公手里转到台阁(尚书台)手中,习惯上以中央政府为"台"。东晋以后,中央官称台官,中央军称台军。所以,在州郡地区代表朝廷的机构称"行台"。②**刘逖**:字子长,北齐人,好读书,于诗文颇有佳作。事迹见《北齐书·文苑传》。

译 文

北齐有位叫作席毗的人,是位精明干练之士,官做到行台尚书。他讥笑鄙视文学,嘲讽刘逖说："你们的辞藻，好比盛开的花朵，只能供片刻观赏，并不是栋梁之材；哪里能够比得上我辈这样的千丈松树，尽管经常有风霜侵袭，也不会凋零憔悴呀！"刘逖回答他："既是耐寒的树木，又能开放春花，如何呢？"席毗笑着说："那自然很好啦！"

七

原文

凡为文章，犹人乘骐骥，虽有逸气①，当以衔勒②制之，勿使流乱轨躅③（zhuó），放意填坑岸也。文章当以理致为心肾，气调为筋骨，事义④为皮肤，华丽为冠冕。今世相承，趋末弃本，率多浮艳。辞与理竞，辞胜而理伏；事与才争，事繁而才损。放逸者流宕而忘归，穿凿者补缀而不足。时俗如此，安能独违？但务去泰去甚⑤耳。必有盛才重誉，改革体裁者，实吾所希。

注释

①逸气：俊逸之气。②衔勒：衔和勒。衔是横在马口中便于抽勒的铁，勒是套在马头上带嚼口的笼头。这里比喻文章贵有节制，好比马要用衔勒加以控制一样。③轨躅：本指车辙，引申为法度规范。④事义：文章的用事、用典。⑤去泰去甚：出自《老子》："是以圣人去甚，去奢，去泰。"这里是不要过分之意。

译文

凡是写文章，就好比人乘良马一样，良马虽然很有俊逸之气，但应该用衔和勒来控制它，不要让它乱了奔跑的法度，肆意而行会导致落入沟壑。文章应该做到以义理情致为核心，以气韵才调为筋骨，以运用的典实为皮肤，以华丽词句为服饰。现在的人继承前人的写作传统，都是趋向枝节，丢弃根本，所写文章大都存有轻浮华艳，文辞与义理相互比较，则文辞优美而义理薄弱的问题；内容与才华相互争胜，则内容繁杂而才华不足。那放纵不羁者的文章，流利酣畅却偏离了文章的意旨，那深究琢磨者的文章，材料堆砌却文采不足。现在的风气就是这样，你们怎么能够独自避免呢？你们只要做到所写文章不过分，不走极端也就可以了。如果能有才华优异、声誉极高的人来改革文章的体裁，实在是我所希望的。

八

原文

古人之文,宏才逸气,体度风格,去今实远;但缉缀疏朴①,未为密致耳。今世音律谐靡,章句偶对,讳避精详,贤于往昔多矣。宜以古之制裁为本,今之辞调为末,并须两存,不可偏弃也。

注释

①缉缀疏朴:比喻古文与今文相比,还显得古朴、粗疏,不够细腻。

译文

古人的文章,才华横溢,气势超迈,其体态风格,与现在相去甚远;只是它遣词造句简略质朴,不够严密细致而已。现在的文章音律和谐靡丽,语句配偶对称,避讳精确详尽,这些方面比过去强得多了。应该以古人文章的体制构架为根本,以今人文章的词句音调为枝叶,两者都应该并存,不可偏废。

九

原文

吾家世文章,甚为典正,不从流俗;梁孝元在蕃邸①时,撰《西府新文》,讫无一篇见录者,亦以不偶于世,无郑、卫之音②故也。有诗、赋、铭、诔、书、表、启、疏二十卷,吾兄弟始在草土③,并未得编次,便遭火荡尽,竟不传于世。衔酷茹恨,彻于心髓!操行见于《梁史·文士传》及孝元《怀旧志》。

● 松树不凋

席毗自比千丈松树,就算遇到风霜也不会出现凋零。

注释

①蕃邸：蕃，通"藩"，梁元帝曾被封为湘东王，地处南藩之地，故称。②郑、卫之音：春秋时郑、卫的音乐，其音淫，听之令人心浮。此处比喻浮靡的文风。③草土：居丧之时。

译文

我先父所写的文章，非常典雅庄重，不盲从、不流俗。梁孝元帝为湘东王时，编写成的《西府新文》，在这里竟然找不到一篇先父的文章，原因在于他的文章和世俗的品位不同，没有浮艳风气的缘故。他留下了诗、赋、铭、诔、书、表、启、疏等各类文章共二十卷，我们兄弟几个当时正在守孝，文章还都没有来得及整理编排，就被大火给烧光了，没有能够流传后世。对此我一直心怀怨恨，真是痛彻心扉！先父的行操记录在《梁史·文士传》和孝元帝的《怀旧志》中。

十

原文

沈隐侯①曰："文章当从三易：易见事，一也；易识字，二也；易读诵，三也。"邢子才②常曰："沈侯文章，用事不使人觉，若胸臆语也。"深以此服之。祖孝徵亦尝谓吾曰："沈诗云：'崖倾护石髓③。'此岂似用事邪？"

注释

①沈隐侯：即沈约，南朝梁文学家。字休文，吴兴武康人。②邢子才：即邢邵，字子才，北朝文学家。③石髓：石钟乳。

译文

沈隐侯说："文章应当遵从'三易'的原则：容易了解典故，这是第一点；容易认识文字，这是第二点；容易诵读，这是第三点。"邢子才经常说："沈约的文章，用典不让人感觉出来，就像发自内心的话。"我因此而深深地佩服他。祖孝徵也曾经对我说："沈约的诗说：'崖倾护石髓。'这难道像在用典吗？"

十一

原文

邢子才、魏收俱有重名，时俗准的①，以为师匠。邢赏服沈约而轻任昉,魏爱慕任昉而毁沈约,每于谈宴,辞色以之。邺下纷纭,各有朋党。祖孝徵尝谓吾曰:"任、沈之是非,乃邢、魏之优劣也。"

注释

①准的:评价标准。

译文

邢子才和魏收两个人都很有名气,当下的人都习惯于把他们当作标准,称为宗师。邢子才赞赏沈约而忽视任昉,魏收则赞赏任昉而诋毁沈约,两个人喝酒谈论,时常因此而争得面红耳赤。邺城的人对此众说纷纭,他们各有自己的朋党。祖孝徵曾对我说:"任昉、沈约他们的是非功过,就意味着邢子才、魏收他们俩的优劣高下。"

十二

原文

《吴均集》有《破镜赋》。昔者,邑号朝歌,颜渊不舍;里名胜母,曾子敛襟:盖忌夫恶名之伤实也。破镜①乃凶逆之兽,事见《汉书》,为文幸避此名也。比世往往见有和人诗者,题云敬同,《孝经》云:"资于事父以事君而敬同。"不可轻言也。梁世费旭诗云:"不知是耶非。"殷沄②诗云:"飘飏云母舟。"简文曰:"旭既不识其父,沄又其母。"此虽悉古事,不可用也。世人或有文章引《诗》"伐鼓渊渊③"者,《宋书》已有屡游之诮;如此流比,幸须避之。北面事亲,别舅摛④《渭阳》之咏⑤;堂上养老,送兄赋桓山之悲⑥,皆大失也。举此一隅,触涂宜慎。

注释

①破镜:古时的一种凶兽。《汉书·郊祀志》:"古天子常以春解祠,祠黄帝用一枭、破镜。" ②殷沄:字灌蔬,南朝梁人,勤学好读书,曾任昭明太子侍读。③伐鼓渊渊:出自《诗经·小雅·采芑》。④摛:传布,舒展。⑤《渭阳》之咏:此引康

公送别舅舅文公之事。《谓阳》,康公怀念其母所作的诗,此处是说丧者见到舅舅,仿佛见到了母亲,而母亲还健在,与舅舅分别再咏此诗,则大为不妥了。⑥**"送兄"一句**:桓山之悲,喻父亲死后被迫卖掉了自己的儿子,今父亲还在,送别兄长再引用桓山之事,则很不妥当了。

译文

《吴均集》中有《破镜赋》一文。先前,有座城邑名叫朝歌,颜渊因为这名称就不在那里停留;有条里弄称为胜母,曾子到此赶紧整理衣襟以示恭敬:他们大约是忌讳这些不好的名称损伤了自己的内涵吧。破镜是一种凶恶的野兽,它的典故见于《汉书》,希望你们写文章时能避开这个名字。近代时常看见有奉和别人诗歌的人,在和诗的题目中写上"敬同"二字,《孝经》上说:"资于事父以事君而敬同。"可见这两个字是不可以随便说的。梁人费旭的诗说:"不知是耶非。"殷沄的诗说:"飘飏云母舟。"简文帝讥讽他俩说:"费旭既不认识他的父亲,殷沄又让他的母亲四处飘荡。"这些虽然都是旧事,也不能够随便引用。有的人在文章中引用《诗经》中"伐鼓渊渊"的诗句,《宋书》对这类引用词语不考虑反切触讳的人已有所讥讽,以此类推,希望你们也务必要避免使用这类词语。有人尚在侍奉母亲,与舅舅分别时却吟唱《渭阳》这种思念亡母的诗歌;有人父亲尚健在,送别兄长时却引用"桓山之鸟"这种表现父亡卖子的悲痛的典故,这些都是大大的过失。举以上部分例子,你们就应该处处事事慎重对待了。

十三

原文

江南文制,欲人弹射,知有病累,随即改之,陈王得之于丁廙也①。山东风俗,不通击难。吾初入邺,遂尝以此忤人,至今为悔,汝曹必无轻议也。

注释

①**"陈王"一句**:陈王,指曹植。其《与杨德祖书》云:"仆尝好人讥弹其文,有不善者,应时改定。昔丁敬礼尝作小文,使仆润饰之。仆自以才不能过若人,辞不为也。敬礼云:'卿何所疑难乎?文之佳丽,吾自得之,后世谁相知定吾文者耶?'吾常叹此达言,以为美谈。"

译文

江南人写好文章,希望能够得到他人的批评指正,明白自己的缺点,便于改正,曹植就是从丁廙那里学到了这种习惯。山东一带的人，不许别人对自己的文章提出质疑。我刚到邺城的时候，就是在这上面冒犯了别人，至今还觉得很是悔恨，你们一定不要轻易地谈论别人的文章。

十四

原文

凡代人为文，皆作彼语，理宜然矣。至于哀伤凶祸之辞，不可辄代。蔡邕为胡金盈作《母灵表颂》①曰："悲母氏之不永，然委我而夙丧。"又为胡颢作其父铭曰："葬我考议郎君。"②《袁三公颂》曰："猗欤③我祖，出自有妫。"王粲为潘文则《思亲诗》云："躬此劳瘁，鞠予小人；庶我显妣，克保遐年。"④而并载乎邕、粲之集，此例甚众。古人之所行，今世以为讳。陈思王《武帝诔》遂深永蛰⑤之思；潘岳《悼亡赋》，乃怆手泽⑥之遗：是方父于虫，匹妇于考也。蔡邕《杨秉碑》云："统大麓⑦之重。"潘尼《赠卢景宣》诗云："九五思龙飞。"孙楚⑧《王骠骑诔》云："奄忽⑨登遐。"陆机《父诔》云："亿兆宅心，敦叙百揆。"《姊诔》云："倪天之和。"今为此言，则朝廷之罪人也。王粲《赠杨德祖诗》云："我君饯之，其乐泄泄。"不可妄施人子，况储君⑩乎？

注释

①**蔡邕为胡金盈作《母灵表颂》**：胡金盈，汉代胡广的女儿。灵表，文体名，指一种墓表。②**"又为"二句**：胡颢，胡广之孙。议郎，官职名，一般由贤良方正的人担任。③**猗欤**：感叹词，表示赞赏。④**"躬此"四句**：显妣，对死去母亲的称呼。遐年，长寿。此句谓"我的母亲啊，您是这样操劳，把我养大，希望您能够在地下得到安息！"⑤**永蛰**：用昆虫冬眠比喻父亲在地下长眠。⑥**手泽**：手出汗。⑦**大麓**：总统、总领之意。⑧**孙楚**：字子荆，东晋人，好清言，曾任冯翊太守。⑨**奄忽**：飘忽，急速。⑩**储君**：太子。

译　文

凡是代替别人写文章，就要用他的口气说话，这一点是很正常的，至于表现悲哀祸患的文章，就不能很随便地给别人代笔。蔡邕当时为胡金盈作《母灵表颂》文章中写道："哀伤母亲不能长寿，丢下我早早地就离开人世。"又代笔给胡颢的父亲写墓志铭说："埋葬我死去的父亲议郎君。"又给人代笔《袁三公颂》说："颂扬我的祖先，他们出自有妫。"王粲替潘文写的《思亲诗》中说："你极尽辛劳，努力抚养我长大；但愿我的父母能将灵魂永远地守护，获得安宁。"这些文章都收录在蔡邕、王粲的文集里，和上面类似的例子实在是太多了，古人都是这样做的，现在的人觉得是犯了忌讳。陈思王曹植的《武帝诔》，表达对亡父的思念哀悼之情，用了"永蛰"一词，潘岳的《悼亡赋》表达对亡妻的怀念，用了"手泽"一词。"永蛰"一词是把自己的父亲比作了一直冬眠的虫子，"手泽"一词是用来悼念双亲的语言，他却用来悼念自己的亡妻。所有的这些做法都是不妥当的。蔡邕的《杨秉碑》中说："负担着总管天下事的重任。"潘尼的《赠卢景宣诗》中说"九五思龙飞"，孙楚的《王骠骑诔》中说"奄忽登遐"，陆机的《父诔》中有"亿兆宅心""敦叙百揆"的话语，《姊诔》中有"倪天之和"，这些话只能用在君王身上，放到现在的话，就是犯了大的忌讳，立刻成了篡逆的大罪人了。王粲的《赠杨德祖诗》中说："我君饯之，其乐泄泄。"这句话的意思是母子重归于好，对一般人是不能轻易说的，对太子更怎么能随便就说出来呢？

十五

原　文

挽歌辞者，或云古者《虞殡》①之歌，或云出自田横②之客，皆为生者悼往告哀之意。陆平原③多为死人自叹之言，诗格既无此例，又乖制作本意。凡诗人之作，刺箴美颂，各有源流，未尝混杂，善恶同篇也。陆机为《齐讴篇》，前叙山川物产风教之盛，后章忽鄙山川之情，殊失厥体。其为《吴趋行》，何不陈子光、夫差④乎？《京洛行》，胡不述赧王、灵帝⑤乎？

注　释

①《虞殡》：古时送葬的挽歌。②田横：本为秦末齐人，刘邦建汉后，率众五百

逃往海岛，因不愿对汉称臣，与部下自杀身亡。田横自杀，门人非常伤心，故作挽歌以颂之。③**陆平原**：即陆机，因曾任平原内史，故称。④**子光**：春秋时吴王阖闾，名光，在位时，曾攻破楚国，后为越王勾践打败受伤而死。**夫差**：阖闾之子，曾起兵打败越国，又北上大败齐国，一度称霸，后为越王勾践击败，羞愧自杀而死。⑤**赧王**：周赧王，周代最后一个君主。**灵帝**：东汉灵帝刘宏。在位之时，宦官专权，外戚参政，加之党锢之祸，最后导致黄巾起义爆发。

译　文

至于挽歌的起源，有人认为是产生于古代的《虞殡》，有人认为是出自于田横的门客，都表达的是生者对死者的哀悼之情。陆机所作的挽歌大多是死者的自我感叹之言，挽歌的样式里没有这样的说法，同时也背离了写作原有的意思。凡是诗人所做的文章，斥责、规劝、赞扬、歌颂，各自都有不同的源起，没有同时并用的，不能让善和恶同在一篇文章中出现。陆机写的《齐讴篇》，前面讲的是山川、物产、风俗、教化的繁荣之貌，后面又开始贬斥山川等物，太背离文章的体制。他写的《吴趋行》，为何又不叙述阖闾、夫差的事呢？他写的《京洛行》，为何不讲述周赧王、汉灵帝的事情呢？

十六

原　文

自古宏才博学，用事误者有矣；百家杂说，或有不同，书傥湮灭，后人不见，故未敢轻议之。今指知决纰缪者，略举一两端以为诫。《诗》云："有鷕①雉鸣。"又曰："雉鸣求其牡。"《毛传》亦曰："鷕，雌雉声。"又云："雉之朝雊②，尚求其雌。"郑玄注《月令》亦云："雊，雄雉鸣。"潘岳赋曰："雄雉鷕鷕以朝雊。"是则混杂其雄雌矣。《诗》云："孔怀兄弟。"孔，甚也；怀，思也，言甚可思也。陆机《与长沙顾母书》，述从祖弟士璜死，乃言："痛心拔脑，有如孔怀。"心既痛矣，即为甚思，何故方言有如也？观其此意，当谓亲兄弟为孔怀。《诗》云："父母孔迩。"而呼二亲为孔迩，于义通乎？《异物志》云："拥剑③状如蟹，但一螯偏大尔。"何逊④诗云："跃鱼如拥剑。"是不分鱼蟹也。《汉书》："御史府中列柏树，常有野鸟数千，栖宿其上，晨去暮来，号朝夕鸟。"而文士往往误作乌鸢用之。《抱朴子》说项曼都诈称得仙，自云："仙人以流霞一杯与我饮之，辄不饥渴。"而简文诗云："霞流抱朴碗。"亦犹郭象以惠施⑤之辨为庄周言也。《后汉书》："囚司徒崔烈以锒铛锁。"锒铛，大锁也；世间多误作金银字。武烈太子⑥亦是数千卷学士，尝作诗云："银锁三公脚，刀撞仆射头。"为俗所误。

注释

①鷕：雌雉的鸣叫声。②雊：雄雉的叫声。③拥剑：一种海蟹。见崔豹《古今注》："蟛蜞，小蟹也，生海边，食土，一名长卿。其有一螯偏大，谓之拥剑。"④何逊：字仲言，南朝梁代诗人，善五言诗，长于写景，为后代诗人所称许。⑤惠施：战国人，以好辩著称，与庄子为友，名家代表人物。⑥武烈太子：梁元帝的长子，名方等，字实相，死于侯景之乱，萧绎称帝后，追谥为武烈太子。

译文

从古到今，那些学识渊博，笔力深厚的人，在用典故时产生失误的事也出现过；诸子百家的各式学说，不同之处自然存在，假如说原书已经失传，后人没有办法见到，所以我也不敢妄加评论。在这里我就讲一下那些绝对错误的例子，举出几个让你们引以为戒。《诗经》上说："有鷕雉鸣。"还说："雉鸣求其牡。"《毛传》中说："鷕，是雌雉的鸣叫声。"《诗经》上又说："雉之朝雊，尚求其雌。"郑玄注解的《月令》也讲道："雊，雄雉鸣。"潘岳却在赋中说："雉鷕鷕以朝雊。"这样一来就混淆了雌雄二者的区别。《诗经》上说："孔怀兄弟。"孔，很的意思；怀，思念的意思，孔怀，意思是十分思念。陆机作《与长沙顾母书》，在讲述到从祖弟士璜之死时，却说："痛心拔脑，有如孔怀。"既然十分伤心，就是十分思念之意，为何还要加上一个有如呢？以他写的意思，应该是讲亲兄弟就是"孔怀"。《诗经》中说："父母孔迩。"按上面的方法推论，把父母亲叫成"孔迩"，能够通达文义吗？《异物志》中说："拥剑状如蟹，但一螯偏大尔。"何逊的诗中说："跃鱼如拥剑。"出现这种错误的原因在于没有分清鱼和螃蟹的区别。《汉书》中说："御史府中列柏树，常有野鸟数千，栖宿其上，晨去暮来，号朝夕鸟。"而文人们常常误作"乌鸢"来使用。《抱朴子》中说项曼都诈称碰到了仙人，说："仙人以流霞一杯与我饮之，辄不饥渴。"而梁简文帝的诗说："霞流抱朴碗。"这就好像是把庄周辩说惠施的话当成是庄周说的了。《后汉书》中说："囚司徒崔烈以锒铛锁。"锒铛，指的是大铁锁链，人们经常把它误写成金银的银字。武烈太子同样是一位很有学识的才子，在他曾作的诗中说："银锁三公脚，刀撞仆射头。"这是受流俗影响而造成的错误。

十七

原文

文章地理，必须惬当。梁简文《雁门太守行》乃云："鹅军攻日逐①，燕骑荡康居②，大宛归善马，小月送降书。"萧子晖《陇③头水》云："天寒陇水急，散漫俱分泻，北注徂黄龙，东流会白马④。"此亦明珠之颣，美玉之瑕，宜慎之。

注释

①鹅军：古代阵型名。日逐：匈奴王号。②康居：与后面的大宛、康居、小月（氏）都是古代西域国名。这首诗说的是位于山西北部的雁门关的事，却用的都是西域国名，所以是在地理知识方面有错误。③陇：即陇山。六盘山南段的别称。又名陇坻、陇坂。位于今陕西陇县至甘肃平凉一带。④黄龙、白马：均为河流名称。

译文

诗文中涉及有关地理的内容，一定要恰当。梁简文帝的《雁门太守行》却说："鹅军攻日逐，燕骑荡康居，大宛归善马，小月送降书。"肖子晖的《陇头水》说："天寒陇水急，散漫俱分泻，北注徂黄龙，东流会白马。"这些地方也可算是明珠中的小缺陷，美玉中的瑕疵，一定要慎重对待。

十八

原文

王籍《入若耶溪》诗云："蝉噪林逾静，鸟鸣山更幽。"江南以为文外断绝，物无异议。简文吟咏，不能忘之，孝元讽味，以为不可复得，至《怀旧志》载于《籍传》。范阳卢询祖，邺下才俊，乃言："此不成语，何事于能？"魏收亦然其论。《诗》云："萧萧马鸣,悠悠旆旌①。"毛《传》曰:"言不喧哗也。"吾每叹此解有情致,籍诗生于此耳。

注释

①旆:古代对旗帜的统称。旌:用牦牛尾和彩色羽毛作为装饰的旗。

译文

王籍的《入若耶溪》诗说:"蝉噪林愈静,鸟鸣山更幽。"江南文人认为此二句在诗句中无与伦比,无人可以对此持有异议。梁简方帝咏吟这两句诗后,就不能忘掉它了;梁孝元帝讽读玩味之后,也认为再没有人能够写得出来,在《怀旧志》中把它记载在《王籍传》中。范阳人卢询祖,是邺下才俊之士,却说:"这两句诗不像样子,为什么认为他有才能呢?"魏收也赞同他的意见。《诗经》说:"萧萧马鸣,悠悠旆旌。"《毛诗古训传》说:"意思是安静而不嘈杂。"我时常赞叹这个解释有情致,王籍的诗句就是由此产生的。

十九

原文

兰陵萧悫,梁室上黄侯之子①,工于篇什。尝有《秋诗》云:"芙蓉露下落,杨柳月中疏。"时人未之赏也。吾爱其萧散,宛然在目。颍川荀仲举②、琅邪诸葛汉③,亦以为尔。而卢思道④之徒,雅所不惬。

注释

①"兰陵"二句:《北齐书·文苑传》:"萧悫,字仁祖,梁上黄侯晔之子。曾秋夜赋诗,其两句云'芙蓉露下落,杨柳月中疏',为知音所赏。"②荀仲举:字士高,先后仕梁、北齐两朝,能诗善文。③诸葛汉:即诸葛颍,琅邪当指其郡望。④卢思道:字子行,历仕北齐、北周与隋,诗文兼擅,其诗文不胜辞,流于纤弱。

译文

兰陵萧悫,他是梁朝上黄侯萧晔的儿子,非常善于写诗。他曾经写过一首《秋诗》,其中两句是"芙蓉露下落,杨柳月中疏"。当时的人们对此并不欣赏。我却喜欢这两句诗的悠远闲适的感觉,情境宛如近在眼前。颍川荀仲举、琅邪诸葛汉也是如此认为的。但是卢思道那些人,却不喜欢这两句诗。

二十

原文

何逊诗实为清巧，多形似①之言；扬都论者，恨其每病苦辛，饶贫寒气，不及刘孝绰之雍容也。虽然，刘甚忌之，平生诵何诗，常云："'蘧(qú)车响北阙②'，恛恛(huò huò)不道车。"又撰《诗苑》，止取何两篇，时人讥其不广。刘孝绰当时既有重名，无所与让；唯服谢朓，常以谢诗置几案间，动静辄讽味。简文爱陶渊明文，亦复如此。江南语曰："梁有三何，子朗最多③。"三何者，逊及思澄、子朗也。子朗信饶清巧。思澄游庐山，每有佳篇，亦为冠绝。

注释

①形似：此处是形象的意思，指描绘或表达具体生动。②"蘧车"句：《列女传·卫灵夫人》："卫灵公与夫人夜坐，闻车声辚辚，至阙而止。过阙复有声。公问夫人：'知此谓谁？'夫人曰：'此蘧伯玉也。'公曰：'何以知之？'夫人曰：'妾闻礼，下公门，式路马，所以广敬也。蘧伯玉贤大夫也，仁而有智，敬于事上，此其人必不以暗昧废礼，是以知之。'"此句引用这一典故来讥讽何逊无礼，过北阙时，还在发出声音。③"梁有"二句：见《梁书·文学传下》："初，思澄与宗人逊及子朗俱擅文名，时人语曰：'东海三何，子朗最多。'思澄闻之曰：'此言误耳。如其不然，故当归逊。'思澄意谓宜在己也。"

译文

何逊的诗歌的确清新奇巧，颇多生动形象的语句；扬都那些论诗者，却不满他的诗往往有苦辛之病，多贫寒之气，不及刘孝绰诗歌的雍容华贵。虽然这样，刘孝绰仍然很忌讳何逊的诗，平时诵读何逊的诗，经常讥讽地说："'蘧车响北阙'，恛恛不道车。"他又撰写了《诗苑》一书，只选取了何逊的两篇，当时人都非难他收得太少。刘孝绰当时已经有大名，没有什么谦让可言；只是佩服谢朓，经常把谢朓的诗放在几案上，起居作息之时，就拿来讽诵玩味。简文帝喜欢陶渊明的诗文，也和刘孝绰的做法一样。江南俗语说："梁朝有三何，子朗诗最好。"三何，指何逊、何思澄及何子朗。何子朗的诗歌确实多清新奇巧之句。何思澄游览庐山时，经常有佳作产生，在当时也是超群绝伦的。

名实第十

一

原文

名之与实①,犹形之与影也。德艺周厚②,则名必善焉;容色姝丽,则影必美焉。今不修身而求令名于世者,犹貌甚恶而责妍影于镜也。上士忘名,中士立名,下士窃名。忘名者,体道合德,享鬼神之福佑,非所以求名也;立名者,修身慎行,惧荣观③之不显,非所以让名也;窃名者,厚貌深奸,干④浮华之虚称,非所以得名也。

注释

①**名**：名声。**实**：实质,实际。②**周厚**：周全与敦厚。③**荣观**：虚荣,名誉。④**干**：追逐。

译文

名声与实际的关系,就如同形体与影像的关系一样。一个人的德行才干全面深厚,则名声一定美好;一个人的容貌漂亮,则影像也必然美丽。现在某些人不注重修养身心,却祈求自己美好的名声传扬于社会,就好比相貌很丑陋,却要求漂亮的影像出现在镜子中一样。上等德行的人已经忘掉了名声,中等德行的人努力树立名声,下等德行的人竭力窃取名声。忘掉名声的人,可以体察事物的规律,使言行符合道德的规范,因而享受鬼神的赐福、保佑,因此他们用不着去求取名声;树立名声的人,努力提高品德修养,慎重对待自己的行动,常常担心自己的荣誉不能显现,因此他们对名声是不会谦让的;窃取名声的人,貌似忠厚而心怀大奸,求取浮华的虚名,所以他们是不会得到好名声的。

二

原文

人足所履,不过数寸,然而咫尺之途,必颠蹶(jué)①于崖岸,拱把之梁②,每沉溺于川谷者,何哉?为其旁无余地故也。君子之立己,抑亦如之。至诚之言,人未能信,至洁之行,物或致疑,皆由言行声名,无余地也。吾每为人所毁,常以此自责。若能开方轨之路,广造舟之航,则仲由之言信,重于登坛之盟③;赵熹之降城④,贤于折冲之将矣。

注释

①颠蹶:颠仆、跌倒。②拱把之梁:即很小的独木桥。两手合围曰拱,只手所握曰把。③**仲由之言信,重于登坛之盟**:诸侯大国能够违背盟约,但是相信子路的话。见《左传·哀公十四年》。仲由,即子路,孔子弟子。④**赵熹之降城**:见《后汉书·赵熹传》:"舞阴大姓李氏拥城不下,更始遣柱天将军李宝降之,不肯,云:'闻宛之赵氏有孤孙熹,信义著名,愿得降之。'使诣舞阴,而李氏遂降。"

● 子路为亲负米

仲由,字子路,春秋时期鲁国人,孔子的弟子。子路极为孝顺,自己时常采野菜作为饭食,却从百里之外负米回家侍奉父母。

译文

人的脚所踩踏的地方,面积只不过有几寸,然而在咫尺宽的山路上行走,一定会从山崖上摔下去;从碗口粗细的独木桥上过河,也往往会淹死在河中,这是为什么呢?是因为人的脚旁边没有余地的缘故。君子要在社会上立足,也是这个道理。最诚实的话,别人是不会容易相信;最高洁的行为,别人往往会产生怀疑,都是因为这类言论、行动的名声太好,没有留余地造成的。我每当被别人诋毁的时候,就经常以此自责。你们如果能开辟平坦的大道,加宽渡河的浮桥,那么你们就能如同子路那样,说话真实可信,胜似诸侯登坛结盟的誓约;如同赵熹那样,招降对方盘踞的城池,赛过败敌制胜的将军。

三

原 文

吾见世人,清名登而金贝①入,信誉显而然诺亏,不知后之矛戟,毁前之干橹②也。宓子贱③云:"诚于此者形于彼④。"人之虚实真伪在乎心,无不见乎迹,但察之未熟耳。一为察之所鉴,巧伪不如拙诚,承之以羞大矣。伯石让卿⑤,王莽辞政⑥,当于尔时,自以巧密;后人书之,留传万代,可为骨寒毛竖也。近有大贵,以孝著声,前后居丧,哀毁⑦逾制,亦足以高于人矣。而尝于苫(shān)块⑧之中,以巴豆⑨涂脸,遂使成疮,表哭泣之过。左右僮竖,不能掩之,益使外人谓其居处饮食,皆为不信。以一伪丧百诚者,乃贪名不已故也。

注 释

①**金贝**:指货币。②**干橹**:指盾牌。③**宓子贱**:孔子学生。④**诚于此者形于彼**:在这件事上态度诚实,就给另一件事树立了榜样。⑤**伯石让卿**:指春秋时郑国的伯石假意推辞对自己的任命一事。⑥**王莽辞政**:指东汉末王莽假意推辞不当大司马一事。⑦**哀毁**:居丧时因悲伤过度而损害身体。⑧**苫块**:"寝苫枕块"的简称。古人居父母之丧,以草垫为席,土块为枕。⑨**巴豆**:植物名。

译 文

我看世上有些人,在清白的名声树立之后,就把金钱财宝弄来装入腰包,在信誉显扬之后,就不再去信守诺言,不知道自己说的话自相矛盾。宓子贱说:"诚于此者形于彼。"人的虚实真伪本于内心,但不能不从他的形迹中显露出来,只是人们没有深入考察罢了。一旦通过考察来鉴别,那么,巧伪的人就不如拙诚的人,他蒙受的羞辱就大了。春秋时代的伯石曾经三次推却卿的职位,汉朝的王莽也曾一再辞谢大司马的任命,在那个时候,他们都自以为事情做得机巧缜密。后人把他俩的言行记载下来,留传万代,让人读后为之毛骨悚然。最近有位大官,以孝顺闻名,在居丧时,他悲伤异常超过了丧礼的要求,其孝心可说是超乎常人了。但他曾经在居丧期间,用巴豆涂抹脸部，从而使脸上长出了疮疤，以此表示他哭泣得多么厉害。他身边的仆人，却没有能够替他遮掩这件事，事情传扬出去，更使得外人对他在居处饮食诸方面所表露的孝心都不相信了。因为一件事情作假而使得一百件诚实的事情也失去别人信任，这就是因为贪求名声不知满足的缘故啊！

四

原文

有一士族，读书不过二三百卷，天才钝拙，而家世殷厚，雅自矜持，多以酒渎珍玩，交诸名士，甘其饵①者，递共吹嘘。朝廷以为文华，亦尝出境聘②。东莱王韩晋明③笃好文学，疑彼制作，多非机杼④，遂设宴言⑤，面相讨试。竟日欢谐，辞人满席，属音赋韵，命笔为诗，彼造次⑥即成，了非向韵⑦。众客各自沉吟，遂无觉者。韩退叹曰："果如所量！"韩又尝问曰："玉珽⑧杼上终葵首，当作何形？"乃答云："珽头曲圜，势如葵叶⑨耳。"韩既有学，忍笑为吾说之。

注释

①**饵**：以利诱人。②**聘**：旧时国与国之间通信修好。③**韩晋明**：北齐人。袭父爵，后改封东莱王。④**机杼**：织布机，用以比喻诗文创作中构思和布局的新巧。⑤**宴言**：指宴饮言谈。⑥**造次**：仓促，急遽。⑦**韵**：这里指文学作品的风格。⑧**玉珽**：即玉笏，为旧时天子所持的玉制手板。⑨**葵叶**：指终葵的叶子。终葵是一种草名。

译文

有位士家的子弟，读的书不过二三百卷，又天性迟钝笨拙，但他家世殷实富有，很有些骄矜自负。他时常拿出美酒、牛肉及珍贵的玩赏物来利诱结交名士，凡是得到他好处的人，就争相吹捧他。朝廷也认为他才华过人，曾经派他作为使节出国访问。东莱王韩晋明，十分爱好文学，怀疑这位士族写的东西大都不是出自自己的构思，就设宴同他交谈，打算当面试试他。宴会那天，气氛欢乐和谐，文人才子们聚集一堂，大家挥毫弄墨，赋诗唱和。这位士族也是拿起笔来一挥而就，但那诗歌却完全不是过去的风格韵味。众宾客都各自在专心地低声吟味，就没有一个发现这篇诗歌有什么异常的。韩晋明退席后感叹道："果然如我猜想的那样！"韩晋明又曾经问他说："玉珽杼上终葵首，那应该是什么样子？"他却回答说："玉珽的头部弯曲圆转，那样子就像葵叶一样。"韩晋明是有学问的人，忍着笑对我说了这件事。

五

原文

治点①子弟文章，以为声价，大弊事也。一则不可常继，终露其情；二则学者有凭，益不精励。邺下有一少年，出为襄国②令，颇自勉笃。公事经怀，每加抚恤，以求声誉。凡遣兵役，握手送离，或赍(jī)梨枣饼饵，人人赠别，云："上命相烦，情所不忍，道路饥渴，以此见思。"民庶称之，不容于口。及迁为泗州别驾③，此费日广，不可常周。一有伪情，触涂难继，功绩遂损败矣。

注释

①治点：修改、修饰。②襄国：地名，位于今河北境内。③别驾：官职名，地位不及刺史，但职权很大。

译文

修饰子弟的文章，来抬高他们的身价，是件错之又错的事情。第一，不能一直这样做，终究会被暴露；第二，让那些正值学习时期的子弟产生了依赖，不能很好地努力用功。邺下有个年轻人，出任襄国县令，自律勤勉，公事在他手上，总是很用心，以此获得了声誉。每有兵差被派遣，他都要握手和他们相别，有时还会给他们分发梨枣糕饼，作为送别的礼物，还说："上边的命令，有事烦劳各位，我着实地不忍，路上饥渴之时，用这些来表达我的一片心意。"人们对他的做法赞不绝口。到迁任泗州别驾时，费用一天天增多，这类事情就不经常出现了。不难看出，一旦虚假出现，就难以照原样去做了，原先的功绩也会逐渐地消散。

六

原文

或问曰："夫神灭形消，遗声余价，亦犹蝉壳蛇皮，兽迒(háng)①鸟迹耳，何预于死者，而圣人以为名教②乎？"对曰："劝也，劝其立名,则获其实。且劝一伯夷,而千万人立清风矣;劝一季札,而千万人立仁风矣;劝一柳下惠,而千万人立贞风矣;劝一史鱼③,而千万人立直风矣。故圣人欲其鱼鳞凤翼,杂沓参差④,不绝于世,岂不弘哉?四海悠悠,皆慕名者,盖因其情而致其善耳。抑又论之,祖考之嘉名美誉,亦子孙之冕服墙宇也,自古及今,获其庇荫者亦众矣。夫修善立名者,亦犹筑室树果,生则获其利,死则遗其泽。世之汲汲⑤者,不达此意,若其与魂爽俱升,松柏偕茂者,惑矣哉!"

注释

①迒:兽迹。②名教:指以匡正明确名分为主的封建礼教。③史鱼:也作史鳝,春秋时代卫国的大夫,以正直、敢于进谏而著称。④故圣人欲其鱼鳞凤翼,杂沓参差:圣人希望天下之民,不论其天资禀赋的差异,都纷纷起而仿效伯夷等人。鱼鳞,鱼的鳞片,此处形容密集相从;杂沓,众多杂乱的样子;参差,不齐的样子。⑤汲汲:心情急切的样子。

译文

有人问道:"一个人的灵魂湮灭,形体消失之后,他遗留在世上的名声,也就如同蝉蜕下的壳、蛇蜕掉的皮以及鸟兽留下的足迹一样了,那名声与死者有什么关系,而圣人要把它作为教化的内容来对待呢?"我回答他说:"那是为了勉励大家啊,勉励一个人去树立好的名声,就能够指望他的实际行动可以与名声相符。况且我们勉励人们向伯夷学习,成千上万的人就能够树立清白的风气了;勉励人们向季札学习,成千上万的人就能够树立起仁爱的风气了;勉励人们向柳下惠学习,成千上万的人就能够树立坚贞的风气了;勉励人们向史鱼学习,成千上万的人就可以树立起刚直的风气了。因此圣人希望世上芸芸众生,不论其天资禀赋的差异,都纷纷起而仿效伯夷等人,使这种风气连绵不绝,这难道不是一件大事吗?这世界上众多的普通百姓,都是喜欢良好的名声的,应该根据他们的这种感情而引导他们达到美好的境界。或许还可以这样说:祖父辈的美好名声和荣誉,也如同是子孙们的礼冠服饰和高墙大厦,从古到今,得到它的荫庇的人也够多了。那些广修善事以树立名声的人,就如同是建筑房屋、栽种果树,活着时能得到好处,死后也可把恩泽惠及子孙。那些急急忙忙只知道追逐实利的人，就不懂得这个道理。他们死后，如果他们的名声能够与魂魄一道升天，能够同松柏一样长青不衰的话，那就是怪事了！"

涉务第十一

一

原文

士君子之处世，贵能有益于物耳，不徒高谈虚论，左琴右书，以费人君禄位也。国之用材，大较不过六事：一则朝廷之臣，取其鉴达治体①，经纶博雅；二则文史之臣，取其著述宪章，不忘前古；三则军旅之臣，取其断决有谋，强干习事；四则藩屏②之臣，取其明练风俗，清白爱民；五则使命之臣，取其识变从宜，不辱君命；六则兴造之臣③，取其程功④节费，开略有术，此则皆勤学守行⑤者所能办也。人性有长短，岂责具美于六涂哉？但当皆晓指趣，能守一职，便无愧耳。

注释

①**治体**：国家的体制。②**藩屏**：藩篱屏蔽，代指藩国。③**兴造之臣**：指负责修建建筑的官员。④**程功**：衡量功绩。⑤**守行**：保持好的品行。

译文

君子立身处世，贵在能够对旁人有益处，不能光是高谈阔论，弹琴读书，以此耗费君主的俸禄官爵。国家使用的人才，大概不外乎六种：一是朝廷之臣，因他们能通晓政治法度，合理处理国家大事，学问广博，品德高尚；二是文史之臣，因他们能撰述典章，阐释彰明前人治乱兴革之由，使今人不忘前代的经验教训；三是军旅之臣，因他们能多谋善断，强悍干练，熟悉战阵之事；四是藩屏之臣，因他们能通晓当地民风民俗，为政清廉，爱护百姓；五是使命之臣，因他们能洞察情况变化，择善而从，不辜负国君交付的外交使命；六是兴造之臣，因他们能计量功效，节约费用，开创筹划很有办法。以上种种，都是勤于学习、保持操行的人所能办到的。人的资质各有高下，哪能强求一个人把以上"六事"都办得尽善尽美呢？只不过人人都应该明白其要旨，能够在某个职位上尽自己的责任，也就可以无愧于心了。

二

原文

吾见世中文学之士，品藻①古今，若指诸掌②，及有试用，多无所堪。居承平之世，不知有丧乱之祸；处庙堂之下，不知有战陈③之急；保俸禄之资，不知有耕稼之苦；肆吏民之上，不知有劳役之勤，故难可以应世经务④也。晋朝南渡，优借士族；故江南冠带，有才干者，擢为令仆已下尚书郎中书舍人已上，典掌机要。其余文义之士，多迂诞浮华，不涉世务；纤微过失，又惜行捶楚⑤，所以处于清高，盖护其短也。至于台阁令史，主书监帅⑥，诸王签省，并晓习吏用，济办时须，纵有小人之态，皆可鞭杖肃督，故多见委使，盖用其长也。人每不自量，举世怨梁武帝父子爱小人而疏士大夫，此亦眼不能见其睫耳。

注释

①品藻：品评、评价。②若指诸掌：像指示掌中之物一样，比喻事理浅近易明。③战陈：战阵。④应世经务：应付、处理各类事务。⑤捶楚：即杖责，古代的刑罚。⑥主书：尚书省属下官员。监帅：监督军务的官员。

译文

我看世上那些弄文学的书生，品评古今，倒像是指点掌中之物一般明白，等到要用他们去干一些实事时，却大多不能胜任了。他们生活在社会安定的时代，不知道会有丧国乱民的灾祸；在朝中做官，不懂得战争攻伐的急迫；有可靠的俸禄收入，不了解耕种庄稼的辛苦；高踞于吏民之上，不明白劳役的艰辛，因此难得用他们去顺应时世，处理公务。晋朝南渡后，朝廷优待士族，因此江南的官吏，凡有才干的，都提拔他们担任尚书令、尚书仆射以下，尚书郎、中书舍人以上的官职，掌管机要大事，剩下那些空谈文章的书生，大都迂腐傲慢、华而不实，不接触实际事务；纵然有一些小小过失，也不好对他们施加杖责，因此只能给他们名声清高的职位，以此来掩饰他们的弱点。至于尚书省的令史、主书、监帅，诸王身边的签帅、省事，担任这类职务的都是熟悉官吏事务、能够履行职责的人，其中有些人纵有不良表现，都可施以鞭打杖击的处罚，严加监督，所以这些人多被任用，大概是用其所长吧。人往往不知自量，当时大家都埋怨梁武帝父子亲近小人而疏远士大夫，这也就好比自己的眼珠子看不见自己的眼睫毛一样，是没有自知之明的表现。

三

原文

梁世士大夫，皆尚褒衣博带①，大冠高履，出则车舆，入则扶侍，郊郭之内，无乘马者。周弘正为宣城王所爱，给一果下马②，常服御之，举朝以为放达。至乃尚书郎乘马，则纠劾之。及侯景之乱，肤脆骨柔，不堪行步，体羸气弱，不耐寒暑，坐死仓猝者，往往而然。建康令王复性既儒雅，未尝乘骑，见马嘶喷陆梁③，莫不震慑，乃谓人曰："正是虎，何故名为马乎？"其风俗至此。

注释

①褒衣博带：宽大的袍子和衣带。②果下马：在当时视为珍品的一种小马，只有三尺高，能在果树下行走，故名。③嘶喷：马嘶鸣。陆梁：跳跃。

译文

梁朝的士大夫，都爱好宽袍大带、大帽高履的服饰，外出乘坐车舆，回家依靠童仆服侍，在城郊以内，就没见有哪个士大夫是骑马的。周弘正这人被宣城王宠爱，得到一匹果下马，经常骑着它外出，满朝官员都认为他非常放纵。至于像尚书郎这样的官员骑马，就会被人检举弹劾。到侯景之乱发生时，这些士大夫肌肤脆弱、筋骨柔嫩，受不了步行；身体瘦弱、气血不足，耐不得寒暑，在仓促变乱中坐以待毙的，往往就是这些人。建康令王复，性格既温文尔雅，又从未骑过马，一看到马嘶叫腾跃，总是感到震惊害怕，对别人说："这是老虎，为什么要把它称作马呢？"那时的风气竟到了这种地步。

四

原文

古人欲知稼穑之艰难,斯盖贵谷务本之道也。夫食为民天,民非食不生矣。三日不粒,父子不能相存。耕种之,茠鉏①之,刈获之,载积之,打拂之,簸扬之,凡几涉手,而入仓廪,安可轻农事而贵末业哉?江南朝士,因晋中兴②,南渡江,卒为羁旅,至今八九世,未有力田,悉资俸禄而食耳。假令有者,皆信僮仆为之,未尝目观起一垅③土,耘一株苗;不知几月当下,几月当收,安识世间余务乎?故治官则不了,营家则不办,皆优闲之过也。

注释

①**茠鉏**:茠,同"薅",除草。②**晋中兴**:西晋灭亡后,司马睿在江南建立东晋,称为中兴。③**垅**:耕地时翻起来的土块。

译文

古人打算了解农事的艰难,这体现了重视粮食、以农为本的思想。吃饭是民生第一件大事,老百姓没有粮食就不会生存。三天不吃饭,恐怕父子之间也顾不得互相问候了。种一季庄稼,需要耕地、播种、除草、松土、收割、运载、脱粒、簸扬,经过多次工序,粮食才能够入仓,怎么可以轻视农业而看重商业呢?江南朝廷的士大夫们,是因为晋朝的中兴,渡江南来,最后客居异乡的,到如今已过了八九代了,还从来没有费力气种过田,全靠俸禄生活。即使有点田地的,都是靠仆人们耕种,自己从没有亲眼看见翻一尺土,插一次秧;不知道什么时候该播种,什么时候该收割,这样哪能懂得社会上的其他事务呢?因此他们做官不明吏道,持家不会经营,这都是生活悠闲造成的过错啊。

卷第五

省事第十二

一

原文

铭金人云:"无多言,多言多败;无多事,多事多患。"至哉斯戒也!能走者夺其翼,善飞者减其指,有角者无上齿,丰后者无前足,盖天道不使物有兼焉也。古人云:"多为少善,不如执一;鼯鼠①五能,不成伎术。"近世有两人,朗悟②士也,性多营综,略无成名,经不足以待问,史不足以讨论,文章无可传于集录,书迹未堪以留爱玩,卜筮③射六得三,医药治十差五,音乐在数十人下,弓矢在千百人中,天文、画绘、棋博、鲜卑语、胡书,煎胡桃油,炼锡为银,如此之类,略得梗概,皆不通熟。惜乎,以彼神明,若省其异端④,当精妙也。

注释

①鼯鼠:也称"五伎鼠",据说它能飞、爬、游、躲、跑,但是技艺虽多却不精,反为其所牵制。②朗悟:聪敏。③卜筮:古人经常占卜,用龟甲占称为卜,用蓍草占称为筮,合称卜筮。④异端:古代儒家称其他持不同见解的学派为异端,后泛称不合正统者为异端。

译文

孔子在周朝的太庙里见到一个铜人，背上刻有几行字："不要多说话，多说话多受损；不要多管事，多管事多遭灾。"这个训诫说得太妙了！对于动物来说，善于奔跑的，就不能让它长上翅膀；善于飞行的，就不能让它长出前肢；头上长角的，嘴里就没有利齿；后肢发达的，前肢就退化，大概大自然的法则就是不能让它们兼有各种优点吧。古人说："干得多而干好的少，那就不如专心干好一件事；鼯鼠有五种本领，却都难以派上用场。"近世有两个人，都是聪明颖悟之辈，兴趣广泛，却没有一样专长能帮助他们树立名声。他们的经学知识经不起别人提问，史学知识不足以跟别人探讨评论；他们的文章水准达不到编集传世，书法作品不值得保存赏玩；他们为人卜筮六次里面只对三次，替人看病治十个，只能有五个痊愈；他们的音乐水准在数十人之下，射箭本领也不出众，天文、绘画、棋艺、鲜卑话、胡人文字、煎胡桃油、炼锡成银，像这一类的技艺，他们也只能略微了解一个大概，却都不是精通熟悉。可惜啊，以他们这样的精神和灵气，如果能割舍其他爱好，专心研习一种，那一定会达到精妙的水准。

二

原文

上书陈事，起自战国，逮于两汉，风流①弥广。原其体度：攻人主之长短，谏诤之徒也；讦②群臣之得失，讼诉之类也；陈国家之利害，对策之伍也；带私情之与夺，游说之俦也。总此四涂，贾诚③以求位，鬻言以干禄。或无丝毫之益，而有不省之困，幸而感悟人主，为时所纳，初获不赀之赏④，终陷不测之诛，则严助、朱买臣、吾丘寿王、主父偃⑤之类甚众。良史所书，盖取其狂狷一介⑥，论政得失耳，非士君子守法度者所为也。今世所睹，怀瑾瑜而握兰桂者⑦，悉耻为之。守门诣阙，献书言计，率多空薄，高自矜夸，无经略之大体，咸秕糠⑧之微事，十条之中，一不足采，纵合时务，已漏先觉，非谓不知，但患知而不行耳。或被发奸私，面相酬证，事途回冗，翻惧怨尤；人主外护声教，脱加含养，此乃侥幸之徒，不足与比肩也。

注释

①风流：遗风。②讦：直言不讳。③贾诚：假装忠心。④不赀之赏：这里指极其丰厚的赏赐。⑤严助、朱买臣、吾丘寿王、主父偃：这四个人都是西汉时期的人，出身都比较低微，依靠才华成名，最终得以成为高官，但后来又都由于犯罪而死于非命。⑥一介：耿介、狷狂。⑦瑾瑜：一种美玉。兰桂：兰和桂花，古人常以其喻怀才之人。⑧秕糠：琐碎、微小之事。

译文

向君主上书陈述意见，这种做法从战国时代就开始了，到了两汉，这种风气更加流行了。推究它的体制：无非是指责国君长短的，应该归于谏诤一类；评议群臣得失的，应该属于讼诉一类；用于陈述国家利害的，归于对策一类；带着个人感情进行褒贬，属于游说一类。对这四类情况进行总结，都是靠出卖忠心来谋求地位，靠出售言论来取得利禄。这种上书有的不但不能带来丝毫利益，反而会因君主不理解而招致困厄，即使有幸打动了君主的心，被及时采纳，就算刚开始的时候得到丰厚的奖赏，但终究还是避免不了招致无法预测的诛杀，比如严助、朱买臣、吾丘寿王、主父偃这些人，真是多不胜数。优秀的史官所记载的，只不过是他们选取了其中那些性情狂狷耿介，敢于评论时政得失的人罢了，但这些都不是世家君子谨守法度的人干得出来的。现在我们所看到的，都是德才兼备的人所耻于去干的。守候在国君出入的门户旁边，或小步跑向朝廷的殿堂，向国君献书、陈述计策，那些东西基本上流于空疏浅薄，自吹自擂的，没有治理国家的纲领，都是不足挂齿的事情，十条意见里，没有一个值得采用。即使是合乎实际情况的意见也往往是别人早就认识到的，这些情况并不是大家不知道，值得担忧的是知道了却不去实行。有时上书者被人揭发做出以权谋私的丑事，还要当面和人应答对证，事情的发展反复无常，当事人此时却是十分担惊受怕，纵然国君出于对外维护朝廷声誉教化的考虑，还能够对他们加以包涵，他们只能成为侥幸获免之辈，正人君子是不值得与他们为伍的。

三

原文

谏诤之徒，以正人君之失尔，必在得言之地，当尽匡赞①之规，不容苟免偷安，垂头塞耳；至于就养②有方，思不出位，干非其任,斯则罪人。故《表记》云:"事君,远而谏,则谄也;近而不谏,则尸利③也。"《论语》曰:"未信而谏,人以为谤己也。"

注释

①匡赞:匡正辅佐。②就养:奉养、侍奉。③尸利:身居高位却无所作为,即尸位素餐。

译文

处于谏诤之位的人,他们的责任在于纠正国君的过失的,必须得在该说话的地方尽他们匡正辅佐的责任,不容苟且偷安、装聋作哑。至于那些侍奉国君的人员,应尽他们的职责,考虑问题不要超出自己的职务范围,如果超越自己的职位去冒犯国君,那就会成为朝廷的罪人。所以《礼记·表记》上说,"侍奉国君,关系不亲近却前去进谏,那就和谄媚没什么区别了;关系密切然而不进谏,那就等于无功受禄。"《论语·子张》上说:"没有取得国君的信任就去进谏,国君往往认为是在诽谤他。"

四

原文

齐之季世①,多以财货托附外家,喧动女谒②。拜守宰者,印组③光华,车骑辉赫,荣兼九族,取贵一时。而为执政所患,随而伺察,既以利得,必以利殆,微染风尘,便乖肃正,坑阱④殊深,疮痏(wěi)未复,纵得免死,莫不破家,然后噬脐⑤(shì),亦复何及。吾自南及北,未尝一言与时人论身分也,不能通达,亦无尤焉。

注释

①季世:末世,晚期。②女谒:通过女性来进行干谒,谋求名利。③印组:印即官印,组指绶带,用来系印。④坑阱:用来捕兽或擒敌的陷阱,经常用来比喻害人的圈套。⑤噬脐:咬自己的肚脐,形容无法办到的事。这里是后悔的意思。

译文

北齐末年,那些谋求官职的人,用财物贿赂依附外戚权贵,通过那些得宠女子去拜托请求。被任命为地方官的人,就授予官印、绶带,整个人光艳华丽;乘坐高车大马,辉煌显赫,荣耀波及九族,取得一时的富贵。然而这些人一旦被执政者所厌恶,就会立即被调查，那些因利而来的好处，都必然会因利而导致危难，只要稍微沾染上世俗的不良风气，就背离了为官必须具备的严肃正直，那陷阱很深，那创痛很难平复，即使能够躲过一死，家庭却不免因此受到伤害，到时候再后悔也没有用了。我从南到北，从来没有和别人谈过一句有关自己身份地位的话，即使一辈子不能富贵显达，更不可以因此而怨天尤人。

五

原　文

王子晋①云："佐饔②得尝，佐斗得伤。"此言为善则预，为恶则去，不欲党人非义之事也。凡损于物，皆无与焉。然而穷鸟入怀③，仁人所悯；况死士归我，当弃之乎？伍员之托渔舟④，季布之入广柳⑤，孔融之藏张俭⑥，孙嵩之匿赵岐⑦，前代之所贵，而吾之所行也，以此得罪，甘心瞑目。至如郭解⑧之代人报仇，灌夫之横怒求地⑨，游侠之徒，非君子之所为也。如有逆乱之行，得罪于君亲者，又不足恤焉。亲友之迫危难也，家财己力，当无所吝；若横生图计，无理请谒，非吾教也。墨翟之徒，世谓热腹，杨朱之侣，世谓冷肠⑩；肠不可冷，腹不可热，当以仁义为节文尔。

注　释

①**王子晋**：周灵王的太子，传说其死后成仙。②**佐饔**：协作做菜。③**穷鸟入怀**：比喻走投无路时被迫去投靠他人。④**伍员之托渔舟**：伍员，字子胥，被楚王追捕时依靠一位渔翁的帮助渡过大河。⑤**季布之入广柳**：季布，曾是项羽部下，多次围困刘邦，后被刘邦追杀，靠藏在广柳车中逃生。⑥**孔融之藏张俭**：张俭，受党锢之祸牵连，逃到孔褒、孔融家中藏匿，后来事败，孔褒、孔融争相赴死，得以免死。⑦**孙嵩之匿赵岐**：赵岐逃难，卖饼于市中，孙嵩看他不是平常人，便把他藏在自己家中。⑧**郭解**：西汉时期著名大侠，《史记》有传。⑨**灌夫之横怒求地**：灌夫是汉武帝时期武将，因为田地得罪了武安侯田蚡，后来被田蚡弹劾而被族诛。⑩**墨翟之徒，世谓热腹，杨朱之侣，世谓冷肠**：墨家学说主张"兼爱、非攻"，杨朱主张爱己，不拔一毛以利天下。所以说一个是热腹，一个是冷肠。

译文

王子晋曾说："帮助别人去做菜，能够品尝美味，帮助别人去争斗，却不免遭到别人殴伤。"这话是说做好事能够参加，做坏事最好还是避开，不要拉帮结伙而做不义的事情。凡是损害别人利益的事，都不要参加，但是一只走投无路的小鸟如果投入人们的怀抱，仁慈的人自然会怜惜它；更何况前来投靠的是一位敢死的勇士，难道可以将其抛弃吗？伍员托渔夫摆渡得以脱困，季布被藏在广柳车当中因而得救，孔融掩护张俭，孙嵩藏匿赵岐，这些都是受到前人推崇的行为，这也正是我所一贯奉行的。就算因此得罪了权贵，我也没有什么可以为之怨恨的，至于郭解帮他人报仇，灌夫为朋友愤怒地责备丞相田蚡，还帮着索取田地，那是游侠的行为，为君子所不齿，假如出现大逆不道、犯上作乱的行为，因此得罪君王与父母，就更没必要去同情他们了。亲友正处于危难当中，自家如果有钱财和精力，是不可以吝惜的；如果有人不怀好意提出无理请求，那就根本不值得我们加以同情。墨子的门徒，大家都认为他们太过热心，杨朱的同道，大家都说他们过于刻薄，没有人情味，情不可太薄，心也不可太热，应当用仁义来节制自己的言行。

● 伍员剑赠渔父

伍员（伍子胥）是春秋末期的吴国大夫，他本是楚国人，父、兄为楚平王所杀，被迫出逃吴国。在逃往吴国时，有渔翁相救，伍员解剑赠渔父作为报答。

止足第十三

一

原文

《礼》云："欲不可纵，志不可满。"宇宙可臻其极，情性不知其穷，唯在少欲知足，为立涯限尔。先祖靖侯戒子侄曰："汝家书生门户，世无富贵；自今仕宦不可过二千石[①]，婚姻勿贪势家。"

吾终身服膺②,以为名言也。

注释

①二千石:汉制,郡守俸禄为二千石,即每月俸禄为一百二十斛,以此代称郡守之类的官位。②服膺:铭记并信奉。

译文

《礼记》上说:"欲望不可放纵,志向不可满足。"天地之大,也可到达它的极限,而人的天性却不知道穷止,只有寡欲而知足,才可划定一个界限。先祖靖侯曾告诫子侄们说:"你们家是书生门户,世世代代没有富贵过;从现在起,你们为官,不可担任年俸超过二千石的官职;你们成婚,不可贪图高攀世家豪门。"对这些话我一生都信奉,牢记心间,把它当作至理名言。

二

原文

天地鬼神之道①,皆恶满盈。谦虚冲损,可以免害。人生衣趣以覆寒露,食趣以塞饥乏耳。形骸之内,尚不得奢靡,己身之外,而欲穷骄泰②邪?周穆王、秦始皇、汉武帝,富有四海,贵为天子,不知纪极③,犹自败累,况士庶乎?常以二十口家,奴婢盛多,不可出二十人,良田十顷,堂室才蔽风雨,车马仅代杖策,蓄财数万,以拟吉凶急速,不啻此者,以义散之;不至此者,勿非道求之。

●周穆王八骏巡游

周穆王命造父驾车向西至西王母处,乐而忘返。东方徐偃王乘机叛乱,造父驾车,日行千里,迅速回归,使穆王得以迅速平息叛乱。

注释

①天地鬼神之道:即今天所谓自然法则之意。②骄泰:骄恣放纵。③纪极:终极、限度。

译文

大自然的法则，都是憎恶满溢。谦虚淡泊，可以免除祸患。人生在世，衣服只要能够御寒，饮食只要能够充饥，也就行了。在衣、食这两件与人本身密切相关的事情上，尚且不应该奢侈浪费，何况在那些非身体所急需的事情上，又何必要穷奢极欲呢？周穆王、秦始皇、汉武帝，他们都富有四海，贵为天子，不知满足，到头来还会遭到失败，何况是一般人呢？我一直认为，一个有二十口人的家庭，奴婢再多，也不可超出二十人，良田只需十顷，房屋只求能遮挡风雨，车马只求可以代步，钱财可积蓄几万，以备婚丧急用，超过这个数量，就该仗义疏财；达不到这个数量，也不必用不正当的手段去索求。

三

原文

仕宦称泰，不过处在中品，前望五十人，后顾五十人，足以免耻辱，无倾危也。高此者，便当罢谢，偃仰①私庭。吾近为黄门郎②，已可收退；当时羁旅，惧罹谤讟③，思为此计，仅未暇尔。自丧乱已来，见因托风云，徼幸富贵，旦执机权，夜填坑谷；朔欢卓、郑④，晦泣颜、原者⑤，非十人五人也。慎之哉！慎之哉！

注释

①偃仰：安居。②黄门郎：即给事黄门侍郎，皇帝身边的近臣，位卑权重。③谤讟：诽谤，怨言。④卓、郑：指卓氏与程郑，都是著名富商。⑤颜、原：颜指颜回，原即原宪，都是孔子弟子，以安贫乐道闻名。

译文

我认为做官做到最高位置，不过是处于中等品级就足够了，向前看有五十人在前面，向后望有五十人在后面，这就足以免去耻辱，又不承担风险。高于中品的官职，就应该婉言谢绝，闭门安居。我近来担任黄门侍郎的官职，已经可以隐退了；只是客居异乡，怕遭人攻击诽谤，虽有这个打算，只是找不到机会。自从丧乱发生以来，我看见那些乘时而起、侥幸富贵的人，白天还在执掌大权，晚上就尸填坑谷；月初高兴自己与卓氏、程郑一样富有，月底就悲泣自己像颜渊、原宪一样贫穷，有这种遭遇的人，并不只有五个、十个人。要当心啊！要当心啊！

诫兵第十四

一

原文

颜氏之先，本乎邹、鲁，或分入齐，世以儒雅为业，遍在书记①。仲尼门徒，升堂者七十有二，颜氏居八人焉。秦、汉、魏、晋，下逮齐、梁，未有用兵以取达者。春秋世，颜高、颜鸣、颜息、颜羽②之徒，皆一斗夫耳。齐有颜涿聚③，赵有颜最(zuì)④，汉末有颜良⑤，宋有颜延之⑥，并处将军之任，竟以颠覆。汉郎颜驷(sì)⑦，自称好武，更无事迹。颜忠以党楚王受诛，颜俊以据武威见杀，得姓已来，无清操者，唯此二人，皆罹祸败。顷世乱离，衣冠之士，虽无身手，或聚徒众，违弃素业，微幸战功。吾既羸薄，仰惟前代，故寘(zhì)心于此，子孙志之。孔子力翘门关⑧，不以力闻，此圣证也。吾见今世士大夫，才有气干，便倚赖之，不能被甲执兵，以卫社稷；但微行险服⑨，逞弄拳腕，大则陷危亡，小则贻耻辱，遂无免者。

注释

①**书记**：指书籍等书面材料。②**颜高、颜鸣、颜息、颜羽**：都是鲁国人，喜欢习武，以学文为耻。③**颜涿聚**：春秋时代的齐国人，有勇力，死在战场上。④**颜最**：战国时赵国将领，赵亡，逃走不知所终。⑤**颜良**：东汉末年袁绍部下将领，后在交战中战死。⑥**颜延之**：南朝宋人，文章独步当时，与谢灵运并称，史称"颜谢"。⑦**颜驷**：西汉人，武艺高强，但历经文、景、武三朝始终怀才不遇，在老年之时，武帝任命其为会稽都尉。⑧**门关**：出入必经的国门、关门。⑨**微行险服**：悄无声息地行动，穿不合礼制的服饰。

译文

颜氏的先辈，祖居春秋时代的邹国、鲁国，有的又分散到春秋时代的齐国，世世代代都是以儒雅为业，这在书籍中随处可见记载。孔子的门徒，学问精深的七十二人中，颜氏家族占了八人。从秦、汉、魏、晋，往下数到南朝的齐、梁，颜氏家族中没有靠用兵而得志扬名的。春秋时代，有颜高、颜鸣、颜息、颜羽等人，都是一些武夫。齐国有颜涿聚，赵国有颜冣，汉朝末年有颜良，东晋末年有颜延，都处在将军的位置上，最终却因此下场可悲。汉朝的郎官颜驷，自称好武，但却没有看到他有事迹流传。还有颜忠因依附楚王而受诛，颜俊因割据武威被杀，从有颜姓以来，没有高尚节操的，只有这两个人，都招致了灾祸而败亡。近年来，国家遭逢乱离，士大夫们虽然没有武艺气力，但有的也聚集徒众，放弃了一贯的诗书儒业，去碰运气求取战功。我的身体既如此单薄，又想到前人好兵致祸的教训，所以把心思放在读书仕宦这上面，希望子子孙孙都记住这一点。孔子的力气可举起城门，却不以武力闻名于世，这是圣人为我们树立的榜样啊！我看见当今的士大夫们，才血气方刚，就以此自恃，又不能披戴铠甲、手执兵器去保卫国家；只知穿上剑客的服装，行踪诡秘，到处逞弄拳术，大则身陷危亡，小则自讨耻辱，竟没有一个可以幸免的。

二

原文

国之兴亡，兵之胜败，博学所至，幸讨论之。入帷幄之中，参庙堂①之上，不能为主尽规以谋社稷，君子所耻也。然而每见文士，颇读兵书，微有经略。若居承平之世，睥睨（pì nì）宫闱②，幸灾乐祸，首为逆乱，诖误（guà）③善良；如在兵革之时，构扇④反复，纵横说诱，不识存亡，强相扶戴：此皆陷身灭族之本也。诫之哉！诫之哉！

注释

①**庙堂**：君王接受朝见、议论政事的殿堂。②**宫闱**：帝王后宫。⑤**诖误**：贻误、连累。⑥**构扇**：挑拨煽动。

译文

国家的兴亡，战争的胜败，对此如果已具有广博的学识，也是可以讨论这个问题的。一个人进入国家决策机关，在朝廷的殿堂上参与国政，却不能为君主尽谋划之责以求得国家的安定富足，这是君子引以为耻辱的。但我常常看见一些文士，兵书既读得很少，兵法也只是略知概要。如果处在太平盛世，他们会热衷于观察后宫的动静，为每一点动乱而幸灾乐祸，领头犯上作乱，以致牵连善良之辈；如果处在战乱时期，他们会到处挑拨煽动，八方游说，翻手为云，覆手为雨，看不清存亡的趋向，却竭力扶持拥戴别人称王。这些行为都是招致丧身灭族的祸根，对此要警惕！千万要警惕！

三

原文

习五兵①，便乘骑，正可称武夫尔。今世士大夫，但不读书，即称武夫儿，乃饭囊酒瓮也。

注释

①五兵：泛指各类兵器。

译文

熟练使用各类兵器，擅长骑马，做到这些才能称得上是武夫。如今的士大夫，他们只要是不肯读书的人，就称自己是武夫，只不过是酒囊饭袋而已。

养生第十五

一

原文

神仙之事，未可全诬；但性命①在天，或难钟值②。人生居世，触途牵絷③：幼少之日，既有供养之勤；成立之年，便增妻孥之累。衣食资须，公私驱役；而望遁迹山林，超然尘滓，千万不遇一尔。加以金玉之费④，炉器所须，益非贫士所办。学如牛毛，成如麟角。华山之下，白骨如莽，何有可遂之理？考之内教⑤，纵使得仙，终当有死，不能出世，不愿汝曹专精于此。若其爱养神明，调护气息，慎节起卧，均适寒暄，禁忌食饮，将饵药物，遂其所禀，不为夭折者，吾无间然。诸药饵法，不废世务也。庾肩吾常服槐实，年七十余，目看细字，须发犹黑。邺中朝士，有单服杏仁、枸杞、黄精、白术、车前得益者甚多，不能一一说尔。吾尝患齿，摇动欲落，饮食热冷，皆苦疼痛。见《抱朴子》牢齿之法，早朝叩齿三百下为良；行之数日，即便平愈，今恒持之。此辈小术，无损于事，亦可修也。凡欲饵药，陶隐居⑥《太清方》中总录甚备，但须精审，不可轻脱。近有王爱州在邺学服松脂⑦，不得节度，肠塞而死，为药所误者甚多。

注释

① **性命**：这里指万物的天赋和禀受。② **钟值**：适逢。③ **牵萦**：牵绊。④ **金玉之费**：炼丹药时耗费的金、玉。⑤ **内教**：佛教。佛教徒以儒学为外学，佛学为内学，儒教为外教，佛教为内教。⑥ **陶隐居**：即陶弘景，字通明，初入仕途，后归隐于山林。《太清方》是其著作之一。⑦ **松脂**：《本草纲目》："松脂，一名松膏，久服，轻身，不老延年。"

译文

得道成仙的事，我们不能说都是虚假的，只是人的性命长短在于上天，很难说是会碰上这种机会。人生在世一辈子，到处都有牵挂与羁绊：在少年时，要尽供养侍奉父母的职责；成年后，又加上养育妻子儿女的拖累。还有衣食供给的需求，为公事、私事操劳奔波，多希望能够隐居于山林，超脱于尘世，可是这样的人千万人中还遇不到一个。加上所谓的得道成仙之术，需要耗资黄金与宝玉，还需要炉鼎、器具，更不是普通的贫士所能办到的。学道的人很多，成功的人却凤毛麟角。华山之下，白骨多如野草，有几人能够顺心如愿呢？再认真考察内教，就算能成仙，最后还是不免死亡，无法摆脱人世间的羁绊而得以

● **陶弘景**

陶弘景由于长期隐居，自号华阳陶隐居，他是南朝齐梁时期的道士及医药学家，也是杰出的政治家。

长生。我不愿意让你们专心致力于这种事情。如果是出于爱惜、保养精神，调理护养气息的目的，只要做到起居富有规律，穿衣冷暖适当，饮食有所节制，再吃些补药来滋养也就够了，达到应尽之年，不致夭折，这样，我也就没有什么值得去批判的了。服用补药必然要得法，不要贻误大事。庾肩吾常服用槐树果，活到七十多岁，眼睛尚且能看清小字，胡须头发依旧是黑色的。邺城的朝廷官员有人专门服用杏仁、枸杞、黄精、白术、车前子，也因此获得了很多好处，这样的例子无法一一列举。我曾经经常牙痛，牙齿松动，即将脱落，无论吃冷吃热的东西，都会感到疼痛。看了《抱朴子》里固齿的方法，我早上起来就会叩击牙齿三百次，我按照这样的方法坚持了数日，牙就好了，现在还始终坚持这么做。这一类的小技巧，并不对别的事情有所损害，也可以学。至于要服用补药，陶隐居的《太清方》当中收录的就非常完备，但是还要精心挑选，不能轻率，不可盲目。最近有个名叫王爱州的邺城人，效仿别人服用松脂，不知节制，结果肠子被堵塞而死去。被药物伤害的人实在是多如牛毛，一定要小心。

二

原 文

夫养生者先须虑祸，全身保性，有此生然后养之，勿徒养其无生也。

单豹养于内而丧外，张毅养于外而丧内①，前贤所戒也。嵇康②著《养生》之论，而以傲物受刑；石崇③冀服饵之征，而以贪溺取祸，往世之所迷也。

注 释

①"单豹"二句：《庄子·达生》："鲁有单豹者，岩居而水饮，不与民共利，行年七十而犹有婴儿之色，不幸遇饿虎，饿虎杀而食之。有张毅者，高门县薄，无不走也，行年四十而有内热之病以死。豹养其内而虎食其外，毅养其外而病攻其内。此二子者，皆不鞭其后者也。" ②**嵇康**：字叔夜，三国时魏人。③**石崇**：字季伦，西晋人，以劫掠客商致富，曾与贵戚王恺斗富，夸侈奢靡，后为赵王司马伦所杀。事迹见《晋书·石崇传》。

译 文

养生者首先考虑的应该是避免祸患，一定要先保住自己的性命，在这个基础上，然后再开始保养它，不要白费心思地去保养不存在的所谓长生不老的生命。单豹所注重的只是保养身心，却忽视了外部的因素最终丧失了生命，张毅善于防备外部的因素，却因身体内部发病导致死亡，这些前车之鉴一定要引以为戒啊。嵇康写了一部《养生论》，可是他却由于傲慢无礼而遭到刑戮；石崇希望借服药达到延年益寿的目的，却因为贪恋钱财和美色招来了杀身之祸，这都是过去糊涂人的事例啊。

三

原　文

夫生不可不惜，不可苟惜①。涉险畏之途，干祸难之事，贪欲以伤生，谗慝②而致死，此君子之所惜哉；行诚孝而见贼，履仁义而得罪，丧身以全家，泯躯而济国，君子不咎也。自乱离已来，吾见名臣贤士，临难求生，终为不救，徒取窘辱，令人愤懑。侯景之乱，王公将相，多被戮辱，妃主姬妾，略无全者。唯吴郡太守张嵊③，建义不捷，为贼所害，辞色不挠；及鄱阳王世子谢夫人④，登屋诟怒，见射而毙。夫人，谢遵女也。何贤智操行若此之难？婢妾引决若此之易？悲夫！

注　释

①苟惜：以不正当手段爱惜。②慝：灾害；祸患。③张嵊：字四山，南朝梁人，曾经领兵讨伐侯景，兵败被杀。④鄱阳王世子：指萧嗣，是鄱阳王萧恢的孙子。侯景之乱时，萧嗣组织队伍进行反抗，但敌众我寡，不敌被杀。谢夫人：指萧嗣之妻。

译　文

人的生命不可以不爱惜，也不可以无原则地吝惜。踏上那危险可怕的道路，做下那招灾蒙难的事情，贪恋欲望而损伤身体，遭受谗言而枉送性命，在这些事情上君子是爱惜他的生命的；如果是奉行忠孝而被诋毁，施行仁义而获罪责，舍身以保全家庭，捐躯以拯救祖国，那么，君子是不会抱怨的。自从乱离以来，我看见那些名臣贤士，临难求生，终未获救，白白地自取羞辱，真是令人愤懑。侯景之乱时，王公将相，大都受辱被杀，妃主姬妾，几乎没有得以保全的。只有吴郡太守张嵊，兴师讨贼没有能够取胜，被贼军杀害，当他兵败被俘之时，言辞神色毫无屈服的表现；还有鄱阳王世子萧嗣之妻谢夫人，登上房屋怒骂群贼，被箭射死。谢夫人是谢遵的女儿。为什么那些贤德智慧的官绅们坚守操行是如此困难，而那些婢女妻妾自杀成仁却是如此容易？真是可悲啊！

归心第十六

一

原文

三世①之事，信而有征，家世归心②，勿轻慢也。其间妙旨，具诸经论，不复于此少能赞述；但惧汝曹犹未牢固，略重劝诱尔。

注释

①三世：佛教以过去、未来、现在为三世。②归心：从心里归附。这里是皈依佛教之意。

译文

佛家所说的过去、未来、现在这三世的事情，是可靠而有根据的，我们家世代笃信佛教，不能对此抱无所谓的态度。这佛教中的精妙的内容，都见于佛教的经、论中，我不用再在这里称美转述了；只是怕你们对佛教的信念还不够坚定，所以再对你们稍加劝勉诱导。

二

原文

原夫四尘五荫①，剖析形有；六舟三驾②，运载群生：万行归空，千门入善，辩才智惠，岂徒"七经"、百氏之博哉？明非尧、舜、周、孔所及也。内外两教，本为一体，渐积为异，深浅不同。内典③初门，设五种禁④；外典仁义礼智信，皆与之符。仁者，不杀之禁也；义者，不盗之禁也；礼者，不邪之禁也；智者，不酒之禁也；信者，不妄之禁也。至如畋(tián)狩军旅，燕享刑罚，因民之性，不可卒除，就为之节，使不淫滥尔。归周、孔而背释宗⑤，何其迷也！

注释

①**四尘五荫**：佛教语。四尘是指色、香、味、触；五荫是指色、受、想、行、识。②**六舟**：佛教语。即"六度"，又叫"六到彼岸"。指使人由生死的此岸渡到涅槃的彼岸的六种法门：布施、持戒、忍辱、精进、精虑（禅定）、智慧（般若）。**三驾**：佛教以羊车喻声闻乘，鹿车喻缘觉乘，牛车喻菩萨乘，总称"三驾"。③**内典**：佛教徒称佛经为内典。其他类书籍为外典。④**五种禁**：佛教的五戒，即勿杀、盗、淫、妄言、饮酒。⑤**释宗**：佛教。

译文

推究色、香、味、触四尘和色、受、想、行、识五荫的道理，剖析世间万物的奥秘，借助布施、持戒、忍辱、精进、静虑、智慧六舟和声闻、缘觉、菩萨三驾，去普度众生：让众生通过种种戒行，皈依于"空"；通过种种法门，渐臻于善。其中的辩才和智慧，难道只能与儒家的"七经"及诸子百家的广博相提并论吗？佛教的境界，显然不是尧、舜、周公、孔子之道所能赶得上的。佛学作为内教，儒学作为外教，本来同为一体。两者教义中有区别的，深浅程度也不相同。佛教经典的初级阶段，设有五种禁戒，而儒家经典所讲的仁、义、礼、智、信，都与它们相合。仁就是不杀生的禁戒，义就是不偷盗的禁戒，礼就是不淫乱的禁戒，智就是不酗酒的禁戒，信就是不虚妄的禁戒。至于像狩猎、征战、饮宴、刑罚等行为，我们还得顺随着老百姓的天性，不能把它们一下子全部根除掉，只能让它们存在而有所节制，不至于过分发展。由此看来，那些皈依周公、孔子之道却违背佛教宗旨的人，是多么糊涂啊！

三

原文

俗之谤者，大抵有五：其一，以世界外事及神化无方为迂诞也；其二，以吉凶祸福或未报应为欺诳也；其三，以僧尼行业多不精纯为奸慝(tè)也；其四，以糜费金宝减耗课役①为损国也；其五，以纵有因缘②如报善恶，安能辛苦今日之甲，利益后世之乙乎？为异人也。今并释之于下云。

注释

①**课役**：泛指各种税收和杂役。②**因缘**：佛教语，指产生结果的直接原因及促成这种结果的条件。

译文

世俗诽谤佛教的说法，大致有以下五种情况：第一，认为佛教所说的现实世界之外的世界，以及那些神奇诡异无法测定的事情是荒唐悖理的；第二，认为人的吉凶祸福未必就有相应的报应，佛教因果报应之说只是一种欺诈蒙骗的伎俩；第三，认为和尚、尼姑等在这个行当里的人多数不清白，佛院寺庙乃藏奸纳垢之所；第四，认为佛教耗费金银财宝，和尚、尼姑们不纳税，不服役，这是对国家利益的一种严重损害；第五，认为即使有因缘之事，也是善有善报，恶有恶报，怎么能够让今天的某甲含辛茹苦，以便让后世的某乙得到好处呢？这是不同的两个人啊。现在，我对上述五种情况一并作如下解释。

四

原文

释一曰：夫遥大之物，宁可度量？今人所知，莫若天地。天为积气，地为积块，日为阳精，月为阴精，星为万物之精，儒家所安也。星有坠落，乃为石矣；精若是石，不得有光，性又质重，何所系属？一星之径，大者百里，一宿首尾，相去数万；百里之物，数万相连，阔狭从斜，常不盈缩。又星与日月，形色同尔，但以大小为其等差；然而日月又当石也？石既牢密，乌兔①焉容？石在气中，岂能独运？日月星辰，若皆是气，气体轻浮，当与天合，往来环转，不得错违，其间迟疾，理宜一等；何故日月五星二十八宿，各有度数，移动不均？宁当气坠，忽变为石？地既溽洳，法应沉厚，凿土得泉，乃浮水上；积水之下，复有何物？江河百谷，从何处生？东流到海，何为不溢？归塘尾闾②，渫何所到？沃焦③之石,何气所然?潮汐去还,谁所节度?天汉④悬指,那不散落?水性就下,何故上腾?天地初开,便有星宿;九州未划,列国未分,蔀疆区野,若为躔次⑤?封建已来,谁所制割?国有增减,星无进退,灾祥祸福,就中不差;乾象⑥之大,列星之伙,何为分野,止系中国?昴⑦为旄头,匈奴之次;西胡、东越,雕题、交趾,独弃之乎?以此而求,迄无了者,岂得以人事寻常,抑必宇宙外也?

注释

①**乌兔**:古代神话传说日中有乌,月中有兔。②**归塘**:即归墟,传说为海中无底之谷。**尾闾**:传说中海水倾泻之处。③**沃焦**:古代传说中东海南部的大石山。④**天汉**:即银河。⑤**躔次**:日月星辰运行的轨迹。⑥**乾象**:天象。⑦**昴**:星名,二十八宿之一。

译文

我对第一种指责的解释是:对那些极远极大的东西,难道可以测量出来吗?现在人们所知道的最大的东西,还没有超过天地的。天是云气堆积而成,地是土块堆积而成,太阳是阳刚之气的精华,月亮是阴柔之气的精华,星星是宇宙万物的精华,这是儒家所喜欢的说法。星星有时会从天上坠落下来,到地上就变成了石头。但是,这万物的精华如果是石头,就不应该有光亮,而且石头的特性又很沉重,靠什么把它们系挂在天上呢?一颗星星的直径,大的有一百里;一个星座从头到尾,相隔有数万里。直径一百里的物体,在天空数万里相连,它们形状的宽窄、排列的纵横,竟然都保持一定而没有盈缩的变化。再说,星星与太阳、月亮相比,它们的形状、色泽都相同,只是大小有差别;既然如此,那么太阳、月亮也应当是石头吗?石头的特性既然是那样坚固,那三足乌和蟾蜍、玉兔,又怎么会在石头中间存身呢?而且,石头在大气中,难道能够自行运转吗?如果太阳、月亮和星星都是气体,那么气体很轻浮,它们就应当与天空合而为一,它们围绕大地来回环绕转动,就不应该相互错位,这运行中间速度的快慢,按理应该是一样的;但为什么太阳、月亮、五星、二十八宿,它们运行时各有各的度数,速度并不一致?难道它们作为气体,坠落的时候,就突然变成石头了吗?大地既然是浊气下降凝集成的物质,按理说应该是沉重而厚实的了;但如果往地下挖土,却能够挖出泉水来,说明大地是浮在水上的,那么,积水之下,又有些什么东西呢?长江、大河及众多的山泉,它们都是从哪里发源的?它们向东流入大海,那海水为什么不见溢出来?据说海水是通过归塘、尾闾排泄出去的,那它们最终又到何处去了呢？如果说海水是被东海沃焦山的石头烧掉的，那沃焦山的石头又是由什么点燃的呢？那潮汐的涨落，是靠谁来节制调度？那银河悬挂在天空，为什么不会散落下来？水的特性是往低处流的，为什么又会上升到天空中去？天地初开的时候，就有星宿了，那时九州还没有划分，列国也还没有出现，那么，当时天上的星宿又是如何运行的呢？封邦建国以来，到底是谁在对它们进行分封割据呢？地上的国家有增有减，天上的星宿却没有发生什么改变，这中间人世的吉凶祸福，依然不断发生。天空如此之大，星宿如此之多，为什么以天上星宿的位置，来划分地上州郡的区域只限于中国一地呢？被称作旄头的昴星是代表胡人的，其位置对应着匈奴的疆域，那么，像西胡、东越、雕题、交趾这些地区，就该被上天所抛弃吗？对上述种种问题进行探究，至今无人能弄明白，是否因为这些问题按人世间的寻常道理解释不了，而必须到宇宙之外寻求答案呢？

五

原文

凡人之信，唯耳与目；耳目之外，咸致疑焉。儒家说天，自有数义修改或浑或盖①，乍宣乍安②。斗极所周，管维③所属，若所亲见，不容不同；若所测量，宁足依据？何故信凡人之臆说，迷大圣之妙旨，而欲必无恒沙世界、微尘数劫也？而邹衍④亦有九州之谈。山中人不信有鱼大如木，海上人不信有木大如鱼；汉武不信弦胶⑤，魏文不信火布⑥；胡人见锦，不信有虫食树吐丝所成；昔在江南，不信有千人毡帐，及来河北，不信有二万斛(hú)船：皆实验也。

注释

①**浑**：浑天说，认为天是圆的，天与地的关系如同蛋壳与蛋黄一样，上天为蛋壳，大地为蛋黄。**盖**：盖天说，天圆地方，天如伞盖，地如棋盘。②**宣**：宣夜说，认为天地都是虚空的，与日月星辰一样，是飘浮不定的。**安**：安天论，认为天水相连，了无始终。③**管维**：即斗枢。④**邹衍**：战国时人，古代百家中阴阳家的代表人物。认为中

国居天下八十分之一，名曰赤县神州，此外还包括九州。⑤**弦胶**：一种灵验的粘胶，具有非常强劲的黏性，凡所粘之物，不易分开。西属藩国曾进献灵胶四两，而武帝却不知灵胶之为何用，弃置外库不予使用。⑥"**魏文**"**句**：火布，火浣之布，置之于火中，也不会燃烧，拿出即光亮如新。西方属国曾献给魏文帝，文帝却认为火性酷烈，凡物放置其中，绝无生还之理，遂弃置不用。

译文

一般人只相信自己亲自听闻的事物，只要不是亲自听闻的就不怎么相信。儒家对天的看法很多：有的认为天包含着地，就好像蛋壳包着蛋黄一样；有的认为地被天盖着，就像斗笠盖着盘子那样；有的认为日月众星都是飘浮在空中的，有的认为天际与海水相接，地沉浸在海水之中；此外，还有人认为北斗七星绕着北极星转动，而且那斗枢是转动轴。以上种种说法，要是人们亲眼看见的话，就不会出现不同的意见；如果只是人们的推测度量，那怎么可以相信呢？我们为什么偏偏相信这凡人的臆测之说，对佛门学说的精深含义而怀疑呢？为什么就认定世上绝不可能有根本不存在佛经中所说的像恒河中的沙粒那么众多的世界，怎么可以对世间一粒微小的尘埃也要经历好几个劫的说法加以虚妄的怀疑呢？邹衍也认为除了作为赤县神州的中国之外，还存在其他的九州。山里的人根本不信世上有像树木那般大的鱼，生活在海边的人也不相信世上还有和鱼一样大的树木；汉武帝不相信世上有一种叫弦胶的东西，也不相信它可以黏合断了的弓弦和刀剑；魏文帝也是对世上的一种火浣布，可以放在火上烧这样去掉污垢加以怀疑的。胡人看见锦缎，却不认为这就是一种叫蚕的小虫吃了桑叶后所吐的丝造成的。以前我居住江南的时候，不相信世上有能够容纳一千人的毡帐，可是我到了黄河以北，才发现这里居然也有不相信世上有能装载万斛货物的大船的人：这些都是实际的经验。

六

原文

世有祝师①及诸幻术，犹能履火蹈刃，种瓜移井，倏忽之间，十变五化。人力所为，尚能如此；何况神通感应，不可思量；千里宝幢(chuáng)，百由旬②座，化成净土，踊出妙塔乎？

注释

①**祝师**：巫师，能知鬼神之事的人。②**由旬**：古代天竺度量单位，一由旬相当于现在的十五公里。

译文

世间的巫师还有某些懂得各种法术的人,他们可以自由穿行火焰,脚踩刀刃,种下一粒瓜子可以立刻摘取果实吃,连水井也能搬移,眨眼间的工夫,变化出很多东西。人的力量,尚能做到如此奇异的事情;何况神佛施展他们的本领,其神奇变幻更是不可想象估量的:那高达千里的幢旗,广达数千里的莲座,演化出极乐世界,使地上出现座座宝塔?

七

原文

释二曰:夫信谤之征,有如影响①;耳闻目见,其事已多,或乃精诚不深,业缘②未感。时傥差阑,终当获报耳。善恶之行,祸福所归。九流百氏③,皆同此论,岂独释典为虚妄乎?项橐(tuó)、颜回④之短折,伯夷、原宪⑤之冻馁,盗跖、庄𫏋(qiāo)⑥之福寿,齐景、桓魋(tuí)⑦之富强,若引之先业⑧,冀以后生,更为通耳。如以行善而偶钟祸报,为恶而傥值福征,便生怨尤,即为欺诡;则亦尧、舜之云虚,周、孔之不实也,又欲安所依信而立身乎?

注释

①**影响**:影子和回声。②**业缘**:佛教指善业生善果、恶业生恶果的因缘。谓一切众生的境遇、生死都由前世业缘所决定。③**九流**:即战国时儒、道、法、名、墨、纵横、阴阳、杂、农九个流派。**百氏**:诸子百家。这里泛指各种学说和流派。④**项橐**:春秋时人,七岁为孔子的老师,早亡。**颜回**:孔子弟子,不满三十岁就死了。⑤**伯夷**:西周时人,不食周粟,在首阳山饿死。**原宪**:孔子弟子,安贫乐道。⑥**盗跖**:春秋时的大盗,横行天下却得以善终。**庄𫏋**:原为战国时楚国将领,却叛楚在滇地称王,善终。⑦**齐景**:即齐景公,在位期间国家富强。**桓魋**:春秋时宋国人,被宋景公宠幸,富比王侯。⑧**业**:佛教认为在六道中生死轮回,是由业决定的。

译文

我对第二种指责的解释是:我相信那些诽谤佛教因果报应之说的种种证据,就好像影之随形、响之应声一样,可以明白无误地加以验证。这类事,我耳闻目睹是非常之多的。有时报应之所以没有发生，或许是当事者的精诚还不够深厚，"业"与"果"还没有发生感应的缘故。倘若如此，则报应就有早与迟的区别，但或迟或早，终归是会发生的。一个人的善与恶的行为，将分别招致福与祸的报应。中国的九流百家，都持有与此相同的观点，怎么能单单认为佛经所说是虚妄的呢？像项橐、颜回的短命而死，伯夷、原宪的挨饿受冻；盗跖、庄𫏋的有福长寿，齐景公、桓魋的富足强大，如果我们把这看成是他们的前辈的善业或恶业的报应，或者把他们从善或为恶的报应寄托在他们的后代身上，那就说得通了。如果因为有人行善而偶然遭祸，为恶却意外得福，你便产生怨尤之心，认为佛教所说的因果报应只是一种欺诈蒙骗，那就好比是说尧、舜之事是虚假的，周公、孔子也不可靠，那么你又能相信什么，你又凭什么去立身处世呢？

八

原文

释三曰：开辟已来①，不善人多而善人少，何由悉责其精洁乎？见有名僧高行，弃而不说；若睹凡僧流俗，便生非毁。且学者之不勤，岂教者之为过？俗僧之学经律②，何异世人之学《诗》《礼》？以《诗》《礼》之教，格朝廷之人，略无全行者；以经律之禁，格出家之辈，而独责无犯哉？且阙行之臣，犹求禄位；毁禁之侣，何惭供养③乎？其于戒行，自当有犯；一披法服，已堕僧数，岁中所计，斋讲诵持，比诸白衣，犹不啻山海也。

注释

①**开辟已来**：指有天地以来。②**经律**：佛教徒记述佛的言论的书叫经，记述戒律的书叫律。③**供养**：因佛教徒不事生产，靠人提供食物，所以称为"供养"。

释文

我对于第三种指责的解释是：自从开天辟地有了人类以来，不善良的人多而善良的人少，怎么能够要求每一位僧人都是清白高尚的呢？有些人明明看见了那些高僧们的高尚德行，却抛在一边不予称扬；但若是看到那些平庸的僧人的粗俗行为，就竭力指责诋毁。况且，受学的人不用功，难道是教育者的过错吗？那些平庸的僧人学习佛经、戒律，与世人学习《诗》《礼》有什么不同？假如用《诗》《礼》中的教义，来衡量朝廷中的官员，恐怕没有几个人是完全够格的；同样，用佛经、戒律中的禁条，来衡量这些出家僧人，怎么能够唯独要求他们不犯过错呢？而且，那些缺乏道德的臣子们，仍在那里追求高官厚禄；那些违犯禁条的僧侣们，又何必对自己接受供养感到惭愧呢？他们对于佛教的戒行，自然难免有违犯的时候；但他们一旦披上法衣，就算进入了僧侣的行业，一年到头所干的事，无非是吃斋念佛、讲经修行，比起世俗之人来说，其道德修养的差距又不只是山高海深那样巨大了。

九

原文

释四曰：内教多途，出家自是其一法耳。若能诚孝在心，仁惠为本，须达①、流水②，不必剃落须发；岂令罄井田而起塔庙，穷编户以为僧尼也？皆由为政不能节之，遂使非法之寺，妨民稼穑，无业之僧，空国赋算，非大觉③之本旨也。抑又论之：求道者，身计也；惜费者，国谋也。身计国谋，不可两遂。诚臣徇主而弃亲，孝子安家而忘国，各有行也。儒有不屈王侯高尚其事，隐有让王辞相避世山林；安可计其赋役，以为罪人？若能偕化黔首，悉入道场，如妙乐之世，禳佉(ráng qū)之国，则有自然稻米，无尽宝藏，安求田蚕之利乎？

注释

①**须达**：为舍卫国给孤独长者的本名，是祇园精舍的施主。②**流水**：见《金光明经》："流水长者见涸池中有十千鱼，遂将二十大象，载皮囊，盛河水置池中，又为称祝宝胜佛名。后十年，鱼同日升忉利天，是诸天子。"此举流水长者救鱼事，以为仁惠之证。③**大觉**：佛教语。指佛的觉悟。

译文

我对第四种指责的解释是：佛教修行的方法有许多种，出家为僧只是其中的一种。如果一个人能够把忠、孝放在心上，以仁、惠作为立身之本，像须达、流水两位长者所做的那样，也就不必非得剃掉头发、胡须去当僧人不可了；又哪里用得着把所有的田地都拿去盖宝塔、寺庙，让所有的在册人口都去当和尚、尼姑呢？那都是因为执政者不能够节制佛事，才使得那些非法而起的寺庙妨碍了百姓的耕作，使得那些不事生计的僧人耗空了国家的税收，这就不是佛教大觉的本旨了。但我还是要强调一下，谈到追求真理，这是个人的打算；谈到珍惜费用，这是国家的谋划。个人的打算与国家的谋划，是不可能两全其美的。作为忠臣，就应该以身殉主，为此不惜放弃奉养双亲的责任；作为孝子，就应该使家庭安宁和睦，为此不惜忘掉为国家服务的职责，因为两者各有各的行为准则啊。儒家中有不为王公贵族所屈、耿介独立、清高自许的人，隐士中有辞去王侯、丞相的职位到山林中远避尘世的人，我们又怎么能去计算这些人应承担的赋税，把他们当成逃避赋税的罪人呢？如果我们能够感化所有的老百姓，使他们统统皈依佛教，就像佛经中所说的妙乐、转轮王等国度的情况一样，那就会有自然生长的稻米，数不尽的宝藏，哪里用得着再去追求种田、养蚕的微利呢？

十

原文

释五曰：形体虽死，精神犹存。人生在世，望于后身①似不相属；及其殁后，则与前身似犹老少朝夕耳。世有魂神，示现梦想，或降童妾，或感妻孥，求索饮食，征须福佑，亦为不少矣。今人贫贱疾苦，莫不怨尤前世不修功业；以此而论，安可不为之作地②乎？夫有子孙，自是天地间一苍生耳，何预身事？而乃爱护，遗其基址，况于己之神爽③，顿欲弃之哉？凡夫蒙蔽，不见未来，故言彼生与今非一体耳；若有天眼④，鉴其念念随灭，生生不断，岂可不怖畏邪？又君子处世，贵能克己复礼，济时益物。治家者欲一家之庆，治国者欲一国之良，仆妾臣民，与身竟何亲也，而为勤苦修德乎？亦是尧、舜、周、孔虚失愉乐耳。一人修道，济度几许苍生？免脱几身罪累？幸熟思之！汝曹若观俗计，树立门户，不弃妻子，未能出家；但当兼修戒行，留心诵读，以为来世津梁。人生难得,勿虚过也。

注释

①后身:佛教认为人死要转生,故有前身、后身之说。②为之作地:为他后身留有余地。③神爽:神魂,心神。④天眼:佛教所说五眼之一。即天趣之眼,能透视六道、远近、上下、前后、内外及未来等。

译文

我对于第五种指责的答复是:人的形体虽然死去,但精神仍旧存在。人生活在世上时,觉得自己与来世的后身似乎没有什么关系,等到他死了以后,才发现自己与前身的关系就好像老人与小孩、清晨与傍晚的关系那样密切。世界上有死人的魂灵向亲人托梦的事,或托梦于他的仆人侍妾,或托梦于他的妻子儿女,向他们索要饮食,求取福佑,这类事是不少的。现在的人若是处在贫贱疾苦的境地,没有不怨恨前世不修功业的;就从这一点来说,怎么可以不早修功业,以便为来世留有余地呢?一个人有儿子、孙子,他与儿子、孙子各自都是天地间的黎民百姓,相互间有什么关系?而这个人尚且知道爱护他的儿孙们,把自己的房产基业留传给他们,何况对于自己本人的魂灵,怎可弃置而不顾呢?那些凡夫俗子们冥顽不灵,看不见未来之事,所以他们说来生、前生与今生不是同一个人。如果能够有一双透视未来的天眼,让这些人通过它照见自己的生命在一瞬间由诞生到消亡,又由消亡到诞生,这样生死轮回,连绵不断,他难道不感到害怕吗?再说,君子生活在这个世界上,贵在能够克制私欲,谨守礼仪,匡时救世,有益他人。作为管理家庭的人,就希望家庭能够幸福;作为治理国家的人,就希望国家能够昌盛。这些人与自己的仆人、侍妾、臣属、民众有什么亲密关系,值得这样卖力地为他们辛苦操持呢?也不过是像尧、舜、周公、孔子那样,是为了别人的幸福而牺牲个人的欢乐罢了。一个人修身求道,可以救济多少苍生?免掉多少人的罪累呢?希望你们仔细考虑一下这个问题。你们若是顾及世俗的责任,要建立家庭,不抛弃妻子儿女,以至不能出家为僧,也应当修养品性,恪守戒律,留心于佛经的诵读,把这些作为通往来世幸福的桥梁。人生是非常宝贵的,千万不要虚度啊!

十一

原文

儒家君子,尚离庖厨①,见其生不忍其死,闻其声不食其肉。高柴、折像②,未知内教,皆能不杀,此乃仁者自然用心。含生③之徒,莫不爱命;去杀之事,必勉行之。好杀之人,临死报验,子孙殃祸，其数甚多，不能悉录耳。

> **注　释**

①**庖厨**：厨房。②**高柴**：春秋时代齐国人，孔子弟子。**折像**：东汉人。高柴和折像都是古代很有仁爱之心的人。③**含生**：一切有生命者，多指人类。

> **译　文**

儒家的君子，都远离厨房，因为他们若是看见那些禽兽活着时的样子，就不忍心看见它们被杀掉；他们若是听见禽兽的惨叫声，就吃不下它们的肉。像高柴、折像这两个人，他们并不了解佛教的教义，却都不愿意杀生，这就是仁慈的人天生的善心。凡是有生命的东西，没有不爱惜它的生命的；关于不杀生的事，你们一定要努力做到。好杀生的人，临死会受到报应，子孙也跟着遭殃，这类事很多，我不能在这里全部记录下来。

卷第六

书证第十七

一

原文

《诗》云："参差荇菜①。"《尔雅》云："荇,接余也。"字或为莕,先儒解释皆云：水草,圆叶细茎,随水浅深。今是水悉有之,黄花似莼②,江南俗亦呼为猪莼,或呼为荇菜。刘芳具有注释,而河北俗人多不识之,博士③皆以参差者是苋菜,呼人苋为人荇,亦可笑之甚。

注释

①**参差**：长短不齐。**荇菜**：多年水生草本植物,食药两用。②**莼**：水葵,水生植物。③**博士**：学识渊博,贯通古今的人。

译文

《诗经》上说："参差荇菜。"《尔雅》解释说："荇菜,就是接余。"荇字有时也写作"莕",前代学者们的解释都说：荇菜是一种水草,圆叶细茎,其高低随水的深浅而定。现在凡是有水的地方都有它,它那黄色的花就像水葵,江南民间也称它叫猪莼,也有人叫它荇菜。后魏的刘芳对此都有注释,而黄河以北地区的一般人大都不认识它,学识渊博的人都把《诗经》中所说的"参差荇菜"认作苋菜,把人苋叫作人荇,也确实非常可笑了。

二

原文

《诗》云:"谁谓荼(tú)苦?"《尔雅》《毛诗传》并以荼,苦菜也。又《礼》云:"苦菜秀。"案:《易统通卦验玄图》曰:"苦菜生于寒秋,更冬历春,得夏乃成。"今中原苦菜则如此也。一名游冬①,叶似苦苣(jù)而细,摘断有白汁,花黄似菊。江南别有苦菜,叶似酸浆②,其花或紫或白,子大如珠,熟时或赤或黑,此菜可以释劳。案:郭璞注《尔雅》,此乃"蘵(zhī),黄蒢(chú)"也,今河北谓之龙葵。梁世讲《礼》者,以此当苦菜;既无宿根③,至春方生耳,亦大误也。又高诱注《吕氏春秋》曰:"荣而不实曰英。"苦菜当言英,益知非龙葵也。

注释

①游冬:苦菜。②酸浆:即酸浆草。③宿根:二年生或多年生草本植物的根,这些植物的地上部分枯萎后,底下的根依旧存活,等到第二年可以再次发芽,所以称为宿根。

译文

《诗经》上说:"谁谓荼苦?"《尔雅》《毛诗传》都以荼为苦菜。此外,《礼记》上说:"苦菜秀。"按:《易统通卦验玄图》上说:"苦菜生长于寒冷的秋天,经冬历春,到夏天就长成了。"现在中原一带的苦菜就是这样的。它又名游冬,叶子像苦苣而比苦苣细小,摘断后有白色的汁液,花黄色像菊花。江南一带另外有一种苦菜,叶子像酸浆草,它的花有的紫、有的白,结的果实有珠子那么大,成熟时颜色有的红有的黑。这种菜可以消除疲劳。按:郭璞注的《尔雅》中,认为这种苦菜就是蘵草,即黄蒢,现在河北一带把它叫作龙葵。梁朝讲解《礼记》的人,把它当作中原的苦菜;它既没有隔年的宿根,又是在春天才生长,这也是一个大的误释。另外高诱在《吕氏春秋》的注文中说:"只开花不结实的现象称为英。"苦菜的花就应当叫作英,由此更说明它不是龙葵。

三

原文

《诗》云："有杕之杜①。"江南本②并木傍施大，《传》曰："杕，独貌也。"徐仙民音徒计反。《说文》曰："杕，树貌也。"在《木部》。《韵集》音次第之第，而河北本皆为夷狄之狄，读亦如字③，此大误也。

注释

①杕：树木孤单挺立的样子。杜：一种野生梨。②本：图书的版本。③如字：多音字，依照本音朗读被称为如字。

译文

《诗经》上有诗句说："有杕之杜。"江南的版本是"杕"字是木字旁加一个"大"字，《毛诗传》说，"杕，为孤立的样子。"徐仙民将其注音为徒计反。《说文》上说："杕，树木的样子。"字归属于木字旁。《韵集》将其注音为次第的"第"，而河北的版本基本写为夷狄的"狄"字，读音也是"狄"，这是错误的。

四

原文

《诗》云："将其来施施①。"《毛传》云："施施，难进之意。"郑《笺》②云："施施，舒行貌也。"《韩诗》③亦重为施施。河北《毛诗》皆云施施。江南旧本，悉单为施，俗遂是之，恐为少误。《诗》云："有渰萋萋，兴云祁祁。"《毛传》云："渰，阴云貌。萋萋，云行貌。祁祁，徐貌也。"《笺》云："古者，阴阳和，风雨时，其来祁祁然，不暴疾也。"案：渰已是阴云，何劳复云"兴云祁祁"耶？"云"当为"雨"，俗写误耳。班固《灵台》诗云："三光宣精，五行布序，习习祥风，祁祁甘雨。"此其证也。

注释

①施施：前行困难的样子。②郑《笺》：郑玄对《毛诗》的注释。③《韩诗》：《诗》今文学派之一，汉初韩婴所传。

译文

《诗经》说："将其来施施。"《毛传》说："施施，难以前进的意思。"郑玄《笺》说："施施，缓缓行走的样子。"《韩诗外传》也是重叠为"施施"二字。河北本《毛诗》都写作"施施"。江南过去的《诗经》版本，全都单写作"施"，众人就认可了它，这恐怕是个小小的错误。《诗经》还有"有渰萋萋，兴云祁祁"的诗句，《毛传》解释说："渰，天空布满阴云的样子。萋萋，阴云行走的样子。祁祁，缓慢的样子。"郑玄的《笺》说："古时候，阴阳调和，风雨及时，所以云的到来是缓慢的，不暴烈，也不迅速。"据考证："渰本来就是阴云的意思了。为什么还要烦琐地说"兴云祁祁"呢？"云"本来应该是"雨"字，是流行的写法犯了这个错误。班固的《灵台》诗说；"三光宣精，五行布序，习习祥风，祁祁甘雨。"这个就可以作为"云"应当作"雨"的证据。

五

原文

《礼》云："定犹豫，决嫌疑①。"《离骚》曰："心犹豫而狐疑。"先儒未有释者。案：《尸子》②曰："五尺犬为犹。"《说文》云："陇西谓犬子为犹。"吾以为人将犬行，犬好豫在人前，待人不得，又来迎候，如此往返，至于终日，斯乃豫之所以为未定也，故称犹豫。或以《尔雅》曰："犹如麂③，善登木。"犹，兽名也，既闻人声，乃豫

●习习祥风，祁祁甘雨

缘木,如此上下,故称犹豫。狐之为兽,又多猜疑,故听河冰无流水声,然后敢渡。今俗云:"狐疑,虎卜④。"则其义也。

注释

①定犹豫,决嫌疑:判断嫌疑,决定犹豫的事。②《尸子》:书名,先秦诸子著作之一,现已失传。③麂:一种小型鹿类动物,善于跳跃。④虎卜:卜筮方法的一种。

译文

《礼经》说:"定犹豫,决嫌疑。"《离骚》说:"心犹豫而狐疑。"前代学者没有进行解释的。按:《尸子》说:"五尺长的狗叫作犹。"《说文解字》说:"陇西把幼犬叫作犹。"我认为人带着狗行走,狗喜欢预先走在人的前面,等人等不到,又返回来迎候,像这样来来去去,直到一天结束,这就是"豫"字具有游移不定的含义的原因,所以叫作犹豫。也有的人根据《尔雅》的说法:"犹的样子像麂,善于攀登树木。"犹是一种野兽的名称,听到人声后,就预先攀缘树木,像这样上上下下,所以叫作犹豫。狐狸作为一种野兽,又性多猜疑,所以要听不到河面冰层下有流水声,然后才敢渡河。今天的俗语说"狐多疑,虎会占卜",说的就是这个含义。

六

原文

《尚书》曰:"惟影响。"《周礼》云:"土圭①测影,影朝影夕。"《孟子》曰:"图影失形。"《庄子》云:"罔两②问影。"如此等字,皆当为光景之景。凡阴景者,因光而生,故即谓为景。《淮南子》呼为景柱,《广雅》云:"晷柱③挂景。"并是也。至晋世葛洪《字苑》傍始加"彡",音于景反。而世间辄改治《尚书》《周礼》《庄》《孟》从葛洪字,甚为失矣。

注释

①土圭:古代的一种通过测量日影来划分时间的器具。②罔两:影子边缘的不明显的阴影。③晷柱:日晷上测量日影的柱子。

译文

《尚书》上说:"惟影响。"《周礼》上说:"土圭测影,影朝影夕。"《孟子》

上说:"图影失形。"《庄子》上说:"罔两问影。"对于此类"影"字,都应该看作是"光景"的"景"。凡是阴景,都只有有光才会产生的。因此才称为景。《淮南子》称为景柱,《广雅》说:"晷柱挂景。"所说的都是这样的。到了晋人葛洪的《字苑》出现时,才开始在旁边加"彡",将其注音为于景反,所以世人将《尚书》《周礼》《庄子》《孟子》中的"景"字都改成了葛洪《字苑》中的"影"字,这样做是很不恰当的。

七

原文

太公《六韬》①,有天陈、地陈、人陈、云鸟之陈②。《论语》曰:"卫灵公问陈于孔子。"《左传》:"为鱼丽之陈。"俗本多作阜傍车乘之车。案诸陈队,并作陈、郑之陈。夫行陈之义,取于陈列耳,此六书③为假借也,《苍》《雅》及近世字书,皆无别字;唯王羲之《小学章》,独阜傍作车,纵复俗行,不宜追改《六韬》《论语》《左传》也。

注释

① 《六韬》:古代兵书名。分为《文韬》《武韬》《龙韬》《虎韬》《豹韬》《犬韬》。
② 天陈、地陈、人陈、云鸟之陈:包括后面的鱼丽之陈,都是古代军阵名。③ 六书:古人分析汉字造字的理论。即象形、指事、会意、形声、转注、假借。

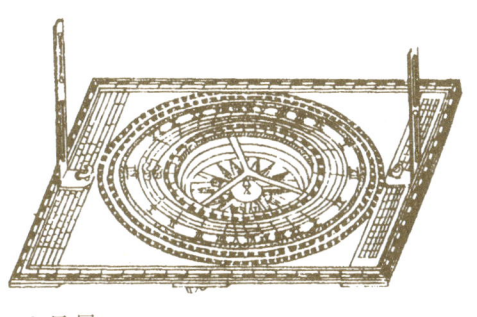

● 日晷

译文

姜太公的《六韬》,有天陈、地陈、人陈、云鸟之陈。《论语》说:"卫灵公问陈于孔子。"《左传》说:"为鱼丽之陈。"俗本多写作"阜"字旁加车乘的"车"字。按:以上几个陈队,都写作陈国、郑国的"陈"。行陈的含义,是从"陈列"这个词中取用过来的,这在六书中就是假借,《仓颉篇》《尔雅》以及近世的字书,都没有写成别的字;只有王羲之的《小学章》中,唯独是"阜"旁加"车"字,即使俗体流行,也不应该追改《六韬》《论语》《左传》中的"陈"字作"阵"字。

八

原文

"也"是语已①及助句之辞,文籍备有之矣。河北经传,悉略此字,其间字有不可得无者,至如"伯也执殳","于旅也语","回也屡空","风,风也,教也",及《诗传》云:"不戢,戢也;不傩,傩也。""不多,多也。"如斯之类,倪削此文,颇成废阙。《诗》言:"青青子衿。"《传》曰:"青衿,青领也,学子之服。"按:古者,斜领下连于衿,故谓领为衿。孙炎②、郭璞注《尔雅》,曹大家③注《列女传》,并云:"衿,交领也。"邺下《诗》本,既无"也"字,群儒因谬说云:"青衿、青领,是衣两处之名,皆以青为饰。"用释"青青"二字,其失大矣!又有俗学,闻经传中时须也字,辄以意加之,每不得所,益成可笑。

注释

①**语已**:语末、语尾。②**孙炎**:字叔然,三国时期魏人,通五经,注有《尔雅》,今佚。③**曹大家**:班昭、班固之妹,有才学,曾被汉和帝召进宫中,授予女官之职。

译文

"也"字一般用于语句末尾作为语气词,或用在句子里作为助词,这个字通常用于文章典籍。北方的经书传本当中基本上省略掉"也"字,但是有些"也"字是不可以省略的,比如说"伯也执殳""于旅也语""回也屡空""风,风也,教也"。《毛诗传》记载:"不戢,戢也;不傩,傩也。""不多,多也。"类似这样的句子,要是省略了"也"字,就变得残缺了。《诗经·郑风·子衿》当中有"青青子衿"的句子,《毛诗传》有如下解释:"青衿,青领也,学子之服。"按:古代衣服的领子是斜的,下面连着衣襟,所以把领子叫作"衿"。孙炎、郭璞给《尔雅》做注,曹大家班昭给《列女传》注解,都说:"衿,交领也。"邺下的《诗经》传本,就省略了"也"字,许多儒生于是就错误地认为"青衿,青领,是指衣服的不同的两个部分,只不过都用'青'字来形容。"这样理解"青青"两个字,实在是太荒谬了。更有某些平庸的学子，听说《诗经》传注中经常要补上"也"字，于是就随便增添，常常补不正确，实在是太荒谬了。

九

原文

《汉书》："田肯贺上。"江南本皆作"宵"字。沛国刘显①博览经籍，偏精班《汉》，梁代谓之"汉圣"。显子臻②，不坠家业。读班史③，呼为田肯。梁元帝尝问之，答曰："此无义可求，但臣家旧本，以雌黄改'宵'为'肯'。"元帝无以难之。吾至江北，见本为"肯"。《汉书·王莽赞》云："紫色蛙声，余分闰位。"盖谓非玄黄之色，不中律吕④之音也。近有学士，名闻甚高，遂云："王莽非直鸢髆(bó)虎视，而复紫色蛙声。"亦为误矣。

注释

①**刘显**：字嗣芳，南朝梁人，博学，以研究《汉书》而闻名，《梁书》有传。②**臻**：刘显之子，继承家学，研究《汉书》为世人所称道。③**班史**：指班固所撰的《汉书》。④**律吕**：古代有十二律，律指六阳律，吕指六阴律。

译文

《汉书》说："田肯贺上。"江南的书籍全部把"肯"写作"宵"字。沛国人刘显通读各类经籍，尤其擅长班固的《汉书》，梁代将其称为汉圣。刘臻为刘显的儿子，他继承家传的儒业，在读班固的《汉书》时，将"宵"字读作"田肯"。梁元帝还专门问过他这个问题，他回答："这没有什么值得推敲的，只是我家中所传的旧本里，用雌黄把'宵'字改为'肯'字。"梁元帝原本想要难住他，但是没有办法。我到江北后看见那里的版本都写作"肯"。《汉书·王莽赞》说："紫色蛙声，余分闰位。"大意是，讲紫色并非玄黄正色，蛙声并非律吕正音。最近有位名声相当高的学士，居然这样说："王莽长得肩膀像老鹰、目光像老虎，而且皮肤还是紫色的，嗓音犹如青蛙。"这就大错特错了。

卷第七

音辞第十八

一

原文

夫九州之人，言语不同，生民已来，固常然矣。自《春秋》标齐言①之传，《离骚》目楚辞之经，此盖其较明之初也。后有扬雄著《方言》，其言大备。然皆考名物②之同异，不显声读之是非也。逮郑玄注"六经"，高诱解《吕览》《淮南》，许慎造《说文》，刘熹制《释名》，始有譬况③假借以证音字耳。而古语与今殊别，其间轻重清浊，犹未可晓；加以内言外言、急言徐言、读若之类④，益使人疑。孙叔言创《尔雅音义》，是汉末人独知反语。至于魏世，此事大行。高贵乡公不解反语，以为怪异。自兹厥后，音韵锋出，各有土风，递相非笑，指马⑤之谕，未知孰是。共以帝王都邑，参校方俗，考核古今，为之折衷。榷而量之，独金陵与洛下⑥耳。南方水土和柔，其音清举而切诣，失在浮浅，其辞多鄙俗。北方山川深厚，其音沉浊而鈋钝⑦，得其质直，其辞多古语。然冠冕君子，南方为优；闾里小人，北方为愈。易服而与之谈，南方士庶，数言可辩;隔垣而听其语,北方朝野,终日难分。而南染吴、越,北杂夷虏,皆有深弊,不可具论。其谬失轻微者,则南人以钱为涎,以石为射,以贱为羡,以是为舐;北人以庶为戍,以如为儒,以紫为姊,以洽为狎。如此之例,两失甚多。至邺已来,唯见崔子约、崔瞻叔侄,李祖仁、李蔚兄弟,颇事言词,少为切正。李季节著《音韵决疑》,时有错失;阳休之造《切韵》,殊为疏野。吾家儿女,虽在孩稚,便渐督正之;一言讹替,以为己罪矣。云为品物,未考书记者,不敢辄名,汝曹所知也。

注释

①**齐言**:古代齐地的方言。②**名物**:事物的名称、特征等。③**譬况**:古代文字训诂以便注音的方法。④**内言外言、急言徐言、读若之类**:都是古代对字进行注音的不同方法与分类。⑤**指马**:战国名家公孙龙子所提出的"物莫非指""白马非马"的命题,也就是名与实之间的关系。⑥**洛下**:洛阳。⑦**钝钝**:浑厚而低沉。

译文

全国各地的人,言语各不相同,自从有人类以来,一向如此。自从《春秋公羊传》标出对齐国方言的解释,《离骚》被看作是楚人语词的经典作品,这大概就是语言差异开始明显的初级阶段吧。后来,扬雄写出了《方言》一书,这方面的论述就大为完备了。但书中都是考辨事物名称的异同,并不显示读音的是与非。直到郑玄注释《六经》,高诱诠解《吕览》《淮南子》,许慎撰写出《说文解字》,刘熹编著了《释名》,这才开始有譬况假借的方法用来验证字音。然而古代语言与今天的语言有着很大差别,这中间语音的轻重清浊,仍然不能了解;再加上他们是采用内言外言、急言徐言、读若这一类的注音方法,就更让人疑惑不解。孙叔言编写了《尔雅音义》一书,这是汉末人唯独懂得使用反切法注音的。到了魏国时代,这种注音法盛行起来。高贵乡公曹髦不懂反切注音法,被人们认为是一桩奇怪的事。从那以后,音韵方面的论著成果大量涌现,各自带有地方口语的色彩,相互之间非难嘲笑,是非曲直也难以做出判断。看来只能是大家都用帝王都城的语言,参照比较各地方言,考查审核古今语音,用来替它们确定一个恰当的标准。经过这样的反复研究斟酌,只有金陵和洛阳的语言适合作为正音。南方的水土平和温柔,所以南方人的口音清脆悠扬、快速急切,它的弱点

孔子家语 颜氏家训

●公孙龙
战国时代名家的主要代表人物，善于辩论。

在于浮浅，其言辞多鄙陋粗俗。北方的山川深邃宽厚，所以北方人的口音低沉粗重、滞浊迟缓，体现了它的质朴劲直，它的言辞多古代语汇。然而谈到官宦君子的语言，还是南方地区的为优；谈到市井小民的语言，则是北方地区的较胜。让南方人变易服装而与他们交谈，那么南方的官绅与平民，通过几句话就可分辨出他们的身份；隔着墙听北方人谈话，则北方的官绅和平民，你一整天也难以区分出来。然而南方的语言已经沾染了吴越地区的方言，北方的语言已经杂糅了异族的词汇，两者都有严重的弊端，在此不能够一一加以评论。它们中错误差失较轻的例子，则如南方人把钱读作涎，把石读作射，把贱读作羡，把是读作舐；北方人把庶读作戍，把如读作儒，把紫读作姊，把洽读作狎。像这些例子，两者的差失都很多。我到邺城以来，只看到崔子约、崔瞻叔侄，李岳、李蔚兄弟，对语言略有研究，稍微作了些切磋补正的工作。李概所著的《音韵决疑》，时时出现错误差失；阳休之编著的《切韵》，十分粗略草率。我家的儿女们，虽然还在孩童时代，我就开始在这方面对他们进行矫正；孩子一个字有讹误差错，我都把它视为自己的罪过。家中所做各种物品，没有经过从书本中考证过的，就不敢随便称呼名字，这是你们所知道的吧。

杂艺第十九

一

原文

真草①书迹，微须留意。江南谚云："尺牍②书疏，千里面目③也。"承晋、宋余俗，相与事之，故无顿狼狈者。吾幼承门业，加性爱重，所见法书④亦多，而玩习功夫颇至，遂不能佳者，良由无分故也。然而此艺不须过精。夫巧者劳而智者忧，常为人所役使，更觉为累；韦仲将⑤遗戒，深有以也。

注释

①**真草**：书体名。真，即带有隶书痕迹的楷书。草，草书。②**尺牍**：书信。③**千里面目**：千里之外可以看到模样。④**法书**：可以作为范本的字帖。⑤**韦仲将**：即韦诞，三国时期书法家。

译文

楷书、草书的书法，需要稍加用心。江南的谚语说："一尺长短的信函，就是你在千里之外给人看到的面貌。"那里的人上承晋、宋流传下来的风气，大家都信奉这句话，所以没有把字写得很马虎的。我从小继承家传的学业，加上生性对书法喜爱偏重，所看到的书法范本也多，玩味研习的功夫下得颇深，但书法水平最终不高，确实是因为我没有天分的缘故吧。但是这门技艺也不需要过于精湛。巧者多劳，智者多忧，因为字写得好就经常被人使唤，反而感觉是一种负担。韦仲将给子孙留下不要学习书法的训诫，是很有道理的。

二

原文

王逸少①风流才士，萧散名人，举世惟知其书，翻以能自蔽也。萧子云每叹曰："吾著《齐书》，勒成一典，文章弘义，自谓可观；唯以笔迹得名，亦异事也。"王褒地胄清华②，才学优敏，后虽入关③，亦被礼遇。犹以书工，崎岖碑碣④之间，辛苦笔砚之役，尝悔恨曰："假使吾不知书，可不至今日邪？"以此观之，慎勿以书自命。虽然，厮猥⑤之人，以能书拔擢者多矣。故道不同不相为谋也。

注释

①**王逸少**：王羲之，字逸少，著名书法家。②**地胄清华**：门第清高显贵。地胄，地位、门第。③**入关**：王褒起先在南朝梁为官，后来被北周俘虏，被送往位于关中的长安，在北周当官。④**碑碣**：这里泛指各类碑刻文字。⑤**厮猥**：地位低下。

译 文

　　王羲之是一位风流才子，他生性潇洒，不喜欢有任何束缚，他的书法被大家所熟知，而其他方面的特长则被掩盖了。萧子云时常感叹："我撰写了《齐书》，还将它刻印成一部典籍，书中的文章是为了弘扬大义，我觉得很值得观赏，可是到最后只是由于抄写得精美，靠书法使我出名，可谓怪事。"王褒出身于名门，才华横溢，文思敏捷，后来即便去了北周，也还是受到礼遇。因为此人擅长书法，常常不得不代人书写，在碑碣间感到极为困顿，辛苦于笔砚之役，他曾后悔道："要是我不会书法，就不会如现在这般劳碌了吧？"由此看来，一定不要以精通书法来引以为豪。即使这样说，地位低下的人，由于可以写一手好字得到提拔的事例也不少。所以目标不同的人，是不能相互为谋的。

三

原 文

　　画绘之工，亦为妙矣。自古名士，多或能之。吾家尝有梁元帝手画蝉雀白团扇及马图，亦难及也。武烈太子①偏能写真，坐上宾客，随宜点染，即成数人，以问童孺，皆知姓名矣。萧贲、刘孝先、刘灵并文学已外，复佳此法。玩阅古今，特可宝爱。若官未通显，每被公私使令，亦为猥役②。吴县顾士端出身湘东王国侍郎，后为镇南府刑狱参军，有子曰庭，西朝中书舍人③，父子并有琴书之艺，尤妙丹青④，常被元帝所使，每怀羞恨。彭城刘岳，橐之子也，仕为骠骑府管记、平氏县令，才学快士，而画绝伦。后随武陵王入蜀，下牢之败⑤，遂为陆护军画支江寺壁，与诸工巧杂处。向使三贤都不晓画，直运素业⑥，岂见此耻乎？

注 释

①**武烈太子**：即萧方等。②**猥役**：杂役。③**西朝**：也叫"西台"，指江陵，梁元帝建都于此。**中书舍人**：中书省长官。④**丹青**：丹砂和青䕭，为中国画中常用颜色。此泛指绘画艺术。⑤**下牢之败**：指梁元帝承圣二年，武陵王萧纪的叛军被陆法和在下

牢击败之事。下牢，即下牢关，今湖北宜昌长江三峡附近。⑥**素业**：清素之业，指儒业。

译文

绘画技艺的工巧，也是十分奇妙的。自古以来的名士，多有这种本领。我家曾收藏有梁元帝亲手画的蝉、雀白团扇及马图，其技艺无人能与之相比。梁元帝的长子武烈太子萧方等所擅长的是画人物肖像，画在座的宾客，只是随便画上那么几笔，几位逼真的人物形象就可以跃然纸上，拿了去问小孩，都可以说出画中人物的姓名。萧贲、刘孝先、刘灵除了对文章学术方面非常精通之外，还擅长绘画。赏玩古今名画，有时让人舍不得放手。但如果善于作画的人官位还非常卑微，时常被公家或私人使唤，结果反而成为痛苦的差事了。吴县顾士端担任湘东王国的侍郎，后来被任命为镇南府刑狱参军，他的儿子名顾庭，是梁元帝身边的中书舍人，父子俩都很擅长琴棋书画，时常被梁元帝召唤使用，他们感到非常羞愧，后悔学会这些技艺。彭城有位刘岳，是刘橐的儿子，担任过骠骑府管记、平氏县令，此人非常有学问，为人爽快，绘画技艺无人能与之相比，后来随着武陵王来到蜀地，下牢关战败，就被陆护军调到枝江的寺院当中去画壁画，和那些工匠杂处。如果这三位贤能的人开始没有学习绘画，一直努力从事清高而德雅的事业，怎会受到这些羞辱呢？

● **竹书竞市**

王羲之是我国古代书圣，他的字在当时就价值千金。传说，王羲之见一老妇卖扇，就在她的扇上各写五个字，老妇人开始很生气。王羲之对她说，只要说这是王右军所书，就可以卖到百钱。老妇人就按他说的去卖，扇子果然迅速销售一空。

四

原文

弧矢①之利，以威天下，先王所以观德择贤，亦济身之急务也。江南谓世之常射，以为兵射，冠冕儒生，多不习此；别有博射②，弱弓长箭，施于准的③，揖让升降④，以行礼焉。防御寇难，了无所益。乱离之后，此术遂亡。河北文士，率晓兵射，非直⑤葛洪一箭,已解追兵,三九⁶宴集,常縻⁷荣赐。虽然,要轻禽,截狡兽,不愿汝辈为之。

注释

①弧矢:弓箭。②博射:我国古代一种游戏性的习射方式。③准的:箭靶。④揖让升降:指"博射"的礼节。⑤直:只。⑥三九:三公九卿。⑦縻:得到。

译文

弓箭的锋利,可以威服天下,前代帝王以此观察人的德行,选择贤才,同时也是保全自身的紧要事情。江南地区称社会上的一般习射叫作兵射,仕宦人家的读书人大多不操习它;另有一种博射,用软弓长箭,射在箭靶上,讲究揖让进退,以此表达礼节。对于防御敌寇,却毫无用处。战乱之后,这种射法也不再出现了。黄河以北的文人,大都懂得兵射,不但能像葛洪那样,用它来防身,而且在三公九卿出席的宴会上,常靠它分到赏赐。虽然如此,遇到那些拦轻捷的飞禽、截狡猾的野兽的围猎,我还是不愿你们去参加。

终制第二十

一

原文

死者,人之常分①,不可免也。吾年十九,值梁家②丧乱,其间与白刃为伍者,亦常数辈;幸承余福,得至于今。古人云:"五十不为夭。"吾已六十余,故心坦然,不以残年为念。先有风气③之疾,常疑奄然④,聊书素怀,以为汝诫。

注释

①常分:定分。②梁家:南朝梁政权。③风气:病名。④奄然:这里指死亡。

译文

死亡是人间常有的事,不可避免。在我十九岁的时候,恰好梁朝动荡不安,许多日子是在刀剑丛中度过的,多次面临危险;多亏祖上的保佑,我才活到了今天。正如古人所说的:"活到五十岁就不算短命了。"我已经有六十多岁了,所以心里异常平静,也很坦然,没有后顾之忧。以前我患有风湿病,常常会怀疑自己突然死去,因此在这里记下我自己的一些想法,也算是对你们的嘱咐或者训诫吧。

二

原文

先君先夫人皆未还建邺旧山①,旅葬江陵东郭。承圣末,已启求扬都,欲营迁厝②(cuò)。蒙诏赐银百两,已于扬州小郊北地烧砖,便值本朝③沦没,流离如此,数十年间,绝于还望。今虽混一④,家道羇穷,何由办此奉营资费?且扬都污毁,无复孑遗,还被下湿,未为得计。自咎自责,贯心刻髓。计吾兄弟,不当仕进;但以门衰,骨肉单弱,五服⑤之内,傍无一人,播越他乡,无复资荫⑥;使汝等沉沦厮役,以为先世之耻。故腆(tiǎn)冒⑦人间,不敢坠失⑧。兼以北方政教严切,全无隐退者故也。

注释

①**旧山**:家乡。②**厝**:迁葬。③**本朝**:古人称自己曾出仕的王朝为本朝,这里指南朝梁。④**混一**:隋朝统一中国。⑤**五服**:古时的丧服形制,即斩缞、齐缞、大功、小功、缌麻五类。此处指亲缘关系比较近的亲属。⑥**资荫**:祖上的护佑。⑦**腆冒**:厚颜冒昧。⑧**坠失**:失去,废弛。

译文

我已故的双亲的灵柩还没送回建业的祖坟安葬,只好暂时安葬在江陵城东郊。承圣末年,我已启奏要求返回扬都,着手准备迁葬的事宜,承蒙梁元帝下诏赐银百两,我已在扬州近郊的北侧烧制墓砖;但是恰逢梁朝灭亡,我流离失所,到了现在的地方。几十年来,对迁葬扬都已经不抱希望了。现在尽管天下已经统一,可是家道中落,一贫如洗哪里有能力与财力去支付这迁葬所需要的费用呢?何况扬都也遭到战争的严重破坏,什么都没能残存下来。加上坟地被淹,土地低洼而潮湿,即便想要迁葬也不可能。只有责备自己,铭心刻骨地感到对父母有愧罢了。本来我觉得我与几个兄弟,不应当为官;只因家境中落,兄弟贫弱,近亲当中,没有一个能够依靠的人,况且是漂泊他乡异域,再没有门第荫庇,使你们沦落为仆役,让祖先蒙受耻辱。所以才惭愧冒昧地出世做官，不敢让家门衰落。此外，加上北方的政令严苛，根本不允许官员隐退的原因。

三

原文

今年老疾侵，倏然奄忽，岂求备礼乎？一日放臂①，沐浴而已，不劳复魄，敛以常衣。先夫人弃背之时，属世荒馑，家涂空迫，兄弟幼弱，棺器率薄，藏内无砖。吾当松棺二寸，衣帽已外，一不得自随，床上唯施七星板②；至如蜡弩牙、玉豚、锡人③之属，并须停省，粮罂明器，故不得营，碑志旒旐，弥在言外。载以鳖甲车④，衬土而下，平地无坟；若惧拜扫不知兆域，当筑一堵低墙于左右前后，随为私记耳。灵筵勿设枕几，朔望祥禫⑤，唯下白粥清水干枣，不得有酒肉饼果之祭。亲友来馈酹⑥者，一皆拒之。汝曹若违吾心，有加先妣，则陷父不孝，在汝安乎？其内典功德，随力所至，勿刳竭生资，使冻馁也。四时祭祀，周、孔所教，欲人勿死其亲，不忘孝道也。求诸内典，则无益焉。杀生为之，翻增罪累。若报罔极之德，霜露之悲，有时斋供，及七月半盂兰盆⑦，望于汝也。

注释

①**放臂**：撒手，突然去世。②**七星板**：古代停尸床上及棺材内放置的木板，上面凿有七个孔洞，有凹槽使七孔相连，下葬时放入棺内。③**蜡弩牙、玉豚、锡人**：都是陪葬品。④**鳖甲车**：古代的灵车。⑤**朔望**：旧历的初一为朔日，十五为望日。**祥禫**：丧祭名，古代有大祥、小祥之祭，古代双亲死后要服祭礼，大祥服两年，小祥服一年。禫指解除丧服的祭祀。⑥**馈酹**：洒酒祭奠。⑦**盂兰盆**：佛教之语，意为"救倒悬"。农历七月十五这一天，通常要请僧徒宣法布道，以超度先人亡灵。

译文

如今我已老弱多病，假如我有一天突然死去，难道还需要多么周全的礼数吗？哪一天假如我撒手人寰，只要为我沐浴就足够，不必去为我招魂。入殓时只穿着平日的衣服。你们的祖母去世时，恰逢连年灾荒的年月，家中无财，你们兄弟都还极为幼小，棺木都非常薄，坟墓内也没有铺砖。所以我也只打算用二寸厚的松木棺材，除衣帽外，随葬品一律不用，棺床上只铺一块七星板；至于蜡弩牙、玉豚、锡人之类，都不使用。装粮食的瓮、罂等各种明器，也没有必要去进行置办，至于墓志铭、旌幡就更无须加以考虑了。出殡时用低矮的平板车来运送灵柩，墓坑中铺一层土下葬就足够了，墓地平坦，不要建坟，如果你们担心扫墓时认不清楚墓地的边界，可以在墓地的前后左右各修筑一面矮墙，只是做上一个记号就足够了。供奉的灵床边不要摆上坐卧的用具，朔望祥禫祭奠时，只需要准备稀粥、清水、干枣，不需要准备酒肉、糕点、水果等祭品。假如有亲友前来祭奠，一律拒绝他们。你们如果没有按照我的意愿去做，超过了对祖母的礼仪，这样会置我于不孝，这样做你们会感到安心吗？举办佛教的功德道场，只要尽力就可以了，不要用尽家财，让子孙受冻挨饿。四个时节祭祀祖先，这是周公、孔子对世人的教导，使得后世子孙不忘死去的亲人，不要忘记孝道而已。按照佛教经典上的记载，则是没有什么好处的。宰杀牲畜来祭奠，就会给亲人增添罪过。如果要报答父母的恩德，或在霜露时节想念双亲，可以设斋供奉，在七月十五日进行盂兰盆法会，这是我对你们的期望。

● 卖身葬父

古代中国人对于生养死葬极为重视，亲人过世后一定要想方设法加以安葬，穷人家的子女甚至不惜卖身葬父。二十四孝里，董永卖身葬父，感动天帝之女，赐予锦缎。

原文

孔子之葬亲也，云："古者，墓而不坟。丘东西南北之人①也，不可以弗识也。"于是封之崇②四尺。然则君子应世行道，亦有不守坟墓之时，况为事际所逼也！吾今羁旅，身若浮云，竟未知何乡是吾葬地,唯当气绝便埋之耳。汝曹宜以传业扬名为务,不可顾恋朽壤③,以取湮没④也。

> [注 释]
>
> ①**东西南北之人**:到处奔走,居无定所的人。②**崇**:高度,从下到上的距离。③**顾恋**:顾念留恋。**朽壤**:这里指坟墓。④**湮没**:埋没。

> [译 文]
>
> 孔子安葬亲人时说:"古代的墓是没有封土的。我孔丘是到处奔走的人,不能不在墓地上留下标记。"于是在墓上建了个土堆,只有四尺高。这样看来君子处世实践自身主张,也有不能守着坟墓的时候,何况为形势所逼呢!我现在寄居在外地,自身就像浮云一样飘荡不定,都不知道何处是我的葬身之所,只要在我断气以后,随地埋葬就行了。你们应该以继承功业、弘扬美名为要务,不可顾恋我的坟墓,而埋没了自己的前程。